O que esperar do Brasil?

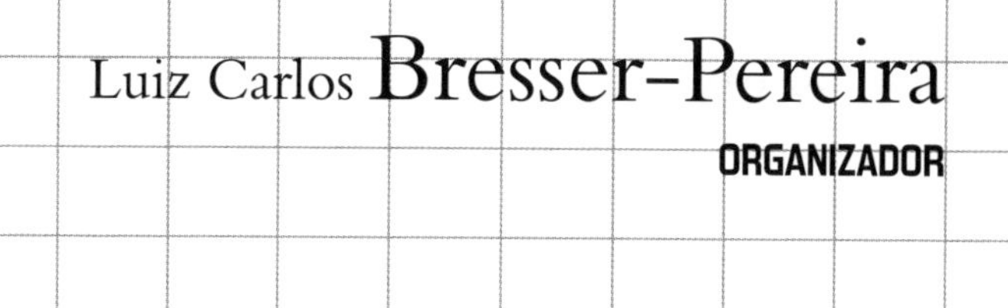

O que esperar do Brasil?

EDITORA FGV
Rua Jornalista Orlando Dantas, 37
22231-010 | Rio de Janeiro, RJ | Brasil
Tels.: 0800-021-7777 | 21-3799-4427
Fax: 21-3799-4430
editora@fgv.br | pedidoseditora@fgv.br
www.fgv.br/editora

Impresso no Brasil | *Printed in Brazil*

1ª edição — 2013

PREPARAÇÃO DE ORIGINAIS: Maria Lucia Leão Velloso de Magalhães
REVISÃO: Aleidis de Betran e Fatima Caroni
PROJETO GRÁFICO CAPA E MIOLO: Estúdio513

Ficha catalográfica elaborada
pela Biblioteca Mario Henrique Simonsen/FGV

O que esperar do Brasil? / Luiz Carlos Bresser-Pereira, organizador. — Rio de Janeiro : Editora FGV, 2013.
352 p.

Inclui bibliografia.
ISBN: 978-85-225-1382-6

1. Brasil – Política econômica. 2. Brasil – Política e governo. I. Pereira, Luiz C. Bresser (Luiz Carlos Bresser), 1934- . II. Fundação Getulio Vargas.

CDD – 338.981

Sumário

Introdução: Nacionalismo e novo desenvolvimentismo 7
LUIZ CARLOS BRESSER-PEREIRA

Parte I — Política e desenvolvimentismo 25

1. Uma nova estratégia de desenvolvimento? 27
ELI DINIZ E RENATO BOSCHI

2. O desenvolvimentismo e o Estado brasileiro contemporâneo 61
BRASÍLIO SALLUM JR.

3. Lulismo e coalizões de classe 73
ANDRÉ VICTOR SINGER

4. Classes emergentes e oligarquização da política 99
CLÁUDIO GONÇALVES COUTO

Parte II — A dimensão internacional 115

5. A ideia de multilateralismo na perspectiva do Brasil 117
TULLO VIGEVANI E HAROLDO RAMANZINI JÚNIOR

6. Política externa de dois governos 131
RUBENS BARBOSA

7. Impactos do câmbio sobre a proteção tarifária 143
VERA THORSTENSEN, EMERSON MARÇAL E LUCAS FERRAZ

Parte III — A economia e o plano **183**

8. Oportunidades e riscos pós-crise 185
RICARDO CARNEIRO

9. Regime de política econômica e crescimento sustentável 217
FERNANDO DE HOLANDA BARBOSA

10. O Brasil pode mais 237
JOSÉ LUIS OREIRO

11. Para além da política macroeconômica 269
GERALDO BIASOTO JUNIOR

12. Infraestrutura — sonhos e realidade 297
PAULO FERNANDO FLEURY

13. Plano Mais Brasil: o plano plurianual para 2012-15 323
MARIA LÚCIA DE OLIVEIRA FALCÓN

Sobre os autores **351**

Introdução
Nacionalismo e novo desenvolvimentismo

O que esperar do Brasil? Embora todos nós que participamos deste livro queiramos ter uma resposta para essa pergunta, embora todos saibamos, como disse um dos autores, que "o Brasil pode mais", que a nação brasileira é capaz de alcançar resultados melhores do que aqueles que vem alcançando nos últimos anos, ficamos todos sem saber com a clareza necessária como isso pode acontecer. Desde o início dos anos 2000, depois que o Brasil foi classificado como um dos Brics, ao lado de China, Índia e Rússia, acontece uma coisa curiosa: os estrangeiros passaram a fazer uma avaliação mais otimista do país do que a dos próprios brasileiros. Na verdade, o desempenho econômico do Brasil tem sido muito inferior ao dos outros três países. Mais amplamente, desde 1980 o Brasil vem apresentando taxas de crescimento insatisfatórias, substancialmente menores do que as alcançadas entre 1930 e 1980, e também muito inferiores às obtidas pelos países asiáticos dinâmicos. Em 1994, depois que o Plano Real controlou a alta inflação inercial, muitos supuseram que o país retomaria o desenvolvimento, mas isso não ocorreu. Dez anos depois, quando a elevação dos preços das *commodities* resultou em certa aceleração do crescimento, outros tantos afirmaram que agora, sim, o Brasil entraria de novo na rota do crescimento sustentado, mas os dados recentes não justificam esse otimismo. A principal razão de os demais Brics e, mais amplamente, de os países asiáticos dinâmicos crescerem a taxas muito maiores do que o Brasil é que esses países são hoje nações mais fortes, mais coesas, menos subordinadas aos conselhos do Ocidente. Mais especificamente, o Brasil não tem coragem suficiente para resolver seu problema básico desde que o Plano Real estabilizou os preços: a armadilha de juros altos e câmbio sobreapreciado. A ortodoxia convencional sempre nos diz que não há nada de errado no câmbio e nos juros, ou, se há, nada há a fazer — e os brasileiros acreditam nessa história e não agem. Enquanto a nação brasileira continuar a ser enganada ou a se autoenganar e a não dar apoio ao governo para que mude a política macroeconômica do país, o Brasil continuará crescendo a taxas insatisfatórias. Em 2011, o crescimento da indústria foi de 0,3% e o do PIB de apenas 2,7%. Esse crescimento foi menor do que a média do Grupo dos 20 (G-20), a inflação foi maior e o investimento continuou muito abaixo do necessário para uma expansão segura e continuada.

Hoje, em termos de nível de desenvolvimento, podemos distinguir quatro grupos de países: ricos, de renda média, pré-industriais e pobres. Enquanto os países ricos completaram sua revolução capitalista no século XIX, os países de renda média, como o Brasil, a completaram no século XX; já os países pré-industriais e os pobres ainda estão por realizá-la. As revoluções capitalistas geralmente começam em cada sociedade com a revolução comercial e se completam com a formação do Estado-nação e a revolução industrial. Desde o século XVII até o XX, os países hoje ricos estiveram empenhados em guerras para definir suas fronteiras, porque a ampliação do território nacional fazia parte da formação do Estado-nação e era uma condição necessária para a industrialização. Tiveram êxito nessa extraordinária mudança histórica e se desenvolveram porque suas elites, além de liberais, foram nacionalistas e puderam, assim, construir seu Estado-nação. Em seguida, no século XIX — agora muito mais fortes porque industrializados ou capitalistas —, construíram seus impérios — um tipo de unidade político-territorial muito diferente dos impérios antigos. Assim, quando os povos que ficaram para trás nesse processo histórico, na Ásia, na África e na América Latina, procuraram imitar o exemplo e realizar as próprias revoluções industrial e capitalista, tiveram de enfrentar o imperialismo "moderno" do Ocidente. A partir de então, para se desenvolverem, esses países precisaram formular uma estratégia nacional de desenvolvimento ao mesmo tempo em que rejeitavam as ofertas de capital e os conselhos e pressões que acompanhavam esse capital. Seu nacionalismo tornou-se desenvolvimentista por ser fruto de uma estratégia ou de um projeto nacional de desenvolvimento, e seu nacionalismo, como assinalou Barbosa Lima Sobrinho (1981), passou a conter um elemento "anti": anti-imperialista.

O sistema imperial industrial ou moderno terminou formalmente após a II Guerra Mundial, mas continuou presente na realidade dos povos da periferia do capitalismo. O mundo atual está repleto de Estados-nação, que são as unidades político-territoriais específicas do capitalismo, mas em muitos deles a nação é uma ficção, é um ser sem alma, porque suas elites são alienadas ou dependentes e procuram se associar antes às elites dos países ricos do que a seu povo. A primeira revolução nacionalista retardatária — que teve de enfrentar o império moderno ou o Ocidente e, portanto, envolveu um elemento "anti" — foi a japonesa, a Restauração Meiji, de 1868. Depois, outros países retardatários lograram realizar revoluções nacionalistas e se industrializaram. Foi o caso da Turquia, do México, do Brasil, da Coreia do Sul, da China, da Índia, entre outros. Mas muitos países pobres ou pré-industriais continuam subjugados ao Ocidente e pouco se desenvolvem. A modernidade trouxe as ideias de bem-estar econômico, liberdade e justiça social, mas se cada nação não se fortalecer e formar seu Estado esses valores serão mera ficção. Mesmo depois de lograrem realizar suas revoluções industrial e capitalista, tais valores não estão assegurados. Particularmente no que diz respeito à justiça social, só será possível realizar avanços depois que à autonomia nacional se somar a democracia, mas, como o desenvolvimento econômico só se desencadeia depois da revolução nacional, também a democracia só será uma democracia consolidada quando as revoluções industrial e capitalista tiverem sido razoavelmente completadas.

Sei o quanto é necessário para a humanidade combinar competição e cooperação entre as nações, mas não hesito em me autodenominar nacionalista econômico. Sei o quanto isso é "politicamente incorreto" em um mundo globalizado, no qual durante os 30 anos neoliberais do capitalismo (que espero terem se encerrado em 2008) supôs-se que o mercado e o liberalismo fossem os fundamentos de uma sociedade global harmônica. Nunca, porém, a competição econômica entre os países foi tão forte, e nunca as tentativas de exploração das sociedades mais fracas pelas mais fortes foram tão insistentes quanto nesse período. A situação internacional parece ter mudado após a crise financeira global de 2008, porque essa crise enfraqueceu gravemente os países ricos, enquanto permitiu que países de renda média dotados de uma nação forte, como a China e a Índia, continuassem a crescer de modo acelerado. E, como aconteceu durante a Grande Depressão dos anos 1930, talvez tenha aberto espaço para que países da periferia do capitalismo iniciassem ou avançassem em suas revoluções industrial e capitalista, embora ainda subjugados pelo Ocidente.

Diante desse quadro político internacional em mutação, talvez a atitude mais sábia seja a dos chineses que encontro em conferências internacionais. Eles não criticam os países ricos, jamais os acusam de imperiais. Eles se sabem cidadãos de mais do que um Estado-nação — de um Estado-civilização —, de uma sociedade que entendem ser igual, se não superior, às sociedades ocidentais. E por isso parecem esquecer o imperialismo de que foram vítimas durante o século XIX e a primeira metade do século XX. Em vez disso, usam uma retórica de cooperação ou mesmo de ajuda aos países ricos em dificuldades. Gostaria de poder pensar dessa forma, mas para mim isso é impossível. Afinal, sou cidadão de um país latino-americano. Vivo em uma região que no século XIX era semicolônia da Inglaterra e da França e, desde o início do século XX, dos Estados Unidos. Sou cidadão de um país cujas elites são muito diferentes da chinesa, muito mais dependentes, e que, por isso, adotam com frequência políticas econômicas que não atendem aos interesses nacionais brasileiros. Peço desculpas, portanto, a meus leitores, mas essa é uma condicionante social e política minha, que reconheço e, por isso mesmo, devo compartilhar com meus leitores.

Discurso duplo

Sabemos, desde Ernest Renan (1882), que o nacionalismo é um fenômeno da modernidade e que é "um plebiscito repetido todos os dias". Sabemos também que o nacionalismo pode ser econômico — orientado para a afirmação do interesse econômico nacional em uma economia global na qual cada Estado-nação faz o mesmo — ou étnico e, em consequência, racista e belicista. No primeiro caso — que é o que nos interessa aqui —, o nacionalismo se define pela convicção de que o papel de cada governo é defender os interesses do trabalho, do conhecimento e do capital nacionais, e pela exigência de que essa defesa seja feita de acordo com critérios nacionais, e não pela subordinação a países mais ricos e poderosos, e, por isso, supostamente mais competentes. Sabemos que nacionalismo não é o mesmo que identidade cultural, ainda que ambos tenham muito em comum. Um país pode ter forte identidade cultural, mas se subordinar nos planos econômico e político. Sabemos finalmente, a partir da contribuição de Ernest Gellner (1996), que em um primeiro momento não é a nação que define o nacionalismo, mas o nacionalismo de uma elite política é que forma a nação. Em outras palavras, a nação não é um dado "natural", mas uma *construção social,* é um artefato que uma sociedade usa para afirmar seus interesses e seus valores. Quando Renan falou em plebiscito diário, estava assinalando que a nação é uma construção sempre inacabada, sempre sob a ameaça de ser interrompida.

O nacionalismo é a ideologia do Estado-nação, porque se é o povo que constrói sua nação, esta, por sua vez, é que constrói seu Estado. Enquanto a nação é um fenômeno político das sociedades modernas ou capitalistas, a identidade cultural é um pertencimento social, é o sentimento de fazer parte de uma cultura determinada, e não precisa estar associada à formação e à manutenção do Estado-nação. Um país pode ter forte identidade cultural, mas sofrer grave perda da condição objetiva de nação, como é o caso do México desde que se associou a dois países muito mais desenvolvidos. Antes de a nação se formar, há um povo que vive em um território e tem um número suficiente de traços comuns e interesses compartilhados para que se constitua em nação, forme um Estado e, nesse território, crie o Estado-nação, mas a nação só se formará se lograr constituir um Estado e afirmar seu poder sobre um território.

O nacionalismo existe em todo país, em todo Estado-nação, mas hoje é mais aparente nos países retardatários que ainda precisam realizar suas revoluções nacional e capitalista. Conforme assinala Paulo Arantes (2004:80), "o nacionalismo é fundamentalmente a consequência da tensão gerada pelo desenvolvimento desigual numa economia mundial unificada". É, portanto, no caso dos países em desenvolvimento, uma reação ao atraso econômico. Está claro para ele que o nacionalismo é mais do que isso, porque é a ideologia do Estado-nação desde sua formação na Inglaterra, através da revolução industrial, e na França, através da revolução nacional, mas Arantes está mais interessado na realidade do Brasil e da América Latina. Por isso, faz uma ampla resenha do conceito de nação de Benedict Anderson (1991) como "comunidade imaginada", que não nasce apenas de interesses comuns; nasce também da convivência de elites *criollas* marginalizadas pela metrópole, da leitura dos jornais por essas elites — o que lhes permite se verem como sociedade ou como comunidade — e da leitura dos romances nos quais essa sociedade é retratada como um todo.[1] Para, em seguida, reportar-se à distinção de Hannah Arendt entre *pensamento* e *conhecimento*. Enquanto este último está apenas comprometido com a "verdade", o pensamento, ao se reportar permanentemente à opinião dos outros e levar essa opinião em consideração na formação de seu próprio julgamento, logra restabelecer a unidade entre a verdade, a moral e o gosto que a modernidade perdeu. A partir daí, Arantes (2004:83) tira uma conclusão instigante e provocativa. Referindo-se ao Brasil, e à nação brasileira como comunidade imaginada, diz-nos que "foi precisamente tal imaginação nacional que nos permitiu começar a pensar — e quando ela se apagar, é possível que a extinção do pensamento a siga de perto". Para pensarmos, temos que nos pensar, precisamos usar nossa imaginação, precisamos considerar a complexidade e a diversidade de nossa sociedade, e descobrir nela a unidade, a sociedade nacional. Verificamos, então, continua Arantes (2004:100-102), "a afinidade sugerida entre comunidade imaginada nacional e a forma mesma de pensamento... Quem sabe não é essa comunidade de 'outros' imaginados na formação de uma 'nação' (que já sabemos não ter uma realidade substantiva) que simplesmente torna possível essa autorregulação silenciosa na cabeça de cada um que chamamos de pensamento".

Nação e nacionalismo

Na medida em que o desenvolvimento é um processo histórico que surgiu com o capitalismo e com a formação dos Estados nacionais, a nação

---

[1] Hoje, no Brasil, deveríamos acrescentar que o nacionalismo também se alimenta da assistência às novelas de televisão brasileiras.

enquanto sociedade política e o nacionalismo desempenham um papel estratégico nesse desenvolvimento. Conforme percebeu Adam Smith, o desenvolvimento é um processo de aumento da riqueza das *nações*. Ele provavelmente pressupunha que o ator principal nesse processo de desenvolvimento econômico ou de aumento da riqueza nacional era a nação. O desenvolvimento econômico decorre, sem dúvida, do esforço e da capacidade de concorrência dos indivíduos e das empresas que operam no mercado, mas depende também da capacidade de a nação utilizar seu instrumento de ação coletiva por excelência — o Estado — para criar as condições necessárias para que as empresas invistam, incorporando progresso técnico.

O que é nação nesse contexto? É a sociedade politicamente organizada voltada para a autonomia nacional e o desenvolvimento; é a sociedade que partilha uma história, valores e objetivos comuns, e que conta (ou luta para contar) com um Estado e um território para, assim, formar um Estado-nação; é um povo que logrou se constituir em nação e construir um Estado-nação. Com frequência autores adicionam ao conceito de nação a existência de um idioma e de uma etnia comuns. Sabemos, porém, que muitas nações não se enquadram nessa segunda definição. Como explicar, por exemplo, nações como a americana ou a brasileira, que são multiétnicas? Ou nações como a suíça, que possuem mais de um idioma?

A nação é essencialmente um fenômeno político moderno, que começa a surgir no quadro do capitalismo mercantilista e da formação dos primeiros Estados-nação modernos, a partir da Inglaterra. A nação é o aspecto vivo, dinâmico e político da sociedade. Assim como a sociedade civil (a outra forma de uma sociedade moderna se organizar politicamente), o aparelho do Estado e seu sistema constitucional-legal estão intrinsecamente inter-relacionados, formando o todo que é o Estado territorial soberano ou o Estado-nação.

Podemos também pensar, como Ernest Gellner, que o nacionalismo é a ideologia que afirma a necessária coerência entre a nação e o Estado, para cada nação devendo haver um Estado, mas esse é um conceito muito ligado à experiência histórica da Europa central. Além disso, essa coerência pressupõe a existência de um povo dotado de forte identidade étnica e cultural. Ora, sabemos que nação e Estado-nação nascem juntos e não necessitam de homogeneidade étnica. Há autores que distinguem o nacionalismo "cívico" do étnico, aceitando o primeiro e negando o segundo. Prefiro distinguir o nacionalismo étnico do nacionalismo econômico. Na sociedade global, marcada por amplas migrações, o nacionalismo étnico não se torna apenas cada vez mais criticável; é também cada vez mais inviável.

A ideologia internacionalista dos antigos socialistas revolucionários queria acabar com os Estados-nação, mas a história demonstrou que esta não era uma visão realista. No final do século XX, a ideologia internacionalista, agora rebatizada de globalista, foi usada pela direita e pelos países ricos para neutralizar a luta dos países em desenvolvimento pela autonomia nacional e pelo desenvolvimento. Mas como o internacionalismo não funcionou para a esquerda, também não deu bons resultados para a direita e para os grandes países que a adotaram. Afinal quem aproveitou melhor a abertura dos mercados foram os países asiáticos dinâmicos, particularmente a China, enquanto os países ricos entraram em profunda crise em 2008.

O nacionalismo é a ideologia do Estado-nação; é a ideologia que afirma que um povo que compartilha interesses e história pode, sem prejuízo de conflitos internos, ter um destino comum; é a ideologia de um povo que busca autonomia em relação aos vizinhos ou aos impérios para poder construir ou consolidar sua nação e seu Estado. Os povos que lograram se transformar em nação e formar um Estado-nação moderno foram aqueles cujas elites, através do nacionalismo, definiram uma aliança com seus respectivos povos suficientemente forte para que, juntos, conseguissem defender e ampliar o território nacional e se industrializar.

Norbert Elias (2001) viu com clareza que o desenvolvimento ou o "processo civilizador" combina de forma dialética dois processos contraditórios: a diferenciação e a integração. A diferenciação é fruto da divisão do trabalho. Já a integração é alcançada através da formação do Estado-nação. Uma elite aristocrática ligada ao monarca se associa a uma elite burguesa em torno de duas ideologias igualmente contraditórias — o nacionalismo e o liberalismo — e, a partir desse pacto, principalmente a burguesia ascendente busca fazer um acordo nacional com o povo. Para Elias (2001:210) o desenvolvimento implica "a marcha da integração ao longo de vários séculos complementada por um processo de diferenciação crescente".

O nacionalismo foi necessário para que os países hoje ricos construíssem seu Estado-nação e se desenvolvessem, e agora, na era da globalização, continua necessário para que possam enfrentar uma competição econômica mundial que não cessa de aumentar. Por isso seus cidadãos são todos ou em grande maioria nacionalistas, e esperam que seus governos defendam os interesses nacionais. Depois que os primeiros países realizaram suas revoluções nacional e industrial, todos os demais países hoje desenvolvidos entenderam que, para também se industrializarem, não precisavam do capital dos primeiros; o importante era copiar ou comprar sua tecnologia, e copiar adaptando suas instituições, de forma a obter autonomia nessas duas áreas. Para tanto contaram com o apoio decidido de seu Estado. Por isso, entre os cidadãos dos países desenvolvidos, poucos tinham dúvida quanto ao dever nacional de seu governo. Todos, elite e povo, eram nacionalistas.

Entretanto, desde os anos 1970, quando a globalização econômica e social avançou e, ao mesmo tempo, a ideologia neoliberal se tornou hegemônica no mundo, creio que a ideia de nação começou a ser minada nesses países, e provavelmente essa é uma das causas principais das grandes dificuldades por que eles estão passando desde a crise financeira global de 2008 e da Grande Recessão que teve início então. O fato histórico novo que deu origem à *desnacionalização* das elites rentistas dos países ricos foi a expansão de suas empresas multinacionais para os mercados estrangeiros. Essa expansão não interessa aos trabalhadores e às classes médias dos países ricos, porque muitas vezes implica deslocalização de fábricas e perda de emprego. E, mesmo que a deslocalização não aconteça, porque implica que os mercados externos deixarão de ser supridos por trabalhadores nacionais. Interessa, porém, aos capitalistas rentistas e ao capital financeiro que os serve, porque, em um grande número de casos, a parcela dos lucros das empresas multinacionais que é realizada no seu país-sede é inferior a 40%. A clássica solidariedade nacional entre trabalhadores e capitalistas é assim abalada. Sobra a luta de classes, mas, em um quadro político em que os trabalhadores estão enfraquecidos, eles acabam por aceitar a redução de seus salários para não perderem o emprego, dada a concorrência crescente dos países dinâmicos da Ásia. Foi o que aconteceu, por exemplo, na Alemanha a partir dos anos 1990. E foi essa decisão corporativista dos alemães que deu origem à grave crise financeira da Zona do Euro no início dos anos 2010.

Entretanto, conforme argumentei em outros textos, os cidadãos dos países ricos não se definem como nacionalistas. Como nesses países a palavra nacionalismo não distingue uns cidadãos de outros, esta palavra pode ser objeto de um *discurso duplo*: pode ser usada pejorativamente ao ser identificada com o nacionalismo étnico e com o protecionismo econômico. E serve, assim, para desqualificar e neutralizar o legítimo nacionalismo econômico dos países em desenvolvimento, não obstante o próprio nacionalismo dos países ricos.

O nacionalismo econômico e desenvolvimentista que os países retardatários adotam para alcançarem os países desenvolvidos nada tem a ver com o nacionalismo xenófobo, étnico, que caracteriza os partidos de extrema direita e os extremistas envolvidos em limpeza étnica. É um nacionalismo que pressupõe um grau crescente de cooperação entre as nações, mas que parte de um pressuposto básico: a lógica fundamental do capitalismo foi sempre a da competição não apenas entre as empresas, mas também entre os Estados-nação. No tempo do capitalismo global e tecnoburocrático, essa competição é ainda mais forte do que foi no capitalismo clássico do século XIX. Os países ricos praticam com a maior naturalidade seu nacionalismo e não hesitam em agir de forma imperialista; não resta alternativa aos países em desenvolvimento a não ser se defender e promover seu desenvolvimento através do próprio nacionalismo desenvolvimentista.

Desenvolvimentismo

Quando um povo logra formar uma coalizão de classes nacional, seu desenvolvimento econômico e, mais tarde, seu desenvolvimento humano provavelmente serão desencadeados. Mas essa tarefa não é simples, dada a dependência cultural das elites dos países em desenvolvimento. Neles, à exceção dos países dinâmicos da Ásia, parte importante de suas elites rejeita a existência de conflito de interesses com os países ricos; acredita que "precisa" de seu capital, esquecendo-se de que o capital se faz em casa;

aceita seus conselhos e pressões em relação a suas políticas e a suas instituições e, na prática, se subordina às elites externas, em vez de se associar a seu próprio povo. Quando uma elite age dessa maneira, quando é colonial ou dependente, a probabilidade de o país se desenvolver é muito pequena. No Brasil, por exemplo, as elites econômicas e políticas alcançaram razoável autonomia entre os anos 1930 e 1970, e por isso cresceram muito. Depois que perderam essa autonomia, com a crise da dívida externa dos anos 1980, e abriram sua economia e, principalmente, sua conta financeira no início dos anos 1990, suas taxas de crescimento foram muito menores.

A coalizão de classes nacionalista e desenvolvimentista é em geral uma associação que envolve empresários industriais, serviços e indústrias com a tecnoburocracia pública e privada e com os trabalhadores, enquanto ficam de fora e se opõem a essa coalização os capitalistas rentistas e os financistas locais e estrangeiros, interessados em ocupar o mercado interno nacional com suas exportações ou com a produção de suas empresas multinacionais. A preocupação da coalizão desenvolvimentista é produzir e distribuir riqueza, enquanto a da coalizão rentista é capturar renda sem produzir riqueza. Quando se forma e se torna dominante em um país um pacto político nacional e popular como a coalizão de classes desenvolvimentista que existiu no Brasil entre os anos 1930 e 1970,[2] ou como a coalizão fordista que existiu nos Estados Unidos,[3] o país tem um rumo próprio e políticas próprias para alcançar seus objetivos informalmente estabelecidos, e o desenvolvimento é extraordinário.

Enquanto o nacionalismo é uma ideologia que surge com a formação dos primeiros Estados-nação na Europa, o desenvolvimentismo é uma ideologia e uma estratégia nacional de desenvolvimento que aparece nos anos 1940-1950. É nesse momento que muitas sociedades pobres e dominadas tomam consciência de seu subdesenvolvimento e percebem que é possível superá-lo mediante a formação de uma nação e a construção de um Estado. Enquanto o nacionalismo é a ideologia do Estado-nação,

---

[2] Mais precisamente, nesse período houve dois pactos desenvolvimentistas: o pacto nacional popular de 1930 e o pacto autoritário-modernizante de 1964.

[3] A denominação "modo de regulação fordista" foi definida pelos economistas da escola da regulação francesa.

o desenvolvimentismo econômico é a ideologia pela qual as sociedades modernas periféricas buscam, no plano econômico, realizar o alcançamento ou *catching up*. Como o desenvolvimento econômico é parte de um fenômeno histórico maior — o desenvolvimento sem adjetivos ou o desenvolvimento humano —, pode-se dizer que o desenvolvimentismo é a ideologia desse desenvolvimento. Grandes teóricos do desenvolvimento, como Celso Furtado, Ignacy Sachs e Amartya Sen, sempre enfatizaram que este implica mudanças estruturais em toda a sociedade, de forma que o desenvolvimento econômico é acompanhado pelo desenvolvimento político, pelo desenvolvimento social e pelo desenvolvimento ambiental. Mas creio que conceituar o desenvolvimentismo como a ideologia e a estratégia nacional de desenvolvimento que dão prioridade ao desenvolvimento econômico sobre a estabilidade de preços está mais de acordo com o uso feito dessa palavra por aqueles que a utilizaram inicialmente — os grandes intelectuais do Iseb, por exemplo.[4] O desenvolvimentismo é essencialmente uma alternativa ao liberalismo econômico. Seu fundamento científico foi buscado em Marx, na escola histórica alemã de Max Weber, na macroeconomia de Keynes e Kalecki, e na escola estruturalista do desenvolvimento econômico, enquanto o liberalismo buscou legitimação na teoria econômica neoclássica. O desenvolvimentismo vê o Estado como a instituição coordenadora fundamental dos sistemas sociais, e o mercado como uma instituição regulada pelo Estado, que coordena com eficiência as atividades econômicas quando existe competição; já o liberalismo econômico reduz o papel do Estado e magnifica o do mercado.

O nacionalismo desenvolvimentista implica uma associação básica, mas sempre contraditória, da elite com seu povo, com o qual esta estabelece uma relação permanente de amor e ódio, de conflito e cooperação. Uma cooperação que nasce dos interesses comuns em torno da nação, que a todos congrega; em torno do Estado, que é seu instrumento por excelên-

[4] O Instituto Superior de Estudos Brasileiros (Iseb) foi criado por um grupo de intelectuais que, nos anos 1950, analisou o desenvolvimento do Brasil de um ponto de vista histórico e político amplo, a partir de uma perspectiva nacionalista e desenvolvimentista. Tal grupo era formado por historiadores, economistas, sociólogos, cientistas políticos e filósofos. Enquanto nessa época, no Chile, surgia a teoria estruturalista do desenvolvimento econômico latino-americana, no Brasil tinha início o pensamento desenvolvimentista.

cia de ação coletiva; em torno do mercado interno, que é seu maior ativo econômico; em torno da moeda nacional, que é sua garantia de autonomia nacional. Um conflito que reflete a luta legítima dos trabalhadores e das classes médias pela partilha do excedente econômico gerado pelo desenvolvimento.

Nos anos 2000, após a hegemonia ideológica neoclássica e neoliberal dos anos 1990, o desenvolvimentismo renasceu, agora com o nome de "novo desenvolvimentismo". Alguns o confundem com "neodesenvolvimentismo", que seria um "meio" desenvolvimentismo, um desenvolvimentismo moderado, mas não é disso que se está falando. Trata-se de um desenvolvimentismo *novo*, porque referido a um momento histórico 50 anos mais tarde, que é novo no plano internacional (a globalização) e novo no plano de cada país, já que muitos dos países que então iniciavam suas revoluções industrial, nacional e capitalista são hoje países desenvolvidos (a Coreia do Sul, por exemplo), ou países de renda média (como Brasil e China, por exemplo). E mesmo aqueles que são ainda países retardatários pré-industriais, não tendo ainda logrado realizar suas revoluções nacional e industrial, conhecem teorias, como a da doença holandesa, e experiências, como as dos países asiáticos dinâmicos, que abrem novas perspectivas para eles.[5]

O novo desenvolvimentismo distingue-se do velho desenvolvimentismo e principalmente da ortodoxia convencional — o conjunto de políticas e reformas econômicas que os países ricos passaram a recomendar aos países em desenvolvimento desde o início dos anos 1980. Distingue-se do velho desenvolvimentismo porque enquanto este defendia a substituição de importações no quadro da concentração de renda, o novo defende uma política voltada para as exportações e para a constituição de um mercado interno de massas, rejeitando a tese da contradição entre mercado externo e interno. Enquanto o velho desenvolvimentismo acentuava uma análise microeconômica estrutural, o planejamento e a política industrial, o novo desenvolvimentismo privilegia a análise macroeconômica e uma taxa de

---

[5] Para um relato e a bibliografia inicial do novo desenvolvimentismo, ver Bresser-Pereira (2011).

câmbio competitiva; enquanto o velho desenvolvimentismo acreditava na existência de "restrição externa" e na necessidade de recorrer à "poupança externa", ou seja, ao endividamento externo, o novo desenvolvimentismo rejeita tanto a tese quanto a política dela decorrente. Ambos concordam, porém, que o desenvolvimento econômico é um processo estrutural, que a nação é o grande agente do desenvolvimento e que o Estado tem um papel estratégico nesse desenvolvimento. Furto-me a comparar o novo desenvolvimentismo com a ortodoxia convencional porque as diferenças são muito grandes, inclusive no plano macroeconômico, na medida em que essa ortodoxia defende déficits em conta-corrente ou uma política de crescimento com poupança externa, e isso representa populismo ou irresponsabilidade cambial.

Este livro

Este livro discute a economia e a política no Brasil a partir do momento em que, em meados dos anos 2000, durante o governo de Luís Inácio Lula da Silva, o país começou a abandonar o pacto liberal-dependente de 1991 e novamente a se voltar para o nacionalismo econômico — agora para um novo desenvolvimentismo, compatível com seu estágio de desenvolvimento econômico. Para tanto, reúne as contribuições de economistas e cientistas políticos para o Fórum de Economia da Fundação Getulio Vargas — para o 7º e o 8º fóruns.

Embora sejam grandes os indícios, não é certo que o novo desenvolvimentismo tenha voltado a ser dominante no Brasil. Brasílio Sallum Jr. ressalta que "as disputas políticas relativas à intervenção estatal na esfera econômico-social têm sido moldadas, desde o final dos anos 1980, por três ideários principais: o neoliberal, o neodesenvolvimentista e o estatal-distributivista". Já Renato Boschi e Eli Diniz observam que "parece claro que os caminhos que se delineiam para a retomada do crescimento se situariam na definição de um modelo de desenvolvimento que combinaria elementos de trajetórias, recuperando o papel protagonista do Estado que remonta ao período desenvolvimentista, mas, ao mesmo tempo, incorporando alguns elementos do modelo instaurado pelo processo das reformas de mercado. O resultado seria uma síntese institucional que se expressaria numa modalidade de desenvolvimento que vem sendo chamada de 'novo desenvolvimentismo' no debate brasileiro". Na pesquisa que esses dois autores realizaram e que relatam em seu capítulo, verificaram que se "observa um consenso em relação à impossibilidade de se identificar um modelo consistente de longo prazo, articulando de forma nítida e congruente distintos aspectos de um projeto claramente desenvolvimentista. Contudo, a prioridade atribuída a programas de transferência de renda, somada à visão acerca de uma inserção estratégica do país no cenário internacional são percebidas como os esteios de uma nova rota de desenvolvimento com dimensões que tendem a se complementarem dentro de uma certa lógica: a integração social de setores antes excluídos abre caminho para um modelo voltado para o mercado interno, pautado na expansão do consumo de uma nova classe média".

Claudio Gonçalves Couto, por sua vez, salienta que "o governo de Lula representou um ponto de inflexão nas relações entre as classes sociais no Brasil, tanto no que diz respeito às consequências da luta política mais ampla para a ocupação de posições de poder, quanto no que concerne a uma mudança no regime de políticas públicas atinentes aos setores mais pobres da população. Em ambos os casos houve uma nada desprezível mudança de padrões, incorporando novas elites às altas posições da burocracia de Estado, num caso, e implementando políticas que lograram um expressivo declínio das taxas de desigualdade e pobreza, no outro". As mudanças, portanto, foram significativas. Ainda que o autor distinga o governo Lula do governo Vargas — no que tem razão, porque os dois momentos históricos são muito diferentes —, é notável como Lula "recria", abre espaços para sua afirmação política e ideológica, de modo muito semelhante a Vargas. E embora em Lula haja um distributivismo menor do que em Vargas, e seu nacionalismo seja menos acentuado, nos dois a nação, o desenvolvimento e a aliança de empresários industriais com a burocracia pública e os trabalhadores têm papel igualmente importante.

André Victor Singer, finalmente, discute o "lulismo", apontando com notável argúcia a mudança, de um lado, da massa do eleitorado, e, de outro, dos intelectuais de esquerda durante o primeiro governo Lula. Enquanto estes últimos abandonam o PT diante das concessões ou compromissos que o presidente faz com a ordem estabelecida, a massa popular, o subproletariado brasileiro, passa a apoiá-lo com vigor, dando origem ao lulismo. Essa mudança não ocorreu como fruto do populismo, mas em consequência de uma política que visou diminuir a pobreza. Singer assinala que o governo foi mais bem-sucedido em relação ao primeiro do que ao segundo objetivo, mas acentua o equívoco daqueles que afirmam que em política econômica o governo Lula nada mudou. No primeiro mandato de Lula, "que abrange o período 2003-05, predominou uma postura ortodoxa, com contenção de despesas públicas, elevação dos juros e uma reforma previdenciária que apontava para a redução de benefícios no serviço público. Enfim, o pacote clássico de 'maldades' neoliberais voltadas para a estabilização da economia por meio da contração dos investimentos públicos e das atividades econômicas em geral. Para além de uma mera opção técnica, o que estava em jogo era uma escolha política, preocupada em evitar a radicalização política por meio do atendimento das condições impostas pela classe dominante... Ocorre que, *quase ao mesmo tempo*, e essa é a parte que foi menos visível, até que os resultados políticos começassem a surgir, houve um conjunto de iniciativas na direção *contrária* às soluções neoliberais. Se, em seus aspectos gerais, a posição neoliberal era a de produzir uma queda nos preços por meio de uma contenção da demanda, o aumento das transferências de renda — a partir do lançamento do Bolsa Família em setembro de 2003 —, a expansão do crédito popular — com o acordo assinado entre sindicatos e bancos no final do mesmo ano —, e a valorização do salário mínimo — a começar de 2004 — deram a partida em um movimento de recuperação da economia por meio do fortalecimento de um mercado interno de consumo de massa".

Na segunda parte do livro, que trata das relações internacionais, Tullo Vigevani e Haroldo Ramanzini Júnior mostram que as mudanças ocorridas nas relações internacionais "fortaleceram o paradigma universalista e diminuíram relativamente o peso da integração regional". A política internacional brasileira respondeu a essa mudança de maneira positiva. "A perspectiva brasileira, particularmente nos governos Lula da Silva e Rousseff, tem sido a de buscar influenciar o sistema internacional com o objetivo de estimular o multilateralismo, de um modo não antagônico aos Estados Unidos, mas considerando o seu enfraquecimento como uma possibilidade concreta".

Rubens Barbosa, por sua vez, faz uma comparação entre o governo Lula e o governo Fernando Henrique Cardoso, e acentua que poucos avanços foram realizados pelo primeiro, embora a retórica fosse bastante diferente.

Em um trabalho revelador, Vera Thorstensen, Emerson Marçal e Lucas Ferraz usam um conceito central do novo desenvolvimentismo: o de que as tarifas alfandegárias fazem pouco sentido se não forem combinadas com a tendência à sobreapreciação cíclica da taxa de câmbio que existe nos países em desenvolvimento que não administram sua taxa de câmbio para mostrar que, "para países com câmbio valorizado, dependendo do nível da valorização, as tarifas consolidadas e aplicadas podem ser anuladas e se tornarem negativas, ou seja, o país está concedendo incentivos às importações e abrindo mão do nível de proteção tarifária negociado na OMC".

Na terceira parte do livro, mais concentrada nas questões econômicas, Ricardo Carneiro acentua a importância do mercado interno para o desenvolvimento brasileiro e discute com clareza as condições macroeconômicas para um crescimento sustentável. José Luis Oreiro assinala que as taxas de crescimento aumentaram a partir de meados dos anos 2000, mas que "o crescimento mais acelerado dos últimos quatro anos, contudo, não é sustentável a médio e longo prazos", e apresenta argumentos conclusivos a respeito, sendo o principal a incapacidade do governo de corrigir a sobreapreciação cambial crônica existente no Brasil, e que se acentuou nos últimos anos. Geraldo Biasoto Junior acentua que "o arcabouço de política econômica criado ao final dos anos 1990, baseado no câmbio flutuante, no superávit fiscal e no regime de metas de inflação, logrou consolidar um ambiente estável para a tomada de decisões pelos agentes econômicos. Aprofundar as condições para que tal arranjo possa se articular melhor com outros instrumentos da política econômica, tanto no âmbito macroeconômico quanto no campo das unidades econômicas, é uma tarefa essencial para garantir que a estabilidade econômica conviva com altos índices de desenvolvimento". Paulo Fernando Fleury analisa com precisão os problemas hoje enfrentados pelo Brasil no campo da infraestrutura. E, finalmente, Maria Lúcia de Oliveira Falcón nos dá uma resposta muito concreta à pergunta mais geral deste livro: o que se pode esperar do Brasil. A autora descreve por dentro, como a alta burocrata pública que é, o Plano Mais Brasil: o PPA 2012-2015. O planejamento, que fora relativamente esquecido, recuperou força no governo Lula com o Plano de Aceleração do Crescimento (PAC), o mesmo acontecendo com a obrigação constitucional de formular o Plano Plurianual (PPA) do Brasil.

Luiz Carlos Bresser-Pereira

Referências

ANDERSON, Benedict. *Imagined communities*. 2. ed. Londres: Verso, 1991.

ARANTES, Paulo Eduardo. *Zero à esquerda*. São Paulo: Conrad, 2004.

BALAKRISHNAN, Gopal; BENEDICT, Anderson (Orgs.). [1996]. *Um mapa da questão nacional*. Rio de Janeiro: Contraponto, 2000.

BRESSER-PEREIRA, Luiz Carlos. An account of new developmentalism and its structuralist macroeconomics. *Brazilian Journal of Political Economy*, v. 31, n. 3, p. 493-502, 2011.

ELIAS, Norberto. [1968]. Introdução à edição de 1968. In: Elias, Norberto. *O processo civilizador*. Rio de Janeiro: Zahar, 2001, v. 1, p. 205-241.

GELLNER, Ernest. O advento do nacionalismo e sua interpretação: os mitos da nação e da classe. In: BALAKRISHNAN, Gopal; BENEDICT, Anderson (Orgs.). [1996]. *Um mapa da questão nacional*. Rio de Janeiro: Contraponto, 2000. p. 107-134.

LIMA SOBRINHO, Alexandre Barbosa. *Estudos nacionalistas*, Rio de Janeiro: Civilização Brasileira, 1981.

RENAN, Ernest. [1882]. *Qu'est-ce qu'une nation?* Paris: Pocket, Agora, 1993.

PARTE I

Política e desenvolvimentismo

1

Uma nova estratégia de desenvolvimento?

ELI DINIZ E RENATO BOSCHI

Após cerca de 70 anos que os países da América Latina se pautaram, em graus diferenciados, por um modelo de desenvolvimento baseado na substituição de importações dirigido pelo Estado, a efetivação das reformas orientadas ao mercado teriam inaugurado um novo ciclo, caracterizado pela adesão à globalização financeira, com a crescente hegemonia do receituário neoclássico. Mais recentemente, a eleição de governos progressistas de esquerda na maioria dos países reintroduziu na agenda a retomada de políticas de cunho desenvolvimentista, caracterizadas por maior intervencionismo, novas modalidades de regulação e recuperação das capacidades estatais (Boschi e Gaitán, 2008a e 2008b; Arnson e Perales, 2007). O consenso, ou até mesmo a possibilidade de segmentos das elites estratégicas se alinharem em favor de tal agenda, contudo, ainda está longe de ser uma realidade. Observa-se assim, no debate público, a presença ainda marcante de uma perspectiva favorável ao mercado que associa, a despeito da crise financeira que se instaurou a partir de 2008, eficiência e bom desempenho econômico à manutenção dos preceitos neoliberais, sobretudo na esfera da estabilidade monetária. Por outro lado, é possível verificar também a revalorização de uma plataforma inspirada na tradição desenvolvimentista, a qual, na perspectiva dos que a ela se opõem, é identificada com arcaísmo, nacionalismo inconsequente, protecionismo e atraso. Assim, a par da perspectiva ortodoxa quanto aos benefícios da coordenação pela via do mercado, se contrapõe um discurso que ainda não teria se imposto eficazmente sobre a necessidade de recuperação de capacidades estatais como um fator de desenvolvimento.

Ideias, interesses e instituições têm tempos distintos e se entrelaçam de maneiras também distintas. A compreensão dessa complexa articulação tem constituído o cerne das discussões em diferentes perspectivas de análise institucional contemporâneas, mas sobretudo naquelas voltadas para a análise comparativa de transformações no capitalismo globalizado.[1] Muito recentemente, a importância da variável tempo tem sido considerada de maneira sistemática nas análises (Pierson, 2004; Palier e Surel, 2005). Isto é verdade, particularmente, no caso das perspectivas que enfocam a mudança institucional e tratam de explicar seja a instauração de certos equilíbrios a partir de trajetórias pregressas, seja a ruptura que se traduz em termos de conjunturas críticas. De particular relevância para a consideração de processos de desenvolvimento é o fato de que somente em uma dimensão temporal de longo prazo é possível avaliar os resultados das políticas adotadas, mesmo porque nem todos os efeitos das políticas são conhecidos ou mesmo esperados com clarividência no momento de sua implementação. As decisões sobre políticas dessa natureza, na maioria das vezes, envolvem acumulação de experiências e a produção de novas ideias capazes de se impor, de serem processadas pelas instituições e, por fim, de serem alavancadas por coalizões de apoio, assim determinando correções de rotas em trajetórias pregressas. Daí a importância de se avaliar a visão de segmentos das elites estratégicas, como, por exemplo, das elites em posições estratégicas para a tomada de decisões de impactos a longo prazo. Tais elites se constituem, em última análise, na base de apoio para uma possível agenda política neodesenvolvimentista. Nesse cenário, as instituições políticas desempenham papel decisivo, posto que constituem o filtro através do qual novas agendas são produzidas e postas em prática nos diferentes contextos nacionais.

---

[1] Ver Amable (2003), Boyer (2005), Campbell e Pedersen (2007), Crouch (2005), Crouch e Farrell (2004), Deeg (2005), Deeg e Jackson (2007), Hall (2007), Jackson e Deeg (2006) e Thelen (2004).

Uma agenda desenvolvimentista para a América Latina?

Quais seriam alguns dos aspectos de uma nova agenda para a América Latina? Parece claro que os caminhos que se delineiam para a retomada do crescimento têm a ver com a definição de um modelo de desenvolvimento que combinaria elementos de trajetórias, recuperando o papel protagonista do Estado que remonta ao período desenvolvimentista, mas ao mesmo tempo incorporando alguns elementos do modelo instaurado pelo processo das reformas de mercado. O resultado seria uma síntese institucional que se expressaria em uma modalidade de desenvolvimento que vem sendo chamada de "novo desenvolvimentismo" no debate brasileiro (Bresser-Pereira, 2005, 2006 e 2009) e que teria sua contrapartida externa na preocupação da Cepal — hoje Cepalc, Comissão Econômica para a América Latina e o Caribe — com a retomada da tradição estruturalista, adaptada e redefinida aos novos tempos (Machinea e Serra, 2007).

A dimensão social, relegada a segundo plano durante quase todo o período do desenvolvimentismo, aparece agora fortemente como prioritária no cenário pós-neoliberal, retomando o veio apontado pela proposta da Cepal nos anos 1980 de "crescimento com equidade". No que se refere a esse aspecto, novamente pode-se dizer que o debate comumente marcado pela ênfase no caráter assistencialista da política social encontra-se defasado, posto que agrupa tanto os setores conservadores quanto os segmentos da esquerda radical, numa crítica veemente às políticas focalizadas de combate à pobreza e à desigualdade que estão sendo implementadas em diversos países da América Latina, além do Brasil, com resultados bastante positivos. Trata-se, na verdade, de um conjunto de políticas que se complementam entre si, todas voltadas para a incorporação de setores sociais excluídos e que, no caso específico do Brasil, significaram a inclusão de amplos segmentos da população no consumo, gerando mesmo uma modalidade de crescimento fundado na "expansão da fronteira social".

A ênfase nessas orientações de política por governos progressistas pode ser interpretada como uma resposta aos parcos resultados das reformas de mercado no que diz respeito à incorporação social e deve ser entendida hoje como uma dimensão central do processo de desenvolvimento, quanto mais não seja pelo fato de essas políticas significarem a incorporação de amplos segmentos ao consumo, favorecendo assim uma dinâmica de crescimento orientada para o mercado interno. No quadro da crise dos mercados que se instaurou a partir de fins de 2008, essa perspectiva aparece como ainda mais estratégica do ponto de vista da competição dos chamados países emergentes na globalização. Dessa forma, insistir na futilidade dos intentos de política social seria tão inadequado quanto negar, em nome de uma visão pró-intervenção estatal, a importância das políticas de estabilização, sobretudo o controle da inflação, como um fator positivo na geração de renda e no crescimento.

É por isso que a nova agenda de desenvolvimento no cenário pós-reformas se caracteriza pela valorização da estabilidade, pela incorporação das políticas de combate à pobreza e à desigualdade como um fator de crescimento e, finalmente, por novas modalidades de intervencionismo estatal que incluem desde políticas industriais até a renacionalização de recursos estratégicos, numa linha de geração de capacidades institucionais estatais.

Se certas instituições podem ser apontadas como centrais numa rota de desenvolvimento, é necessário identificar também como elas podem fazer a diferença. Como se viu, as políticas nessa área dependem fundamentalmente de como são implementadas, do jogo político entre os atores encarregados de executá-las, da natureza das coalizões de governo que se logra estabelecer para dar suporte a uma plataforma desenvolvimentista e também das trajetórias prévias, em termos tanto do modelo desenvolvimentista anterior quanto do tempo e da maneira de as reformas incidirem sobre tal percurso.

No que tange ao papel das elites, deve-se destacar também a importância de visões prévias acerca do Estado como um anteparo ao discurso pró-mercado construído por redes de profissionais articulados nas comunidades epistêmicas. Frequentemente, essas visões e suas consequências são ofuscadas pela percepção estereotipada da polaridade Estado/mercado.

No Brasil, como se sabe, as reformas setoriais ocorreram muito tardiamente em relação a outros países da América Latina e também avançaram menos, dando espaço a um maior aprofundamento do antigo modelo desenvolvimentista. O processo de privatização — bem como outras reformas posteriores — sofreu a oposição de setores organizados, que conseguiram, se não bloquear, pelo menos atenuar o seu alcance. Os setores empresariais, caracterizados por forte pragmatismo e organizados em associações corporativas, e uma teia de outras entidades à sua margem foram em geral receptivos às reformas, muito embora a abertura tivesse impactado diferentemente distintos segmentos da indústria (Diniz e Boschi, 2004 e 2007). As reformas ocorreram quase simultaneamente ao processo de redemocratização, com eleições diretas para a Presidência, e conquanto tivessem envolvido surpresas, ocorreram sem o recurso ao *switch* (Stokes, 2001) ou a violação das plataformas pré-eleitorais de governo. Cumpre salientar também que a reforma do Estado preservou certos núcleos de excelência técnica e burocrática e que foram mantidas instituições de fomento como o BNDES, que, no período de transição, ficou encarregado de implementar as privatizações, preservando um protagonismo que se fizera presente durante a fase desenvolvimentista. No caso brasileiro, em termos de tempo, teriam operado as chamadas vantagens do atraso (Gershenkron, 1962) no que tange à implementação de políticas de reforma, algumas das quais, em outros contextos, foram responsáveis pela destituição de capacidades estatais.

No contexto dos regimes democráticos que se instauraram na América Latina, deve-se levar em conta também a variação, em países da região, do conjunto de instituições que viabilizam, em última análise, a produção de suas respectivas agendas. Nesse sentido, as instituições devem ser avaliadas em termos de sua capacidade de produzir governos legítimos com lideranças não contestadas e instituições enraizadas. É importante, assim, considerar alguns fatores de ordem política, salientando-se, neste particular, uma dimensão relativa à governabilidade em termos das coalizões que chegam ao poder e buscam implementar uma plataforma de cunho mais desenvolvimentista. As coalizões dos dois governos Lula eram altamente fragmentadas e compostas de partidos à direita e à esquerda no espectro ideológico, sendo portanto necessário lidar com o pragmatismo de uns e o dogmatismo de outros, o que acabou por dificultar sobremaneira a tarefa de definir e obter apoio para um projeto de mais longo prazo.

Um traço distintivo da nova plataforma desenvolvimentista é a clara incorporação da dimensão social como prioridade. Muito possivelmente, neste particular, a despeito de resistências, talvez estejamos assistindo a uma redefinição dos quadros de referência das elites quanto à importância de se integrar no consumo, mediante políticas sociais, segmentos antes excluídos. A nova plataforma caracteriza-se assim por um desenvolvimento que combina valorização da estabilidade (controle da inflação), disciplina fiscal e maior independência em relação às agências multilaterais com políticas focalizadas de redução da pobreza. O neointervencionismo representa, assim, um modelo híbrido de coordenação econômica efetuada de maneira centralizada e a partir do mercado. Nesse sentido, a nova modalidade de intervenção não representa uma volta ao Estado produtivo, mas apenas um maior grau de coordenação estatal da esfera econômica, com maior espaço para as atividades de regulação e controle, com esquemas de intervenção na esfera da produção que não ocupam papel central, mas estratégico.

A crise internacional confirmaria, assim, a necessidade de se enfatizar a tensa relação que se costuma estabelecer entre política e desenvolvimento socioeconômico. Em princípio, para além de todo o corpo teórico-programático, a aplicação dos projetos de desenvolvimento que se dá no âmbito das unidades nacionais implica, para seu êxito, um conjunto de leis e regulamentações, além de aparatos administrativos com capacidade e poder para fazer com que sejam cumpridas. Nesse sentido, mesmo em face da crescente globalização e interdependência dos Estados no âmbito do sistema mundial, a política está longe de perder importância.

A existência de pontos de inflexão e, consequentemente, de novos pontos de equilíbrio desejáveis dependeria das coalizões de apoio a uma plataforma desenvolvimentista pós-neoliberal. A maior ou menor capacidade revelada pelos sistemas políticos para gerar consensos em torno de certo núcleo mínimo é uma característica central em todo modelo de desenvolvimento. Parte-se aqui da consideração do desenvolvimento como um projeto nacional, que deve contar com a participação dos diversos atores sociais — empresários, trabalhadores, políticos, técnicos do governo. Trata-se, pois, de recuperar a ideia de projeto nacional, agregando também a dimensão regional. Assim como a bibliografia ressalta, analisando as experiências históricas, que não há casos de desenvolvimento sem um papel ativo do Estado (Stiglitz, 1998a; Rodrik, 2004), nenhum país se desenvolveu também sem um projeto claro de expressão do sentimento de nação (Bresser-Pereira, 2009).

A viabilidade de estratégias de desenvolvimento vincula-se à construção de um projeto nacional, sem que isso signifique necessariamente nacionalismo, em seu sentido clássico. Na realidade, "nacional" refere-se, em primeiro lugar, a um projeto que conte com o consenso de atores representativos e também que renuncie às políticas impostas por organismos multilaterais ou países centrais e formule caminhos de desenvolvimento mais condizentes com a própria realidade. Embora nem sempre tais soluções sejam óbvias para as elites em posições decisórias, pode-se afirmar que os países que mais avançaram nas reformas estruturais foram aqueles que conservaram maiores graus de liberdade para implementar uma agenda neodesenvolvimentista e que relutaram em copiar modelos a partir uma doutrina ecumênica, seguindo caminhos próprios. Esta é, em suma, a natureza da agenda pós-neoliberal na direção de um novo projeto de desenvolvimento.

Elites estratégicas e desenvolvimento no Brasil no governo Lula

Neste capítulo, analisaremos a percepção de importantes segmentos da alta burocracia estatal, alçada aos cargos de direção de órgãos do Executivo com a vitória do presidente Lula nas eleições de 2002, o que configurou um novo núcleo de elites estratégicas no período pós-reformas orientadas ao mercado, marca da década de 1990. Nesse contexto, uma vez ultrapassada a conjuntura crítica das reformas, o embate de ideias assume o primeiro plano. Nesse quadro de alternância do poder, representada pela vitória de um líder e de um partido de centro-esquerda, torna-se oportuno avaliar como as elites acima referidas pensam os rumos da política econômica nacional, as linhas de continuidade e mudança no decorrer das duas últimas décadas e os possíveis encaminhamentos do processo de desenvolvimento que se delineia para o Brasil. Três perguntas adquirem centralidade:

- É possível detectar a configuração de um novo regime produtivo coordenado pelo Estado no Brasil do século XXI? É possível identificar a formulação de uma nova estratégia de desenvolvimento para o país?

- Que segmentos do aparato estatal se destacam na tomada de decisões voltadas para a construção dessa estratégia de desenvolvimento?
- Quais as suas principais dimensões? Que coalizões a sustentam?

A análise baseia-se em entrevistas em profundidade realizadas com integrantes dessa elite situados em posições estratégicas em órgãos diretamente ligados à Presidência da República, em ministérios relacionados a políticas industrial e de desenvolvimento, além de instituições ligadas a pesquisa, produção de análises e formulação de ideias. Assim, na Presidência da República, foram realizadas três entrevistas. No Ministério da Fazenda, duas entrevistas; no BNDES, sete; e no Ministério de Desenvolvimento Social, duas. Nos ministérios do Planejamento, Orçamento e Gestão, de Ciência e Tecnologia, do Meio Ambiente e na Secretaria de Assuntos Estratégicos, foi realizada uma entrevista em cada um deles. No Ipea foram sete entrevistas e, finalmente, na Cepal, uma. Ao todo foram feitas 28 entrevistas entre fevereiro e novembro de 2010.

Quanto ao perfil intelectual dos entrevistados, cabe notar que todos têm formação de nível superior. Economia é a profissão dominante entre as elites entrevistadas: 18 são economistas, um dos quais também estatístico. Entre os demais, há três cientistas políticos, um sociólogo, um diplomata, um assistente social, um formado em filosofia e direito, um em letras e literatura, um em comunicação e direito e um em geografia. Dez são professores universitários de importantes universidades do país. Ademais, 24 têm pós-graduação, sendo seis mestres e 18 doutores, um deles com pós-doutorado no exterior. Tratando-se de cargos de primeiro escalão, 18 foram nomeados pelo presidente ou pelo ministro da pasta, e oito são funcionários de carreira, portanto, concursados.

Agenda pública: continuidade ou mudança?

O primeiro aspecto salientado no roteiro das entrevistas visava detectar a visão do entrevistado acerca da controvérsia continuidade x mudança, que marcou o debate público durante todo o governo do presidente Lula, intensificando-se durante as campanhas eleitorais. Embora as respostas não tenham sido uniformes, predominou a percepção de que os dois aspectos estiveram presentes na ação do governo em diferentes momentos e com intensidades distintas. Cabe destacar três tipos de percepção.

A primeira atribui primazia à continuidade, durante o primeiro mandato, sobretudo na condução da política macroeconômica, marcada pela prioridade atribuída a estabilização econômica, metas de inflação, superávits primários elevados, juros altos, política fiscal restritiva e flexibilização da taxa de câmbio. Observa-se a hegemonia do grupo monetarista, orientado pela ortodoxia convencional. Essa visão não apenas teria sido dominante, mas teve também poder de veto sobre as decisões. Tal política teria no Banco Central, dotado de ampla autonomia operacional, no Conselho Monetário Nacional (CMN) e no Comitê de Política Monetária (Copom) as agências governamentais responsáveis pela consecução de suas metas. O apoio de uma aliança conservadora, integrada pelo setor financeiro, pelos investidores institucionais, como os fundos de pensão, companhias de seguro, entre outros interesses, garantiria seu suporte político.

Na perspectiva da continuidade, alguns entrevistados enfatizaram o longo prazo, salientando que, no geral, observa-se um fio condutor do ponto de vista institucional e das políticas implementadas a partir da Constituição de 1988 e, sobretudo, da década de 1990 em diante. Nesse grupo, a grande ruptura percebida foi a conquista da estabilização, além de outras consecuções no plano das reformas econômicas, como as privatizações.

A segunda percepção vê a primazia da mudança a partir do segundo mandato, quando se verifica a ampliação, no governo, do espaço ocupado pelo grupo desenvolvimentista. Essa visão encontra seu lócus de expressão principalmente na Casa Civil e no BNDES, e, em menor grau, no Banco do Brasil e na Caixa Econômica. De certa forma, o Programa de Aceleração do Crescimento (PAC) simbolizaria a expansão da influência desse núcleo mais desenvolvimentista, configurando-se como um ponto de inflexão. Lançado pelo governo Lula em janeiro de 2007, o PAC teve como proposta estimular o crescimento da economia através do investimento em obras de infraestrutura, principalmente portos, ferrovias, geração de energia, com destaque para a construção de grandes hidrelétricas, saneamento básico, entre outros itens importantes de uma pauta desenvolvimentista. Outro marco apontado foi a Política de Desenvolvimento

Produtivo (PDP), lançada em maio de 2008, com o objetivo de coordenar as ações do governo de incentivo ao desenvolvimento industrial do país. Elaborada sob a supervisão do Ministério do Desenvolvimento, Indústria e Comércio Exterior (MDIC), teria sido de fato produzida pelo BNDES, principal órgão de fomento do país, destacado como o principal propulsor da visão desenvolvimentista.

Finalmente, para um terceiro conjunto de entrevistados, o primado das mudanças já se fazia sentir desde o primeiro mandato do governo Lula, combinado, porém, com a preservação da estabilidade, cuja relevância jamais foi negada. Segundo essa percepção, a inflexão poderia ser situada entre 2005 e 2006, com a saída de José Dirceu da Casa Civil, em junho de 2005, seguida da demissão de Antonio Palocci do Ministério da Fazenda, em 27 de março de 2006. Houve, então, uma importante reestruturação do núcleo central da burocracia econômica, com a nomeação da ministra Dilma Roussef para a Casa Civil e de Guido Mantega para o Ministério da Fazenda. Economista de formação desenvolvimentista, Mantega reestruturou o primeiro escalão da Fazenda, abrindo espaço para uma reorientação pró-crescimento econômico. Ademais, em função dos instrumentos que o ministro da Fazenda controla, foram tomadas certas medidas na área da desoneração tributária, incentivos a setores industriais, capitalização das agências de financiamento, como o BNDES, o Banco do Brasil e a Caixa Econômica, o que possibilitou a revitalização e a expansão da economia sem ameaçar a estabilização da moeda.[2]

[2] Segundo um relato: "Você tem mudanças, a despeito da óbvia continuidade de políticas macro, especialmente no primeiro mandato. E há mudanças entre os dois governos Lula. Quanto ao primeiro mandato Lula em relação ao governo FHC, a mudança consiste em uma ênfase social. A mudança está basicamente na política de salário mínimo e na política de transferência de renda. Ou seja, embora ambos sigam canonicamente uma política de enfoque nos pobres, eu acho que isso é prioritário no governo Lula. Se o governo Lula se distingue dos demais é por uma ênfase consistente nos pobres. Pode-se discutir a forma como isso é feito, se está seguindo o Banco Mundial... Mas, como há tantos pobres, se a gente pensa que o universo do Bolsa Família deve estar abrangendo agora 14 milhões de famílias e, como não é só o Bolsa Família, mas você tem um aumento real do salário mínimo, que aí pega um elenco muito grande de pessoas, muito além dos beneficiários do Bolsa Família; e você tem, especialmente no segundo mandato, um alargamento do crédito para famílias de classe mais baixa, enfim, todo esse conjunto de políticas traduz uma prioridade para o chamado povão. Através de vários instrumentos, através da Caixa Econômica, o crédito consignado para o funcionalismo público, as políticas do microcrédito do Banco do Nordeste, você vai juntando

Um novo modelo de desenvolvimento?

A segunda dimensão abordada no roteiro das entrevistas foi a percepção quanto à existência de um novo modelo de desenvolvimento sob a égide do governo Lula. Nesse sentido, observa-se um consenso em relação à impossibilidade de se identificar um modelo consistente de longo prazo aglutinando distintos aspectos de uma plataforma nitidamente desenvolvimentista. Entre os que apontam a inexistência de um modelo claramente definido sobressaem aqueles que salientam a centralidade de alguns mecanismos indutores — viabilizados principalmente por um novo padrão de atuação do BNDES — na construção de uma perspectiva distinta.[3]

Contudo, um grupo considerável dos entrevistados apontou a existência de uma agenda desenvolvimentista cujas condições se delineiam entre 2005 e 2006 e ganham força a partir do segundo mandato. Tal agenda estaria pautada por uma ênfase na inclusão social e uma visão estratégica sobre a expansão do mercado interno de consumo de massas como elemento propulsor de uma nova modalidade de crescimento. Em alguns casos, como se pode observar, por exemplo, entre alguns economistas entrevistados, tal visão sobre um modelo calcado na demanda e articulado em torno da inclusão social como prioridade é bastante clara e específica. Ressalvando simultaneamente a relevância da inserção externa como um suporte dessa estratégia, a ideia de se fazer crescimento com redistribuição de renda estava bem definida desde a campanha eleitoral de 2002, tendo essas ideias figurado na plataforma da coalizão eleitoral da candidatura Lula à Presidência da República. Ademais, essa proposta aparece também no Plano Plurianual de 2004-2007. Através de diferentes mecanismos apa-

---

todas essas coisas, não é de se espantar que o índice de popularidade do presidente Lula seja tão alto" (entrevista nº 1 com ex-diretor do BNDES).

[3] Ver o seguinte relato: "Eu não vejo que exista hoje um projeto claro, acabado, percebido. Ele não tem uma definição, um contorno claro: 'Olha, o projeto de desenvolvimento brasileiro é esse'. Agora, eu acho que há elementos que podem talvez, ao longo dos próximos anos, dar noção disso. Por exemplo, eu acho que existe, talvez o traço mais marcante seja o de se considerar a possibilidade de se criar uma sociedade de consumo de massa; como um ativo do Brasil. O Brasil tem uma população grande, uma população que, grande parte dela, não está incluída; e, naturalmente, o combustível do desenvolvimento — e aí eu estou falando de um ponto de vista muito mais econômico — é a demanda no final das contas" (Entrevista nº 25 realizada com técnico do BNDES).

rentemente desconexos, tais como a expansão do crédito, o aumento do salário mínimo, a expansão dos empregos formais, as políticas sociais e o crédito consignado (demanda das próprias centrais sindicais) foi se criando uma dinâmica de crescimento fundada na expansão do mercado interno. Dessa forma, uma opção de natureza política encontra respaldo em medidas de caráter técnico que estariam subjacentes a um novo modelo de desenvolvimento.[4]

Finalmente, em uma das entrevistas realizadas, aparece de maneira bastante sugestiva a dimensão central e inovadora de uma nova perspectiva de desenvolvimento que consiste na articulação de crescimento econômico com distribuição de renda, redução da vulnerabilidade externa, equilíbrio macroeconômico, democracia e inserção internacional competitiva.[5]

Avaliação da estabilidade econômica: convivência de perspectivas?

Um aspecto compartilhado por praticamente todo o conjunto de entrevistas é o fato de que a estabilidade econômica representou uma conquista incorporada como um valor suprapartidário e acima de visões ideológicas concorrentes. De acordo com algumas visões, a centralidade da estabilização representou um divisor de águas, tornando se o eixo de qualquer esforço de crescimento econômico posterior.

Além disso, por forte imposição conjuntural no plano internacional, os dois primeiros anos do governo Lula foram marcados pela necessidade

[4] O seguinte depoimento ilustra esse ponto: "Então, esse modelo de crescimento com distribuição de renda é um modelo que foi implantado no governo Lula, e é uma inflexão, porque você coloca dentro de uma estratégia de desenvolvimento o elemento social. Porque o social era tratado como uma questão de justiça, mas não como algo que podia ajudar, que podia se inscrever na lógica de operação da economia. Agora, o social passa a se inscrever na lógica de operação; não só por justiça social. Tem mais uma coisa que é importante, que não era só sobre justiça social. Como é que o econômico entrava antigamente? Entrava porque você melhorando as condições de vida da população, você melhora a produtividade. Era assim que entrava. Por essa via é que entrava na economia. Você melhora a educação, então isso aumenta a produtividade; então é bom para a economia. Agora tem um terceiro elemento, que é o fato de que você pagando melhores salários e distribuindo melhor a renda, isso alimenta um processo de crescimento diferente do passado. Essa é uma inflexão" (Entrevista nº 11 realizada com economista da Cepal).

[5] Entrevista nº 3, realizada com assessor da Presidência da República.

de se enfrentar uma crise financeira e uma ação de desestabilização do governo, independentemente de sua adesão, entre outras coisas, aos princípios ortodoxos de política macroeconômica, pelo temor do retorno da inflação.[6]

Outro aspecto diz respeito à percepção de que a manutenção da estabilidade não era contraditória à agenda desenvolvimentista em processo de implementação pelo governo Lula. Dessa forma, mantidos os fundamentos da política macroeconômica, preservar-se-ia um núcleo de interesses potencialmente conflitante em relação a qualquer mudança nessa área e mesmo em relação à persecução de outras metas no plano da política social.[7]

[6] Segundo relato de ocupante de altos cargos no MCT (entrevista nº 20): "o início do governo Lula, no seu primeiro mandato, foi muito fortemente marcado pela necessidade de confrontar uma crise financeira em curso, uma ação de desestabilização econômica do governo — que se materializou em ataques especulativos contra a própria moeda brasileira, contra o real —, o que exigiu uma política macroeconômica extremamente ortodoxa para lidar com a crise em curso. Então, foi uma espécie de política... Um freio de arrumação, na verdade, na economia, que era fundamental, na minha apreciação, para criar condições de governabilidade para o governo. Então, isso se traduziu numa política macroeconômica extremamente dura, em termos de ter elevado a taxa de juros muito fortemente para combater o ataque especulativo contra a moeda, e numa política forte de ajuste fiscal, de contenção de gastos públicos". Nas palavras de outro entrevistado, ocupante de cargo diretamente ligado à Presidência da República (entrevista nº 2): "Vamos respeitar contratos. Mas a primeira metade da Carta ao Povo Brasileiro faz um diagnóstico da situação econômica do país, do que nós chamávamos de fracasso do neoliberalismo, da necessidade de adotar um novo modelo de desenvolvimento. E diz assim: 'mas dadas as condições do país, não será possível adotar esse novo modelo de imediato. Primeiro, será necessário recuperar a estabilidade econômica, criar as condições para que o país volte a crescer de modo consistente e duradouro, a perspectiva de um ciclo'. Sempre foi para nós uma coisa assim de Celso Furtado, que era preciso ter um ciclo de desenvolvimento sustentado. Era a crítica também do voo da galinha. Então, nós adotamos, nos primeiros dois anos, uma política macroeconômica bastante parecida com a do governo anterior, sim, mas já, primeiro, com a convicção — que não é de toda a esquerda — de que a estabilidade é muito importante para um projeto de desenvolvimento. E, depois, com uma avaliação política de que o povo brasileiro valorizava tanto a estabilidade, e ela era um mérito do governo anterior, que se nós não valorizássemos, tinha um problema político aí também, não era só um problema econômico".

[7] "O Lula sabe muito bem o que está fazendo. Se perguntarem o que é a regra de Taylor ele não vai saber. Mas ele sabe muito bem as consequências da política econômica que está sendo feita. O fato de a imprensa insistir na imagem de que ele é ignorante é extremamente conveniente para ele, porque lhe dá uma margem de manobra muito maior. Da mesma forma que o Fernando Henrique sabia muito bem os efeitos da manutenção da âncora cambial no primeiro mandato. Agora, o líder sindical pode ser descrito pela imprensa como desavisado. Mas ele sabe perfeitamente as consequências da política econômica que ele faz. Acho que a autonomia concedida ao BC e a política monetária que ele implantou fazem parte de um compromisso que ele estabeleceu em 2002, antes das eleições, e que se mantém até hoje. Esse

Ademais, como se sabe, no bojo da crise política que afetou o governo no primeiro mandato situava-se a questão da incompatibilidade entre fundamentos ortodoxos na condução da política econômica e o projeto de país do PT, alinhando um conjunto de militantes mais radicais contra essa combinação de visões.

Na verdade, pode-se dizer que há um frágil equilíbrio entre essas duas agendas que, em geral, é percebido pelos entrevistados e expressado de diferentes maneiras. Uma delas consiste em afirmar que essa convivência é altamente vulnerável a crises, além de pôr em risco a competitividade do setor industrial brasileiro.

Dimensão social: cerne do novo modelo?

Como já salientado, a prioridade atribuída à dimensão social no novo modelo de desenvolvimento é compartilhada pela quase totalidade dos entrevistados. De fato, a possibilidade aberta pela inclusão social como sustentáculo desse modelo é vista como fundamental, tanto por permitir uma alternativa de crescimento voltada para o mercado interno e à qual se alia o tamanho da população quanto por direcionar o crescimento para aqueles setores e regiões menos favorecidos e, portanto, com mais potencial para a implementação de esforços paralelos em termos de melhoria de infraestrutura, indústria e outros. Em outras palavras, a política social seria a alavanca para a revitalização do capitalismo nacional e a reestruturação de setores da população e de regiões com capacidade de atração de investimentos. Mais que isso, a política social não se restringiria ao programa Bolsa Família, embora este tenha adquirido alta visibilidade, sinalizando a opção de combater a exclusão social. Outros componentes envolveriam desde a política de valorização do salário mínimo, de ampliação do crédito às grandes e pequenas empresas e de inclusão bancária com fornecimento de linhas de crédito ao consumidor a políticas de aposentadoria, como os benefícios de prestação continuada, entre outros. Enfim, trata-se de um conjunto de iniciativas, irradiadas a partir do Ministério do Desenvolvi-

---

grupo desenvolvimentista ganha mais espaço, como disse, mas a hegemonia continua sendo do Banco Central e da Fazenda, mais essencialmente do Bacen" (relato de economista ex-diretor do BNDES, entrevista nº 1).

mento Social, que se complementam entre si e com iniciativas de outras esferas do governo. A imagem que se veiculou do programa era apenas a de uma política focalizada e, portanto, de alcance limitado. Porém, dentro dessa agenda social mais ampla, como ressaltaram vários entrevistados, o impacto de tais políticas é mais amplo.[8]

Embora definida como prioridade a partir do governo Lula, alguns entrevistados deram destaque ao fato de que a Constituição de 1988 constituiu um marco na medida em que instituiu a universalização da previdência, da saúde, da educação, da proteção aos idosos, entre outros, o que corresponderia a situar a política social num plano prioritário. Nesse sentido, poder-se-ia dizer que haveria uma continuidade no direcionamento dessa política a partir da Constituição de 1988. Contudo, as decisões de como implementar os diferentes campos da política social, bem como de definir o montante de investimentos, são decisões eminentemente políticas, que só passam a ser consideradas prioritárias com o governo Lula.[9]

[8] A propósito do Bolsa Família, um entrevistado informou: "E o Antonio Cândido estava me dizendo isso outro dia lá em São Paulo; eu, no início, não entendia o que o Lula queria com o Bolsa Família. Agora eu vejo que é aquele nosso tema do mercado interno de massas. Quer dizer, é uma política social, mas tem uma funcionalidade macroeconômica, inclusive [...] E de outras políticas que as pessoas não falam muito, como o Pronaf (Programa Nacional de Financiamento da Agricultura Familiar), que é o financiamento da agricultura familiar [...]. E um dos principais itens do nosso programa de 2002 era a criação, no Brasil, de um mercado interno de consumo popular. E no discurso estava vinculado com a inclusão social. A inclusão social tinha uma motivação ética, mas tinha um sentido até econômico, até macroeconômico, e o Bolsa Família estava aí. O Bolsa Família põe R$ 12 bilhões e vai para onde? É um pouquinho de comida, um pouquinho de vestuário, mas não foi só aí, por exemplo, já são R$ 105 bilhões do crédito consignado, o crédito com desconto na folha de pagamento, que, aliás, foi uma proposta da CUT que o governo acolheu que também vai para o consumo. Então, algumas medidas são para consumo mesmo, nem são sociais, e, sim, para consumo, antes da crise. Isso criou anticorpos para a crise. A política de expandir o crédito, ampliar o consumo, não tem nada menos neoliberal. Ampliar o investimento público que não começou com a crise. Começou em 2005, o próprio salário mínimo tem uma parte de conta pública, porque é a Previdência e com o PAC, não é? No segundo mandato, mas muito antes da crise. Eu não tenho dúvida de que houve uma inflexão desenvolvimentista no início do segundo governo. E aí as coisas vão se juntando, porque nós éramos críticos, continuamos críticos, da política do Estado mínimo, para usar essa terminologia, da redução do tamanho do Estado num país como o nosso" (entrevista nº 2).

[9] "Em termos de continuidade, o que eu vejo é o seguinte: nos anos de 1990 e também na década atual, a gente teve uma continuidade muito grande na parte, por exemplo, de política social, [...] mas também tem mudança. [...] Grande parte do que a gente decidiu, do que a sociedade brasileira decidiu para gastos, por exemplo, com a política social, em termos de uma política previdenciária, de proteção aos idosos etc., isso está na Constituição, não é? O

Papel do Estado: recuperando capacidades?

A visão comumente disseminada acerca do papel do Estado, numa vertente liberal reforçada com a vigência das reformas orientadas ao mercado, é de que a expansão do Estado constitui um aumento supérfluo do gasto público, com inchaço da burocracia e desperdício de recursos. A visão alternativa e que marcou o debate político na última década foi a insistência no fato de que era necessário reaparelhar o Estado, recuperando sua capacidade de intervenção, a fim de possibilitar o enfrentamento das novas prioridades da agenda pública.

Esta última perspectiva emerge de maneira bastante clara do conjunto das entrevistas. Observou-se um nítido consenso acerca do papel estratégico do Estado na retomada do desenvolvimento do país, em contraste com a perspectiva pró-mercado impressa pelo governo anterior. Ao enfatizarem o Estado, porém, os entrevistados tomam como referência a burocracia governamental do Poder Executivo, ao mesmo tempo que conferem um papel mais periférico e, em alguns casos, negativo às elites políticas e ao Congresso. A pergunta sobre a iniciativa das mudanças ocorridas encontra na identificação das agências ligadas ao Executivo grande parte das respostas dos entrevistados. Entre tais agências, foi destacado um núcleo constituído, principalmente, pelo Ministério da Fazenda, após a crise política de 2005, pelo BNDES (considerado o motor do projeto de desenvolvimento, com *status* de ministério, em função de seu papel indutor e da formulação de uma política industrial), pela Casa Civil, por assessorias da Presidência da República, pelo Ministério da Ciência e Tecnologia e por algumas em-

---

que faltou [...] embora isso esteja na Constituição, foi aos poucos se estruturando, ao longo dos anos 1990 e no governo atual. Então, isso está na Constituição e a gente tem uma continuidade muito grande na direção que o Brasil toma pós-1988. [...] Isso se reflete também muito claro na estrutura de gastos. A estrutura de gastos no Brasil, tanto no governo Fernando Henrique quanto no governo Lula, o que aumenta muito são gastos sociais. Então, isso reflete um pouco uma escolha social que foi feita e que está na nossa Carta Constitucional. Nesse aspecto, eu tenho uma continuidade, mas eu também tenho uma mudança. Em que sentido? O que está definido na Constituição é isso [...] a proteção ao idoso, a universalização da previdência, da saúde etc. [...] Quanto de fato eu vou dar para proteger o idoso ou então qual vai ser a renda do aposentado, isso é uma decisão política e, nesse aspecto, o governo atual, ele fez uma opção política muito clara. [...] Então, essa coisa de eu dar aumentos grandes de salário mínimo para ter um mercado interno mais pujante, isso foi uma política de governo" (entrevista nº 10 com pesquisador do Ipea).

presas estatais, como a Petrobras, estas últimas citadas como fundamentais no processo de alavancagem do capitalismo brasileiro. A expansão de um modelo ancorado na formação de um forte mercado interno seria também propiciada pela atuação do Banco do Brasil e da Caixa Econômica Federal. As entrevistas com técnicos do BNDES foram unânimes em ressaltar o papel estratégico de um banco de desenvolvimento que atua no sentido de tornar competitivo o capitalismo nacional, inclusive articulando projetos do MCT na área de inovação, pesquisa e desenvolvimento.[10] Outros entrevistados apontaram o BNDES e o Itamaraty como segmentos de excelência dentro do aparato estatal, responsáveis pela condução de dois importantes pilares da agenda de desenvolvimento do governo: os planos interno e externo.

Por outro lado, muitos salientaram, num veio crítico, aspectos como a ausência de coordenação entre agências de governo, o esvaziamento da função de planejamento e objetivos de longo prazo, já que o Ministério de Planejamento, Orçamento e Gestão sofreu ao longo do tempo um processo de deslocamento de sua função de planejamento para se concentrar na questão orçamentária.[11]

---

[10] Segundo entrevistas com técnicos do BNDES: "O banco hoje é assim, enorme, comparado por qualquer parâmetro. Ele se confunde com o desenvolvimento nacional. Você não consegue imaginar hoje um projeto de desenvolvimento que não esteja associado ao BNDES" (entrevista nº 22). "O BNDES, em especial por conta da composição da sua diretoria, em especial do seu presidente, certamente é uma célula muito forte de um projeto, de algo que se pode chamar de um projeto de desenvolvimento para o país" (entrevista nº 23). "O BNDES é isso: é um instrumento de Estado que tem uma missão voltada para o desenvolvimento. O MCT e a Finep [também são núcleos importantes], acho que até por ter identificado a inovação como um dos pilares, por aumentar os investimentos com participação do PIB em inovação e centros de P&D" (entrevista nº 24).

[11] Segundo entrevista de técnico do Ipea já citada (entrevista nº 10): "Então, [...] dar aumentos grandes de salário mínimo para ter um mercado interno mais pujante, isso foi uma política de governo. [...] Quando você olha a direção do gasto público no Brasil, ao contrário do que se fala, de que o Estado público é inchado, [...] no Brasil de 1990 até hoje, basicamente, o aumento no gasto se concentra em Previdência e política social. O gasto do setor público com funcionário da ativa, hoje, basicamente é a mesma coisa que era há 15 anos. Então, ele não aumentou quase nada. O Estado não inchou". Outra entrevista realizada com técnico do BNDES (entrevista nº 25) salienta como a centralidade conferida à agenda econômica no passado recente teria enfraquecido a função de planejamento: "Infelizmente, acho que teve [...] um desmonte da capacidade do Estado, [...] quem circula muito por Brasília percebe que houve uma superexposição e um reforço até, sob o ponto de vista político, muito grande, derivado da situação econômica [...] do Ministério da Fazenda, às custas de outras estruturas

Outra dimensão importante acerca do papel do Estado diz respeito à qualidade da burocracia pública em termos de qualificação, preparo e formas de recrutamento. Embora se possa observar um enorme esforço na recuperação de capacidades estatais num veio weberiano, fato que se expressa na realização de concursos a partir do governo Lula, alguns entrevistados ainda enfatizaram lacunas no tocante à qualificação como centrais na avaliação do Estado brasileiro.[12]

Política industrial: garantia de competitividade?

Bastante generalizada foi também a percepção de que o governo Lula definiu, por contraste com seu antecessor, uma política industrial para o país centrada na atuação do BNDES. O aspecto distintivo dessa modalidade de ação do BNDES, para além da própria política industrial, seria a construção de um polo de financiamento público para promover o desenvolvimento. Para alguns entrevistados, a determinação de fazer política industrial já estava presente desde o primeiro mandato, através da Política Industrial, Tecnológica e de Comércio Exterior (Picte), posteriormente redefinida e aperfeiçoada pela Política de Desenvolvimento Produtivo (PDP). A primeira definiu quatro setores como estratégicos: fármacos e medicamentos, software, semicondutores e bens de capital. Essa primeira fase foi vista como o esboço de uma política industrial de teor ainda muito restrito, de perfil setorial e alcance limitado. A segunda fase, elaborada entre 2007 e 2008, caracterizou-se por ter maior amplitude, além de contemplar

---

de poder. Então, por exemplo, eu acho que, hoje, o planejamento não [tem essa perspectiva] de longo prazo". Outra entrevista (nº 17) com alto executivo do Ministério do Planejamento salienta o desmonte efetivado durante o governo Fernando Henrique e a consequente ênfase na terceirização como forma de operacionalizar a ação do Estado: "[...] nós pilotamos o *downsizing* no Pnud, porque a cooperação internacional foi completamente desvirtuada nos anos do Fernando Henrique, foi usada para terceirização e para compras públicas. E era mais um processo de *institutional depleting* do que de *institutional building*". E mais adiante enfatiza também que não teria ocorrido aumento desproporcional da máquina pública por excesso de nomeações políticas: "tem um debate sobre cargos de confiança [que é] um debate muito malposto. Nós temos 22 mil cargos de confiança. Esse governo acho que acresceu uns 2.500, uma coisa assim. De recrutamento amplo. Função comissionada para quadro permanente não conta. Desses, 2.500 mais ou menos devem ter sido criados nesse governo. De 12% a 15% desse total de 22 mil. Não é nada de outro mundo".

[12] Ponto ressaltado na entrevista nº 17 já citada.

não apenas setores, mas a consolidação de cadeias produtivas. Enfrentando críticas quanto ao caráter supostamente concentrador da fase inicial, o novo projeto buscou focalizar as pequenas e médias empresas, assim como o fortalecimento dos chamados "campeões" do capitalismo nacional, que seriam os grandes grupos empresariais nas áreas de produção de alimentos, mineração, construção civil, entre outras. Além do conteúdo, a PDP foi avaliada em função de seu processo de formulação, envolvendo forte interlocução com o setor privado.[13]

No que se refere às críticas, uma entrevista em particular foi bastante incisiva em salientar não só a eleição de setores como suas implicações para o conjunto da economia. O cerne estaria no fomento conferido a setores já competitivos, deixando à margem aqueles que poderiam se beneficiar de políticas industriais. A crítica se dirigiria, portanto, ao aspecto aparentemente contraditório envolvido na lógica de privilegiar o existente e já competitivo em detrimento do objetivo de privilegiar o que seria potencialmente competitivo, ou seja, investir na transformação da estrutura produtiva do país.[14]

---

[13] Conforme um relato sobre a política industrial (entrevista nº 10): "se a gente for comparar política industrial em 2003/04, no primeiro governo Lula, com o segundo, a PDP de 2008, os empresários gostam muito mais da PDP. E isso tanto empresário pró [quanto] contra o governo. Quando a política industrial no primeiro governo Lula foi lançada, a elite industrial do Nordeste criticou muito o governo, porque ela não se viu naquela política industrial. Teve, então, uma política industrial para incentivar fármacos, para incentivar a inovação. 'Aqui a gente faz sapato, aqui a gente faz confecção.' Então, a elite industrial criticou a primeira, a Pitce. Criticou a Pitce não porque a elite industrial era contra a política industrial, mas porque eles não se viam naquela política industrial. E já a de 2008, não. A de 2008, você não tem crítica. Você não tem de nenhum segmento... nem do empresariado regional do Norte/Nordeste, nem tampouco do Sul, crítica alguma, porque é a política que eles queriam. Então, nesse aspecto o governo foi democrático: deu algo que os empresários demandaram".

[14] Segundo a mesma entrevista: "Então, aí tem uma coisa que eu próprio não sei como se resolve, porque tem uma contradição, que é a seguinte: quando se faz política industrial, você está querendo criar setores. Você está querendo ajudar o setor privado a desenvolver e criar expertise em determinados setores [...]. Se o setor privado for deixado à própria sorte o custo para o setor privado é muito alto. O custo de descoberta ou de fracasso é muito alto, então, ninguém vai tentar descobrir se o Brasil pode ou não, enfim, produzir produtos eletrônicos etc. Você precisa do apoio do governo. Então, isso é o que se espera da política industrial. Por outro lado, você tem um problema de política econômica que é o seguinte. O governo, para justificar que está fazendo política industrial e que está dando certo, tem que mostrar algum resultado de curto prazo. E eu só consigo demonstrar algum resultado de curto prazo se eu começo a fomentar setores em que eu já sou competitivo. Então, a política industrial tem essa contradição, o que é mais ou menos esperado num país democrático. Eu tento fazer

Por outro lado, num veio positivo, outra entrevista aponta aspectos virtuosos da política industrial levada a cabo durante esse período (2004-10). Estes consistem numa articulação da política industrial com a área científica e tecnológica, de maneira a suprir uma deficiência histórica da estrutura produtiva do país que se expressa nos baixos níveis de inovação tecnológica. Tal como agora concebida, a política industrial busca suprir essa lacuna mediante o incentivo à inovação.[15]

Política externa

No tocante à questão da atuação externa do país, bem como de seu papel no contexto do sistema capitalista mundial, foi possível identificar um conjunto de dimensões, tais como a necessidade de uma postura mais autônoma em relação aos países hegemônicos; a reconfiguração das relações centro-periferia num mundo mais multipolar, sem alinhamentos automáticos ou pautados pelas grandes potências; e, finalmente, a defesa de uma posição mais assertiva no plano regional da América do Sul. Em termos gerais, a ideia é de que, a partir do governo Lula, foram redefinidas as bases da política externa brasileira em função de uma mudança de percepção

---

uma política industrial que vai mudar a minha vantagem comparativa, vai me tornar um país que produz produtos de maior valor agregado, que inova mais; mas, por outro lado, eu estou preocupado com o nível de emprego na economia, com a taxa de investimento na economia, para o país crescer mais rápido. E a única forma de eu fazer o país crescer mais rápido no curto prazo é eu aumentar a taxa de investimento dos setores em que eu já sou competitivo, que demandam crédito do BNDES. [São] os setores de siderurgia, de mineração, de petróleo, agrícola. [...] esse setor que já é mais competitivo hoje, ele tem indicadores melhores, então ele consegue ter acesso ao crédito muito mais fácil. E aí a gente entra numa contradição: faz a política para modificar a nossa vantagem comparativa, mas [...] acaba consolidando um pouco a estrutura que se quer mudar".

[15] "Não [havia no antigo padrão de desenvolvimento] uma lógica sistêmica de incorporação da inovação como fator determinante do desenvolvimento do país. Essa dimensão, ela foi mantida em segundo plano. Com isso, gerou-se um ambiente empresarial pouco propício à inovação. Quer dizer, muito cioso da preservação do conforto do mercado protegido, e dependente da ação de proteção do Estado, para lidar com eventuais competidores. Então, acho que nisso também houve uma mudança. Uma das lógicas centrais das duas versões da política industrial — seja a primeira, a Pitce, seja a segunda, a PDP — foi trazer a inovação para o coração do desenvolvimento. Quer dizer, fomentar atividades inovadoras nas empresas nacionais. Transformar a inovação num dos pilares da competitividade das empresas brasileiras. Que eu acho que é novo e reflete as novas condições do mundo no século XXI" (segundo entrevista nº 20 com integrante do alto escalão do MCT).

sobre a autoimagem do país e a consequente reavaliação positiva por parte dos atores externos.[16]

Em primeiro lugar, a definição de um papel de peso no cenário internacional aparece estreitamente vinculada a uma perspectiva integrada de desenvolvimento que articula diferentes aspectos.[17] Entre estes, ressalta-se sobretudo a visão da promoção de oportunidades para o capitalismo doméstico e, em particular, o fortalecimento do aspecto competitivo da economia brasileira[18] em áreas de reconhecida excelência e nas quais o país tem empresas que são centros dinâmicos de produção de conhecimentos e inovações tecnológicas. Nesse sentido, a visão seria a de diversificar parcerias no comércio exterior, reduzindo a dependência em relação aos grandes parceiros tradicionais, inclusive como fator de enfrentamento de crises externas.

Em segundo lugar, a tentativa de se desenhar um perfil mais autônomo em relação às grandes potências caracteriza-se pelo reconhecimento de que o país teria um papel estratégico a desempenhar, não necessariamente pautado por alinhamentos ideológicos previamente definidos.

Finalmente, no plano regional, predominaria a visão de uma postura que enfatiza a cooperação com os países da América do Sul e a definição de interesses não influenciada pela submissão aos interesses precípuos dos Estados Unidos. Teria ocorrido uma ruptura com o projeto anterior de

---

[16] Ver este trecho da entrevista nº 25 com técnico do BNDES: "no governo atual ressalta-se uma questão de autoestima também, que acaba se refletindo em algumas políticas. Eu acho que houve uma certa recuperação da autoestima. Obviamente também influenciada pelo ambiente externo, ambiente de crise mundial, que colocou em questionamento, de novo, uma série de pontos que eram dados como líquidos e certos, mas que esse governo, de certa maneira, capitalizou. [...] Na política externa também houve algum tipo de mudança, a de ter a coragem eventualmente de se posicionar em questões altamente polêmicas, como, por exemplo, a questão do Oriente Médio [...]. O presidente Fernando Henrique, eu acho, tinha uma visão do Brasil de fora para dentro. E o Lula não. A metáfora que eu faço é (ele tem uma visão) de dentro para fora".

[17] Segundo entrevista (nº 3) com assessor da Presidência da República: "Eu acho que o elemento central de novidade [na gestão Lula] é essa articulação do crescimento, distribuição de renda, redução da vulnerabilidade externa, equilíbrio macroeconômico, democracia e inserção internacional [...]. É essa combinação. É o mix que se formou entre esses seis elementos, e com uma ênfase muito grande no tema social".

[18] Em entrevista com técnico do BNDES (nº 23), este aspecto é salientado: "o processo [de geração de uma agenda externa] é endógeno; as oportunidades endogenamente vão aparecendo, as oportunidades nas quais o Brasil é mais competitivo".

criação da Área de Livre Comércio das Américas (Alca), sendo a nova visão marcada pelo apoio à criação de associações e novos fóruns de cooperação econômica entre os países da região. Ao mesmo tempo, o papel regional do Brasil deveria se basear no respeito às decisões soberanas dos vizinhos e, fundamentalmente, em um caráter não intervencionista. A percepção acerca de um papel regional ativo aparece de maneira nítida entre alguns dos entrevistados do BNDES, inclusive em função do crescente papel que o banco vem desempenhando no sentido de estender financiamentos a empresas e países da região.[19]

Setores da burocracia e o suporte à agenda desenvolvimentista

No que diz respeito à percepção dos setores do aparelho de Estado que exerceram liderança sobre a formulação e a implementação de uma agenda desenvolvimentista, observou-se uma convergência de opiniões quanto à centralidade do Executivo nesse processo, em especial o papel desempenhado pela Casa Civil, pelo Ministério da Fazenda, sob a direção do ministro Mantega, e o papel proeminente do BNDES, sobretudo a partir da gestão de Luciano Coutinho. Nesse particular, a percepção da centralidade do BNDES na construção, na execução e como agência de suporte a uma agenda desenvolvimentista foi enfatizada tanto por entrevistados externos quanto por aqueles que integram a estrutura do banco.[20]

---

[19] Assim se expressou um entrevistado sobre o papel do BNDES (entrevista nº 22) no plano externo: "Então a ideia de você ter o banco fora. O banco hoje está retomando um projeto externo, tem um escritório em Montevidéu que não é operacional. Mas é um escritório de montagem de *business*. [...] o Brasil tem um projeto hoje mais forte. Vamos pegar a parte da geopolítica deles. Tem uma parte mais forte de avanço externo; tem uma parte que você quer pegar a África".

[20] Ver o trecho da entrevista (nº 9) realizada com assessor do Ipea: "O Ministério da Fazenda e a Casa Civil assumiram a liderança desse novo projeto. E também o MDIC. E dentro deste, o BNDES, que tem um *status* de autonomia, é quase um ministério. O presidente do BNDES tem *status* de ministro. Ele faz toda uma política e toda uma estratégia que vem do banco [...] e esse é o nosso diferencial, nós somos o único país com três grandes bancos públicos — BNDES, Caixa Econômica e Banco do Brasil — que podem inclusive fazer uma reversão de estratégia [quanto à crise]". E trecho da entrevista (nº 23) realizada com técnico do BNDES: "O BNDES, por conta da composição da sua diretoria, em especial do seu presidente, certamente é uma célula muito forte de um projeto, de algo que se possa chamar de um projeto de desenvolvimento para o país, além da Fazenda e do Banco Central". E

É importante frisar que a visão acerca de um apoio por parte de setores do Executivo ao projeto desenvolvimentista não significa o reconhecimento de um apoio generalizado ou uniforme do aparelho de Estado a essa modalidade de proposta. Ao contrário, houve casos de menção explícita à ausência de uma visão integrada nesse tocante.[21]

Quanto à primazia do Executivo, não se verificou qualquer discordância entre os entrevistados. O mesmo não ocorreu no que concerne ao Legislativo, apontado por grande parte deles como secundário em termos de influência na condução da política econômica, ainda que alguns tenham salientado a relevância desse poder quanto à legitimação de um projeto desenvolvimentista. Alguns chegaram a destacar que as elites políticas são bastante omissas ou ausentes desse debate,[22] a despeito de sua importância no sentido de viabilizar propostas emanadas do Executivo.

Além dos bancos estatais, apontados como dotados de grande autonomia na condução de suas políticas, outras agências ou setores do aparato de Estado mencionados nas entrevistas como núcleos estratégicos de uma plataforma desenvolvimentista são o MDS — em função da centralidade da política social como eixo da nova estratégia de crescimento —, o Itamaraty — como executor de uma política externa comprometida com a

---

acrescenta: "O BNDES é isso: é um instrumento de Estado que tem uma missão voltada para o desenvolvimento".

[21] Segundo entrevista (nº 12) com diretor do Ipea: "Então, por isso acho que você tem iniciativas, espaços de poder, que você consegue identificar como alinhadas a uma visão e a uma ideologia mais desenvolvimentista, mas isso não constitui ainda uma consciência e, portanto, não tem uma coordenação geral. Portanto, isso não leva a uma coordenação geral de movimento do Estado numa determinada linha. Você vive ainda um momento de transição ainda muito disputado politicamente. Muito disputado dentro do governo, dentro dos aparelhos de Estado. [...] Em primeiro lugar, sem dúvida nenhuma, a Casa Civil. Quer dizer, o próprio núcleo duro da Presidência da República, que, por meio da Casa Civil, conseguiu deflagrar iniciativas como a do PAC. Você tem o BNDES, obviamente, que vem como um braço importantíssimo nessa estratégia. Você tem o Ministério, por exemplo, do Desenvolvimento Social, que cumpre um papel importante, inclusive nessa agenda econômica".

[22] Segundo a entrevista nº 24 com técnico do BNDES. Em outra entrevista (nº 5), um diretor do Ipea afirmou: "Eu avalio que a elite política hoje está muito reduzida. Tem muito político, parlamentar, gente ativa na política, mas avalio que o Legislativo já teve um papel muito maior na disputa de ideias no país. Não temos hoje senadores, deputados de grande destaque, de grande influência em termos de ideias, junto ao Executivo. [...] Hoje, a força dos parlamentares e dos políticos em geral é pela força dos votos que carregam, não é pelas ideias que carregam".

meta de um novo patamar de desenvolvimento — e o MCT — no tocante à promoção de políticas de inovação. Nesse contexto, houve menção a um aspecto importante: a distinção entre capacidade de iniciativa na proposta de políticas de cunho desenvolvimentista e capacidade de coordenação, sendo esta última apontada como uma grande lacuna na burocracia governamental. Foi salientado que a função de planejamento, importante para a consecução de metas de longo prazo, teria sido paulatinamente esvaziada, tendo o Ministério do Planejamento se convertido em gestor da política orçamentária. A Secretaria de Assuntos Estratégicos (SAE) — órgão ao qual o Ipea se vinculou durante o governo Lula — deveria ter esse papel mais abrangente de formular estratégias de longo prazo, mas isso não se concretizou.[23]

Conclusão

O foco da análise aqui empreendida está na tentativa de identificar, na percepção do segmento social que denominamos elites estratégicas, aspectos relativos ao processo de formação da agenda pública no espaço de tempo compreendido por dois períodos de governo no Brasil, entre 2003 e 2010. Do ponto de vista teórico, procuramos entender as relações complexas entre instituições, ideias e interesses, salientando principalmente o fato de que mudanças de percepção acerca da natureza e do conteúdo de políticas públicas tendem a ocorrer muito lentamente num processo que envolveria, paulatinamente, a formação de coalizões de apoio. Além disso, frequentemente, o grau de incerteza que cerca algumas decisões com impacto de longo prazo tende a ser alto, resultando em efeitos não esperados, os quais,

---

[23] Conforme a entrevista nº 12, com diretor do Ipea: "Você tem outra instância que foi criada que é a Secretaria de Assuntos Estratégicos (órgão ao qual o Ipea inclusive está vinculado no momento), que, em tese, deveria fazer essa concepção mais geral, de diretriz do país, e que compete com as outras instâncias e não consegue afirmar uma agenda, entendeu? Você tem uma situação muito complicada hoje, do ponto de vista da relação interinstitucional e da coordenação para o desenvolvimento, ou para uma determinada diretriz ou estratégia de desenvolvimento. Por isso que eu digo que a situação que você tem hoje é de uma disputa política, dentro do governo, sobre esse assunto. E isso tem um lado positivo, que é o fato de esse assunto ter voltado a ser disputado politicamente; porque antes ele nem estava sendo, isto é, você retoma esta questão na agenda e isso faz aparecer os problemas. E o problema principal é o desaparelhamento do Estado para enfrentar isso".

vistos em retrospectiva, tendem erroneamente a ser atribuídos pelos analistas aos desígnios dos decisores. Embora não tenha se constituído no cerne da nossa análise no presente capítulo, compreendemos também que as instituições políticas de caráter mais permanente são os filtros que possibilitam a tradução das percepções e escolhas individuais em projetos de caráter mais amplo, aos quais poder-se-ia atribuir o rótulo de "projetos nacionais".

Nossa análise se voltou, assim, para diferentes aspectos da produção de um projeto nacional de cunho desenvolvimentista na esteira da forte hegemonia de uma perspectiva neoliberal que havia se instaurado nas duas últimas décadas do século XX no Brasil, assim como em outros países da América Latina. Na suposição de que seria possível delinear traços de um novo projeto, quais seriam seus principais traços e como este se elabora na percepção das elites estratégicas? Quais os pontos de consenso e de discordância? Que dimensões poderiam estar subjacentes a um "modelo" com razoável grau de coerência interna?

Analisamos algumas dessas dimensões, organizando-as em perguntas que, de saída, são indicativas de um razoável grau de incerteza, tomando por base as entrevistas realizadas: a nova agenda traduz continuidade ou, antes, representaria uma ruptura com perspectivas e políticas pregressas? Quais os aspectos mais relevantes de um novo modelo de desenvolvimento no caso de serem apontadas diretrizes ou dimensões inovadoras nas políticas adotadas pelo governo? O novo modelo poderia ou não conviver com visões e políticas teoricamente incompatíveis do ponto de vista econômico? Na suposição da existência de um traço distintivo, qual o espaço ocupado pela dimensão social no novo quadro e que tipo de lógica se instaura com a definição de prioridades numa direção distinta da que vinha norteando as políticas públicas até então? Como o aparato do Estado responde, em termos de capacidades, ao enfrentamento de novos desafios?

Partindo-se do roteiro que norteou a realização do conjunto de 26 entrevistas com as elites selecionadas, foram destacadas no presente capítulo algumas das principais dimensões relativas à percepção dos entrevistados sobre as perspectivas do Brasil contemporâneo.

Considerando-se a visão dos entrevistados sobre a controvérsia continuidade x mudança, que dominou o debate público sobre a caracterização do governo Lula em seus dois mandatos, predominou a percepção de que a convivência entre esses dois aspectos marcou todo o período 2003-10, variando, porém, ao longo do tempo, o peso e a intensidade de cada um desses polos. Foram destacadas três modalidades de percepção.

A primeira atribui primazia à continuidade, marcada pela prioridade conferida à estabilização econômica, sob o primado do pensamento neoclássico e da visão monetarista ortodoxa. A hegemonia dessa orientação baseou-se na atuação de quatro órgãos de formulação e execução de suas metas: o Banco Central do Brasil (Bacen), dotado de ampla autonomia operacional; o Ministério da Fazenda; o Conselho Monetário Nacional (CMN), integrado pelo ministro da Fazenda, que o preside, pelo ministro do Planejamento e Orçamento e pelo presidente do Bacen; e o Comitê de Política Monetária (Copom). O suporte político desse grupo de atores estaria representado por uma constelação de interesses do setor financeiro: o empresariado financeiro, companhias de seguro, fundos de pensão, entre outros.

A segunda destaca a primazia da mudança a partir do segundo mandato, quando se verifica a ampliação do espaço ocupado pelo grupo desenvolvimentista no governo. Essa visão tem seu lócus de expressão sobretudo na Casa Civil e no BNDES, principal órgão de fomento do país, e, em menor grau, no Banco do Brasil e na Caixa Econômica Federal. O PAC e a PDP simbolizariam a ascensão desse grupo, cujo suporte político viria de uma ampla aliança de interesses heterogêneos, incluindo segmentos do empresariado industrial, partidos políticos de centro-esquerda, centrais sindicais, bem como interesses regionais do Norte e do Nordeste. Em termos de formulação de ideias e de análise dos principais eixos do desenvolvimento no contexto de um mundo globalizado destacou-se o papel do Instituto de Pesquisa Econômica Aplicada (Ipea).

Finalmente, para um terceiro conjunto de entrevistados, o primado das mudanças já se fazia sentir desde o primeiro mandato do presidente Lula, combinado, porém, com a preservação da estabilidade, cuja relevância em nenhum momento foi posta em xeque pelo governo. Segundo essa visão, o período 2003-10 pode ser considerado um importante ponto de inflexão na trajetória recente da sociedade brasileira.

A segunda dimensão que merece destaque refere-se à percepção dos entrevistados acerca da existência de um novo modelo de desenvolvimento sob a égide do governo Lula. Em primeiro lugar, deve ser ressaltado que se observa um consenso em relação à impossibilidade de se identificar um modelo consistente de longo prazo, articulando de forma nítida e congruente distintos aspectos de um projeto claramente desenvolvimentista. Contudo, a prioridade atribuída a programas de transferência de renda somada à visão acerca de uma inserção estratégica do país no cenário internacional é percebida como o esteio de uma nova rota de desenvolvimento com dimensões que tendem a se complementar dentro de uma certa lógica: a integração social de setores antes excluídos abre caminho para um modelo voltado para mercado interno, pautado pela expansão do consumo de uma nova classe média. Essa possibilidade de expansão depende do tamanho da população e do aumento do investimento público num padrão "neokeynesiano" marcado pela necessidade de superar fortes gargalos no que diz respeito à infraestrutura. Para tanto, território e vantagens comparativas se fazem também presentes e estariam na base de uma inserção competitiva do país para fora.

De especial relevância neste contexto é o papel atribuído a um órgão de fomento como o BNDES no caso do Brasil. Entre as agências mencionadas nas entrevistas, o banco aparece como o grande núcleo de articulação, viabilização e implementação do modelo descrito. A grande missão do banco seria tornar viável o capitalismo nacional mediante políticas industriais amplas, investindo na competitividade das grandes empresas e, ao mesmo tempo, fornecendo suporte à expansão de pequenas e médias empresas. Neste particular, destaca-se a importância de se concentrar esforços em políticas de inovação tecnológica, papel que o banco teria, em articulação com outras esferas do aparelho estatal, como o Ministério da Ciência e Tecnologia.

Chama a atenção, neste caso, aspectos discutidos na literatura que trata de identificar as variedades de capitalismo em países emergentes. Ainda que os esforços teóricos nessa direção estejam apenas começando, questões discutidas nesse âmbito emergem da análise que aqui se empreendeu sobre as visões das elites estratégicas. Em primeiro lugar, o conjunto das percepções aponta na direção de uma progressiva redefinição da variedade de capitalismo que tende a se configurar no Brasil. A ausência de um modelo percebido como acabado e concebido no longo prazo é o traço marcante da percepção das elites. A identificação desse aspecto está longe de ser trivial, na medida em que, na literatura convencional, as variedades de capitalismo se pautam pela polaridade de dois modelos típicos dos países avançados: liberais e coordenados. Aqui, como se pôde perceber na visão das próprias elites, não estaríamos diante de um modelo acabado, mas de um modelo em transição, que poderia se aproximar de diferentes tipos ideais. Mudança e continuidade graduais são típicas da trajetória brasileira e vistas pelas elites como um aspecto virtuoso da modalidade brasileira de desenvolvimento capitalista.

Outro aspecto tem a ver com a presença marcante do Estado, tanto no sentido de tomar a si o estabelecimento de complementaridades em esferas como o financiamento público, o desenvolvimento de programas de inovação tecnológica e programas sociais com impacto sobre a qualificação e reprodução da mão de obra, quanto no sentido de gerar capacidades e atuar de maneira relevante sobre o funcionamento do mercado. Outro aspecto daí derivado tem a ver com o papel estratégico do Estado como elo entre uma perspectiva voltada para dentro e uma perspectiva voltada para fora no novo quadro.

Para finalizar, é preciso salientar que a análise aqui empreendida tem um caráter bastante preliminar e se concentrou em algumas poucas dimensões do conjunto propiciado pelas entrevistas. Além disso, certos traços identificados como típicos do padrão brasileiro necessitam ser reavaliados e comparados com outros casos. A análise comparada ao caso argentino, a ser empreendida brevemente no âmbito do nosso projeto de pesquisa, poderá elucidar alguns desses aspectos derivados, em última instância, de percepções distintas por parte das elites acerca dos seus respectivos países, de características intrínsecas das coalizões que estabelecem em cada caso e do padrão e do ritmo das escolhas políticas em cada trajetória.

Referências

AMABLE, B. *The diversity of modern capitalism*. Oxford: Oxford University Press, 2003.

ANASTASIA, F.; MELO, C. R.; SANTOS, F. *Governabilidade e representação política na América do Sul*. São Paulo: Unesp, Fundação Konrad Adenauer, 2004.

ARNSON, C.; PERALES, J. R. *The new left and democratic governance in Latin America*. Washington, DC: Woodrow Wilson Center, 2007.

BECKER, U. Open systemness and contested reference frames and change: a reformulation of the varieties of capitalism theory. *Socio-Economic Review*, n. 5, 2007.

BOSCHI, R. Instituciones políticas, reformas estructurales y ciudadanía: dilemas de la democracia en Brasil. *Política*, Santiago do Chile, Instituto de Asuntos Públicos, v. 42, 2004.

_____. Business, economic reform and the State: development perspectives in Brazil. In: IPSA CONGRESS, 23. 2006, Fukuoka, Japan, 2006a. (Special Session S01 289 Reforming Policies).

_____. Setor privado, reestruturação econômica e democratização na América Latina. In: DOMÍNGUEZ, J. M.; MANEIRO, M. (Orgs.). *América Latina hoje*. Rio de Janeiro: Civilização Brasileira, 2006b.

_____; GAITÁN, F. Gobiernos progresistas, agendas neodesarrollistas y capacidades estatales: la experiencia reciente en Argentina, Brasil y Chile. In: LIMA, M. R. S. (Org.). *Desempenho de governos progressistas no Cone Sul*. Rio de Janeiro: Iuperj, 2008a.

_____; _____. Intervencionismo estatal e políticas de desenvolvimento na América Latina. *Caderno CRH*, v. 21, n. 53, p. 301-317, 2008b.

_____; LIMA, M. R. S. O Executivo e a construção do Estado no Brasil: do desmonte da Era Vargas ao novo intervencionismo regulatório. In: VIANNA, L. Werneck. *A democracia e os três poderes no Brasil*. Belo Horizonte: UFMG; Rio de Janeiro: Iuperj, 2002.

BOYER, R. How and why capitalisms differ. *Economy and Society*, v. 34, n. 4, p. 509-557, 2005.

BRESSER-PEREIRA, L. C. Proposta de desenvolvimento para o Brasil. In: SICSÚ, João; PAULA, Luis Fernando de; RENAUT, Michel (Orgs.). *Novo desenvolvimentismo*: um projeto nacional de crescimento com equidade. São Paulo: Manole, 2005.

_____. O novo desenvolvimentismo e a ortodoxia convencional. *São Paulo em Perspectiva*, v. 20, n. 1, jan./mar. 2006.

_____. *Mondialisation et competition:* pourquoi certains pays émergents reussissent et d'autres non. Paris: La Découverte, 2009.

CAMPBELL, J. L.; PEDERSEN, O. The varieties of capitalism and hybrid success: Denmark in the global economy. *Comparative Political Studies*, v. 40, n. 3, p. 307-332, 2007.

CHANG, Ha-Joon. *Kicking away the ladder:* development strategy in historical perspective. Londres: Anthem Press, 2002.

_____. *Globalization, economic development and the role of the State*. Londres: Zed Books, 2003.

_____. *Bad samaritans:* rich nations, poor policies, and the threat to the developing world. Londres: Random House, 2007.

COATES, D. *Varieties of capitalisms, varieties of approaches*. Nova York: Palgrave, MacMillan, 2005.

CROUCH, C. *Capitalist diversity and change*: recombinant governance and institutional entrepreneurs. Oxford: Oxford University Press, 2005.

_____; FARRELL, H. Breaking the path of institutional development? Alternative to the new determinism. *Rationality and Society*, v. 16, n. 5, 2004.

DEEG, R. Path dependency, institutional complementarity, and change in national business systems. In: MORGAN, G.; WHITLEY, R.; MOEN, E. (Eds.). *Changing capitalisms? Internationalization, institutional change, and systems of economic organization*. Oxford: Oxford University Press, 2005.

_____; JACKSON, G. The state of the art: towards a more dynamic theory of capitalist variety. *Socio Economic Review*, n. 5, p. 149-179, 2007.

DINIZ, E. *Globalizacão, reformas econômicas e empresariais*. Rio de Janeiro: FGV, 2000.

_____; BOSCHI, R. *Empresários, interesses e mercado:* dilemas do desenvolvimento no Brasil. Belo Horizonte: UFMG, 2004.

_____; _____. *A difícil rota do desenvolvimento*: empresários e a agenda pós-neoliberal. Belo Horizonte: UFMG, 2007.

DOMINGUES, J. M. *Latin America and contemporary modernity*: a sociological interpretation. Nova York, Londres: Routledge, 2008.

EVANS, P. The State as problem and solution: predation, embedded autonomy, and structural change. In: HAGGARD, S.; KAUFMAN, R. (Eds.). *The politics of economic adjustment*: international constraints, distributive conflicts and the State. Princeton, NJ: Princeton University Press, 1992. p. 139-181.

_____. *Embedded autonomy, States & industrial transformation*. Princeton: Princeton University Press, 1995.

_____. The eclipse of the State? Reflections on stateness in an era of globalization. *World Politics*, v. 50, n. 1, p. 62-87, 1997.

_____. Harnessing the State: rebalancing strategies for monitoring and motivation. In: LANGE, M.; RUESCHEMEYER, D. (Eds.). *States and development*: historical antecedents of stagnation and advance. Nova York: Palgrave MacMillan, 2005.

FALETTO, E. La Cepal y la sociología del desarrollo. *Revista de la Cepal*, n. 58, abr. 1996.

GERSCHENKRON, *A. Economic Backwardness in Historical Perspective*. Cambridge, MA: Belknap, 1962.

HAGOPIAN, F.; MAINWARING, S. (Eds.). *The third wave of democratization in Latin America*: advances and setbacks. Nova York: Cambridge University Press, 2005.

HALL, P. The evolution of varieties of capitalism in Europe. In: HANCKÉ, B.; RHODES, M.; THATCHER, M. (Eds.). *Beyond varieties of capitalism*: conflict, contradictions, and complementarities in the European economy. Oxford: Oxford University Press, 2007.

_____; SOSKICE, D. *Varieties of capitalism*: the institutional foundations of comparative advantage. Oxford, Nova York: Oxford University Press, 2001.

HARRIS, R. L. Latin America's response to neoliberalism and globalization. *Nueva Sociedad*, n. 214, mar./abr. 2008.

HAUSMAN, R.; RODRIK, D. *Economic development as self discovery*. Cambridge: JFK School of Government, 2003.

HELD, D. *Democracy and the global order*. Cambridge: Polity Press, 1995.

_____; MCGREW, A. *Globalization/anti-globalization*. Londres: Polity Press, 2002.

HENISZ, W. J.; ZELNER, B.; GUILLÉN, M. F. The worldwide diffusion of market-oriented infrastructure reform, 1977-1999. *American Sociological Review*, v. 70, n. 6, p. 871-897, 2005.

HUBER, E. *Models of capitalism*: lessons from Latin America. University Park, Penn., 2002.

_____; STEPHENS, J. D. *Development and crisis of the welfare State*: parties and policies in global markets. Chicago: University of Chicago Press, 2001.

_____; NIELSEN, P.; STEPHENS, J. D. Politics and inequality in Latin America and the Caribbean. *American Sociological Review*, 2006.

JACKSON, G.; DEEG, R. *How many varieties of capitalism?* Comparing the comparative institutional analyses of capitalist diversity. 2006. (MPIfG Discussion Paper, 06/2).

KITSCHELT, H. et al. *Continuity and change in contemporary capitalism*. Cambridge: Cambridge University Press, 1999.

KOHLI, A. *State directed development*: political power and industrialization in the global periphery. Cambridge: Cambridge University Press, 2004.

KUCZINSKY, P. P.; WILLIAMSON, J. *Depois do Consenso de Washington*: retomando o crescimento e a reforma na América Latina. São Paulo: Saraiva, 2004.

KURTZ, M. State developmentalism without a developmentalist State: the public foundations of the "free-market miracle" in Chile. *Latin American Politics and Society*, v. 43, n. 2, p. 1-25, 2001.

LANGE, M.; RUESCHEMEYER, D. (Eds.). *States and development*: historical antecedents of stagnation and advance. Nova York: Palgrave MacMillan, 2005.

LI, Y.; ZHANG, B. Development path of China and India and the challenges for their sustained growth. *The World Economy*, 2008.

MACHINEA, J. L.; SERRA, N. *Visiones del desarrollo en América Latina*. Nova York: Cepal, Nações Unidas, Cidob, 2007.

MAHONEY, J. Path dependency in historical sociology. *Theory and Society*, v. 29, n. 4, 2000.

NORTH, Douglas. *Institutions, institutional change and economic performance*. Cambridge: Cambridge University Press, 1990.

_____. Economic performance through time. In: BRINTON, M. C.; NEE, V. *The new institutionalism in sociology*. Stanford: Stanford University Press, 1998.

_____. *Understanding the process of economic change*. Princeton: Princeton University Press, 2005.

PALIER, B.; SUREL, Y. Les "trois I" et l'analyse de l'Etat en action. *Revue Française de Science Politique*, v. 55, n. 1, p. 7-32, fev. 2005.

PIERSON, P. *Politics in time, history, institutions and social analysis*. Princeton: Princeton University Press, 2004.

PRZEWORSKI, A.; CURVALE, C. Instituciones políticas y desarrollo económico en las Américas: el largo plazo. In: MACHINEA, J. L.; SERRA, N. *Visiones del desarrollo en América Latina*. Nova York: Cepal, Nações Unidas, Cidob, 2007.

REINERT, E. *How rich countries got rich... and why poor countries stay poor.* Londres: Constable, 2007.

REVISTA POLÍTICA: balance de las democracias latinoamericanas: incertidumbre y procesos de consolidación. Santiago do Chile, Instituto de Asuntos Públicos, v. 42, 2004.

RODRIK, D. The global governance of trade: as if development really mattered. UNDP, 2001.

_____. Rethinking growth policies in the developing world. In: Luca d'Agliano Lecture in Development Economics. Turim, Itália, out. 2004.

_____. *One economics, many recipes*: globalization, institutions, and economic growth. Princeton: Princeton University Press, 2007.

RUESCHEMEYER, D., STEPHENS, E. H.; STEPHENS, J. D. *Capitalist development & democracy*. Chicago: University of Chicago Press, 1992.

SCHNEIDER, Ben R. *Comparing capitalisms*: liberal, coordinated, network, and hierarchical varieties. 2008. Disponível em <http://www.ideiad.com.br/seminariointernacional/arquivo1.pdf>.

_____.; MAXFIELD S. (Eds.). *Business and the State in developing countries*. Ithaca, Londres: Cornell University Press, 1997.

SENGHAAS, D. *The European experience*: a historical critique of development theory. Leamington Spa: Berg, 1985.

SHEAHAN, J. *Patterns of development in Latin America*: poverty, depression and economic strategy. Princeton: Princeton University Press, 1987.

SICSÚ, J.; PAULA, L. F. de; MICHEL, R. (Orgs.). *Novo desenvolvimentismo*: um projeto nacional de crescimento com equidade social. São Paulo: Manole, Konrad Adenauer Stiftung, 2005.

STIGLITZ, Joseph E. Más instrumentos y metas más amplias para el desarrollo. Hacia el Consenso Post-Washington. In: JIMENEZ, Ronulfo (Ed.). *Estabilidad y desarrollo econômico em Costa Rica*. San José: Academia de Centroamérica, 1998a.

_____. The economic role of the State: efficiency and effectiveness. In: HEERTJE, A. *The Economic role of the State*. Londres: Basil Blackwell y Bank Insinger de Beaufort NV, 1989b.

STOKES, Susan. *Mandates and democracy*: neoliberalism by surprise in Latin America. Cambridge: Cambridge University Press, 2001.

THELEN, K. *How institutions evolve*: the political economy of skills in Germany, Britain, the United States and Japan. Cambridge: Cambridge University Press, 2004.

TORRE, A.; GOZZI, J. C.; SCHMUKLER, S. L. El desarrollo económico en América Latina. In: MACHINEA, J. L.; SERRA, N. *Visiones del desarrollo en América Latina*. Nova York: Cepal, Nações Unidas, Cidob, 2007.

WALLERSTEIN, I. et al. *Uma nova fase do capitalismo?* São Paulo: Xamã, 2003.

WEYLAND, K. *The politics of market reforms in fragile democracies*: Argentina, Brazil, Peru, and Venezuela. Princeton: Princeton University Press, 2002.

_____. Neoliberalism and democracy in Latin America: a mixed record. *Latin American Politics and Society*, v. 46, n. 1, 2004a.

_____ (Ed.). *Learning from foreign models in Latin American policy reform*. Washington, DC: Woodrow Wilson Center Press, 2004b.

WILLIAMSON, J. Democracy and the Washington Consensus. *World Development*, v. 21, n. 8, 1993.

WILLIAMSON, O. *The economic institutions of capitalism*. Nova York: Free Press, 1985.

2

O desenvolvimentismo e o Estado brasileiro contemporâneo

BRASÍLIO SALLUM JR.

Após um longo período de transição política (1983-94), institucionalizou-se uma nova forma de Estado no Brasil, configurada pela ambição de dar ao país posição de destaque na ordem internacional, de manter uma relação democrática com a sociedade e de seguir um padrão moderadamente liberal em suas relações com a economia.

A política de inserção internacional, a democracia e a orientação liberal da economia surgiram — cada uma delas — anos antes, mas passaram a ter uma articulação consistente em meados da década de 1990. De fato, a forma de Estado que hoje ordena a vida política brasileira tem dois pilares centrais: de um lado, a Constituição democrática de 1988, que estendeu, ampliou e protegeu os direitos da cidadania; e, de outro, o Plano Real de estabilização, lançado em 1994, e o conjunto de reformas liberais efetivadas no governo de Fernando Henrique Cardoso.

Embora a Constituição de 1988 tenha fixado as orientações normativas, as regras e as garantias da democracia brasileira, não conseguiu dar estabilidade política ao país antes do Plano Real e de as reformas econômicas do período Cardoso terem redefinido as relações entre o Estado brasileiro e a esfera econômica. Somente aí, com a estabilização da moeda, a maioria da população reconciliou-se com o Estado de direito democrático. Ao mesmo tempo, as reformas liberais conseguiram superar as agudas controvérsias promovidas pelo empresariado a propósito do estatismo da Constituição de 1988. Tal articulação entre os pilares a que me referi ganhou grande solidez a partir de 2003, quando as organizações políticas e sindicais que tinham participado do processo de democratização, à esquerda do espectro político, conquistaram a direção do Estado e aceitaram plenamente a ordem política vigente.

A estabilidade política conquistada por essa forma de Estado — e depois consolidada com a ascensão do PT ao poder central — não impediu e, sim, pelo contrário, foi o resultado de *disputas políticas acesas* tanto no plano político-partidário quanto no tocante à orientação das políticas de Estado em relação à economia.

No que diz respeito às disputas políticas relativas à intervenção estatal na esfera econômico-social, foco de minha atenção neste capítulo, estas têm sido moldadas desde o final dos anos 1980 por três ideários principais: o neoliberal, o neodesenvolvimentista e o estatal-distributivista.

O padrão de relação Estado/mercado vigente nos anos 1980, o nacional-desenvolvimentismo deteriorado desde a "crise da dívida" de 1982/83, encontrou defensores nas múltiplas agências econômicas do Estado e nos segmentos empresariais mais dependentes da proteção estatal. Mas sua defesa em relação às ideias liberais, que se expandiram desde seu epicentro anglo-saxão, foi feita de forma localizada e fragmentada. O velho nacional-desenvolvimentismo não encontrou, de fato, defensores no plano político. As forças políticas de esquerda (PT, PCdoB, PCB etc.) e parte da centro-esquerda nacionalista (existente no PMDB e PDT) propugnavam não por sua continuidade, mas por sua *renovação* com *inflexão à esquerda*. Do que se tratava? Essa inflexão podia significar a "desprivatização do Estado", com o rompimento das articulações "espúrias" entre empresas estatais e empresas privadas; e/ou a reorientação das políticas de Estado para a distribuição da renda. Este último significado era o que contava com um número mais amplo de defensores. De qualquer forma, mantinha-se a ênfase no crescimento baseado no mercado interno. Pode-se denominar esse ideário "desenvolvimentismo estatista e distributivo".

A esse ideário contrapunham-se os projetos liberalizantes. O ideário neoliberal, como se sabe, ganhou relevância no fim dos anos 1970 em função das dificuldades de superar a recessão e a inflação daquela década com os instrumentos "keynesianos" de gestão macroeconômica, instrumentos antes predominantes, especialmente na Europa. Os governos da primeira-ministra Margaret Thatcher na Inglaterra e, depois, do presidente Ronald Reagan nos EUA adotaram uma gestão econômica de orientação monetarista, priorizando o combate à inflação em relação à preservação do emprego e dos rendimentos do trabalho, abandonando as diretrizes keynesianas. Aos poucos a política monetarista foi associada a outras propostas, como a desregulação dos mercados, a privatização de empresas estatais, a redução dos gastos sociais e do intervencionismo do Estado, o equilíbrio das finanças públicas, o livre fluxo de capitais e de mercadorias, compondo, ou melhor, dando força política ao neoliberalismo, doutrina existente, mas de pouca expressão desde o pós-II Guerra Mundial. Esse neoliberalismo renovado disseminou-se pelo mundo "ocidental", impulsionado pelos governos inglês e norte-americano e pelas agências econômicas multilaterais, como o Fundo Monetário Internacional e o Banco Mundial. O reformismo neoliberal adotava (e adota) uma perspectiva puramente mercantil-financeira, que tinha em vista a produtividade e a rentabilidade do capital e, como horizonte, uma economia globalizada.

O ideário de "integração competitiva" nasceu como reação à crise do Estado nacional-desenvolvimentista, que, estrangulado pela dívida externa e por desequilíbrios fiscais, perdeu condições, na década de 1980, de impulsionar o desenvolvimento brasileiro, diretamente ou por meio de suas empresas.[1] A ideia central contida no projeto de "integração competitiva" era de transferir para a iniciativa privada o centro motor do desenvolvimento brasileiro, reduzindo as funções empresariais do Estado e "abrindo" a economia brasileira para o exterior. Não se propugnava, porém, um

[1] Para a exposição do ideário, seu surgimento e sua evolução dentro do BNDES e o impacto imediato, ver Mourão (1994). Esse ideário não foi desenvolvido inicialmente no que diz respeito às recomendações macroeconômicas a que se associa. Recentemente, isso vem sendo intentado por vários autores que se identificam com essa corrente, principalmente Luiz Carlos Bresser-Pereira. Ver, entre outros, Bresser-Pereira (2010 e 2012).

"ajuste" passivo aos dinamismos do capitalismo mundial; propunha-se, ao contrário, uma *reestruturação do sistema produtivo* brasileiro a fim de tornar a indústria brasileira competitiva no plano internacional. Daí a ênfase dos formuladores e difusores do projeto de "integração competitiva" na formulação e execução de *políticas industriais* que estimulassem o empresariado privado a agir nessa direção. Nisso tal projeto se distinguia e se contrapunha ao ideário neoliberal. O ideário da "integração competitiva" diferenciava-se do neoliberalismo também por ser, ao contrário deste, uma forma de *nacionalismo não defensivo*, mas de afirmação nacional no plano internacional. Como consequência, essa vertente liberal almeja um Estado "forte", com capacidade de comando sobre as atividades econômicas que se desenvolvem em seu território.

Em resumo: os motes do neoliberalismo são reduzir o Estado às suas funções sociais (saúde pública, educação etc.) e orientar sua política macroeconômica para a *estabilidade monetária*, decorrente da boa administração das finanças do Estado e de uma política monetária ortodoxa; os lemas do neodesenvolvimentismo — ou liberal-desenvolvimentismo — são priorizar o investimento público em infraestrutura e políticas industriais que reestruturem a indústria e promovam a competitividade internacional das empresas privadas; e as palavras de ordem do estatal-distributivismo são a preservação de um Estado forte, o crescimento econômico baseado no mercado interno e na distribuição de renda para as camadas desfavorecidas.

Quais eram, na década de 1980, os portadores desses ideários? O estatismo distributivista teve como portadores nos anos 1980 os partidos de esquerda, o PDT e parte do PMDB. Apesar da derrota de 1989, os partidos de esquerda o mantiveram como diretriz política, que serviu, junto com o velho nacional-desenvolvimentismo protecionista, como casamata ideológica de resistência partidária, empresarial e da tecnoburocracia estatal ao reformismo liberal.

A grande imprensa e as elites empresariais adotaram, na segunda metade dos anos 1980, uma perspectiva cada vez mais liberal, embora algo imprecisa, cujo núcleo era o combate ao estatismo. Denunciava-se o intervencionismo estatal nas relações mercantis, especialmente o controle de preços, e o desequilíbrio das finanças públicas, identificado como fonte primeira da inflação. No limite, especialmente entre os economistas, esse liberalismo ganhou uma articulação mais definida e consistente na forma de neoliberalismo. Esse ideário encontrou abrigo entre os partidos conservadores e em segmentos do PSDB.

No mesmo período — segunda metade dos anos 1980 — ganhou força entre dirigentes e técnicos de alto nível das empresas estatais, especialmente do BNDES, o ideário da "integração competitiva", perspectiva liberalizante alternativa ao neoliberalismo. No fim da década de 1980 ela se difundiu entre as elites empresariais, mas de forma limitada, servindo de plataforma político-intelectual para a organização, por uma fração da grande indústria paulista, do Instituto de Estudos para o Desenvolvimento Industrial (Iedi). No plano partidário, foi adotada por parte do PSDB e do PMDB.

Esses três ideários marcaram, com ênfases diversas, todos os governos desde 1995. De fato, esses governos conduziram suas políticas orientando-se por combinações distintas desses ideários. Em função disso, estes foram sendo ajustados uns aos outros, mas sempre com predomínio da política macroeconômica tendente à ortodoxia liberal.

Os períodos Cardoso e Lula

No período Cardoso, focado principalmente na estabilidade, dominou uma política macroeconômica ortodoxa, sendo as políticas monetária e cambial favoráveis ao rentismo financeiro e desestimulantes para o sistema produtivo. A isso agregou-se um conjunto bastante extenso de reformas institucionais liberalizantes: a consolidação do sistema financeiro privado, privatizações de empresas estatais, a concessão de serviços públicos à iniciativa privada e o disciplinamento das finanças públicas. Essa política deu continuidade ao Plano Real e, apesar das crises econômicas atravessadas pelo país no período, manteve-se a estabilidade monetária alcançada.

Embora predominasse no período uma retórica e políticas associadas ao neoliberalismo, as políticas de Estado não se submeteram plenamente àquele ideário.

Por um lado, foram reforçados os instrumentos de intervenção do Estado na economia, mediante a transferência das concessões dos monopólios das empresas estatais para o próprio Estado, a recuperação e o reforço das instituições financeiras da União — Banco do Brasil, Caixa Econômica Federal (CEF) e BNDES —, a execução de políticas industriais, como a efetivação de um acordo automotivo com a Argentina. No segundo governo Cardoso, porém, as iniciativas "desenvolvimentistas" foram praticamente abandonadas, embora a adoção do "câmbio flutuante" tenha aliviado a pressão negativa do câmbio valorizado sobre a indústria.

Por outro lado, no plano distributivo, seguiu-se desde 1994 uma política de elevação do salário mínimo real, desenvolveram-se políticas sociais universalistas — como, por exemplo, a universalização do ensino fundamental —, criou-se a Comunidade Solidária, expandiu-se o atendimento dos incapacitados para o trabalho e, no segundo governo Cardoso, foram iniciadas políticas de transferência de renda (com cerca de 6,5 milhões de famílias atendidas pelo Bolsa Escola e pelo Bolsa Alimentação). A intensificação das políticas sociais chama a atenção para uma característica importante do "neoliberalismo" implementado no Brasil e em outros países da América Latina: a inexistência de restrição às políticas de bem-estar, como ocorreu na Europa, e sim, pelo contrário, uma acentuada expansão dessas políticas em relação às vigentes no velho Estado nacional-desenvolvimentista.

Durante o período Lula, foram preservadas todas as reformas liberalizantes instituídas anteriormente e a política macroeconômica do segundo governo FHC. Não se avançou, porém, no plano institucional; o processo de privatização foi praticamente estancado e pouco se fez para superar gargalos conhecidos, como o previdenciário e o tributário. Embora no período Lula se acentuasse a retórica desenvolvimentista, e, em seu segundo mandato, tenha crescido exponencialmente o apoio do BNDES ao setor produtivo, a ênfase foi distributiva. Ênfase, é claro, na medida do permitido pela política macroeconômica ortodoxa, de inspiração liberal.

Os investimentos públicos — que sinalizariam uma política desenvolvimentista — mantiveram-se muito acanhados, a despeito da publicidade em torno do PAC. A condição essencial para, pelo menos, preservar a competitividade do capital produtivo teria sido expandir o investimento público. Ora, em relação ao PIB, o investimento público ficou pouco acima de 2% em 2009 e 2010, o que coloca o Brasil em 123º lugar entre 128 países, segundo dados do FMI. Apenas para dimensionar melhor o que isso significa, o investimento público em 26 países de perfil semelhante ao brasileiro — incluindo China, Índia, México, África do Sul, Rússia etc. — ficou em 6,2% do PIB entre 2000 e 2010. Ou seja, foi cerca de três vezes maior do que o do Estado brasileiro (Afonso, 2010).

Se a isso agregarmos o câmbio sistematicamente valorizado e a política de juros altos, não havia expansão de crédito do BNDES que pudesse compensar a falta de estímulo à expansão da capacidade produtiva da indústria. Ainda mais que, desde a crise de 2008, se tornou mais difícil a capitalização das empresas via lançamento de ações. O que compensou, do ponto de vista macroeconômico, o baixo impulso industrial foi o extraordinário impulso nos preços internacionais das commodities ocorrido desde 2003 e provocado pela expansão industrial chinesa e de outros países asiáticos. Essa disparada dos preços internacionais permitiu uma grande elevação nas exportações de minérios e produtos agrícolas, evitando o estrangulamento da capacidade brasileira de importação.

Já do ponto de vista da distribuição andou-se muito melhor: instituiu-se uma política formalizada de elevação do salário mínimo real de acordo com o crescimento do PIB; aumentou-se substancialmente o número de famílias beneficiadas por transferências de renda (de 6,5 para 12 milhões de famílias); ampliou-se o acesso ao sistema e ao crédito bancário para assalariados, aposentados e microempresas, e aumentou-se muito o acesso da baixa classe média ao ensino superior privado. Obviamente, essa injeção de recursos na base da pirâmide social deu maior amplitude ao mercado interno.

Ainda nessa perspectiva distributiva, *mas já não beneficiando os mais pobres*, foram elevados substancialmente, por pressão dos sindicatos do setor público, os salários dos funcionários de carreira da União e o número de carreiras do Estado. Aumentou-se, pois, a participação da classe média profissional — o funcionalismo de carreira — nos gastos correntes do Estado, gastos que não cessam de crescer em proporção ao PIB desde 1995. Aumentaram-se as despesas com salários do funcionalismo, mediante a ampliação dos quadros da administração pública, uma elevação enorme das remunerações nas carreiras do Estado e o aumento do número de carreiras. Hoje, um funcionário em início de carreira (recém-concursado) recebe cerca de R$ 13 mil mensais (US$ 7.600), mais 13º e aposentadoria integral.

Tudo isso permitiu elevar um pouco a taxa média de crescimento do PIB vigente no período Cardoso, mas o baixo nível de investimento público, particularmente em infraestrutura, não permitiu assegurar uma aceleração significativa do seu ritmo (a expansão de cerca de 7,5% do PIB em 2010 foi uma exceção, ocorrendo na sequência de um ano de crescimento zero).

A dinâmica política e as perspectivas para o futuro

Devo sublinhar que a ênfase em políticas vinculadas aos diferentes ideários não é uma questão que diga respeito *apenas* à chamada "vontade política" dos governantes, embora seja fundamental em função da grande centralização do poder político no Brasil.

A *política brasileira de estabilização*, por exemplo, foi preservada não só porque convinha aos detentores de capital dinheiro — incluindo-se, é óbvio, o capital financeiro —, mas também porque era politicamente vendável como benéfica ao conjunto dos assalariados, a maioria da população, o que estava e está em sintonia com um Estado democrático. O mesmo apelo têm as *políticas distributivas*. Seus responsáveis são premiados com o voto e o apoio político dos beneficiados, ainda que estes não demandem tais políticas explicitamente. É o caso dos milhões de famílias pobres e miseráveis que recebem transferências de renda. Desse modo, *há uma grande pressão decorrente da forma democrática de governo no sentido da expansão das políticas distributivas e de preservação da estabilidade dos preços.*

Além disso, as correntes políticas desenvolvimentistas se repartem entre os partidos políticos e tendem a se subordinar à lógica partidária, orientada fundamentalmente para ganhar eleições e, por isso, tendente a se associar a políticas distributivas, tenham estas teor republicano ou sejam puramente clientelistas. O governo Dilma Rousseff surgiu de um embate eleitoral no qual os dois principais candidatos eram reconhecidamente desenvolvimentistas. Este não foi o tom, entretanto, da campanha eleitoral, o que mostra a dificuldade do desenvolvimentismo para ganhar centralidade política.

Em suma, *as políticas desenvolvimentistas são mais complicadas* de sustentar politicamente. Desde o final dos anos 1980, as correntes desenvolvimentistas não conseguiram fazer da expansão do investimento produtivo, da competitividade e do crescimento econômico acelerado *valores centrais* para a política econômica. Centrais no sentido de que a efetivação desses valores fosse considerada uma alavanca para a distribuição e a estabilidade a longo prazo.

Em parte, essa fragilidade se deve à prioridade social absoluta dada à estabilização monetária em função da crise dos anos 1980. Mas, depois de consolidada a estabilização, a baixa prioridade efetiva — não a retórica — dada ao desenvolvimento decorreu, em parte, da incapacidade de articulação político-intelectual dos maiores beneficiados potenciais dessas políticas, os empresários industriais, principalmente.

Isso nos leva a indagar *de onde veio o evidente suporte empresarial ao governo Lula*, já que este prosseguiu fundamentalmente, além da ênfase distributiva, executando a política macroeconômica de Cardoso, preservando a estabilidade monetária e, com isso, a renda salário e os altos ganhos dos rentistas, sem favorecer a competitividade industrial. É verdade que, especialmente no segundo mandato de Lula, foi muito ampliado o apoio do BNDES ao capital industrial, mas essa proteção só costuma favorecer uma parcela muito limitada do empresariado.

Creio que parte da explicação disso está em que o empresariado industrial também tira aproveito, como rentista, da política macroeconômica mantida desde 1995, o que o torna também beneficiário da proteção outorgada, implicitamente, ao capital dinheiro pela política macroeconômica. Mas, além disso, há que considerar a dificuldade enfrentada pelo empresariado industrial brasileiro para se ajustar ao padrão mais liberal e favorável à competição das políticas de Estado que sucedeu o velho padrão liberal-desenvolvimentista. A antiga fração dominante do empresariado brasileiro (a industrial) perdeu proeminência tanto no plano produtivo quanto no âmbito político. Atualmente, os segmentos que se expandem na área produtiva são o agronegócio e o setor extrativo. Mais ainda, esses novos setores e o de infraestrutura vêm se expandindo não só com o apoio creditício do Estado, mas também associando-se a grandes fundos de pensão (de empresas estatais e privatizadas), em larga medida controlados pelo governo. É compreensível, pois, que esse empresariado renovado tenha se associado politicamente ao governo Lula, ainda que a competitividade propriamente industrial não tenha sido sua prioridade.

Seguramente, a mudança ocorrida no empresariado *não inviabiliza o ideário desenvolvimentista, mas exige sua redefinição, de modo que possa ser visto como vetor das demandas de conjunto desse segmento renovado de capitalistas produtivos.*

De qualquer maneira, essas mudanças de suporte social e o consequente desajuste entre ideário e base social acentuam a dificuldade do desenvolvimentismo em se tornar o eixo das políticas de Estado. Os problemas apontados marcaram bastante o governo Lula e não desapareceram com a eleição de Dilma Rousseff para a Presidência de República. Não há dúvida quanto à adesão da nova presidenta ao ideário desenvolvimentista, embora não haja tanta segurança quanto ao tipo de desenvolvimentismo que professa.

Embora só se possa avaliar, e com precariedade, o primeiro ano de seu mandato, o governo Dilma vem mostrando grande empenho em desenvolver uma política desenvolvimentista consistente. A despeito desse empenho, tem sido muito difícil reorientar as políticas fiscal e monetária legadas pelo governo anterior, isso para não falar na ineficiência e na corrupção da administração pública.

Os anúncios iniciais de controle dos gastos correntes, o lançamento de um programa de estímulo à inovação, a preservação da política do BNDES e a ousadia na condução da política monetária pelo Banco Central, que tende a reduzir a remuneração de curto prazo do capital dinheiro, foram boas indicações da prioridade atribuída à expansão do sistema produtivo. Particularmente a política de juros sugere, se não me equivoco, a procura de um novo mix de políticas, diferente do predominante desde 1999.

Apesar disso, os resultados alcançados pela política no novo governo em 2011 foram bastante decepcionantes. O crescimento econômico não chegou a 3% do PIB, embora o governo almejasse uma taxa de 4,5%; a inflação foi contida dentro da tolerância máxima, mas ultrapassou o centro da meta fixada; o superávit primário prometido foi atingido, mas à custa de uma *redução dos investimentos públicos* e graças à elevação da arrecadação tributária.[2]

É possível atribuir a insuficiência desses resultados às dificuldades de instalação de um novo governo, ainda muito marcado pela herança recebida do período Lula, presidente mais atento à preservação de sua coalizão política do que à eficiência da administração pública.[3] Mas as pressões dos vários setores do funcionalismo, do Judiciário e da base parlamentar governista sobre a nova administração mostram que se mantêm as razões políticas que militam contra a transferência de despesas de custeio para gastos com investimentos. Tais dificuldades não afetam exclusivamente o governo da União: em 2011, os estados mais importantes da Federação, à exceção de Pernambuco, também reduziram seus dispêndios com investimentos em relação ao ano anterior.[4]

A despeito dos problemas apontados, não é descabido manter um otimismo cauteloso em relação ao futuro. Apesar das ameaças que pesam sobre o crescimento econômico do país em função da crise econômica europeia, o governo Dilma deve apresentar mais consistência entre intenções e resultados. Isso na medida em que tenha superado pelo menos parte dos obstáculos político-administrativos herdados e continue a romper as balizas ideológico-partidárias que vêm bloqueando uma melhor articulação entre os setores públicos e a iniciativa privada na realização de projetos-chave

---

[2] Em 2011, a folha de pessoal e encargos sociais, por exemplo, consumiu R$ 196,6 bilhões, um aumento de R$ 13,2 bilhões em relação ao total do ano anterior. No que diz respeito ao investimento, o governo despendeu R$ 41,9 bilhões, bem menos do que em 2010, quando foram desembolsados R$ 44,7 bilhões para obras e para a compra de equipamentos, segundo a organização Contas Abertas, especializada em finanças públicas.

[3] Exemplo disso é a extraordinária desordem administrativa existente no Departamento Nacional de Infraestrutura de Transportes (Dnit), vinculado ao Ministério dos Transportes e criado em 2002. Seu novo diretor executivo, nomeado pela presidenta depois da descoberta de uma rede de corrupção nele presente, declarou, após a realização de uma auditoria, que "o Dnit não tem condições de tocar o PAC". Reportagem de *O Estado de S. Paulo* de 19 de janeiro de 2012, mostra que as deficiências do órgão atrasam obras, retêm pagamentos — leva-se 300 dias, depois de feita a medição de um serviço, para se pagar o devido — e favorecem desvios.

[4] Cf. Editorial de *O Estado de S. Paulo* de 1º de fevereiro de 2012.

para o desenvolvimento do país. A realização bem-sucedida, no início de 2012, do leilão para concessão parcial da gestão de três grandes aeroportos à iniciativa privada é um forte indicador da disposição do governo Dilma de romper com os mencionados parâmetros, o que permitiria acelerar a recuperação da infraestrutura produtiva do país, essencial para o aumento da competitividade empresarial.

É claro que as iniciativas apontadas como de tipo liberal-desenvolvimentista ainda não formam um "sistema", pois não têm articulação suficiente para formar um novo "regime de política econômica", nem contam com forte engajamento político-partidário, dado que o PT parece pouco disposto a abandonar o ataque a que vinha submetendo as privatizações. De qualquer modo, embora problemática, mantém-se a possibilidade de o governo Dilma caracterizar-se, mais que os governos que a antecederam desde 1995, por uma diretriz liberal-desenvolvimentista.

Referências

AFONSO, J. R. O nó dos investimentos públicos. *Digesto Econômico*, Associação Comercial de São Paulo, 2010. Edição Especial. Disponível em: <www.joserobertoafonso.ecn.br>.

BRESSER-PEREIRA, L. C. Do antigo ao novo desenvolvimentismo na América Latina. 2010. Disponível em: <http://www.bresserpereira.org.br>.

_____. Struturalist macroeconomics and new developmentalism. 2012. Disponível em: <http://www.bresserpereira.org.br>.

MOURÃO, Julio O. F. A integração competitiva e o planejamento no sistema BNDES. *Revista do BNDES*, v. 1, n. 2, dez. 1994.

3
Lulismo e coalizões de classe

ANDRÉ VICTOR SINGER*

Em uma passagem de *O 18 brumário*, Marx mostra como é frequente os atores de determinada época buscarem inspiração nos acontecimentos de outra. Se o período histórico evocado pelos homens contemporâneos pode ser revelador da natureza das tarefas que pretendem realizar, mesmo que o resultado final seja diferente do esperado, vale a pena deter-se por um instante na consideração do seu significado. O Brasil, no ano eleitoral de 2010, encontrava-se envolvido pela atmosfera imaginária na qual, mais de meio século antes, a democracia norte-americana criou o arcabouço de leis, instituições e programas do *New Deal*, que permitiu um salto na qualidade de vida dos mais pobres e na igualdade entre os cidadãos dos EUA. A instauração de tal ambiente foi, no plano ideológico, um legado dos dois mandatos de Lula, e pode determinar o ambiente no qual Dilma Rousseff venceu a eleição. Pode, além disso, fixar o "marco regulatório", para usar uma expressão do mundo jurídico, no qual ocorreram as disputas eleitorais. Isto é, partidos e candidatos podem divergir quanto aos meios, mas os fins já teriam sido fixados de antemão.

---

* O texto a seguir foi apresentado como versão preliminar de "O sonho rooseveltiano do segundo mandato". In: Singer, André. *Os sentidos do lulismo*. São Paulo: Companhia das Letras, 2012.

Essa hipótese está relacionada a outra segundo a qual as eleições brasileiras de 2002-06 seriam vistas, no futuro, como de realinhamento, no sentido de darem início a um ciclo político longo, como aconteceu nos EUA com as vitórias de Franklin D. Roosevelt em 1932 e 1936.[1] Na primeira ocasião (1932, 2002), em uma típica situação de alternância, forma-se uma nova maioria. Na segunda (1936, 2006), em uma eleição de continuidade, a coalizão majoritária se mantém, mas com trocas de posição no suporte a Roosevelt/Lula, decorrentes da política levada a cabo no primeiro mandato: a classe média se afasta e contingentes de eleitores pobres tomam o seu lugar.[2] Durante a vigência do ciclo, pode até haver troca de partidos no poder, como sucedeu em 1952 e 1956 com a vitória republicana nos Estados Unidos, sem solução de continuidade, contudo, em relação aos grandes objetivos nacionais, até que sobrevenha um pleito crítico, capaz de mudar a fase.[3] De acordo com o cientista político John Berg (2003): "tais eleições têm o potencial de definir um novo tipo de política, um novo conjunto de clivagens, que pode, então, durar por décadas". Elas, por assim dizer, mudam a orientação do vento.

Essa é uma explicação, portanto, para o aparecimento, em distintas áreas do pensamento brasileiro, de comparações entre o período que se inaugura em 2006 e o de Roosevelt, uma vez que ambos teriam estabelecido um ciclo longo de redução da pobreza e da desigualdade. A título de exemplo, lembro três dessas menções, oriundas de campos suficientemente distantes para indicar a plausibilidade da hipótese. Em julho de 2010, citando o economista norte-americano Paul Krugman (2010), o jornalista Fernando de Barros e Silva (2010:A2) escrevia na *Folha de S.Paulo*: "Os Estados Unidos do pós-guerra eram, sobretudo, uma sociedade de classe média. O grande *boom* dos salários que começou com a II Guerra levou dezenas de milhões de americanos — entre os quais meus pais — de bairros miserá-

---

[1] Agradeço ao professor Thimoty Power o diálogo que tivemos, nas reuniões da Brazilian Studies Association e da Associação Brasileira de Ciência Política, em julho e agosto de 2010, a respeito do possível paralelo entre as eleições norte-americanas de 1932 e 1936 e as brasileiras de 2002 e 2006 a partir de Singer (2009b). Agradeço também ao professor Gustavo Venturi as observações feitas em ocasião anterior sobre a eleição de 2002.

[2] Para o caso norte-americano, ver Key Jr. (1968:31-34); para o brasileiro, Singer (2009b).

[3] Para a ideia de eleição crítica, ver Key Jr. (1955).

veis nas regiões urbanas ou da pobreza rural à casa própria e a uma vida de conforto sem precedentes". Krugman relata a "sensação admirável" de viver em uma comunidade em que a maioria das pessoas leva "uma vida material reconhecidamente decente e similar". Conclui o jornalista: "Essa *middle-class society* que encarnava o sonho americano não foi obra de uma 'evolução gradual', mas, muito pelo contrário, foi criada, no curto espaço de alguns anos, pelas políticas do governo Roosevelt".

A segunda menção está no fecho de um balanço do período presidencial de Lula, feito por dois economistas ligados ao governo. Dizem Nelson Barbosa e José Antonio Pereira de Souza: "A superação de dogmas recentes encontra paralelos em momentos nos quais os Estados das economias capitalistas centrais optaram pela ruptura de seus modelos de atuação [...]. Assim foi, por exemplo, com a G. I. Bill (1944) e com o Employment Act (1946) [...]".[4] A segunda medida, em particular, teve caráter duradouro. "Desde a II Guerra Mundial, o governo federal havia reconhecido sua responsabilidade pela manutenção da economia em pleno emprego", lembra o economista Joseph Stiglitz (2003:41).

O terceiro exemplo vem da ciência política. Wendy Hunter e Timothy Power (2007:24) comparam o Bolsa Família, lançado em setembro de 2003, ao Social Security Act, com o qual, em 1935, Roosevelt instituiu o sistema de previdência pública nos EUA. Hunter e Power vaticinavam, já em 2007, que o Bolsa Família poderia se tornar, como o Social Security, um "terceiro trilho" na política brasileira, ou seja, aquilo em que não se pode mexer sob o risco de morte política. A julgar pelas propostas dos candidatos à Presidência da República em 2010, Hunter e Power estavam certos: a oposição quer *dobrar* o número de famílias atendidas pelo Bolsa Família, e ninguém fala em diminuir o benefício.

Em suma, apesar das diferenças que os separam, os postulantes estão envolvidos no clima rooseveltiano de criar, no "curto espaço de alguns anos", uma sociedade de classe média no Brasil. Dilma Rousseff, do PT,

---

[4] A G. I. Bill, assinada por Roosevelt em junho de 1944, deu a veteranos o direito de cursarem uma universidade ao retornarem da II Guerra Mundial. Promulgado pelo presidente Harry Truman em fevereiro de 1946, o Employment Act atribuía ao governo federal a incumbência de promover oportunidades de emprego. Ver Barbosa e Souza (2010).

propôs "erradicar a miséria" em seu mandato. José Serra, do PSDB, disse querer "partir para a erradicação da pobreza". Marina Silva, do PV, elogiou o fato de 25 milhões terem deixado a linha da pobreza no período recente e afirmou que não ia mexer na política que permitiu isso.[5] Plínio de Arruda Sampaio, do PSOL, fez do combate à desigualdade o centro do seu discurso.

Mas em que medida há condições materiais para transformar em realidade a utopia rooseveltiana, tal como aparece na descrição de Krugman, de acesso a uma vida material "reconhecidamente decente" e "similar"? Até que ponto é verdadeiro o aparente consenso social em torno dessas metas ou, em outros termos, que e quanta resistência se deve esperar às políticas necessárias para converter o projeto em realidade? Quais as chances políticas de sucesso de tal empreendimento?

Não sendo especialista em economia, o que segue se apoia em análises de economistas para, em seguida, discutir as variáveis políticas envolvidas no caminho do que parece ser um novo ciclo longo na vida brasileira.

A pobreza cai rápido; a desigualdade, mais devagar

Segundo o Ipea, entre 2003 e 2008, a pobreza extrema — rendimento médio domiciliar per capita de até um quarto de salário mínimo mensal — foi reduzida de 15% para 10% da população. A pobreza absoluta — rendimento médio domiciliar per capita de até meio salário mínimo mensal — também caiu em proporção semelhante, reduzindo-se o total de brasileiros nessa faixa de renda de 35% para 23% no mesmo período (Ipea, 2010; Alves, 2010). Convém ressaltar a importância do movimento iniciado nos dois mandatos de Lula, pois desde o Plano Real (1994/95) não ocorria uma queda desses índices. A proporção de indivíduos abaixo da linha da pobreza ficou estagnada em cerca da metade da população durante o governo Fernando Henrique Cardoso, caindo depois para cerca de um terço da população (Alves, 2010). Ainda assim, 39,3% dos brasileiros continuavam abaixo da linha da pobreza em 2008.

---

[5] Ver as declarações de Dilma Rousseff (*Folha de S.Paulo*, 17 maio 2010, p. A6), José Serra (*Folha de S.Paulo*, 7 jul. 2010, p. A9) e Marina Silva em 10 out 2010 (disponível em: <http//portalexame.com.br>, acesso em 22-7-2010).

Embora a dimensão da pobreza no Brasil ainda seja expressiva, o ritmo da queda acendeu o otimismo nacional. O economista Marcelo Neri, da FGV, usando denominação diferente, partilha desse otimismo. Afirma que havia 50 milhões de pobres quando começou o governo Lula e que 19,4 milhões de pessoas teriam deixado a pobreza (o equivalente, em seu cálculo, à Classe E) entre 2003 e 2008, restando 30 milhões de brasileiros (16% da população) em situação de pobreza.[6] Mantido o ritmo entre 2010 e 2014, outros 14,5 milhões poderiam sair dessa condição, reduzindo-se a Classe E a 8% da população (Canzian, 2010:B4).

Apesar da importante diferença na classificação da pobreza — 39% da população para o instituto do governo federal em 2008 e 16% para a FGV —, o Ipea partilha do otimismo quanto à possibilidade de reduzi-la no próximo período. "Quando se projeta no tempo a redução nas taxas de pobreza absoluta (3,1 pontos percentuais) e extrema (2,1 pontos percentuais), alcançada no período de maior registro de sua diminuição recente (2003-08), pode-se inferir que em 2016 o Brasil terá superado a miséria e diminuído a 4% a taxa nacional de pobreza absoluta", afirma comunicado do instituto divulgado em julho de 2010 (p. 11).

No entanto, o Ipea adverte que, para tornar realidade essa projeção, será necessário acelerar a redução da miséria e da pobreza nos estados em que ainda são expressivas. A título de ilustração tomem-se os casos extremos. Enquanto Santa Catarina tem apenas 2,8% da população em situação de miséria (pobreza extrema), em Alagoas esta atinge 32,3% dos habitantes. Assim, ao passo que Santa Catarina poderia superar a condição de miséria já em 2012, Alagoas tem, obviamente, um caminho mais longo pela frente.

Em linhas gerais, porém, os dados apontam que parte do sonho rooseveltiano, o de construir uma comunidade em que (quase) todos têm uma vida afastada da pobreza, está ao alcance dos dois próximos mandatos presidenciais. Isso significaria, nos termos de Neri, não ter mais ninguém na Classe E na metade do mandato daquele ou daquela que assumir a

---

[6] Canzian (2010:B4). Para Neri, pertenceriam à classe E as famílias com renda de até R$ 804 (em valores de dezembro de 2008), o que equivale a 1,9 salário mínimo.

Presidência da República em janeiro de 2015, e apenas um resíduo na Classe D. Em consequência, haveria um aumento significativo na Classe C, que representava 40% no começo da década de 2000 e chegou a 50% em 2009.[7] Ou seja, haveria uma notável expansão da classe média.

A rigor, não se trata, contudo, de uma expansão tanto da classe média quanto do proletariado. À medida que o subproletariado é incorporado ao mercado de trabalho formal e ao padrão de consumo "normal" para o período histórico considerado, a base da pirâmide social passa a ser formada pelo proletariado, o qual gradativamente deixa de ser classe média, uma vez que não há outra sob ele.[8] É possível que um proletariado mais antigo — uma espécie de aristocracia operária — se mantenha como uma fração de classe à parte, mas as diferenças relativas teriam diminuído.

Por outro lado, embora o processo de redução da pobreza tenha significado também uma diminuição da desigualdade, esta parece responder com mais vagar às iniciativas governamentais. O Ipea (jan. 2010:7) observa que "o movimento recente de redução da pobreza tem sido mais forte que o da desigualdade". Enquanto a taxa de pobreza extrema caiu, no Brasil, de 21% para 11% entre 1995 e 2008, e a absoluta teve uma queda de 43% para 29% no mesmo período (com uma redução total de cerca de 40%), o índice de Gini reduziu-se de 0,60 para 0,54 (uma queda em torno de 10%), ficando bem acima do de países como Itália (0,33), Espanha (0,32) e França (0,28), para o ano de 2005, e mesmo dos EUA (0,46), que passa por um conhecido aumento da desigualdade (Ipea, jan. 2010:8). De acordo com o economista-chefe de uma grande instituição financeira nacional, "somos o décimo pior país em distribuição da renda" no mundo.[9] Segundo o economista Amir Khair (2010), hoje "apenas 1% dos brasileiros mais ricos detém uma renda próxima dos 50% mais pobres". Por isso, quando

---

[7] Neri, 2010:31. Utilizando a mesma denominação, mas aplicando os cortes a partir de critérios relacionados ao consumo e não à renda, uma pesquisa realizada em 2009 pela Cetelem/Ipsos chega a cifras semelhantes. Nas classes A e B estariam 16% da sociedade, 49% se encontrariam na classe C e 35% nas classes D e E. Ver Resende (2010:B9).

[8] O cientista político Juarez Guimarães, em debate na UFMG (out. 2009), falou na formação de um novo proletariado no Brasil.

[9] Entrevista com Ilan Goldfajn, economista-chefe do Banco Itaú-Unibanco. Ver Lima (2010:B1).

olhado pelo ângulo da desigualdade, a fotografia da sociedade brasileira é "ainda grotesca" (Neri, 2010:B4).

Em outras palavras, no tocante à diminuição da desigualdade, diferentemente da redução da pobreza, o que se percebe é uma melhora lenta. Alguns argumentam até que, por trás da vagarosa queda do índice de Gini, que mede o desnível entre os assalariados, haveria, na realidade, uma piora na repartição da riqueza entre o capital e o trabalho, a chamada distribuição funcional da renda. De acordo com essa lógica, pode haver uma maior equidade entre os que vivem do próprio trabalho, mas cresce a parcela apropriada sob a forma de lucros e dividendos pelos capitalistas. Seriam sinais visíveis disso os grandes gastos do Tesouro com o pagamento de juros e os polpudos lucros das grandes empresas ao longo do governo Lula. No entanto, de acordo com o Ipea, entre 2005 e 2007, a participação do trabalho na renda nacional, que estava estagnada desde 1995, também começou a aumentar. Em 2004 era de 30,8% do PIB, passando para 32,7% em 2007 (Simioni, 2010:55). E mais: de acordo com estimativas do economista João Sicsú (2010), em 2009 esta deve ter voltado ao patamar de onde começou a cair em 1995 (35,1%).

Os números mostram, portanto, que medida por diversos ângulos, está em curso uma gradual diminuição da desigualdade. Mas se a renda dos assalariados — particularmente dos mais pobres, como vimos — está crescendo a um ritmo suficientemente acelerado para eliminar a pobreza em poucos anos, como se explica que a desigualdade caia devagar? Acontece que os ricos estão ficando mais ricos. A economista Leda Paulani (2010), apoiando-se em cálculos de Márcio Pochman, tem assinalado que 80% da dívida pública está em mãos de algo como 20 mil pessoas, que, sozinhas, recebem um valor 10 vezes maior do que as 11 milhões de famílias atendidas pelo Bolsa Família. O sociólogo Francisco de Oliveira (2009:61-62), por sua vez, chama a atenção para os sinais de riqueza ostensiva revelados pela inclusão de 10 brasileiros, pela revista *Forbes*, entre os mais ricos do mundo. De fato, basta abrir um jornal ou revista para se deparar com notícias relativas à expansão do comércio de alto luxo em São Paulo. São sintomas de que a par da melhora nos padrões de consumo dos pobres, há uma elevação também na ponta superior. O senador chileno Carlos Ominami relata algo parecido em relação a seu país: "*Tenemos buenos resultados en pobreza, pero malos en igualdad. En Chile, los ricos son cada vez más ricos*" (Natanson, 2008:247).

Como, simultaneamente, há indícios de que possa ter ocorrido certo achatamento nos ganhos da classe média,[10] a resistência da desigualdade deve, realmente, decorrer do que é apropriado pelos muito ricos. A queda lenta da desigualdade em sociedades que partem de um patamar elevado e nas quais os mais ricos continuam a acumular riqueza aponta para a dificuldade de atingir, no curto prazo, uma situação em que seus membros tenham uma vida material "reconhecidamente similar". Mesmo mantido o ritmo atual de melhora das condições de vida dos menos aquinhoados, o Ipea calcula que, em 2016, chegaremos a um indicador de desigualdade um pouco inferior àquele que dispúnhamos em 1960, quando foi aplicada a primeira pesquisa sobre diferenças de renda pelo IBGE: 0,49 no índice de Gini. Ou seja, se bem-sucedido o esforço no sentido de elevar o padrão de existência dos mais pobres nos próximos anos, o que está no horizonte é, por assim dizer, voltar ao ponto interrompido pelo golpe de 1964. Após duas décadas de um regime militar concentrador e outras duas décadas de estagnação, as políticas de redução da pobreza nos levarão de volta ao limiar de onde começamos a regredir. Não é coincidência que também o salário mínimo tenha voltado, em 2009, ao patamar de meados dos anos 1960 (Barbosa, 2010:32).

A economia política do realinhamento

Entre 2003 e 2010, por meio de uma política econômica que, por um lado, manteve algumas linhas de conduta do receituário neoliberal e, por outro, tomou decisões no sentido contrário, isto é, próprias de uma plataforma desenvolvimentista, a agenda de diminuição da pobreza e da desigualdade avançou mediante uma estranha combinação de orientações antitéticas, a qual caracterizou o que se poderia chamar de economia política do reali-

[10] Diz o sociólogo Simon Schwartzman em entrevista para o portal IG em janeiro de 2010: "Houve um achatamento do padrão de vida da classe média. Ela sofreu nesse processo, porque depende muito mais dos serviços, cujos preços aumentaram muito, como escola e saúde privada".

nhamento. Como busco mostrar em meu artigo já citado sobre o lulismo, o deslocamento eleitoral do subproletariado está ligado a uma combinação *sui generis* de mudança e ordem (Singer, 2009b).

O caráter inusitado da mistura adotada dificulta por vezes o correto entendimento do que ocorreu e, portanto, do que se desenha para o futuro. Além disso, as análises econômicas disponíveis dão conta de terem existido três fases distintas nos dois mandatos de Lula. Na primeira, que abrange o período 2003-05, predominou uma postura ortodoxa, com contenção da despesa pública, elevação dos juros e uma reforma previdenciária que apontava para a redução de benefícios no serviço público. Enfim, o pacote clássico de "maldades" neoliberais voltadas para a estabilização da economia por meio da contração dos investimentos públicos e das atividades econômicas em geral. Para além de mera opção técnica, o que estava em jogo era uma escolha política no sentido de evitar a radicalização política por meio do atendimento das condições impostas pela classe dominante. Como afirma o ex-senador Saturnino Braga (2010:53): "Na transição, quando findavam os últimos meses de Fernando Henrique Cardoso, a inflação e a taxa cambial dispararam. Aquilo foi um aviso do capital".

Ocorre que, *quase ao mesmo tempo*, e essa é a parte menos visível, até que os resultados políticos começassem a surgir, houve um conjunto de iniciativas na direção *contrária* às soluções neoliberais. Se, em seus aspectos gerais, a posição neoliberal era a de produzir uma queda nos preços por meio da contenção da demanda, o aumento das transferências de renda — a partir do lançamento do Bolsa Família em setembro de 2003 —, a expansão do crédito popular — com o convênio assinado entre sindicatos e bancos no final do mesmo ano — e a valorização do salário mínimo — a partir de 2004 — deram a partida em um movimento de recuperação da economia mediante o fortalecimento de um mercado interno de consumo de massa. Foram as distintas fórmulas de equilíbrio entre os dois pratos da balança da política governamental — o lado do capital e o lado popular — que caracterizaram as diferentes fases dos mandatos de Lula.

Enquanto perante o capital, interno e externo, o governo podia fazer o discurso do atendimento integral dos itens do pacto de não agressão firmado ainda na campanha (Carta ao Povo Brasileiro), punha em prática uma parcela do programa histórico do PT. Com efeito, a formação de um mercado interno de massa correspondia à plataforma petista. É verdade que, no decorrer de sua trajetória anterior, o partido não acreditava que isso fosse possível sem confrontar os interesses do setor financeiro. O governo Lula, no entanto, descobriu que o custo relativo de ativar o consumo das camadas mais pobres da população era baixo. Com uma quantidade modesta de dinheiro era possível revitalizar regiões muito carentes, como o interior nordestino. Foi o que garantiu o sucesso de programas de baixo custo, como o Bolsa Família, lançado ainda na vigência do aperto orçamentário que predominou no primeiro triênio.

O crédito consignado, por seu turno, não implicava qualquer dispêndio estatal. Tratava-se de uma fórmula criativa para facilitar meios de compra sem risco para o emprestador, afiançado pelo Estado. Ambas as medidas contribuíram para que a recuperação de 2004, quando o PIB, depois de permanecer estagnado em 2003, cresceu 5,7%, ajudasse particularmente as camadas de menor renda. A dificuldade de escapar de avaliações simplistas a respeito das decisões do governo Lula, aparentemente antagônico nos caminhos escolhidos, levou, simultaneamente, à acusação antagônica de neoliberal e populista. Afinal, como entender uma política que, ao mesmo tempo, reduz e aumenta a demanda?

Ainda em 2004, surgiu o terceiro — e fundamental — apoio do tripé sobre o qual se sustentou o lado popular do governo. O salário mínimo foi aumentado em 3,7% acima da inflação, tendo recebido outros 7% de valorização real em 2005. Em meio a uma segunda onda contracionista, lançada pelo Banco Central a partir de setembro de 2004, já estava em marcha o que seria a pedra de toque da construção do mercado interno de massa: o aumento do salário mínimo. Associado às outras duas linhas de força — transferência de renda e expansão do crédito —, provocaria uma onda de consumo popular, batizada por Marcelo Neri de "o real do Lula".

O duplo caráter da primeira fase (2003-05) — assim como o da seguinte — mostrou-se viável em uma conjuntura internacional favorável, produzindo, simultaneamente, prosperidade no alto (incremento nas exportações e altas margens de lucro) e na base da pirâmide social, sendo esta última favorecida pelas citadas medidas (transferência de renda, crédito consignado e aumento do salário mínimo) e outras dezenas de programas, como o financiamento da agricultura familiar, a aquisição de alimentos dos pequenos produtores rurais, o Luz para Todos etc., que, embora focalizados, na soma contribuíram para a elevação das condições de vida dos mais pobres. No conjunto, imprimiu-se um ritmo de crescimento algo maior do que o obtido durante as gestões de Fernando Henrique: no primeiro mandato tucano o crescimento foi em média de 2,5% e, no segundo, de 2,1%, enquanto no primeiro período petista chegou a 3,2%.

A segunda etapa da política econômica dos governos Lula começou com a passagem de Guido Mantega para o Ministério da Fazenda em 2006, quando houve um enfraquecimento da orientação neoliberal até então predominante, e se estendeu até a irrupção da crise financeira internacional em 2008 (Barbosa e Souza, 2010). Vale lembrar que, depois do crescimento expressivo do PIB em 2004, ajudado pela expansão da economia mundial, assim como pela queda da taxa de juros no Brasil, o Banco Central, ao qual foi concedida autonomia operacional, voltou a elevar a Selic a partir de setembro daquele ano, produzindo em 2005 uma desaceleração do crescimento, que caiu para 3,2%. Embora superior à média do governo anterior, o desempenho estava aquém do necessário para reduzir de maneira expressiva a pobreza e a desigualdade, o que diminuiu o peso da orientação neoliberal. Em que pese à expansão do Bolsa Família, que passaria a atender quase 9 milhões de famílias em 2005, do crédito consignado e do começo de revalorização do salário mínimo, o desemprego ainda era alto e a renda dos trabalhadores, baixa, em face do esperado (Sicsú, 2011:14).

A partir da chegada de Mantega ao centro das decisões econômicas, o lado popular do projeto de Lula, que ficara em desvantagem na primeira fase, ganhou mais peso, o que se refletiu em uma elevação substancial do salário mínimo em 2006, com um aumento real de nada menos que 14,1%. Tal medida contribuiu de maneira significativa para que a recuperação do salário mínimo no primeiro mandato de Lula ficasse acima da ocorrida no primeiro mandato de FHC: 19% contra 17%. Ressalte-se que a progressão do salário mínimo continuou ao longo do segundo mandato, com uma valorização real estimada em 31% entre 2007 e 2010 (Sicsú, 2011:13).

É provável que, isoladamente, a valorização do salário mínimo tenha sido a política mais importante no que se refere à diminuição da pobreza e da desigualdade, acima do próprio Bolsa Família. Entre os estudiosos do tema, observa-se uma convergência em torno da percepção de que no valor do salário mínimo encontra-se a chave para reduzir a iniquidade no Brasil. "O salário mínimo estabelece o piso da remuneração do mercado formal de trabalho, influencia as remunerações do mercado informal e decide o benefício mínimo pago pela Previdência Social", assinala Sicsú (2010:92). Convém lembrar que 67,7% dos trabalhadores brasileiros ganham apenas até dois salários mínimos, assim como parcela expressiva dos aposentados recebem um salário mínimo.[11] Por isso, o sociólogo Simon Schwartzman afirma que "o salário mínimo foi o grande fator para a redução da pobreza".[12] Não se deve esquecer, por outro lado, a convergência entre o salário mínimo e o Bolsa Família na ativação de regiões economicamente estagnadas.[13]

O resultado foi o aumento do ritmo de crescimento verificado em 2007, com 6,1% de expansão do PIB, sustentado pelo fortalecimento do mercado interno de massa, cuja ativação já começara na primeira etapa do governo Lula. Segundo o economista Amir Khair (2010), 75% do consumo que estimula o crescimento vêm das famílias. Assim, o aumento do poder aquisitivo das famílias de baixa renda — note-se também a elevação do poder de compra propiciada pela diminuição do preço relativo de artigos populares por meio de desonerações fiscais — impulsionou a atividade econômica como um todo. As empresas elevaram o investimento para aproveitar as oportunidades abertas pela expansão do mercado, com isso gerando emprego, o qual por sua vez realimentou o consumo, em um círculo virtuoso há muito esperado no Brasil.

Um segundo elemento caracterizou o triênio 2006-08: o lançamento do Plano de Aceleração do Crescimento (PAC) em janeiro de 2007. "O principal mérito do PAC foi liberar recursos para o aumento do investimento público", afirma Barbosa. Partindo de um patamar muito baixo,

---

[11] *Folha de S.Paulo*, 13 jun. 2010. p. B4.

[12] Entrevista ao portal IG, jan. 2010.

[13] Agradeço a Leda Paulani me haver chamado a atenção para esse aspecto.

a União quase duplicou o montante orçamentário destinado ao investimento — de 0,4% do PIB em 2003-05 para 0,7% em 2006-08 (Barbosa e Souza, 2010:76). Houve também uma multiplicação do investimento realizado pelas estatais, cabendo lembrar que a Petrobras, sozinha, tem mais capacidade de investimento do que a União em seu conjunto.[14]

Para além do que a União e as estatais podem investir diretamente, cumpre atentar para o efeito indutor que exercem sobre o investimento privado, sobretudo na área relativa aos grandes projetos de infraestrutura nacional. Segundo o ex-ministro Delfim Netto, o PAC "recuperou o papel do 'Estado indutor' do nosso empresariado".[15] A desoneração de setores intensivos em mão de obra, como a construção civil; a elevação do Programa Piloto de Investimento (PPI) de 0,2% para 0,5% do PIB, alocando parte do superávit primário em investimentos a áreas estratégicas como o saneamento, são exemplos da capacidade indutora do Estado. Em consequência, houve uma elevação do investimento de 15,9% do PIB em 2005 para 19% em 2008 (Barbosa e Souza, 2010:76).

Embora o ex-presidente do BNDES, Carlos Lessa (2010), entenda que é preciso aumentar ainda mais a taxa de investimento para algo como 22%, o fato é que, até o advento da crise financeira internacional, a meta do PAC — sustentar um crescimento de 5% — foi atingida, com a expansão já referida em 2007 e de 5,1% em 2008, ano em que 0,5% foi gerado pelo aumento do investimento da Petrobras e da União e, não fosse pela paralisia das atividades econômicas decorrentes da crise financeira internacional que alcançou o Brasil no último trimestre daquele ano, é possível que chegasse a 7% (Barbosa, 2010:33).

Ou seja, pelo menos dois aspectos fundamentais distinguem a política econômica do governo na segunda fase: o aumento do salário mínimo e do investimento público. Do ponto de vista que nos interessa aqui, o da redução da pobreza e da desigualdade, a aceleração do crescimento provocada por essa mudança teve resultados significativos. A taxa média de

---

[14] Barbosa e Souza (2010:76-77). Enquanto a média de investimento da União ficou em 0,7% do PIB entre 2006 e 2008, a da Petrobras foi 1% no mesmo período. Ver também, a respeito do papel das estatais, Faria (2010).

[15] Ver *Folha de S.Paulo*, 16 jun. 2010. p. A2.

desemprego caiu de 10,1% em 2006 para 7,9% em 2008. Em dezembro daquele ano, pouco antes da onda de demissões provocada pela crise, o índice mensal de desemprego chegou a 6,8%. O trabalho com carteira assinada, como se sabe, é a porta de entrada para uma renda mais elevada e estável — apesar do problema da rotatividade, que veremos adiante — e, no caso do governo Lula, também para o crédito em condições facilitadas. O melhor exemplo talvez seja o do programa Minha Casa, Minha Vida, pois o subsídio à habitação popular leva à contratação na construção civil, um dos carros-chefes da retomada do emprego, que permite ao trabalhador pleitear o acesso a moradia.

Porém, se o triênio 2006-08 apresentou um equilíbrio diferente dos dois pratos em que se dividiu a economia política do governo Lula, não se deve esquecer que a autonomia operacional do Banco Central continuou vigente, produzindo aumento da taxa de juros sempre que o crescimento se acelerava. Mas nele, o setor financeiro foi obrigado a executar uma política monetária mais "cautelosa", nas palavras de Barbosa e Souza (2010:84), lembrando que a Selic caiu de 19,75% em agosto de 2005 para 11,25% em setembro de 2007.

Também o compromisso com superávits primários relativamente elevados foi mantido, ainda que atenuado pelo PAC e pela política de revalorização e ampliação do serviço público. Mas a opção desenvolvimentista, diz Barbosa, "acabou se traduzindo em uma redução de apenas 0,2 p.p. do PIB no resultado primário do governo federal", mesmo com a queda da CPMF, revogada pelo Congresso Nacional em dezembro de 2007. A explicação está em que o aumento da atividade econômica ajudou a financiar os gastos do Estado, sem que houvesse a necessidade de diminuir mais significativamente o superávit primário. O lado do capital também pôde ser atendido.

A terceira fase da política econômica do governo Lula corresponde ao período que se abre com a crise internacional e continuou até o final do mandato, abrangendo o biênio 2009/10. Por se encontrar inconclusa, cabe somente indicar que se aprofundou, em algum grau, a trajetória delineada na segunda etapa. Os bancos estatais foram fortalecidos para garantir o crédito, operando até certo ponto na contramão do Banco Central, que demorou a reduzir a taxa de juros básica da economia; o consumo popular foi ampliado mediante aumentos do salário mínimo e das transferências de renda, mesmo depois de iniciada a crise; e o setor produtivo foi estimulado por meio de desonerações fiscais e ações indutoras, como o já citado programa de habitação.

Em linhas gerais, a desorganização das finanças mundiais deixou ao setor público o encargo de impedir que se abrisse um ciclo de depressão econômica. Em particular, a capitalização do BNDES, que se tornou vital na sustentação das empresas nacionais, ampliou a margem de manobra do Estado na condução da economia.[16] Apesar de não ter evitado a estagnação de 2009, a rápida (e forte) recuperação em 2010 mostra que o Brasil foi bem-sucedido no uso dos instrumentos disponíveis. A média de crescimento do PIB no segundo mandato de Lula foi de 4,54%. Enfim, pode-se dizer que a crise fortaleceu o campo popular na terceira fase do governo Lula, sendo tal fato decisivo para o sucesso da candidatura Dilma Rousseff.

Mas não se deve deixar de observar que, no outro prato da balança, o Banco Central, como ponta de lança do setor financeiro, mantém uma reserva considerável de poder, usado para aumentar a Selic quando o crescimento se acelera; o movimento de capitais continua a manter o real apreciado, apesar da taxação de 2% imposta em 2009; e os serviços de saúde pública sofreram consideravelmente com a retirada da CPMF em 2007, até hoje não substituída.

O deslocamento ocorrido entre 2006 e 2008 e aprofundado em 2009/10 produziu um importante saldo político. À medida que a expansão do mercado interno trazia um sentimento de renovação das esperanças por todos os cantos do país em 2007, os índices de aprovação do governo se elevaram a um patamar de 70%, de onde não caíram mais (exceto por breve momento em 2009), mesmo com o impacto da crise financeira internacional. O excepcional sucesso do governo Lula, com apoio inédito desde a redemocratização, está relacionado ao fato de que, após um período de prolongada estagnação — cerca de duas décadas perdidas —, subitamente o crescimento que se julgava extinto voltou. Foi nesse contexto que o

[16] Agradeço a Amir Khair me haver feito notar esse aspecto.

imaginário de caminharmos para uma "sociedade de classe média" tomou conta de várias vertentes do pensamento brasileiro, espalhando-se à direita e à esquerda. Ou seja, determinou a predominância da agenda de combate à pobreza e à desigualdade que julgo ter-se estabelecido.

A condução das medidas anticíclicas durante a crise, na qual o presidente se destacou pela ousadia de conclamar a população a manter a confiança e a comprar, arriscando-se a quebrar junto com os endividados caso algo desse errado, deu-lhe uma popularidade que indica a consolidação do lulismo que emergiu das urnas em 2006. Após um breve recuo nos índices de apoio quando as demissões em massa turvaram o horizonte no começo de 2009, o presidente voltou a ter os índices de aclamação do cenário pré-crise (Singer, 2009a). O êxito da candidatura Dilma brotou daí.

Linhas de acordo e conflito no horizonte rooseveltiano

O programa da candidata parece ser o de prosseguir, na atual correlação de forças, sem radicalização, mas também sem retrocesso ao período anterior a 2006, o que implica manter a valorização do salário mínimo, a ampliação gradual das transferências de renda e um papel ativo do Estado na condução da economia, com vistas ao objetivo central de eliminar a miséria extrema na década que começa em 2011. Embora não tenha sido anunciado no programa, Dilma diminuiu a autonomia do Banco Central para conduzir a política monetária e exerceu maior controle sobre o câmbio, mantendo, entretanto, a higidez fiscal.

Não se deve depreender desse arranjo que esteja isento de importantes embates, cujos desfechos definirão os contornos do caminho a ser trilhado nos próximos anos. A menos que sobrevenha nova ascensão do movimento social, em refluxo desde a década de 1990, parte dos conflitos continuará a ocorrer em um plano relativamente oculto, resolvidos por meio de negociações intraestatais, sem que o público amplo os perceba de imediato.[17] Porém, ao analisar em minúcia os processos de decisão, cujos

---

[17] A reflexão de Luiz Werneck Vianna vem chamando a atenção para este aspecto nos últimos anos.

reflexos na superfície são por vezes tênues, aparecem os nós e tensões que envolvem. Um bom exemplo passado está na seguinte descrição de Barbosa (2010:29), que vale a pena reproduzir por extenso:

> Devido à crise internacional e [a] seus reflexos no Brasil, a receita do governo caiu, e se o governo cortasse a despesa na mesma proporção em que a receita caiu, ele empurraria a economia para baixo, como se agia normalmente no passado. Diferentemente de outras crises, agora nós temos escolha, podemos reduzir o superávit primário para preservar o crescimento e o bem-estar da população. A decisão de reduzir a meta de superávit primário em 2009 passou tranquila na imprensa, para quem participa da política econômica do governo Lula isso é um marco.

Trata-se de uma delicada rede de pressões e contrapressões no interior do Estado.

Como vimos, a redução da pobreza e da desigualdade depende, em primeiro lugar, de se manter o crescimento em um patamar em torno de 5%, como previa o PAC. Neri, por exemplo, fala em uma média de 5,3% para se obter a virtual eliminação da miséria nos anos vindouros.[18] Para atingir esse patamar, que não foi alcançado sequer no segundo mandato de Lula, haverá uma série de escolhas a fazer. Lessa (2010) argumenta que há duas visões conflitantes a respeito de como produzir essa expansão do PIB. Em uma delas, seria necessário elevar substancialmente a taxa de investimento público. Deduz-se que, nesse caso, os recursos devam sair da diminuição do serviço da dívida, medida a que o Banco Central resiste. Na outra visão, isso não precisa acontecer, o que implica, porém, um processo de desindustrialização do país. A segunda proposta pressuporia que a exportação de soja, carne e minério de ferro, por exemplo, daria conta do recado, sem que se dependa de o Brasil ter produtos de alto valor agregado feitos aqui. Por trás desses pontos de vista conflitantes se encontram interesses sociais e econômicos diferentes, cujo confronto definirá a dinâmica futura.

---

[18] Ver *Folha de S.Paulo*, 17 maio 2010.

O peso das exportações no modelo "inventado" pelo governo Lula é reconhecido por seus defensores. O senador Aloizio Mercadante (2010:39--40) mostra que triplicou o valor exportado entre 2002 e 2008: de US$ 60 bilhões para quase US$ 200 bilhões. Porém, destaca que o destino das mercadorias mudou. Em 2002, os EUA recebiam 24,3% das exportações brasileiras, patamar reduzido a 14,6% em 2008. De maneira silenciosa, sem estardalhaço, a nova administração do Brasil esvaziou a proposta do Acordo de Livre Comércio das Américas (Alca), que atrelaria o país aos Estados Unidos, e investiu na formação de um bloco sul-americano forte, ao mesmo tempo em que fortalecia os vínculos com potências emergentes como a China.

O sucesso da estratégia externa desempenhou, assim, um papel destacado na economia política do realinhamento. O ex-ministro Luiz Carlos Bresser-Pereira, no entanto, tem chamado a atenção para o fato de o Brasil ser vítima de "uma leve, mas real doença holandesa", pela qual os mecanismos de mercado tendem a levar um país com extensos recursos naturais a ter um câmbio cronicamente sobreapreciado. A consequência não é difícil de imaginar: torna-se mais barato importar artefatos industrializados do que fabricá-los internamente. Para combater a doença holandesa, afirma Bresser-Pereira, é indispensável administrar o câmbio e não deixá-lo oscilar ao sabor do mercado. Em cálculo recente, ele indica que o real deveria flutuar em torno de R$ 2,40 por dólar, o que implicaria uma desvalorização de cerca de 25%.[19]

Mas uma coalizão de interesses, liderada pelo capital financeiro, tem obstado a desvalorização. Como as importações baratas ajudam a controlar os preços internos, garantindo o poder de compra dos consumidores, em especial os de baixíssima renda, há uma pressão no sentido de mantê-las nesse patamar. Elas permitem, na outra ponta, à classe média tradicional, cuja poupança também é beneficiada por juros elevados, o acesso a produtos importados. E o real caro garante viagens internacionais. Em terceiro lugar, favorece detentores internacionais de capital, que lucram no

---

[19] Bresser-Pereira (2010:B9). A percentagem da desvalorização está calculada a partir do valor do dólar em meados de agosto de 2010.

Brasil com a aplicação de dinheiro especulativo remunerado a altas taxas de juros em moeda forte. Encontram-se na posição oposta os empresários industriais, que observam com preocupação a queda das atividades fabris desde o começo dos anos 1990 até o final da década atual, os trabalhadores industriais — não por acaso a CUT defendeu em sua plataforma para as eleições de 2010 (p. 50) "aplicar política cambial voltada para a defesa da economia nacional" — e os exportadores. Essa base deu ao governo sustentação para impor um imposto de 2% ao capital especulativo em 2009, na vigência da crise internacional. A medida, embora tímida, impediu que a valorização da moeda aumentasse ainda mais e sinalizou a existência de setores sociais ponderáveis preocupados com a doença holandesa, em mais um item que caracterizou o terceiro período do governo Lula como diferente dos dois anteriores.

Em que pese ainda ser a brasileira uma das maiores taxas de juros do mundo, e parecer distante o momento em que a coalizão "produtivista" consiga obrigá-la a baixar até o nível, por exemplo, da norte-americana, o balanço do período que começa em 2006 e se estende até 2012 mostra abalo na liberdade do capital financeiro. A redução dos juros em 40% (de 12,25% ao ano para 7,25%) em um ano (meados de 2011 a meados de 2012) foi um fato significativo da gestão Dilma. A ampliação do crédito no segundo mandato — quando passou de 25,4% para 40% do PIB (segundo mandato) —, conseguida a duras penas, por assim dizer, contornando a oposição dos bancos privados, expressa o aumento da capacidade do Estado — apoiado pelos setores sociais mencionados e pelo fortalecimento dos bancos públicos durante a crise — para obrigar o sistema financeiro a emprestar ao público, em vez de apenas comprar títulos do governo. Nesse sentido, revelou-se crucial o reforço do BNDES no papel de financiador, a juros mais baixos, das empresas do setor produtivo.

Sabe-se que os juros altos inibem os investimentos produtivos, pois o capital é remunerado sem precisar "fazer nada", e transferem recursos públicos, que poderiam ser usados para aumentar a criação de infraestrutura, para a mão dos rentistas, que os esterilizam ou usam em um consumo de luxo, com pouca capilaridade social e aumento da desigualdade. Por isso, os empresários da área produtiva — para os quais a taxa de juros é central —

e os trabalhadores em geral — para os quais o aumento do emprego é decisivo — estão juntos na batalha contra a "usura". O PAC funcionou como uma espécie de carta-programa da coalizão antirrentista, que avançou devagar, porém continuamente, no segundo mandato de Lula, tendo aproveitado a crise financeira internacional para dar alguns passos adiante. Até o momento, a infraestrutura não avançou o quanto se esperava no mandato daquela que foi chamada de "mãe do PAC", porém a resistência será proporcional ao enorme poder acumulado pelo setor financeiro sob o signo da globalização.

As bandeiras históricas da classe operária, como a redução da jornada de trabalho — agora para 40 horas semanais — e a proposta de uma reforma tributária progressiva, materializada na sugestão de um imposto sobre grandes fortunas, repõem em cena, por outro lado, a plataforma petista original, de tom abertamente classista. Em função do caráter pluriclassista do governo Dilma, esses pontos foram evitados. Mas três itens cruciais para os trabalhadores parecem fazer parte da plataforma possível. Primeiro, o seguimento da política de valorização do salário mínimo que, nos últimos anos, implicou maior renda para assalariados de baixa remuneração e aposentados que recebem o piso. Como vimos, o aumento do salário mínimo no governo Lula foi de 50% (contra 32% no governo FHC). Segundo, a manutenção do crédito, que quase dobrou no governo Lula.[20] Terceiro, a maior capacidade de o Estado induzir o investimento privado, por meio de empréstimos, subsídios e da participação em projetos de infraestrutura.

Tais medidas levam à diminuição do desemprego, a qual, por outro lado, anuncia o ressurgimento de condições para uma ascensão da luta dos trabalhadores. A taxa de desemprego de 4,6%, a que o Brasil chegou ao final de 2012, aponta para um quadro semelhante ao que vigorou antes da grande onda de demissões no segundo mandato de Fernando Henrique Cardoso, e portanto mais próxima das condições vividas na grande década dos movimentos sociais (1978-88). Stiglitz (2003:99 e segs.) mostra como na concepção do setor financeiro, quando a taxa de desemprego fica abaixo de certo patamar, acende-se o alerta inflacionário, impulsionando uma

[20] Ver plataforma da CUT para as eleições de 2010, p. 89.

política monetária contracionista. Deve-se esperar, portanto, tensões nesse campo, em que a força da aliança produtivista será testada.

É característico da atual situação, em suma, um sistema de alianças móveis, em que a mudança das condições materiais pode provocar rápidas alterações de posição. A mobilidade gerada com a redução da pobreza é um exemplo disso. Com carteira assinada e acesso ao crédito, brasileiros de baixa renda começaram a comprar TVs, carros e, depois, até casas financiadas a longo prazo. Os capitalistas desses ramos puderam, por seu turno, aumentar a produção e auferir lucros maiores com ela, solidificando os laços de interesse entre os trabalhadores e o capital produtivo. Só que isso deve gerar pressões no sentido de aumentos salariais e outras reivindicações trabalhistas.

No governo Lula, surgiram 10,5 milhões de vagas com carteira assinada (Sicsú, 2010:93). Trata-se do novo proletariado, que entra no mercado em condições precárias, porém apto a se integrar ao mundo sindical, que já percebeu a relevância estratégica desse contingente. "Apesar dos 10 milhões de novos empregos gerados, o mercado de trabalho brasileiro se caracteriza por elevadas taxas de rotatividade, desemprego e informalidade, precariedade dos postos de trabalho, crescimento indiscriminado da terceirização e fragilidade do sistema de relações de trabalho", dizia a plataforma da CUT para as eleições 2010 (p. 13). Não se deve descartar, em consequência, a possibilidade de haver uma unificação dos estratos novos e velhos do proletariado, dando face inédita à luta sindical.

Por fim, há conflitos em torno do escopo do Estado de bem-estar social que o Brasil está construindo, em cumprimento dos preceitos da Constituição de 1988, ainda que por caminhos tortuosos. Seja qual for o destino dos embates que virão a marcar esse ciclo político, o objetivo de reduzir a pobreza por meio da transferência de renda para os segmentos muito pauperizados deve ser a marca dos próximos anos. Tais programas, bem como os benefícios previdenciários, representam significativo impulso para a superação da extrema pobreza e têm tido continuidade no governo Dilma.[21] Vale lembrar que as transferências de renda, em conjunto,

[21] A renda do trabalho responde por 67% da queda da desigualdade na década, o Bolsa Família por 17%, os gastos previdenciários por 16%, diz Marcelo Neri. Ver *Folha de S.Paulo*, 13 jun. 2010, p. B4.

aumentaram de 6,89% do PIB em 2002 para 8,55% do PIB em 2009 (Barbosa, 2010:31).

Não teremos, contudo, direitos universais à saúde, à educação e à segurança sem aumentar o investimento público. No Brasil, ainda não há saneamento básico e moradia de qualidade mínima para todos. Além dos programas de transferência de renda, os relativos a saúde, educação e segurança pública são fundamentais para a redução da pobreza e da desigualdade. Isso não acontece fora do Estado de bem-estar, o que implica vultosos desembolsos estatais, bem como um Estado equipado para exercer funções de envergadura. Daí, também, a necessidade de continuar a valorização do funcionalismo público, com a reestruturação de carreiras de Estado e o aumento da folha de pagamento dos servidores.

Embora o Bolsa Família devesse caminhar para se tornar um direito reconhecido na Constituição, no bojo da Consolidação das Leis Sociais, não há consenso em torno do tamanho e da abrangência que o Estado de bem-estar deve ter no Brasil;[22] assim como não existe acordo a respeito da reforma tributária que deveria garantir os recursos para esse programa. Enquanto as organizações de trabalhadores sugerem tornar o imposto mais progressivo, as entidades empresariais, unificadas, buscam diminuir a carga tributária. Nesse aspecto, capitalistas e assalariados se encontram em campos opostos. Embora, como visto, a redução do superávit primário tenha sido pequena — de uma média de 2,5% do PIB entre 2003 e 2005 para 2,3% entre 2006 e 2008 —, a pressão da burguesia pela contenção dos gastos do Estado deve crescer (Barbosa e Souza, 2010:74-79).

Assim, a abrangência dos serviços públicos de saúde e de educação é um tema que separa a coalizão majoritária em diferentes segmentos. Para os trabalhadores, deve-se atender ao mandamento constitucional de universalizar a saúde e a educação públicas. Para os empresários, a privatização em curso, representada por planos de saúde e escolas privadas, merece ser preservada e ampliada. Contrapõem-se aqui visões distintas a respeito do papel do lucro no atendimento de necessidades fundamentais como medi-

---

[22] De acordo com Tania Bacelar (2010:17), já houve uma mudança de qualidade no Bolsa Família, que, por ser retirada na Caixa Econômica Federal mediante uso de cartão, não pode ser usada para fins de clientelismo.

cina e educação; divergência que se estende ao campo da previdência. Isso explica por que medidas como a revogação da CPMF, em dezembro de 2007, contaram com o ativo apoio do setor empresarial e a oposição dos representantes dos trabalhadores.

Esses conflitos presentes na coalizão majoritária até certo ponto espelham divisões sociais mais amplas. O sociólogo Jessé Souza tem chamado a atenção para o caráter profundamente conservador da sociedade brasileira, que encara a extrema desigualdade como natural.[23] Talvez até, caberia acrescentar, resista à tentativa de alterar um quadro longamente estabelecido. A expressão de tal resistência pode surgir disfarçada por certos comportamentos do cotidiano. Alguns anos atrás, o compositor Chico Buarque, com sua fina sensibilidade para a realidade nacional, dizia (Guimarães, 2007:56-57):

> Assim como já houve um esquerdismo de salão, há hoje um pensamento cada vez mais reacionário. O medo da violência se transformou não só em repúdio ao chamado marginal, mas aos pobres em geral, ao motoboy, ao sujeito que tem carro velho, ao sujeito que anda malvestido.

São profundas as fraturas que apartam as vastas legiões de brasileiros que iniciaram o caminho de ascensão nos últimos anos e a classe média tradicional, cuja superioridade relativa diminui à medida que o movimento se intensifica. Essas bases, respectivamente, empurrarão e buscarão conter o processo de mudança cujo perfil procurei descrever aqui. A velocidade do percurso em direção a uma possível sociedade "decente e similar" dependerá da correlação de forças entre elas. A classe média tradicional dá certa base de massa à frente rentista, que tem como programa a autonomia do Banco Central, a liberdade de movimento dos capitais, o corte dos gastos públicos e, em uma conjuntura favorável, uma reforma trabalhista que retire direitos dos trabalhadores. Ao velho e ao novo proletariado interessa a plataforma oposta, com a adequação da política monetária às metas de crescimento, a desvalorização do real para evitar a

[23] Ver entrevista de Jessé de Souza para a *Folha de S.Paulo*, 24 maio 2010, p. A9.

doença holandesa, o aumento do gasto público na direção de um Estado de bem-estar, a transformação dos programas sociais em direitos que se somem à CLT.

No plano partidário, PMDB e PT representam posições divergentes no governo Dilma. Apesar das fragilidades dos partidos brasileiros, em que o excesso de pragmatismo dificulta a função de levar para o terreno da política os interesses de classe, o sistema permite alguma refração das clivagens sociais. Desse modo, o tamanho das bancadas legislativas do PMDB e do PT — tanto na Câmara quanto no Senado — deverá determinar o andamento de propostas decisivas, como a CLS, no Congresso Nacional.

Os ventos internacionais, cuja temperatura e intensidade costumam influenciar na balança interna, mostram-se confusos, o que não é necessariamente ruim para o sonho rooseveltiano brasileiro. A grave crise financeira de 2007/08 produziu efeitos contraditórios. Enquanto nos EUA resultou em uma guinada progressista, com a vitória de Obama interrompendo a escalada conservadora dos dois mandatos de Bush II, na Europa provocou uma reação à direita, com a intensificação da xenofobia e a adoção de políticas econômicas contracionistas. Mas nos países emergentes, a crise clarificou a percepção de que é preciso procurar uma via autônoma de desenvolvimento que não dependa da problemática recuperação nos centros capitalistas tradicionais. O Brasil, em particular, embalado pelo desejo de se transformar em uma sociedade de classe média, tem no destaque internacional que alcançou um impulso para a frente nessa direção.

Conforme procurei indicar aqui, o caminho será cheio de choques, cujo resultado exato não se pode prever. Contudo, se a hipótese do realinhamento estiver correta, durante um tempo ainda longo o norte da sociedade estará dado pelo anseio histórico de reduzir a pobreza e a desigualdade no Brasil até 2012, em um ritmo razoável quanto à primeira e lento quanto à segunda.

Referências bibliográficas

ALVES, José Eustáquio Diniz. *Bônus demográfico, crescimento econômico e redução da pobreza no Brasil*. Disponível em: <www.ie.ufrj.br>. Acesso em: 20 jul. 2010.

BACELAR, Tânia. Mudanças e desafios no Brasil e no mundo. In: PIETÁ, Elói (Org.). *A nova política econômica, a sustentabilidade ambiental*. São Paulo: Fundação Perseu Abramo, 2010.

BARBOSA, Nelson. Uma nova política macroeconômica e uma nova política social. In: PIETÁ, Elói (Org.). *A nova política econômica, a sustentabilidade ambiental*. São Paulo: Fundação Perseu Abramo, 2010.

_____; SOUZA, José Antonio Pereira de. A inflexão do governo Lula: política econômica, crescimento e distribuição de renda. In: SADER, Emir; GARCIA, Marco Aurelio (Orgs.). *Brasil:* entre o passado e o futuro. São Paulo: Boitempo, 2010.

BERG, John. C. The debate over realigning elections: where do we stand now? In: ANNUAL MEETING OF THE NORTH EASTERN POLITICAL SCIENCE ASSOCIATION, 2003. Disponível em: <www.allacademic.com>. Acesso em: 18 ago. 2010.

BRAGA, Saturnino. Um novo modelo de desenvolvimento: cinco características. In: PIETÁ, Elói (Org.). *A nova política econômica, a sustentabilidade ambiental*. São Paulo: Fundação Perseu Abramo, 2010.

BRESSER-PEREIRA, Luiz Carlos. Déficits, câmbio e crescimento. *O Estado de S. Paulo*, 7 mar. 2010.

CANZIAN, Fernando. Total de pobres deve cair à metade no Brasil até 2014. *Folha de S. Paulo*, 13 jun. 2010.

FARIA, Glauco. *O governo Lula e o novo papel do Estado brasileiro*. São Paulo: Fundação Perseu Abramo, 2010.

GUIMARÃES, Juarez. *A esperança crítica*. Belo Horizonte: Scriptum, 2007.

HUNTER, Wendy; POWER, Thimoty. Rewarding Lula: Executive Power, social policy, and the Brazilian elections of 2006. *Latin American Politics and Society*, v. 49, n. 1, 2007.

IPEA. *Dimensão, evolução e projeção da pobreza por região e por estado do Brasil*. Brasília: Ipea, jul. 2010. (Comunicados do Ipea, 58).

_____. *Pobreza, desigualdade e políticas públicas*. Brasília: Ipea, jan. 2010. (Comunicados do Ipea, 38).

KEY, JR., V. O. A theory of critical elections. *The Journal of Politics*, v. 17, n. 1, fev. 1955.

_____. *The responsible electorate*. Nova York: Vintage, 1968.

KHAIR, Amir. Entraves ao desenvolvimento. *O Estado de S.Paulo*, 4 jul. 2010.

KRUGMAN, Paul. *A consciência de um liberal*. Rio de Janeiro: Record, 2010.

LESSA, Carlos. Regozijo com a mediocridade. *Valor*, 14 jul. 2010.

LIMA, Samantha. A pior bolha que ameaça o Brasil é a da presunção. *Folha de S. Paulo*, 21 jul. 2010.

MERCADANTE, Aloizio. Mudanças para um novo modelo de desenvolvimento. In: PIETÁ, Elói (Org.). *A nova política econômica, a sustentabilidade ambiental*. São Paulo: Fundação Perseu Abramo, 2010.

NATANSON, José. *La nueva izquierda*. Buenos Aires: Sudamericana, 2008.

NERI, Marcelo. A Era Lula vista no espelho dos indicadores sociais. *Folha de S.Paulo*, 3 jul. 2010.

_____. *A nova classe média, o lado brilhante dos pobres*. Rio de Janeiro: cps.fgv.br, 2010. Acesso em: 26 jun. 2010.

OLIVEIRA, Francisco de. O avesso do avesso. *Piauí*, n. 37, p. 61-62, out. 2009.

PAULANI, Leda. *Lula*: governo amigo do capital financeiro. Disponível em: <www.mst.org.br>. Acesso em: 20 jul. 2010.

PIETÁ, Elói (Org.). *A nova política econômica, a sustentabilidade ambiental*. São Paulo: Fundação Perseu Abramo, 2010.

RESENDE, Tatiana. Classe C é a que mais se expande em 2009. *Folha de S.Paulo*, 7 abr. 2010.

SICSÚ, João. Re-visões do desenvolvimento. *Inteligência*, n. 49, jul. 2010. Disponível em: <www.insightnet.com.br>. Acesso em: 20 jul. 2010.

_____. Dois projetos em disputa. *Teoria e Debate*, n. 88, fev. 2011.

SILVA, Fernando Barros e. Krugman e nós. *Folha de S.Paulo*, 21 jul. 2010.

SIMIONI, Monica. Distribuição da renda é desenvolvimento. *Desafios do Desenvolvimento*, n. 60, abr./maio 2010.

SINGER, André. O fator Lula. *Teoria e Debate*, n. 83, jul./ago. 2009a.

_____. Raízes sociais e ideológicas do lulismo. *Novos Estudos*, n. 85, 2009b.

STIGLITZ, Joseph. *Os exuberantes anos 90*. São Paulo: Companhia das Letras, 2003.

4
Classes emergentes e oligarquização da política

CLÁUDIO GONÇALVES COUTO

No período que se seguiu ao final do regime militar, o Brasil experimentou consideráveis transformações em sua estrutura social e política, boa parte delas, é claro, um reflexo de mudanças transcorridas ao longo do período precedente. O avanço do processo de urbanização e modernização econômica do país, a ampla inclusão de novos eleitores ao contingente habilitado ao voto e o surgimento de novas organizações da sociedade civil ainda durante o autoritarismo impulsionaram a entrada em cena de "novos personagens" (Sader, 1988; Santos, 1985). Tais mudanças se refletiram nas formas de organização partidária e contribuíram para que o novo regime democrático se tornasse cada vez mais competitivo e inclusivo. O ponto culminante dessas mudanças foram os dois períodos presidenciais de Luiz Inácio Lula da Silva, quando se verificaram importantes alterações nas relações de classe no Brasil, representadas pela eleição de um ex-líder sindical operário e impulsionadas por suas políticas públicas redistributivas.

Classes emergentes

O governo de Lula representou um ponto de inflexão nas relações entre as classes sociais no Brasil, no que diz respeito tanto às consequências da luta política mais ampla para a ocupação de posições de poder quanto a uma mudança no regime de políticas públicas atinentes aos setores mais pobres da população. Em ambos os casos houve uma nada desprezível mudança de padrões, incorporando novas elites às altas posições da burocracia de Estado, num caso, e implementando políticas que lograram um expressivo declínio das taxas de desigualdade e pobreza, no outro.

Traçando-se um paralelo histórico, nesses dois aspectos Lula se diferencia de Getúlio Vargas, a quem ele costumava com certa frequência se comparar e ser comparado. Estabelecer essa comparação, ressaltando as diferenças, ajuda-nos a compreender o significado histórico do governo Lula nesse aspecto.

No que concerne à luta pelos espaços de poder, a chegada de Lula e de sua *entourage* de sindicalistas ao Planalto representou um momento inaudito no processo de circulação de elites no Brasil — para utilizar o conceito de Vilfredo Pareto (1967). A circulação de elites caracteriza-se pela ascensão a posições destacadas na sociedade (em particular no Estado) de lideranças das classes subalternas, a chamada não elite, que assim passam a se constituir elas mesmas em parte da nova elite que se forma. Esse processo é acompanhado pelo declínio de membros decadentes da velha elite e corresponde às mudanças estruturais pelas quais passa uma sociedade. Assim, a cada ordem social corresponde certa composição da elite. A chegada ao poder governamental de lideranças oriundas da classe trabalhadora organizada representa uma mudança crucial nas relações de poder no Brasil — um país desigual e hierárquico —, indicando o alcance de um patamar inaudito de democratização política — na medida em que a inclusividade do sistema político aumenta consideravelmente, abarcando setores historicamente excluídos. E se, como aponta Carl Schmitt (1996), a democracia é o regime dos iguais, a incorporação de novos setores à elite dirigente implica finalmente sua conversão à condição de iguais — ao menos no que concerne aos critérios de equiparação necessários para a cidadania política plena num dado contexto.

Reside aí uma das diferenças fundamentais entre Lula e Vargas, pois este último, quando ascendeu à Presidência da República por meio de um golpe, era um representante das elites tradicionais — ainda que não de seu setor hegemônico, que era a elite cafeeira paulista. Mais do que (como foi depois o caso de Lula) culminar um processo de democratização social por meio do qual novos setores ascenderam a posições de destaque, Vargas antecipou-o e logrou controlá-lo, lançando as bases institucionais que permitiram administrar a emergência da burguesia industrial e a expansão da classe trabalhadora urbana. Vargas e Lula concretizaram de forma antagônica a máxima lampedusiana de "mudar para que nada mude" (Lampedusa, 2002); enquanto Getúlio a seguiu ao pé da letra, Luiz Inácio inverteu-a: "para que mude, nada mudar". O "nada mudar" de Lula decorreu do caráter conservador da parte majoritária de seu arco de alianças, que incorporou a posições governamentais políticos adesistas tradicionais e, entre eles, segmentos centrais das tradicionalíssimas oligarquias regionais brasileiras, como aquelas representadas pela família Sarney (no Maranhão, no Senado e alhures), pelo senador alagoano Renan Calheiros, pelo *big boss* do PMDB paraense, Jáder Barbalho, entre tantos outros, de menor projeção.

Já as mudanças promovidas por Lula são atinentes à considerável inflexão que tiveram, durante seu governo, a distribuição de renda e o peso relativo das classes sociais. A redução da desigualdade social apontada por diversos estudiosos do tema, como Marcelo Neri (2011), ocorreu sem ser ajudada pelo impacto redistributivo automático que o fim da alta inflação teve poucos anos antes, graças ao Plano Real de Fernando Henrique Cardoso — quando, na verdade, o que declinou foi a pobreza, e não a desigualdade. O que houve com Lula foi diretamente política pública de efeito redistributivo, transferindo riqueza dos setores mais aquinhoados aos menos afluentes. Isso decorreu não só da expansão e do aprofundamento das políticas de transferência direta de dinheiro aos mais pobres, como o conhecido programa Bolsa Família, mas da elevação real do salário mínimo, do aumento dos empregos formais e da elevação do nível educacional de uma significativa parcela da população. Criou-se um novo arco de interessados e, consequentemente, um novo regime de políticas públicas nesse campo, o que tornará difícil sua reversão por futuros governos, mesmo que eventualmente dominados por uma coalizão protagonizada por uma liderança nitidamente conservadora (o que não parece muito provável no médio prazo, considerando-se a distribuição das forças partidário-eleitorais no Brasil atual, em que a direita programática perdeu espaço na competição nacional). A emergência desse novo arco de interessados iniciou o processo de constituição de um novo tipo de coalizão sociopolítica, de viés bem menos elitizado (quanto à sua origem social) do que os historicamente prevalecentes no país.

Um desdobramento dessa política pública redistributiva foi a ascensão de um grande contingente dos mais pobres à assim chamada "classe C", ou à baixa classe média — para além de controvérsias bastante relevantes acerca do uso dessa categoria, como as decorrentes da crítica tecida por Jessé Souza (2010). Nisto, Lula novamente se diferenciou de Vargas, pois não só estabeleceu a regulação necessária para absorver as novas classes emergentes geradas pelo próprio desenvolvimento do país, mas alavancou a própria ascensão de classe. Vê-se aqui o desdobramento nas políticas públicas, e em suas consequências sociais, da inflexão na disputa pelas posições de poder causada pelo processo de circulação de elites. Talvez esteja aí o mais importante legado da "era Lula" para a sua posteridade, já que dificilmente futuras administrações terão como reverter esse quadro, que deve aliás se aprofundar durante a gestão de Dilma Rousseff, pelo que se depreende de suas declarações[1] e das ações governamentais da própria presidenta, como o plano Brasil Sem Miséria.

Mas Lula, egresso do movimento sindical emergente no ocaso da ditadura militar, representou uma grande novidade na política brasileira, e não apenas em função do impacto de sua eleição e de seu governo nas relações de classe no Brasil. Essa sua origem e, claro, também algumas de suas características pessoais deram forma a um estilo de liderança inaudito, que talvez se possa denominar "popular" (algo profundamente distinto de "populista"), por duas razões distintas, ainda que conexas: seu estilo e seu alcance.

Mesmo antes de sua posse, em janeiro de 2003, alguns se apressaram em categorizá-lo como "populista", supondo que tal caracterização pudesse decorrer simplesmente de sua condição de líder de esquerda,

---

[1] Já em seu discurso de posse, declarou a nova presidenta: "Uma expressiva mobilidade social ocorreu nos dois mandatos do presidente Lula. Mas ainda existe pobreza a envergonhar nosso país e a impedir nossa afirmação plena como povo desenvolvido" (*O Globo,* 1 jan. 2011, disponível em: <http://oglobo.globo.com/pais/mat/2011/01/01/dilma-crescimento--necessario-para-erradicar-miseria-923399892.asp>.

ou de sua natureza de liderança carismática. Ora, o estilo populista e, consequentemente, os governos populistas não são uma exclusividade da esquerda latino-americana, algo que já foi demonstrado por Kurt Weyland (2003), nem de líderes carismáticos. O populismo se caracteriza por um tipo de liderança unipessoal, que se sobrepõe às mediações institucionais, fazendo da vontade do líder o alfa e ômega da política (partidária ou estatal) e estabelecendo com a população uma ligação direta, em que a personalidade do líder e sua vontade importam mais que as decisões institucionalmente geradas, em particular nas arenas representativas. Alguns governos populistas logram construir, sobre os escombros das antigas, novas instituições, as quais sobrevivem ao próprio líder e ajudam a moldar a vida política futura do país por muito tempo, como o fez Getúlio Vargas. Já outros, apenas desmantelam as velhas instituições, construindo estruturas que, mesmo que anunciadas como eternas, dificilmente permanecem após o ocaso do líder, como parece ser o caso de Hugo Chávez.

Nem Lula nem seu governo foram populistas. O presidente atuou todo o tempo por intermédio das instituições — partidárias e estatais. Aliás, sob tal aspecto, muito mais operou no âmbito de instituições já existentes do que criou novas ou as reformou. Lula negociou com os partidos (dentro e fora do Congresso Nacional), relacionou-se pacificamente com os governos estaduais e municipais (inclusive os de oposição), não atritou com o Judiciário e o Ministério Público (embora os tenha criticado em certos momentos), não criou qualquer tipo de constrangimento à imprensa (embora tenha tensionado com ela em diversos momentos) nem restringiu liberdades individuais ou o espaço da oposição. Nisso, aliás, reside parte da dimensão conservadora de seu lampedusianismo invertido, para o mal e para o bem da democracia brasileira, pois Lula optou por acomodar-se ao *status quo* político vigente, em vez de enfrentá-lo ou tentar solapá-lo. Se, por um lado, tal *modus operandi* não pôs em risco a estabilidade político-institucional do jovem regime democrático brasileiro, por outro também não contribuiu para quaisquer avanços no sentido de torná-lo menos sujeito à instrumentalização patrimonialista por parte da classe política profissional, em particular dos egressos da velha direita conservadora, convertidos em adesistas da maior parte da agenda de qualquer que seja o governo da ocasião.[2]

Entretanto, Lula teve um estilo pessoal exuberante de exercício do poder presidencial. Loquaz e afeito ao discurso de improviso, rapidamente tornou supérflua a figura do porta-voz presidencial — o qual, por isso mesmo, de forma célere perdeu espaço e função na equipe presidencial. A loquacidade do chefe de governo rendeu efeitos ambíguos. Para o amplo contingente da população das classes mais baixas e menos escolarizadas, o estilo do discurso e o repertório presidenciais geraram empatia. Já para as classes médias e altas escolarizadas, as impropriedades decorrentes do discurso inopinado (assim como as notórias e repetidas metáforas) causavam um rechaço que, porém, não teve grande peso nos índices de popularidade do presidente e do governo: em sua última pesquisa durante o governo Lula (entre 4 e 7 de dezembro de 2010), o Instituto Brasileiro de Opinião Pública (Ibope) apontou que apenas 14% dos brasileiros não confiavam em Lula, contra 81% que confiavam; já a aprovação do presidente atingiu impressionantes 87% dos entrevistados.

Esse estilo exuberante de liderança presidencial — exacerbado durante as eleições de 2010 — reforçou o discurso crítico segundo o qual Lula seria um presidente populista. Há uma imprecisão nessa avaliação. Os destemperos verbais e as pequenas transgressões legais do "presidente em campanha", no período eleitoral, não foram suficientes para descaracterizar o que predominou durante sua gestão: uma atuação em conformidade com as instituições estabelecidas. Talvez sua maior contribuição à consolidação democrática, sob tal ponto de vista, tenha sido desautorizar as discussões em torno de uma modificação constitucional que lhe permitisse disputar um terceiro mandato — como tentaram, uns conseguindo, outros não, seus colegas latino-americanos Hugo Chávez, Evo Morales, Rafael Correa e Alvaro Uribe.

---

[2] É preciso salientar que isso vale apenas para a "maior parte" da agenda, pois em questões específicas a base parlamentar adesista de sempre tende a reagir conservadoramente. É este o caso em temas morais como o aborto, a união entre pessoas do mesmo sexo ou a criminalização da homofobia; também em temas delicados para o setor agrário, como a desapropriação sem indenização de terras em que se constate trabalho escravo, ou os limites ao desmatamento, a base adesista revela seu perfil mais conservador.

Limites institucionais

Todavia, não se pode explicar essa atuação política de Lula — no marco delimitado pelas instituições do Estado democrático de direito — apenas como uma decorrência de preferências pessoais do presidente. O sistema jurídico-institucional como um todo e principalmente as características institucionais do presidencialismo de coalizão brasileiro são um fator crucial para impor limites às veleidades de qualquer chefe de governo, a despeito de suas preferências políticas e estilo de liderança. Um Congresso bicameral, de poder partidário bastante disperso, com não menos que 20 partidos dotados de representação e nenhum deles tendo mais que 20% dos votos da Câmara baixa (e, por vezes, pouco mais que isso no Senado), constitui um anteparo significativo a eventuais tentativas de exercício discricionário de poder — novamente para o bem e para o mal da democracia.

Nos primeiros anos do atual regime democrático brasileiro, o presidente Fernando Collor de Mello tentou ignorar o poder de veto do Congresso e governar de forma imperial, lançando mão dos mui significativos poderes constitucionais de que dispõe o Executivo brasileiro nos marcos da Constituição de 1988. Contudo, isso não foi suficiente para lhe assegurar o sucesso. Teve seu mandato abreviado por um processo de *impeachment* do qual não teria nenhuma chance de se safar, pois não logrou construir uma base de sustentação que lhe proporcionasse apoio parlamentar. Seus sucessores, Fernando Henrique Cardoso e Lula, aprenderam a lição e procuraram, desde o início, formar bases parlamentares amplas, que lhes permitissem governar sem maiores transtornos.

A moeda de troca principal na construção das coalizões é a distribuição de postos governamentais, não só em nível ministerial, mas também nos segundos e terceiros escalões dos ministérios, assim como nas empresas públicas. Ao procederem dessa forma, Cardoso e Lula deram efetividade aos consideráveis poderes presidenciais, que apesar de tão significativos não prescindem da construção de amplas coalizões multipartidárias.

Ademais, a Constituição brasileira de 1988, por ser um texto prolixo, repleto de políticas públicas, coloca os governos diante da inescapável tarefa de emendá-la para implementar boa parte de sua agenda (Couto e

Arantes, 2006). Isso os obriga a construir coalizões ainda mais amplas do que as de maioria estrita, com vistas a obter um apoio algo superior ao mínimo indispensável, que é o quórum constitucional de 60% nas duas casas do Congresso. Lula foi bem-sucedido nesse intento, embora sua maioria no Senado tenha sido sempre mais apertada que na Câmara baixa, rendendo-lhe inclusive uma importante derrota em votação constitucional, quando tentou sem sucesso, em seu segundo mandato, renovar um tributo voltado para o financiamento do setor de saúde pública — a CPMF. Foi a maior derrota legislativa de seu governo e deixou claro que, mesmo que o presidente assim o desejasse, seria inviável qualquer tentativa de mudar a Constituição para viabilizar um terceiro mandato, pois o Parlamento não permitiria.

A grande popularidade auferida por Lula e seu governo foi uma consequência dos bons resultados econômicos e sociais colhidos pelo país nesses oito anos — elevação da taxa de crescimento, redução do desemprego, queda da pobreza e da desigualdade etc. Os críticos mais acerbos advogam que tais resultados decorrem apenas do fato de o governo do PT ter mantido a maior parte das políticas do período FHC, a despeito de aprofundá-las, de modo que muito pouco mérito haveria nas iniciativas originais da própria administração Lula. Isso não parece correto, sobretudo se considerarmos que, no campo das políticas sociais especialmente, verificou-se uma substancial ampliação das ações — como a expansão do número de famílias atendidas por programas de transferência de renda, o aumento das vagas nas universidades públicas, o programa de bolsas para estudantes em universidades privadas etc.

Remanesce o fato de que essa gestão chegou ao seu último ano em condições tremendamente favoráveis para a disputa sucessória. Essa boa condição dos situacionistas mostrou-se ainda mais decisiva eleitoralmente para o PT em decorrência de o partido não dispor, no início do segundo mandato de Lula, de nenhum nome forte que pudesse se apresentar como postulante natural à candidatura presidencial. As principais figuras nacionais do partido, que ocuparam postos de relevo no governo, foram dizimadas por sucessivos escândalos — de corrupção ou outra natureza. Foram estes, notadamente, os casos de José Dirceu, ex-chefe da Casa Civil da Presidência da República e principal homem da burocracia partidária até 2005; e de Antônio Palocci, ex-ministro da Fazenda e figura de maior destaque do governo durante o primeiro mandato.

A falta de alternativas fez com que Lula se incumbisse de fabricar um nome dentro do governo e o oferecesse ao PT — no que os mais críticos novamente identificaram um vezo autoritário, comparando a indicação de Lula ao *dedazo* mexicano (Lamounier, 2006). Na realidade, o presidente logrou salvar seu partido da dificílima situação da inexistência de nomes naturais para a sucessão, o que poderia ocasionar uma grande conflagração interna na luta pela candidatura presidencial. O nome indicado foi o de sua nova chefe da Casa Civil, em substituição a José Dirceu, uma antiga militante de esquerda, com reputação de tecnocrata severa e sem qualquer experiência eleitoral, Dilma Rousseff. Já desde o início do segundo ano de seu segundo governo, Lula tratou de dar visibilidade pública à pupila, atraindo para ela as atenções da imprensa e tornando inevitável ao partido acatá-la como candidata (afinal, ela não era um membro histórico do PT). A estratégia alcançou êxito e Dilma foi eleita no segundo turno das eleições de 2010 com 56% dos votos, após uma acerba disputa eleitoral com o candidato do PSDB, José Serra.

Partilhamento do poder

A eleição de Dilma Rousseff (a primeira mulher presidente do Brasil) deu-se com base na invocação de uma grande continuidade em relação ao governo de Lula. Tal continuidade se materializou no número de ministros do governo anterior que foram nomeados para o gabinete de Dilma (ainda que não para as mesmas pastas): nada menos que 15 de um total de 37. Além da marca da continuidade, o gabinete da nova presidenta se caracterizou por uma fortíssima predominância do PT, a qual não correspondia ao peso relativo do partido no Parlamento. Apesar de dispor de apenas 17% das cadeiras na Câmara dos Deputados e de 16% no Senado, o PT amealhou 46% das pastas com *status* ministerial; o principal parceiro na coalizão, o PMDB, que contava com 15,4% das cadeiras na Câmara e 24,5% no Senado, obteve apenas 16% dos ministérios (seis pastas, das quais uma — o Ministério da Defesa — era tida pelos peemedebistas como uma indicação pessoal da presidenta, e não do partido). O mesmo desbalanceamento se verificou em relação aos demais parceiros da coalizão (PSB, PDT, PR, PP e PCdoB), todos com participação inferior ao seu peso congressual e na aliança.

Alguns críticos veem em desbalanceamentos desse tipo uma razão para que ocorram formas corruptas de retribuição de apoio político, como a verificada no caso do assim denominado "mensalão", em que parlamentares da base governista teriam sido compensados por sua pouca participação na repartição de cargos através do recebimento de numerário (Pereira, Power e Raile, 2011). Embora pareça lógica, tal análise padece de uma séria inconsistência empírica: as investigações e o julgamento mostraram que dos 12 parlamentares envolvidos no escândalo cinco eram do PT e sete de outros partidos — descompensados na partilha do butim ministerial. Ou seja, parlamentares do PT foram tão beneficiários do dinheiro do esquema quanto membros de agremiações aliadas. Faz pouco sentido, pois, explicar o "mensalão" como uma forma de compensar os aliados, preteridos na distribuição dos ministérios em prol do partido presidencial. Portanto, o desequilíbrio não é a causa de práticas corruptas que visem compensá-lo; apenas exacerba as tensões decorrentes das disputas por espaço dentro da coalizão.

De qualquer modo, era de se esperar que a má distribuição das pastas ministeriais deixasse insatisfeitos os aliados da nova presidenta, fazendo com que ela enfrentasse dificuldades no relacionamento com os parceiros de coalizão. Ademais, embora a distribuição de cargos nas empresas estatais e nos escalões inferiores do Executivo pudesse em alguma medida compensar a incongruência na alocação dos ministérios, reduzindo a insatisfação dos aliados, também nesse âmbito o PT foi privilegiado. Era também previsível que a nova chefa de governo conformasse uma administração de estilo bastante distinto da de Lula, apesar da continuidade proporcionada pela dinâmica partidária. Afinal, deixara a Presidência da República a mais carismática liderança política brasileira desde a morte de Getúlio Vargas, tendo assumido seu lugar uma mulher de personalidade bem mais discreta, com uma longa trajetória política percorrida a maior parte do tempo à distância dos holofotes.

Todas essas expectativas se confirmaram: Dilma Rousseff enfrentou muito cedo dificuldades no relacionamento com os parceiros de coalizão e imprimiu à presidência um estilo bem mais sóbrio que o de seu antecessor. A insatisfação dos aliados, particularmente do PMDB, muito teve a ver com a perda de posições governamentais relevantes para o partido da presidenta — como a Fundação Nacional de Saúde (Funasa), os Correios e empresas do setor elétrico. Todavia, não é possível imputar apenas ao desbalanceamento da composição governamental as dificuldades de Dilma, como se não houvesse problemas inerentes à montagem das coalizões governamentais no Brasil, mesmo quando ocorre uma distribuição de ministérios e outros órgãos de forma perfeitamente congruente com o peso parlamentar dos partidos. Boa parte das dificuldades da nova presidenta se deveu a um aspecto do presidencialismo de coalizão brasileiro pouco tratado pelos cientistas políticos, concernente aos custos da composição governamental e a um processo de descolamento da classe política profissional de seus representados.

A partilha de cargos governamentais entre os partidos membros de uma coalizão é, em princípio, um processo normal em qualquer democracia multipartidária na qual a repartição de poder governamental se impõe. No caso brasileiro não seria diferente, mas tal repartição de espaços no ministério não se dá unicamente pela tentativa dos diversos partidos de influenciar distintas políticas ou de alocar em posições de destaque seus principais quadros dirigentes, projetando-os publicamente para empreitadas políticas futuras, às quais seria útil apresentar bom desempenho à frente de pastas ministeriais. Essa repartição se dá também para permitir a ocupação de um grande número de posições na burocracia governamental com vistas a gerir recursos orçamentários, contratar fornecedores e gerenciar obras, colocando subordinados de confiança em condições de efetuar transações que possibilitem, de diversas formas, desviar recursos públicos. Tais desvios podem servir tanto ao financiamento de campanhas eleitorais quanto ao puro e simples enriquecimento ilícito dos envolvidos, constituindo-se menos em eventos acidentais da administração pública e mais no *modus operandi* padrão de nosso presidencialismo de coalizão. Esse é o principal custo do sistema, negligenciado pelas análises que se ocupam da *eficácia* decisória, mas desconsideram o problema de sua *eficiência*.

Resumindo: a posse de um número menor de cargos não leva à necessidade de compensações corruptas; ela é politicamente problemática porque reduz o "campo de colheita" das práticas corruptas. Portanto, os partidos negligenciados se rebelam em virtude da redução do acesso às posições de Estado que permitem promover o desvio de recursos públicos e traficar influência. Tal situação gera, certamente, um grave problema para a representação política, pois opõe os interesses dos representantes eleitos e de seus prepostos em cargos da burocracia governamental àqueles do conjunto dos cidadãos, certamente insatisfeitos com a malversação de recursos públicos, que não só leva à destinação indevida do que é pago por meio de tributos, como também reduz a eficácia das ações governamentais — sem mencionar o problema moral envolvido, já que são violadas as normas de conduta socialmente aceitas para a condução dos negócios governamentais.

Tal processo de falha de representação dificilmente pode ser explicado recorrendo-se aos modelos tradicionais de análise fundados no marxismo ou no pluralismo, assim como também se mostram claramente insuficientes as explicações estritamente institucionalistas, focadas unicamente nas regras constitucionais e regimentais, e na barganha legislativa e entre poderes tomada em seu sentido mais estrito. O descolamento entre representantes e representados não se dá em consequência de falhas no processo de articulação de interesses setoriais específicos junto aos representantes desses setores dentro do Estado, nem se trata de falhas de estratégia dos atores institucionais-chave na gestão da coalizão de governo. Trata-se simplesmente de como o arcabouço institucional brasileiro opera. Pode-se mesmo afirmar que a representação lícita de interesses setoriais se dá dentro do Estado em paralelo à malversação de recursos públicos, constituindo esta um aspecto do funcionamento do sistema que não conflita diretamente com o outro, embora possa reduzir sua eficiência e eficácia, já que torna mais escassos os recursos financeiros disponíveis para a consecução das políticas públicas.

Oligarquização dos partidos

A face mais visível desse modo de operação do sistema político é dada pela atuação dos partidos cruciais à operação do presidencialismo de coalizão, aqueles que podemos denominar *partidos de adesão*. Compreendendo cerca de 45% das duas Casas do Congresso na legislatura 2011-14, essas agremiações são peças fundamentais na montagem da coalizão de sustentação parlamentar de qualquer governo — por se disporem a apoiar qualquer governo. Estiveram na base de apoio de José Sarney, Itamar Franco, Fernando Henrique Cardoso, Lula e Dilma Rousseff. São os partidos que ocupam o espectro político entre o centro e a centro-direita, dispostos a hipotecar seu apoio em troca de prebendas estatais, sobretudo cargos que lhes permitam auferir recursos advindos da corrupção. Em boa medida, tais partidos não têm qualquer outra finalidade em sua atuação política que não seja esta, daí a facilidade com que apoiam qualquer governo, independentemente do desenho mais amplo de suas políticas públicas, apenas com a reserva de vetar pontos muito específicos de interesses setoriais particulares aos quais alguns parlamentares estejam vinculados — agronegócio, igrejas, funcionários públicos, madeireiros etc.

Trata-se de um modo de atuação política que engloba, mas vai além, do que Marcos Nobre (2010) denominou "peemedebismo", entendendo ser o PMDB a principal agremiação a operar num tal sistema. Nos termos desse autor:

> É um modo de fazer política que franqueia entrada no partido a quem assim o deseje. Pretende, no limite, engolir e administrar todos os interesses e ideias presentes na sociedade. Em segundo lugar, garante a quem entrar que, caso consiga se organizar como grupo de pressão, ganhará o direito de vetar qualquer deliberação ou decisão que diga respeito a seus interesses.

O presidencialismo de coalizão baseado em partidos de adesão ultrapassa o "peemedebismo" por duas razões. A primeira é que o PMDB, embora compartilhe com seus primos menores da mesma condição de partido adesista, o faz num patamar superior, tanto pelo tamanho quanto pela capacidade de atuação nacional, dada pela maior penetração em todo o território nacional e por possuir um número maior de caciques locais. A segunda razão é que a malversação de recursos públicos constitui um elemento crucial da operação desse modelo, mais do que apenas a condição ideologicamente anódina — e é ela que determina o rompimento dos liames representativos com a sociedade.

É por isso que, em vez de se buscar explicações no marxismo, no pluralismo ou no neoinstitucionalismo tradicional, para melhor entender o que ocorre é preciso retomar (atualizando-a e ampliando-a) a problemática de Robert Michels (2001) em sua tentativa de compreender os processos de *oligarquização* no interior dos partidos. Aqui, a oligarquização ultrapassa a fronteira dos partidos considerados individualmente: ela atinge todo o sistema de partidos em sua operação parlamentar e governamental, espraiando a oligarquia para o âmbito em que esta poderia ser combatida: a esfera da competição intrapartidária. Esta, embora possa ocorrer no âmbito da definição de políticas públicas, não se dá satisfatoriamente no que diz respeito à conduta pouco republicana dos políticos profissionais, que atuam defensivamente, como corporação. A oligarquia, na ausência de competição sobre este tema (o da corrupção e da apropriação patrimonialista do Estado), converte-se em oligopólio ou, pior ainda, em cartel, algo talvez esperável num contexto em que o funcionamento do sistema partidário leva as agremiações partidárias a de fato abdicarem de competir em prol dos interesses de seus membros *qua corporis.*[3]

Verifica-se, portanto, um paradoxo na modernização democrática do país: ao mesmo tempo em que a circulação de elites se viabilizou, apro-

---

[3] Baseio-me parcialmente aqui na noção de "partido cartel" desenvolvida por Peter Mair e Richard Katz (1997:109-112) para descrever a seguinte situação: "com o surgimento do partido cartel, advém um período em que os objetivos da política, pelo menos por ora, tornam-se mais autorreferenciais, com a política se tornando uma profissão em si: uma profissão qualificada, com certeza, e aquela em que a competição interpartidária limitada que se seguirá ocorre com base em reivindicações concorrentes pela gestão eficiente e eficaz [da organização partidária]. [...] Certamente, os partidos ainda competem, mas o fazem com a certeza de que compartilham com os seus concorrentes um interesse mútuo pela sobrevivência organizacional coletiva, e, em alguns casos, até mesmo o incentivo limitado para competir foi, na verdade, substituído por um incentivo positivo para não competir". Pode-se afirmar que o caso brasileiro, no que se refere à apropriação patrimonialista do Estado, é um desses casos em que há incentivo a não competir.

fundando a democratização de nossa sociedade, um novo aprofundamento desse processo impõe limites cada vez maiores à continuidade dos padrões de apropriação de recursos públicos que tradicionalmente operaram no país, tendo servido ainda de combustível para a operação satisfatória — do ponto de vista da governabilidade — do presidencialismo de coalizão. O risco de uma ilegitimação cada vez maior do sistema se avoluma como consequência do ganho de complexidade de uma sociedade e de um Estado cujos mecanismos de descoberta de ilícitos e sua divulgação aumentam de forma irreversível, ao mesmo tempo em que ocorrem insatisfatoriamente as sanções de transgressões inaceitáveis para uma sociedade modernizada e democrática. Com isso, uma fratura fundamental permanece na sociedade brasileira entre o conjunto da cidadania e a classe política profissional que poderia representá-lo.

Referências

COUTO, Cláudio G.; ARANTES, Rogério B. Constituição, governo e democracia no Brasil. *Revista Brasileira de Ciências Sociais*, v. 21, n. 61, p. 41-62, 2006.

LAMOUNIER, Bolívar. A "mexicanização" em marcha. *O Estado de S. Paulo*, 24 ago. 2006. Disponível em: <http://www.estadao.com.br/noticias/impresso.a-mexicanizacao-em-marcha.599464.0.htm>.

LAMPEDUSA, Giuseppe Tomasi. [1958]. *O leopardo*. São Paulo: Nova Cultural, 2002.

MAIR, Peter; KATZ, Richard. Party organization, party democracy, and the emergence of the Cartel Party. In: MAIR, Peter. *Party system change*: approaches and interpretations. Nova York: Oxford University Press, 1997.

MICHELS, Robert. [1911]. *Political parties*: a sociological study of the oligarchical tendencies of modern democracy. Kitchener: Batoche Books, 2001.

NERI, Marcelo (Coord.). *Os emergentes dos emergentes*: reflexões globais e ações locais para a nova classe média brasileira. Rio de Janeiro: FGV/CPS, 2011.

NOBRE, Marcos. O fim da polarização. *Piauí*, n. 51, dez. 2010. Disponível em: <http://revistapiaui.estadao.com.br/edicao-51/ensaio/o-fim-da-polarizacao>.

PARETO, Vilfredo. [1923]. *Forma y equilibrio sociales*. Madri: Revista de Occidente, 1967.

PEREIRA, Carlos; POWER, Timothy J.; RAILE, Eric D. Presidentialism, coalitions, and accountability. In: POWER, Timothy J.; TAYLOR, Matthew M. *Corruption and democracy in Brazil*: the struggle for accountability. Notre Dame: University of Notre Dame Press, 2011.

SADER, Eder S. *Quando novos personagens entram em cena*: experiências, falas e lutas dos trabalhadores da Grande São Paulo (1970-80). Rio de Janeiro: Paz e Terra, 1988.

SANTOS, Wanderley G. dos. A pós-revolução brasileira. In: JAGUARIBE, Hélio (Org.). *Brasil sociedade democrática*. Rio de Janeiro: José Olympio, 1985.

SCHMITT, Carl. *A crise da democracia parlamentar*. São Paulo: Scritta, 1996.

SOUZA, Jessé. *Os batalhadores brasileiros*: nova classe média ou nova classe trabalhadora? Belo Horizonte: UFMG, 2010.

WEYLAND, Kurt. Neopopulism and neoliberalism in Latin America: how much affinity? *Third World Quarterly*, v. 24, n. 6, p. 1095-1115, dez. 2003.

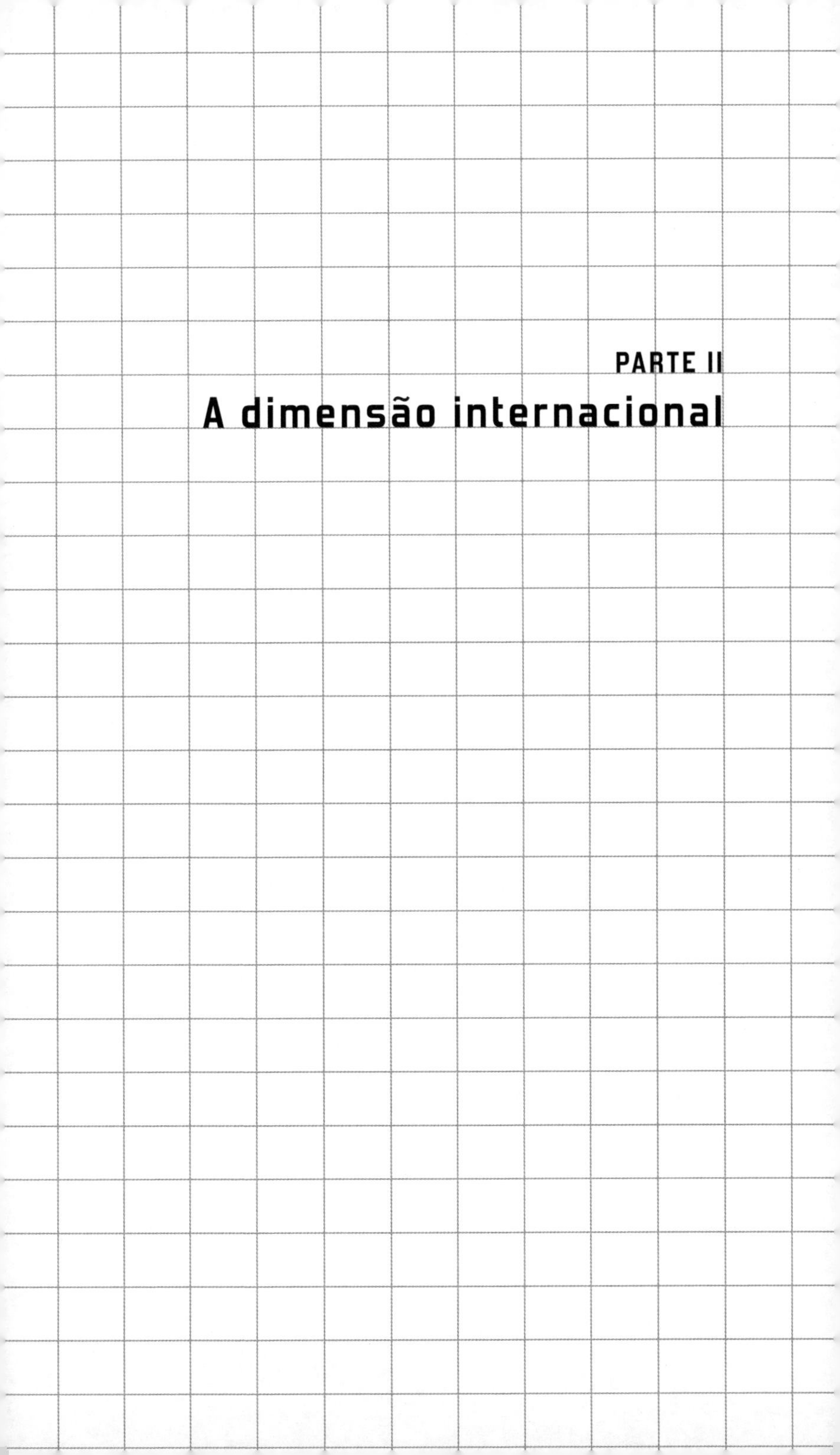

PARTE II

A dimensão internacional

5

A ideia de multilateralismo na perspectiva do Brasil

TULLO VIGEVANI E HAROLDO RAMANZINI JÚNIOR

Com o fim da Guerra Fria muitos acreditaram que os Estados Unidos seriam a única potência mundial. Menos de 20 anos depois do fim da União Soviética, observamos que países emergentes como Brasil, China e Índia passam a ter maior influência em aspectos importantes da política internacional, num contexto em que surgem dúvidas quanto à centralidade absoluta dos Estados Unidos. As dificuldades internas norte-americanas — financeiras, relativas a valores, com o enfraquecimento do seu *soft power*, os desafios para resolver crises internacionais — abrem o campo para mudanças de equilíbrio, tema de primordial interesse para o Brasil. Há movimentos buscando o fortalecimento do multilateralismo, para que outros atores participem efetivamente da gestão do sistema internacional e não apenas os principais países desenvolvidos, como ocorreu na maior parte do período pós-1945.

Uma característica importante do cenário internacional no fim da primeira década do século XXI é a crise da estrutura existente desde o final da II Guerra Mundial, mais do que propriamente o surgimento de uma nova ordem. Segundo o ex-ministro das Relações Exteriores do Brasil, Celso Amorim (2010): "*greater South-South coordination — at the WTO, International Monetary Fund, United Nations and new coalitions such as the*

BRIC (Brazil, Russia, India and China) — have raised the voices of countries once relegated to a secondary position". Ao mesmo tempo, a ascensão de novos interesses e demandas, bem como a rapidez das transformações, torna mais complexo o entendimento atual sobre a governança global. Nesse contexto de incertezas e mudanças, o Brasil parece adquirir uma nova posição de razoável proeminência, ancorada na melhoria da realidade econômica e social do país e em um ativismo internacional que busca o fortalecimento da multipolaridade. De fato, desde 1994 a inflação segue os padrões internacionais e o crescimento tem sido importante nos 10 primeiros anos do século XXI, situando-se em 2010 em aproximadamente 7,5%. Sabemos hoje que isso não é sustentável. Há muitas explicações, sendo uma delas a necessidade de maior adaptação competitiva. Portanto, à questão de se "essa política contribuiu para que o Brasil, internamente, adotasse uma política mais efetiva de competição internacional e desenvolvimento econômico", podemos responder que apenas parcialmente.

Projeção nacional e fortalecimento do multilateralismo

A participação ativa em arenas multilaterais é uma característica da política externa brasileira e se relaciona com o objetivo de parte das elites de projetar o país como um ator relevante na configuração do sistema internacional. Essa característica manifestou-se ao longo de todo o século XX. A noção de multilateralismo expressa a preferência por um padrão de interação coletiva nas suas diversas dimensões, como método de negociação, de ação ou de regulação, em vez de priorizar ações unilaterais ou bilaterais. O Brasil, assim como outros países intermediários, tem interesse no multilateralismo institucionalizado visando aumentar sua capacidade de negociação e prevenir o unilateralismo das potências. Hoje, em função da natureza dos novos desafios impostos pelas transformações globais e da retomada das discussões sobre os parâmetros de legitimidade internacional, o Brasil vem tentando aumentar seu peso nos órgãos internacionais tradicionais, como ONU, OMC e FMI, a fim de tentar modificar as estruturas que consolidaram hierarquias no sistema internacional (Murphy, 1994). Fortalece-se também uma série de arranjos multilaterais informais e seletivos, como o G-20 financeiro, que não podem ser vistos como alternativas ao padrão de multilateralismo tradicional. A questão da legitimidade é central para o Brasil, já que a influência do país no cenário externo não depende de sua capacidade coercitiva. Isso explica a importância atribuída aos órgãos tradicionais, que fundamentam a legitimidade, e aos órgãos informais, que consolidariam uma nova hierarquia que absorve países com crescente importância relativa. Acreditamos não haver dúvidas quanto aos resultados alcançados. Por isso, nas questões que nos são colocadas, a política externa proativa e o fato de o Brasil ter-se tornado um *player* significativo surgem como pontos de partida. Se isso fortaleceu uma política mais efetiva de competição internacional, é algo que merece ser mais analisado. A questão da competição está entre as preocupações centrais, não há resposta unívoca. A centralidade da questão da atenuação das desigualdades certamente contribui para aumentar o mercado interno. Mas a globalização traz novos problemas, inclusive o risco da primarização.

Contribuir para o desenvolvimento econômico do país é também um objetivo definidor da política externa brasileira, que, historicamente, é implementada tendo em conta os conceitos de autonomia e universalismo, enraizados na sociedade e no Estado. O significado concreto desses conceitos varia de acordo com a dinâmica do sistema internacional em determinado momento e com a perspectiva dos atores domésticos. Implicam a necessidade de o país estar livre para agir no cenário externo, sem fortes condicionamentos. Isso se aplica às relações do Brasil com os países em desenvolvimento e aos processos de integração regional. E tem forte significado para entender a relação com os países desenvolvidos, como Estados Unidos e os integrantes da União Europeia. O conceito de autonomia se liga à busca de manutenção ou ao aumento das margens de manobra do país no sistema internacional. A noção de universalismo está associada às próprias características geográficas, étnicas e culturais do país e consiste em diversificar os canais de interação e diálogo com o mundo (Lafer, 2004).

Mudanças ocorridas no sistema internacional que não se apresentavam como cenários previsíveis antes dos anos 1990 influenciaram a política externa brasileira na primeira década do século XXI. Cabe destacar: a) o processo de intensificação do unilateralismo norte-americano, especialmente durante os governos de W. Bush (2001-08); b) o impacto da ascensão da China; c) a valorização das commodities agrícolas a partir de 2003; d) a reestruturação dos eixos de desenvolvimento mundial, em particular o papel de Índia, Rússia e África do Sul; e) o crescimento dos fluxos de comércio para países que até 1990 não eram relevantes para o Brasil; f) o papel atribuído pelo Brasil às negociações econômicas multilaterais, evidenciado pela participação ativa do país no G-20 financeiro (Vigevani e Ramanzini Júnior, 2009).

Em conjunto, esses elementos fortaleceram o paradigma universalista e diminuíram relativamente o peso da integração regional. Ainda que mantida a ênfase política na integração e na relação com os países vizinhos, no âmbito do Mercosul e da Unasul, seu significado foi proporcionalmente reduzido. A indefinição e as irregularidades no sistema internacional sugerem uma estratégia de inserção flexível às mudanças. Essa noção esteve presente nas formulações brasileiras em relação ao Mercosul, principalmente na defesa do intergovernamentalismo como princípio institucional da integração, evitando-se o supranacionalismo. Essa perspectiva mantida constante de 1991 até hoje recentemente tem sido revalorizada, pois, no entendimento das elites e do governo brasileiro, viabiliza a busca pelo multilateralismo — seu interesse maior. Ao discutirmos a contribuição da política externa para o desenvolvimento econômico e social, maior atenção deve ser dada à questão da integração, sobretudo do Mercosul. Políticas públicas e empresariais que busquem seu fortalecimento podem ter um papel nas ações que visam evitar o aprofundamento da tendência à especialização na produção de commodities.

A reestruturação do poder mundial nos anos 2000, tendo como fator dinâmico países tradicionalmente não centrais, como mostra o papel de Índia, Rússia, África do Sul e, sobretudo, China, e as relativas mudanças na distribuição do comércio exterior brasileiro foram acontecimentos que contribuíram para dar sustentação à busca de um papel internacional mais assertivo (Kupchan, 2002). Em 1989, o *share* de comércio do Brasil com os Estados Unidos era de 22%, reduzindo-se a 12% em 2009. Com a União Europeia, no mesmo período, a evolução foi de 28% para 22%. Inversamente, no caso da Ásia, por conta do peso da China, os dados evoluíram de

13% para 26%, segundo dados de 2010 do Ministério do Desenvolvimento, Indústria e Comércio do Brasil.

Mesmo não havendo relação imediata entre os níveis econômico e político, essa dinâmica traduziu-se em intensa participação nas organizações internacionais, nas missões de paz, como exemplifica a participação do país na United Nations Stabilization Mission in Haiti (Minustah), na busca por um assento permanente no Conselho de Segurança da ONU, na articulação de coalizões multilaterais como o G-20 comercial na Rodada Doha da OMC, no grupo IBSA (Índia, Brasil e África do Sul) e no grupo Bric (Brasil, Rússia, Índia e China). A crise financeira e econômica internacional desencadeada a partir do segundo semestre de 2008 não alterou a tendência de busca do fortalecimento do papel do país no mundo.

O comportamento brasileiro diante da crise financeira e econômica de 2008 demonstra que a ênfase na busca de um sistema mundial multipolar e do fim do unilateralismo se apoia na percepção de que a maximização de capacidades do país ocorre pela participação em diversos foros, políticos e econômicos, regionais e multilaterais. O presidente Luiz Inácio Lula da Silva, ao fim da cúpula do G-20 financeiro sobre economia mundial e mercados financeiros, realizada em Washington em novembro de 2008, concluía: "o dado concreto é que, pela força política, pela representação dos países que foram inseridos no G-20, eu penso que não tem mais nenhuma lógica tomar decisões sobre economia, sobre política, sem levar em conta esse fórum de hoje" (*Gazeta Mercantil*, 17 nov. 2008). A substituição parcial do G-8 pelo G-20 como foro privilegiado de interlocução dos líderes mundiais simboliza uma mudança significativa na configuração dos arranjos — mesmo que informais — da governança internacional. Pode-se dizer que o Brasil busca o fortalecimento do papel dos grandes países emergentes, na perspectiva de um reconhecimento institucional formal, visando a benefícios gerais, mas fortalecendo sua própria posição; portanto, busca um jogo de soma positiva, com vantagens relativas em seu próprio favor (Pinheiro, 2004). Isso explica a reiteração do esforço pela mudança da estrutura do Conselho de Segurança da ONU, pela alteração da distribuição das cotas de capital no Fundo Monetário Internacional (FMI) e no Banco Mundial, assim como o crescimento do perfil da intervenção política.

A política externa brasileira em um mundo em transformação

A dinâmica do sistema internacional e a evolução dos anos 1990 e dos primeiros anos do século XXI afetam a todos os Estados. Mas a reação às transformações globais apresenta especificidades. A intensificação do unilateralismo norte-americano na administração W. Bush (2001-08) fortaleceu, nos governos de Fernando Henrique Cardoso (1994-2002) e Luiz Inácio Lula da Silva (2003-10), particularmente neste último, o interesse por políticas ativas de articulação internacional voltadas para os grandes países emergentes e o fortalecimento da multipolaridade. O país ampliou e institucionalizou parcerias com países e regiões não centrais, como África, Oriente Médio e, sobretudo, Ásia e América Latina. A lógica da autonomia pela diversificação, que estruturou a política externa do governo Lula, baseia-se na tentativa de influenciar a agenda de regimes internacionais por meio de coalizões de países em desenvolvimento para contrabalançar a agenda das nações desenvolvidas (Vigevani e Cepaluni, 2009). No governo Rousseff isso parece ter continuidade. As atitudes brasileiras ante a crise líbia o confirmam.

A presença ativa do Brasil na criação do G-20 comercial, na fase final de preparação da reunião ministerial de Cancún da OMC, em setembro de 2003, resultou de uma decisão do governo que visava diminuir a capacidade impositiva dos países centrais. A posição brasileira evitou que os países desenvolvidos, especialmente os Estados Unidos e os membros da União Europeia, direcionassem os acordos da Rodada Doha por uma lógica de "pactuação assimétrica", tal como ocorreu nas rodadas anteriores de negociação do sistema Gatt/OMC (Steinberg, 2002). Com a formação do G-20, a estratégia brasileira era contrastar os interesses comerciais dos países ricos e atingir maior equilíbrio nas negociações. Isso equilibrou a atenção aos interesses dos países em desenvolvimento com forte agribusiness, como Brasil e Argentina, e daqueles com agricultura familiar de subsistência, como Índia, China etc. Deve-se assinalar que a grande insistência brasileira em acordos agrícolas sempre foi resultado da crença de que é nesse campo que reside a maior competitividade e no qual se pode alcançar grandes vantagens. O fracasso até aqui de Doha, somado à crise financeira e econômica, talvez estimule um redirecionamento para políticas de desenvolvimento, se não industriais, pelo menos distantes de formas tradicionais de protecionismo. A intensidade com que se discute o tema da tecnologia e da inovação em alguns orgãos, como a Finep, sinaliza essa possibilidade, cujo êxito ainda não é certo.

A articulação do G-20 comercial e o papel de destaque no grupo colocaram o Brasil, juntamente com a Índia, no núcleo decisório da OMC. O ministro Amorim declarou: "Posso afirmar sem falsa modéstia que o Brasil mudou a dinâmica das negociações na OMC. Não o Brasil sozinho. Mas o Brasil liderou o G-20 e é procurado — até cortejado, eu poderia dizer — pelos Estados Unidos, pela União Europeia e pelo Japão, entre outros países" (*Gazeta Mercantil*, 19 out. 2006). O prolongamento da Rodada Doha; o gerenciamento do G-20, pelo menos até a reunião ministerial de julho de 2008; e o questionamento das políticas agrícolas dos Estados Unidos e da União Europeia no *dispute settlement body* colocaram o Brasil como ator central do principal regime de comércio internacional, o que certamente contribuiu para aumentar o peso do país em outros fóruns.

A perspectiva brasileira, particularmente nos governos Lula e Rousseff, tem sido a de procurar influenciar o sistema internacional com o objetivo de estimular o multilateralismo, não antagonizando os Estados Unidos, mas considerando seu enfraquecimento como uma possibilidade concreta. Essa meta vem sendo cada vez mais vista como um objetivo brasileiro. O desenrolar dos acontecimentos depois de 11 de setembro de 2001 foi gradualmente consolidando a visão, no núcleo do governo brasileiro, de que, em vista da enorme assimetria de poder em favor dos Estados Unidos, particularmente no campo militar-estratégico, a longo prazo a tendência seria o declínio norte-americano como consequência do processo de *overextension*. Os acontecimentos a partir de 2008, inclusive os impasses no Afeganistão e no Iraque, consolidam essa visão. Antonio Patriota (2008), então embaixador do Brasil em Washington, entende que "embora os Estados Unidos permaneçam a única superpotência do sistema internacional, já não se pode dizer, hoje, que a ordem mundial se enquadre em um modelo rigorosamente 'unipolar'. Os recursos políticos e militares de que dispõem o governo e a sociedade norte-americanos, ainda que virtualmente incontrastáveis, não lhes asseguram a capacidade de definir resultados em escala global".

Segundo Avery Goldstein (2005):

> The difficulties faced by the United States and the economic strengthening of China, and of Asia in general, enhanced the belief that multilateralism would assert itself more, even before serious problems emerged in Iraq and Afghanistan, and the 2008 financial crisis. On the one hand, as clearly evinced by the financial crisis, there was a fall in US economic capacity; on the other, the significance of other countries and regions grew, a realization valid for all, South American countries included. The extraordinary growth of China and Asia had a major impact, whose proportions were not foreseeable in the early 1990s.

Nesse sentido, prevalece na sociedade brasileira, nos partidos políticos, seja os de governo seja os de oposição, a ideia de que, no mundo contemporâneo, as formas de atuação e de resolução de problemas e conflitos dependem mais da negociação, de *confidence building*. Temas como pobreza — muito enfatizado pelo presidente Lula —, terrorismo, migrações, ilícitos transnacionais, conflitos internos aos Estados e tensões bilaterais devem ser enfrentados nessa perspectiva. Deve-se reconhecer que o protagonismo nessas questões pode contribuir para um ambiente internacional mais favorável ao Brasil. Não se trata de vantagens imediatas, mas de um ambiente em que os temas do desenvolvimento possam ganhar espaço. Diante da pergunta se devemos usar outro critério para avaliar a política externa, deve-se responder que esta contribui para o interesse nacional. Mas não é tudo. Devemos também deixar claro que a política externa não pode ser medida apenas por sua contribuição direta ao desenvolvimento. Sua avaliação deve ter um elemento contrafactual; isto é, devem ser considerados cenários alternativos e constrangimentos que se criariam ao desenvolvimento se não tivesse sido desenvolvida de acordo com certos parâmetros. Concretamente, quais seriam os custos, também para o desenvolvimento, de estarmos numa região mais conflituosa? Ou quais seriam os custos de uma política que não afirmasse o direito à pesquisa e à tecnologia?

O objetivo brasileiro, acentuado nos governos Lula e Rousseff, de contribuir para uma nova configuração do poder mundial não implica confronto com os países ricos, em particular com os Estados Unidos, nem com a União Europeia. A parceria estratégica com a União Europeia e o diálogo de parceria global com os Estados Unidos sinalizam a importância atribuída aos países mais ricos. A diplomacia tem estratégias diferenciadas para diferentes áreas temáticas: segurança, comércio, direitos humanos etc. No caso da Minustah, evidenciou-se uma identidade com as posições norte-americana, francesa e canadense. Na questão do aumento do *share* das cotas no FMI e no Banco Mundial, que encontra resistência em países europeus, os Estados Unidos também foram simpáticos a posições como as do Brasil e da China. Em outras questões as diferenças vieram à tona, como no debate sobre mudanças no Conselho de Segurança da ONU, onde o Brasil desejaria uma posição favorável por parte dos Estados Unidos. Também em temas latino-americanos há divergências. Foi assim na crise de Honduras de 2009 e também na avaliação de alguns governos críticos dos Estados Unidos, como o da Venezuela. Na questão do meio ambiente também há uma considerável distância entre as posições do Brasil e dos Estados Unidos e União Europeia.

Repercutiu internacionalmente a atuação do Brasil e da Turquia no caso da busca de mediação ante o impasse criado pela decisão iraniana de enriquecer urânio. Essa atuação tem interesse analítico, pois sinaliza o comportamento do Estado brasileiro, particularmente de parte de suas elites. Segundo Garcia (2010): "o episódio do Irã foi a entrada na cena internacional de dois personagens que não tinham sido convidados, que entraram com uma proposta importante". A Declaração de Teerã de maio de 2010, articulada pelo Brasil e pela Turquia, incorporando exigências da Agência Internacional de Energia Atômica (AIEA), não evitou que o Conselho de Segurança da ONU, com o voto de Estados Unidos, Rússia e China, aprovasse sanções contra o Irã, ainda que limitadas e fracas. O aspecto significativo a ser destacado é que o apoio da Rússia e da China às posições norte-americanas demonstra que os países emergentes não são um grupo monolítico. Possivelmente, a ação turca e brasileira tenha contribuído em parte para a atenuação da resolução do Conselho de Segurança. A motivação do Brasil no caso do Irã e em outras ações em cenários não tradicionais — como o envio de contingente militar a Timor Leste em 1999 —, de acordo com os governos brasileiros, não significaria acreditar em influência acima de sua própria capacidade, mas traduziria uma diretriz que visa definir espaço nos problemas internacionais. Isso contribuiria para redesenhar regimes e relações. Note-se que não foi diferente a atitude em 2011 diante das crises nos países árabes, particularmente no que se refere a Líbia e Síria. Também nesses casos, a lógica multilateralista, a tentativa de evitar ações unilaterais e a preocupação com a preservação do princípio da soberania foram centrais. Ao mesmo tempo não houve identificação com regimes vistos como tiranias por seus povos. Sobretudo nas questões que têm a ver com a produção e a pesquisa de tecnologias sensíveis, pode-se ler a política externa como visando preservar direitos ao Brasil, particularmente o direito ao desenvolvimento tecnológico.

A consequência da estratégia de *global player* ou universalista repercute, como dissemos, em outros aspectos. O mais importante é o da política na América do Sul. Essa estratégia reduz, em termos relativos, o papel do Mercosul e da América do Sul para o Brasil, o que se dá ao mesmo tempo em que há um incremento do interesse pelo Brasil da parte de seus vizinhos. A razão para isso ter acontecido na primeira década do século XXI, com boa possibilidade de continuidade nesta segunda década, é o crescimento econômico do país, que faz com que o Brasil se torne um mercado crescentemente importante, sobretudo para os países do Mercosul. Em 2000, o *share* do comércio do Brasil com os países do Mercosul era de 14%, caindo a 10% em 2009, mas fortaleceu-se em 2010 e em 2011. Em valores absolutos, o comércio e os investimentos na região aumentaram fortemente, fazendo crescer o interesse pelo Brasil, particularmente na Argentina e também no Chile. Na perspectiva dos governos brasileiros, uma maior institucionalização da integração regional provocaria uma perda de soberania e de autonomia. Com a diversificação e o desenvolvimento de outros fortes interesses, o país passa a concentrar seus esforços em outros atores considerados estratégicos. Retomando o que já foi dito, o Mercosul continua importante, assim como a integração sul-americana, à qual se dá maior peso, mas esses objetivos não são o único foco de interesse. As elites e o governo visam maximizar o que consideram ser as novas oportunidades, convencidos da necessidade de um processo decisório ágil em política externa. O Brasil tem demonstrado interesse no desenvolvimento dos países da América do Sul, estimulando sua estabilidade democrática e, na medida do permitido por sua relativamente pequena capacidade, contribuindo para alguns importantes projetos. Essa política indica uma perspectiva de cooperação, o que certamente não é o mesmo que integração. A política de desenvolvimento e uma maior capacidade competitiva precisam contar com uma escala produtiva maior.

Considerações finais

Concluindo a análise sobre o papel da política externa, quando esboçamos ideias sobre sua contribuição para o desenvolvimento sustentado, vimos que não se pode estabelecer uma relação imediata entre temas epistemologicamente distintos. Discutimos que a ordem multilateral e a forma pela qual se relaciona com os interesses das potências médias são de grande interesse. Mostramos que a avaliação de que o sistema internacional tende à multipolaridade é o que confere sentido à estratégia internacional do país. Mesmo havendo diferenças em aspectos específicos e pontuais, um largo espectro de atores sociais e políticos, econômicos lhe dá sustentação doméstica. O multilateralismo surge normativamente como o cenário mais adequado e mais favorável para a discussão das questões globais. Na percepção brasileira, as instituições e os procedimentos multilaterais devem ser fortalecidos para se lidar com desafios em todos os campos — econômico, político, de segurança. Eles podem favorecer o desenvolvimento, embora isso não constitua uma certeza.

A política externa brasileira tem alguns pilares. Fundamentais são os conceitos formadores do padrão de comportamento brasileiro: o universalismo e a autonomia, com a consequente busca, que se mantém no governo Rousseff, de enfraquecimento do unilateralismo. Para isso a primeira década do século XXI ofereceu novas possibilidades, determinadas pelo crescente peso de alguns países. Alguns deles constituem polos relevantes, que contribuem para dar base concreta à política externa. Ao contrário dos países desenvolvidos, cujos recursos de poder econômico e militar lhes garantem influência internacional, ainda que com riscos de *overextension*, a projeção externa do Brasil é perseguida mediante intensa participação nos fóruns políticos e econômicos, regionais e multilaterais. Essa participação justifica-se pelo fato de o país buscar se preservar dos riscos da vulnerabilidade e tentar aumentar o próprio poder. Não se trata de enveredar por políticas "duras" em relação a países que acentuam a "primarização" de nossa economia, como a China. Pelo contrário, pois as oportunidades devem ser exploradas. Trata-se de construir políticas de desenvolvimento e macroeconômicas que possam alavancar o interesse nacional. A política externa e também os estudos de relações internacionais podem contribuir para solidificar esse valor.

Referências

AMORIM, Celso L. N. Seven years of progress, expansion. *The Miami Herald*, 13 set. 2010.

GARCIA, Marco Aurélio. Entrevista. *O Estado de S. Paulo*, 9 ago. 2010. (Caderno especial: Desafios do novo presidente).

GAZETA MERCANTIL. Brasil não perdeu prestígio. Ele nunca foi tão alto. 19 out. 2006.

GAZETA MERCANTIL. Brasil volta da reunião com trunfos nas mãos. 17 nov. 2008.

GOLDSTEIN, Avery. *Rising to the challenge*: China's grand strategy and international security. Stanford: Stanford University Press, 2005.

GUIMARÃES, Samuel P. *Desafios brasileiros na era dos gigantes*. Rio de Janeiro: Contraponto, 2006.

KUPCHAN, Charles A. Hollow hegemony or stable multipolarity? In: IKENBERRY, G. John (Ed.). *American unrivaled*: the future of the balance of power. Ithaca, Londres: Cornell University Press, 2002.

LAFER, Celso. *A identidade internacional do Brasil e a política externa brasileira*: passado, presente e futuro. São Paulo: Perspectiva, 2004.

MURPHY, Craig N. *International organization and industrial change*: global governance since 1850. Cambridge: Polity Press, 1994.

PATRIOTA, Antonio de Aguiar. O Brasil e a política externa dos EUA. *Política Externa*, São Paulo, Paz e Terra, v. 17, n. 1, jun./ago. 2008.

PINHEIRO, Letícia. *Política externa brasileira,* 1889-2002. Rio de Janeiro: Jorge Zahar, 2004.

STEINBERG, Richard. In the shadow of law or power? Consensus – based bargaining and outcomes in the GATT/WTO. *International Organization*, v. 56, n. 2, 2002.

VIGEVANI, Tullo; CEPALUNI, Gabriel. *Brazilian foreign policy in changing times*: the quest for authonomy from Sarney to Lula. Lanham: Lexington, 2009.

_____; RAMANZINI JÚNIOR, Haroldo. Mudanças da inserção brasileira na América Latina. *Lua Nova*, n. 78, 2009.

6
Política externa de dois governos

RUBENS BARBOSA

Para melhor explicar o tema que me foi proposto — até que ponto existe uma articulação internacional do Brasil a fim de contribuir para o desenvolvimento sustentado — será útil examinar a política externa do governo Lula (2002-10) para resumir seus objetivos e resultados e compará-la com a do governo FHC.

O governo Lula trouxe uma nova visão de mundo e deu enfoque muito pessoal à política externa brasileira. Desde o início, a retórica oficial expressava que o país, sob seu governo, se recusaria ao acomodamento à ordem mundial prevalecente, e manifestava seu desejo de poder ajudar a transformar o mundo pela busca de uma ordem internacional mais democrática e equitativa.

Os porta-vozes do governo não poupavam críticas aos profundos abismos sociais entre países ricos e pobres, buscavam o reforço das alianças com o Terceiro Mundo e definiam as prioridades da política externa para o Sul, ressaltando a clivagem e as crescentes assimetrias existentes entre o mundo desenvolvido e o mundo em desenvolvimento.

O discurso favorável ao fortalecimento do multilateralismo, uma posição tradicional do Brasil, fazia igualmente referência ao objetivo do governo de mudar o eixo da política comercial do Brasil e de criar condições para o enfraquecimento do mundo unipolar, em plena vigência e vigor durante a gestão do presidente George W. Bush.

Caracterizando a política externa como assertiva, o presidente Lula estigmatizava a atitude supostamente subalterna anterior, que implicaria "a aceitação das diretrizes estabelecidas pelos grandes blocos de poder: os EUA e a Europa".

A partidarização da política externa ficou nítida desde o início do primeiro mandato de Lula, sendo perceptível a influência do PT no processo decisório do Itamaraty. O primeiro sinal disso foi a nomeação de Marco Aurélio Garcia, do PT, para o cargo de assessor internacional, que até então sempre havia sido ocupado por um diplomata. Já em março de 2003, o ministro das Relações Exteriores, Celso Amorim, indicava essa partidarização ao observar em discurso que "em todo o processo de mudança de governo, de mudança de orientação política, em muitos aspectos temos que levar em conta duas situações: primeiro, uma natural afinidade das pessoas com a orientação política do governo, do presidente da República, do ministro de Estado, e também, naturalmente, a competência profissional. Somos um corpo profissional por excelência, mas que deve estar entusiasticamente engajado com certas linhas políticas, com certas orientações". O crescimento da influência do partido culminou com a filiação de Amorim ao PT nos últimos meses de 2009, gesto inédito entre os diplomatas que foram ministros do Exterior para a execução de uma política de Estado, e não apenas de um partido.

Embora inédita, entendo como natural a participação do assessor internacional e representante do PT no processo decisório da política externa, por sua proximidade do presidente da República e até por sua presença na geografia espacial do Palácio do Planalto.

Desde o início do governo Lula, a política externa foi exercida deliberadamente a partir da visão de mundo do PT e se deixou guiar pelos programas formulados pelo partido. Esse posicionamento era uma contrapartida à neutralidade e ao apoio silencioso a que o presidente Lula submeteu o Partido dos Trabalhadores quando tomou a decisão de manter e dar continuidade à política econômica herdada do governo FHC.

O Itamaraty não escondeu que estava a serviço das políticas de um partido que havia vencido as eleições. A política externa deixou de representar apenas os interesses permanentes do Estado brasileiro para defender a plataforma do governo de turno.

A prioridade das relações Sul-Sul, com os países em desenvolvimento e novas parcerias com os emergentes, deixou em posição secundária a cooperação com as nações desenvolvidas. Não que ela tenha desaparecido, mas o Brasil passou a ser reativo às propostas que lhe eram apresentadas nesse sentido.

Um documento aprovado pelo congresso do PT em fevereiro de 2010 não deixa dúvidas sobre os objetivos da política externa do partido em relação aos EUA:

> Objetivamente, a política externa do presidente Lula faz o Brasil competir com os EUA. Comparada com outras potências, trata-se de uma competição de baixa intensidade, até porque a doutrina oficial do Brasil é de convivência pacífica e respeitosa (cooperação franca e divergência serena com os EUA). Inclusive por se dar no entorno imediato da potência, a competição com o Brasil possui imensa importância geopolítica e tem potencial para, no médio prazo, constituir-se em uma ameaça aos EUA. Isso é confirmado [...] pela manutenção da Administração Obama da política de acordos bilaterais e de exibição de força bruta (IV frota, bases na Colômbia, golpe em Honduras e reafirmação do bloqueio contra Cuba). É nesse marco que vem se travando o debate sobre a renovação do equipamento das FFAA brasileiras, o submarino de propulsão nuclear e a compra de jatos de combate junto à indústria francesa.

As aspirações do governo Lula de exercer uma efetiva liderança regional e ter maior protagonismo extra-hemisfério também podem explicar, pelo menos em parte, as ações do Itamaraty. Não podem ser excluídas ainda motivações políticas e eleitorais, uma vez que a projeção externa do Brasil e sua oposição aos EUA foram apresentadas durante a campanha presidencial de 2010 como mais uma importante realização do governo Lula.

Como consequência de tudo isso, pela primeira vez, desde um breve período no início do governo militar, quando foi aplicada a teoria dos círculos concêntricos privilegiando a relação com os EUA, foi quebrado o consenso que sempre existiu em torno da política externa.

Em momentos importantes do processo decisório prevaleceram considerações de natureza ideológica e a confusão entre a plataforma partidária e as ações do governo. Talvez por isso, com a diminuição dos resultados concretos, tenha aumentado a distância entre a retórica oficial e a realidade do que acontecia nas decisões de política externa. O que ficou claro foi o exercício de protagonismo pessoal do presidente Lula e do ministro Amorim nas principais ações do governo brasileiro no cenário internacional.

Principais prioridades da política externa

A política externa brasileira tradicionalmente mantém uma linha de coerência em suas principais prioridades. Historicamente, caracteriza-se pela ausência de movimentos bruscos ou por zigue-zagues, tão comuns em nosso continente. Com maiores ou menores ênfases nas principais linhas de atuação, a política externa nunca se desviou de seu leito principal. Nas mudanças de governo, alteram-se as ênfases e o tom, surgem novas áreas, que marcam as diferenças na ação externa dos antecessores, mas permanece o essencial. Embora tenham tido origem em administrações anteriores, algumas ações da política externa do governo Lula foram apresentadas como avanços, conquistas ou novidades, em virtude do embasamento ideológico com que foram revestidas.

Tendo como pano de fundo uma visão de mundo diferente e introduzindo um forte componente ideológico na formulação e na execução da política externa (temperado de quando em quando por doses de pragmatismo), foi isso o que ocorreu com o governo Lula. A quase totalidade das principais linhas de atuação do Itamaraty foi mantida:

- a negociação comercial multilateral lançada pela OMC na Rodada de Doha;
- a reforma das Nações Unidas, com ênfase na ampliação dos membros permanentes e não permanentes do Conselho de Segurança e a busca de um assento permanente para o Brasil;

- a aproximação com os vizinhos na América do Sul e o aprofundamento da integração regional;
- o fortalecimento das alianças Sul-Sul — parcerias estratégicas com China, Índia, África do Sul, Rússia, Ibas/Bric (Síria/Líbia).

Em todos esses itens ocorreu uma clara continuidade das políticas traçadas nos últimos 20 ou 30 anos, com ênfases diferentes.

As relações com a América do Sul e com os países em desenvolvimento adquiriram outra dimensão, na medida em que foram percebidas como um meio para transformar as relações externas do Brasil e para mudar as relações e forças internacionais. No caso da integração regional, foi dada prioridade a países com afinidades ideológicas, como Venezuela, Bolívia, Equador e Argentina. O Mercosul estava no centro da visão geopolítica do Itamaraty, segundo a qual o Brasil deve atuar no sentido de influir para evitar que a região se vincule aos interesses estratégicos dos EUA. Tal como criado pelo Tratado de Assunção em 1991, o Mercosul perdeu prioridade e os aspectos de liberalização comercial e abertura de mercados foram relegados a segundo plano pela prevalência de medidas restritivas contra produtos brasileiros, em especial na Argentina, sem reação significativa do governo brasileiro, em nome da "paciência estratégica" em relação a Buenos Aires. Novas instituições foram criadas, algumas sobrepondo-se ao Mercosul, e todas com o objetivo ideológico, alguns por inspiração de Hugo Chaves, de excluir os EUA: União das Nações da América do Sul (Unasul) — e nesse contexto o Conselho de Defesa e o Conselho Antidroga —, Comunidade de Estados da América Latina e Caribe (Celac). A parceria Sul-Sul justificou a convocação da primeira cúpula América Latina-Oriente Médio e América Latina-África, além da criação do grupo formado por Índia, Brasil e África do Sul (Ibas) e a institucionalização do Bric.

Outra novidade foi a autoproclamação de uma política externa altiva e ativa, que na prática significou, entre outras coisas, o rebaixamento da prioridade em relação aos países desenvolvidos (europeus, EUA, Japão). O relacionamento com os países desenvolvidos foi correto, mas sem iniciativas que pudessem beneficiar o Brasil. Essa atitude não se confunde com a tradicional postura do Itamaraty, que, em maior ou menor grau, sempre buscou reduzir a dependência externa, em especial via diversificação de mercados e independência na defesa dos interesses nacionais, sem antagonismos irrealistas. O ativismo da política externa buscou um espaço de influência para bem além do contexto sul-americano, exigindo um esforço adicional da diplomacia brasileira para identificar o que de fato era interesse nacional.

Resultados da política externa

A percepção de que a política externa do governo Lula produziu resultados positivos pode ser explicada por fatores internos e externos. A estabilidade da economia, da política e das instituições, o crescimento sustentado e a inflação sob controle, associada à presença segura e constante do Brasil na discussão de temas globais de interesse dos países desenvolvidos, como meio ambiente, mudança de clima, energia, direitos humanos e a grande transformação do cenário internacional, com a participação dos países emergentes, explicam o interesse em relação ao Brasil e a sua crescente projeção externa.

A ampliação do comércio exterior brasileiro, que se expandiu quatro vezes em 10 anos, e a internacionalização da economia brasileira, com a obtenção do *investment grade* e a redução do risco país, também contribuíram para uma atenção maior sobre os movimentos do Brasil no cenário internacional. O crescimento do comércio Sul-Sul, em especial com a Ásia e a China, mas sobretudo a institucionalização dos Brics por proposta brasileira e a criação do G-20 aceleraram o reconhecimento do país no exterior.

O ativismo do Itamaraty, ao ampliar a representação do Brasil na África com a criação de 16 embaixadas e a proposta de realização de reunião de chefes de Estado da América Latina e do Oriente Médio, justifica o convite para participação na reunião de Annapolis para discutir a crise entre Israel e a Palestina e o aumento da assistência técnica e financeira aos países africanos.

Uma análise objetiva da política externa de Lula não pode deixar de reconhecer seus resultados positivos, em grande parte naquilo que representou uma continuidade da política de FHC. Pode ser contabilizada nessa categoria a maior presença do Brasil no mundo. A projeção externa do país se explicitou na diplomacia presidencial, que o presidente Lula exercitou com maior vigor do que o presidente FHC, que a iniciou. As ações brasileiras nas discussões, em diferentes fóruns multilaterais, nos setores de comércio exterior, meio ambiente, mudança climática, energia (fóssil, pelas descobertas do pré-sal, e renovável), alimentação e direitos humanos aumentaram a visibilidade do país. Como um *global trader*, o Brasil ampliou pouco sua participação no comércio internacional, mas, em termos nominais, os valores do intercâmbio comercial Sul-Sul aumentaram. A participação relativa do comércio com a África e com o Oriente Médio, contudo, permaneceu marginal no contexto do comércio exterior brasileiro (4,5% em ambos os casos).

Três outros fatos podem ser considerados pontos positivos da política externa de Lula: a inclusão do Brasil no G-20 econômico-financeiro, principal fórum de discussão das questões globais nessas áreas; a institucionalização dos Brics, que passaram a se reunir anualmente e a serem vistos como uma nova força no cenário internacional; e a continuada percepção, sobretudo por parte dos EUA, de que o Brasil persistiu como um fator moderação na América do Sul.

Prioridades da política externa do governo FHC

Para melhor entender as comparações feitas entre os governos Lula e FHC, resumo sucintamente as principais linhas de atuação do Itamaraty no governo FHC:

- o governo FHC manteve as posições tradicionais da política externa brasileira em relação aos países desenvolvidos (em especial os EUA e a Europa) e aos países em desenvolvimento (sobretudo as relações com América Latina, Oriente Médio e África);
- na questão do assento permanente no Conselho de Segurança das Nações Unidas, o governo FHC defendeu essa posição, sem lhe atribuir prioridade ou gastar recursos financeiros e humanos;
- na negociação comercial multilateral não se perdeu a dimensão dos acordos de livre-comércio e da integração regional;

- a aproximação Sul-Sul sempre existiu. Foi a partir de 2001, com a desvalorização do real, que o Brasil começou a diversificar suas exportações para mercados de países em desenvolvimento. A parceria estratégica com a China nasceu em 1993, mas não era prioridade a ampliação das representações diplomáticas brasileiras na África e no Caribe.

O que diferenciou a política externa dos dois governos foram os excessos cometidos por Lula/Celso Amorim e a ausência de influência partidária e ideológica tanto na formulação quanto na sua execução na gestão FHC.

Crítica

As principais prioridades da política externa do governo Lula não tiveram os resultados esperados. Sem entrar em detalhes para não extrapolar os limites deste capítulo, de forma objetiva pode-se dizer que não foram alcançadas certas metas buscadas pelo Itamaraty:

- O fracasso das negociações da Rodada de Doha mostraram que a estratégia de negociação comercial foi equivocada e pouco ajudou para ampliar as exportações e gerar empregos na economia. Nenhum acordo de livre-comércio significativo foi negociado nos 10 anos em que o Itamaraty concentrou toda a atenção nas negociações de Genebra da Rodada de Doha.
- O fracasso nas tentativas de levar adiante a reforma das Nações Unidas, sobretudo a do Conselho de Segurança, não deu ao Brasil o ambicionado assento permanente. Acrescente-se nesse particular que a África, uma das principais prioridades da política externa e objeto de sucessivos gestos de aproximação, votou contra os interesses do Brasil.
- A política em relação à América do Sul e à integração regional talvez tenha sido a mais vulnerável. Não só aumentaram as demandas da Bolívia e do Paraguai pela percepção de fraqueza do Brasil por não reagir a atos contrários aos interesses nacionais, como a expropriação das refinarias da Petrobras em Santa Cruz, e a natural liderança do país foi contestada seguidamente, inclusive pelo voto contrário a candidatos brasileiros a postos em organizações internacionais. A política da ge-

nerosidade em relação aos nossos vizinhos, exercitada através de ações bilaterais, não surtiu resultados. O Brasil, sem agenda em muitas situações, se viu isolado e a reboque dos acontecimentos. O ativismo da política externa e a busca de maior protagonismo para projetar o Brasil como um agente político global, tentando ajudar a resolver conflitos fora da região, ensejaram a reação de alguns de nossos vizinhos, que manifestaram reservas em relação à política externa brasileira e demandaram uma capacidade de avaliação e de coleta de informações que o serviço externo brasileiro nem sempre esteve habilitado a desenvolver, como se viu no caso do apoio ao Irã.

- No tocante à integração regional, do ponto de vista comercial pouco se avançou. O Mercosul está paralisado pelos sucessivos descumprimentos do Tratado de Assunção de 1991, e sem perspectivas de promover a liberalização comercial entre os países-membros. O Mercosul, desvirtuado de suas funções iniciais, está se transformando em um fórum social e político que se confunde com outros órgãos como a Unasul e a Celac, novas instituições criadas, como o Banco do Sul, sem o apoio pleno do Brasil.
- Derrotas de candidaturas brasileiras nas eleições de diversas organizações multilaterais, como a OMC e o BID.
- A ampliação das relações comerciais com os países em desenvolvimento (aliança Sul-Sul) pouco resultado apresentou em termos relativos. Depois de oito anos de governo e de grande esforço de promoção comercial, o intercâmbio com o Oriente Médio e com a África, em 2010, representaram, em cada caso, 4,5% do total das exportações brasileiras, pouco acima do percentual de 2002.
- As relação com os EUA, caracterizadas pela confrontação e pela ideologização, foram afetadas pelas divergências nas áreas de defesa e segurança, pelo reaparecimento da teoria do cerco pelas bases norte-americanas rodeando o Brasil, sobretudo na Região Amazônica, pela redução do crescimento das exportações brasileiras, pelas questões de não proliferação e negociações da Alca.

Não cabe aqui elaborar sobre outras iniciativas que tiveram impacto negativo sobre a percepção externa em relação ao Brasil, como a ampliação da relação com o Irã, o apoio ao programa nuclear, a iniciativa com a Turquia, a atitude em relação a Honduras, nem tratar do equívoco que foi o reconhecimento da China como economia de mercado, como um desdobramento da parceria estratégica com aquele país, sem medir as consequências para a economia e as empresas nacionais.

Seria compreensível perguntar se essa política contribuiu para que o Brasil, internamente, tivesse adotado uma política mais efetiva de competição internacional e desenvolvimento econômico e social.

O discurso oficial do Itamaraty sempre incorporou como um dos objetivos da política externa trabalhar pelo desenvolvimento econômico do Brasil. No governo Lula não foi diferente. Na realidade, a resposta quanto ao papel da política externa nesse sentido é negativa, pois as ações do Itamaraty contribuíram naquela direção apenas marginalmente. A política externa pouco ajudou a reduzir a vulnerabilidade externa.

A política externa deve ser avaliada, em termos de contribuição ao desenvolvimento, pelos resultados concretos que produziu. Nesse sentido, o que de fato ocorreu foi que a postura ideológica levou à perda de oportunidades econômicas e comerciais nas relações com os países desenvolvidos; a prioridade absoluta atribuída às negociações da Rodada de Doha da OMC imobilizou o Itamaraty e deixou para um distante segundo plano as negociações de acordos de livre-comércio com países de fora da América do Sul e os entendimentos para o aprofundamento dos acordos no âmbito da Aladi com os países latino-americanos. O resultado disso foi que, com o fracasso da Rodada de Doha, nos últimos 12 anos foram assinados apenas dois acordos de livre-comércio com Israel e com o Egito, de baixa significação comercial para o Brasil, com a agravante de que somente o acordo com Israel foi ratificado pelo Congresso e entrou em vigor em 2011. Na reunião de dezembro do Conselho do Mercosul, foi assinado um terceiro acordo, igualmente inexpressivo do ângulo comercial, com a Palestina.

A estratégia de negociação comercial equivocada aliada à perda de competitividade externa da economia brasileira em virtude das distorções geradas pela política econômica, com a apreciação do câmbio, os altos juros e o chamado custo Brasil, contribuíram para a reprimarização do comércio exterior brasileiro (em 2011, quatro produtos são responsáveis por 48% das exportações brasileiras) e pelo estreitamento dos mercados externos para produtos manufaturados (em 2011, as exportações do Brasil para os EUA caíram abaixo de 10% e a participação dos manufaturados, que representavam cerca de 80% da pauta, praticamente desapareceu).

No tocante à contribuição da política externa para o desenvolvimento econômico e social propriamente dito, pouco se fez para ajudar a internacionalização das empresas brasileiras. Em termos de políticas públicas, com exceção das linhas de crédito oferecidas pelo BNDES, o governo brasileiro não avançou na negociação de acordos de garantia de investimento e de bitributação. Desviando recursos que poderiam apoiar o setor produtivo e exportador, aumentou-se a assistência financeira e repetiu-se o perdão de dívidas de regimes autoritários da África, sem levar em conta os valores de democracia e direitos humanos defendidos internamente.

Cabe também especular se terá continuidade a política externa proativa desenvolvida pelo Itamaraty de Lula.

Como já mencionado, não foi a política externa que projetou o Brasil e o tornou um *player* internacional significativo. A estabilidade econômica, política e institucional, aliada à personalidade do presidente Lula e a algumas iniciativas, como a assistência técnica e financeira à institucionalização dos Brics, também ajudaram. A projeção externa brasileira vai continuar, mesmo com uma política externa menos proativa e menos protagônica.

Ao findar o primeiro ano de governo Dilma parece prematuro passar um julgamento definitivo, mas tudo indica que a política externa de Lula vai ter continuidade, como ficou claro na decisão política e ideológica de suspender o Paraguai do Mercosul, em atitude contrária ao interesse nacional.

A análise dos principais pronunciamentos presidenciais e ministeriais apontou para algumas mudanças iniciais importantes na política externa do novo governo: a defesa dos direitos humanos, ao contrário da atitude de confundir interesses com valores do governo Lula; uma atitude mais distante em relação ao governo do Irã e a matização ao apoio irrestrito ao programa nuclear iraniano; o desaparecimento do conteúdo ideológico no relacionamento com os EUA, como evidenciado na visita de Barak Obama a Brasília em março de 2011.

Há pouco espaço para mudanças, como ficou evidente no discurso pronunciado em setembro na Assembleia Geral da ONU, e as prioridades da política econômica interna, em meio à grave crise econômica global, demandarão a quase completa atenção do governo. Se de um lado pode-se prever um razoável grau de continuidade, já é perceptível uma significativa mudança no estilo e no tom da política externa derivada em parte da própria personalidade da presidenta Dilma e de seu governo mais tecnocrático do que político. É possível prever mais pragmatismo e menos ideologia na execução das principais prioridades do Itamaraty.

Por outro lado, o baixo perfil que a política externa assumiu no governo Dilma facilita a continuidade, com correções de rumo. Algumas vacilações, como no caso das votações das Nações Unidas no tocante à Síria, e a ausência de uma atitude mais forte em relação ao governo de Damasco aconselham, contudo, esperar mais algum tempo para confirmar a tendência de moderação e de volta da política externa a seu leito tradicional.

7

Impactos do câmbio sobre a proteção tarifária*

VERA THORSTENSEN, EMERSON MARÇAL E LUCAS FERRAZ

As discussões sobre guerras cambiais e comerciais vêm despertando crescente interesse na área internacional. Este capítulo analisa os impactos dos desalinhamentos cambiais nos instrumentos de comércio internacional estabelecidos pela Organização Mundial do Comércio (OMC) e compõe-se de três partes: a primeira examina os efeitos das variações cambiais sobre tarifas e suas consequências para o sistema multilateral de comércio; a segunda detalha a metodologia utilizada para determinar desalinhamentos cambiais; e a terceira resume a metodologia para determinar o impacto do câmbio sobre o nível de proteção tarifária.

Se é evidente que variações cambiais afetam o comércio, por que esse tema tem estado ausente das regras do sistema e das negociações multilaterais da OMC em Genebra? Desde a criação do Gatt, do FMI e do Banco Mundial, na década de 1940, estabeleceu-se uma rígida divisão de funções: o Gatt passaria a ser responsável pela liberalização do comércio internacional; o FMI, pela estabilidade das taxas de câmbio e do balanço de pagamentos; e o Banco Mundial, pelo fornecimento de recursos para

---

* A pesquisa que deu ensejo a este capítulo contou com a assistência de Daniel Ramos, Carolina Muller e José Stucchi, do Centro de Comércio Global e de Investimento (CCGI) da FGV, e de Priscila Fernandes; e com o apoio do Ipea.

a reconstrução do pós-guerra. Na época, o sistema de regras para o comércio foi criado com base no regime cambial do padrão-ouro e, mesmo depois da adoção do câmbio flexível, na década de 1970, o tema câmbio permaneceu sob o controle do FMI, não sendo incorporado nem ao Gatt, nem posteriormente à OMC.

Enquanto o mundo era dominado pelas grandes economias dos EUA e da União Europeia — então Comunidade Econômica Europeia (CEE) —, quando desalinhamentos cambiais afetavam o comércio, a questão era discutida e negociada por poucas partes, como ficou demonstrado no Acordo do Plaza, de 1985, entre EUA, Japão, Alemanha, França e Reino Unido, para desvalorizar o dólar. Esse tipo de "acordo entre poucos" passou a ser questionado quando alguns países emergentes começaram a ter presença mais atuante no comércio internacional, principalmente depois da entrada da China na OMC e de seu crescimento como a maior potência exportadora do mundo.

É importante esclarecer como a OMC vem lidando com a questão do câmbio ao longo dos anos. O art. XV do Gatt, desde 1948, já estabelecia regras sobre arranjos cambiais. O parágrafo XV.4 determinava que "as partes contratantes não deverão, por meio de ação sobre o câmbio, frustrar o propósito dos dispositivos do Gatt, nem, por ação de comércio, o propósito dos dispositivos do Acordo do FMI". O significado a ser dado à palavra "frustrar" foi retomado na nota explicativa do art. XV, que esclarecia que o termo tinha a intenção de indicar, por exemplo, que violações (*infringements*) da letra de qualquer artigo do Gatt por ação do câmbio não deveriam ser consideradas uma violação se, na prática, não existisse desvio apreciável dos propósitos do artigo. Até o momento, na OMC, não existe experiência sobre tal artigo, uma vez que nenhum membro se dispôs ainda a questionar outro membro sobre seus arranjos cambiais, o que exige a abertura de um painel e o tempo necessário para seu julgamento. Além da questão de como definir o conceito de "frustração de propósitos", a grande dúvida é se a OMC deve ou não consultar o FMI.

O conceito de taxas de câmbio é mencionado nos acordos de *antidumping* e valoração aduaneira, mas apenas para indicar que a taxa oficial declarada pelos governos deve ser a taxa utilizada nas investigações. Com o agravamento do quadro de desalinhamentos cambiais, que vem opondo EUA e China, inúmeros especialistas vêm se debruçando sobre a questão dos impactos do câmbio no sistema regulatório do comércio internacional para determinar se tais desalinhamentos podem constituir uma violação das regras da OMC. Várias tentativas de se utilizar os instrumentos de defesa comercial, como o *antidumping* e antissubsídios, para anular os efeitos do câmbio foram feitas, mas os resultados parecem juridicamente contestáveis. A razão desse insucesso é evidente: os instrumentos de defesa comercial não foram negociados nem acordados como mecanismos para coibir o uso do câmbio como instrumento de comércio desleal, base de tais acordos.

Em outras palavras, a questão de como as flutuações do câmbio afeta o comércio nunca foi incorporada às regras da OMC. A regra consensuada por todos era de que o tema câmbio seria assunto do FMI. Mencionar essa questão nas salas da OMC seria infringir o código de silêncio acordado. O problema é que o FMI é uma organização internacional que decide as grandes questões por acordo das partes mais influentes (com maior poder de voto), de forma política, e não tem o poder de fazer cumprir suas próprias regras (*enforcement*) como a OMC, com seu mecanismo de solução de controvérsias. O FMI não tem a natureza negociadora da OMC, que decide por consenso de seus membros.

Com o acirramento das discussões sobre os efeitos do câmbio no comércio, a partir da crise de 2008, o tema foi levado ao G-20, mas, como era de se esperar, os países não conseguiram encontrar uma saída para o problema.

Enquanto os diplomatas discutem e os advogados procuram saídas jurídicas, os economistas, já há alguns anos, vêm desenvolvendo metodologias para calcular os desalinhamentos das principais moedas do mundo. Existem vários modelos para o cálculo das taxas de câmbio de equilíbrio: o da paridade do poder de compra, o do equilíbrio do balanço de transações correntes, o do equilíbrio dos fluxos de ativos e passivos de um país, ou o da taxa de câmbio baseada na unidade de custo da mão de obra. Os bancos também estimam taxas de desalinhamento cambial para diferentes países, com o objetivo de antecipar futuras flutuações. Ao se analisar todos esses estudos, um ponto torna-se evidente: a magnitude dos desalinhamentos das principais moedas é de tal ordem de grandeza e de persistência ao longo do tempo que ignorar seus efeitos sobre o comércio pode comprometer os objetivos da própria OMC.

O argumento muitas vezes levantado de que as diferentes metodologias sobre o câmbio produzem resultados diversos também não é mais aceitável. Não se busca uma estimativa com grau absoluto de previsão, mas intervalos a partir dos quais haja evidência de que os desalinhamentos estejam causando distorções. O que importa é descobrir os limiares a partir dos quais os instrumentos de política comercial tornam-se ineficazes e as regras da OMC são anuladas.

Em síntese, continuar com a postura de que câmbio é assunto do FMI e não afeta a OMC é desconsiderar o óbvio, que câmbio afeta, e muito, o comércio! Mais ainda, que a OMC não pode continuar a ignorar os efeitos do câmbio sobre o sistema de regras desenvolvido nos últimos 60 anos, sob o risco de perder o contato com a realidade e se transformar apenas em um exercício de ficção.

Algumas estimativas de desalinhamentos cambiais

Exemplos de diferentes metodologias para o cálculo de desalinhamentos cambiais estão presentes na literatura e permitem uma análise mais detalhada dos efeitos do câmbio nos instrumentos do comércio.

Estimativas de Cline e Williamson

W. Cline e J. Williamson, do Peterson Institute for International Economics, vêm estimando desalinhamentos das taxas de câmbio de equilíbrio baseadas nos fundamentos da economia (*fundamental equilibrium exchange rate* — Feer) desde 2008. Define-se taxa de equilíbrio como a taxa de câmbio que se espera ser sustentável com base nas políticas existentes. É a taxa esperada para gerar superávits ou déficits na conta das transações correntes que equilibrem os fluxos de capital em um ciclo, presumindo-se que o país busque o balanço interno (Cline e Williamson, 2011).

Estimativas do banco Credit Suisse

O banco Credit Suisse também estimou desalinhamentos cambiais para alguns países emergentes. O banco calculou os valores das taxas de câmbio reais efetivas (*real effective exchange rates* — Reer) como função dos termos de troca, produtividade e taxas de juros para o período 1995-2010. Foram utilizados métodos econométricos sofisticados, a partir de base de dados em painel (*panel data*).

GRÁFICO 1

Desalinhamentos cambiais com relação à taxa de equilíbrio elaborados pelo Credit Suisse

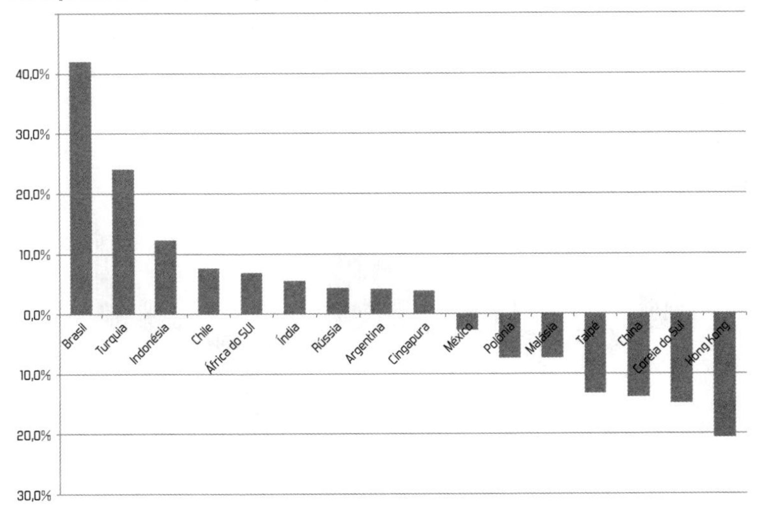

Fonte: Credit Suisse – "Valuation of emerging markets currencies", janeiro de 2011.

Estimativas para a China

A China é um dos casos mais estudados, por sua crescente importância no contexto do comércio internacional. Algumas estimativas relativas à China estão resumidas no *Report for Congress*, do Congressional Research Service (CRS), de outubro de 2010:

- 12% — H. Reisen, OCDE, dez. 2009.
- 25% — D. Rodrick, Harvard University, dez. 2009.
- 30% — A. Subramanian, Peterson Institute, abr. 2010.

- 40% (jan. 2010) e 24% (jun. 2010) — W. Cline e J. Williamson, Peterson Institute.
- 50% — N. Fergunson e M. Schularick, Harvard University, out. 2009.

Estimativas do Cemap

O Centro de Macroeconomia Aplicada (Cemap) da Escola de Economia de São Paulo da FGV vem calculando desalinhamentos cambiais do Brasil desde 2009. O Cemap estima taxas de câmbio reais de equilíbrio que implicam a estabilidade da posição passiva líquida externa, por meio do modelo econométrico com cointegração para Brasil (1980-2010), EUA (1970-2011) e China (1980-2010). Estão em curso cálculos para os demais países do G-20. A descrição da metodologia é apresentada mais adiante neste capítulo. Os resultados podem ser vistos nos gráficos a seguir:

GRÁFICO 2

Desalinhamento cambial estimado — Brasil

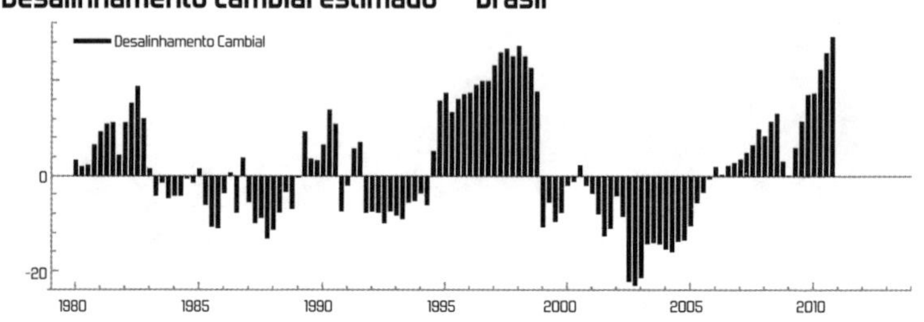

Fonte: Cemap.

GRÁFICO 3

Desalinhamento cambial estimado — EUA

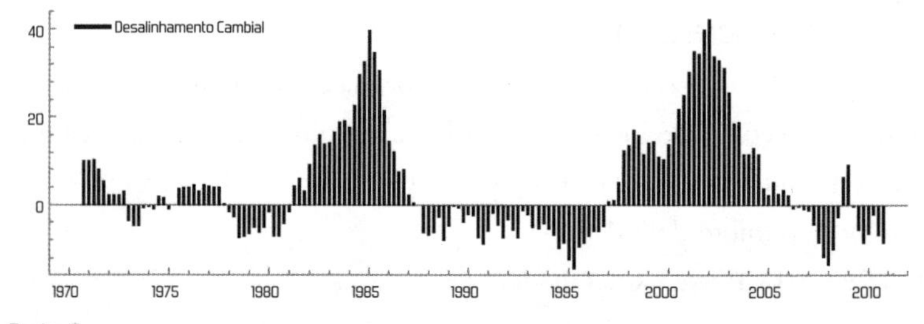

Fonte: Cemap.

GRÁFICO 4

Desalinhamento cambial estimado — China

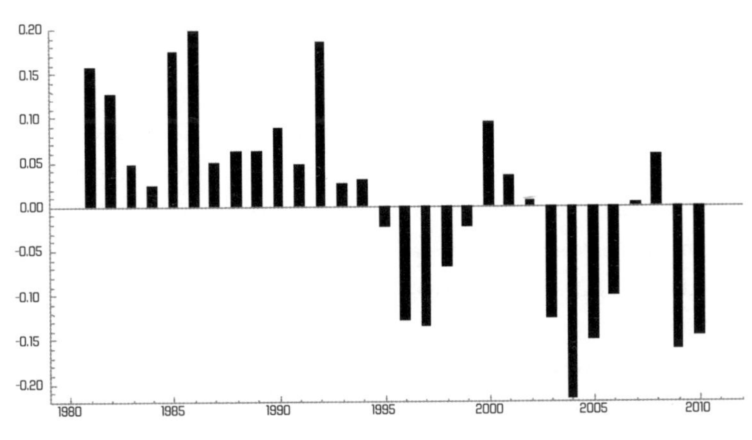

Fonte: Cemap.

Os resultados obtidos para o ano de 2010 foram: Brasil — valorização de 30%; EUA — desvalorização de 10%; e China — desvalorização de 17%.

Algumas conclusões

Existe uma vasta literatura com diferentes metodologias e modelos econométricos sofisticados para estimar os desalinhamentos cambiais dos diferentes países. A bibliografia apresentada ao fim deste capítulo indica alguns dos autores mais reconhecidos na área.

Segundo diversas fontes, o modelo mais elaborado sobre o tema seria o do FMI, que também calcula desalinhamentos cambiais indiretamente, por meio de um Grupo Consultivo sobre Taxas de Câmbio. O problema é que essas estimativas não são publicadas em detalhe quando da divulgação dos relatórios de consultas sobre o art. IV do Acordo do FMI. Esses relatórios examinam periodicamente a situação cambial e do balanço de pagamentos dos diversos membros do FMI, mas as taxas não são publicadas por imposição desses membros, o que acaba enfraquecendo a posição da própria instituição.

Apenas como exemplo, se considerarmos a relevância dos efeitos dos desalinhamentos cambiais da China sobre a economia internacional, as conclusões apresentadas nos dois últimos relatórios de consulta sobre o art. IV, de 2010 e de 2011, são reveladoras. O relatório de 2011 apenas menciona o seguinte: "O Secretariado mantém sua crença de que o *renminbi* continua substancialmente abaixo do nível consistente com os fundamentos de médio prazo. Até o presente momento, não há razão para alterar o determinado no Relatório de Consulta sobre o Artigo IV de 2010". Em nota de rodapé, o relatório apresenta estimativas do Grupo Consultivo do FMI: "As estimativas atuais do Grupo Consultivo em Taxas de Câmbio indicam que o *renmimbi* está desvalorizado em 3% (método ERER), 17% (método ES) e 23% (método MB)".

É importante que as regras de transparência, tão defendidas por uns, mas tão pouco praticadas por outros, sejam aceitas por todos os membros do FMI. Com a crescente importância da questão cambial, torna-se imperativo que o FMI passe a publicar estimativas dos desalinhamentos cambiais de seus membros, bem como a metodologia aplicada, a fim de permitir que a OMC comece a analisar seus efeitos sobre o comércio.

Os efeitos dos desalinhamentos cambiais nos instrumentos de comércio: o caso das tarifas consolidadas e aplicadas

A próxima pergunta a ser feita é: como tais desalinhamentos afetam os instrumentos de comércio internacional negociados ao longo dos últimos 60 anos no Gatt/OMC?

Pode-se desenvolver uma metodologia para analisar o efeito dos desalinhamentos cambiais tanto nas tarifas consolidadas pelos países como limites máximos na OMC quanto nas tarifas aplicadas pelos membros como níveis de proteção permitidos pela OMC.

A tarifa é um instrumento de proteção comercial histórico no Gatt e um dos principais temas de negociação das rodadas multilaterais. O propósito é permitir uma proteção objetiva e transparente para bens agrícolas e não agrícolas, proteção que vem sendo reduzida ao longo dos anos no âmbito de negociações, em conjunto com vários outros temas relevantes de regras de comércio internacional. A diferença entre tarifas consolidadas e aplicadas representa um importante espaço de atuação comercial deixado aos membros no âmbito de suas políticas industriais, o chamado *policy space* tão arduamente defendido pelos países em desenvolvimento e criticado pelos países desenvolvidos.

Uma fotografia bastante expressiva do quadro de proteção tarifária de cada membro da OMC pode ser dada por meio de um gráfico dos níveis tarifários médios para cada capítulo do Sistema Harmonizado de Classificação de Mercadorias (SH), que inclui produtos alimentares, minerais, têxteis, máquinas, eletrônicos, automóveis, aviões, entre outros.

Os conceitos de "tarifa" e de "tarificação" são fundamentais na lógica do Gatt/OMC. Horas infindáveis de discussões foram gastas em todas as rodadas de negociação para estimar os equivalentes tarifários *ad valorem* de inúmeras taxas e direitos baseados em valores monetários como tarifas específicas ou direitos niveladores agrícolas. Mesmo nos casos dos direitos *antidumping*, das medidas compensatórias e das salvaguardas, esses direitos são equivalentes a tarifas. Nessa lógica, desalinhamentos cambiais também podem ser tarificados a partir de um cálculo de equivalente tarifário. Como a tarifa, o efeito do câmbio pode ser transferido aos preços dos bens importados ou exportados. A metodologia de tarificação do desalinhamento cambial é desenvolvida mais adiante neste capítulo.

Impacto dos desalinhamentos cambiais nos níveis tarifários do Brasil

A partir das estimativas de desalinhamentos cambiais e de seus equivalentes tarifários obtidos por meio da tarificação do câmbio, pode-se desenvolver algumas simulações. É importante ressaltar que o que se busca aqui não é a exatidão do valor do desalinhamento cambial, mas os limiares a partir dos quais os instrumentos de comércio passam a ser ineficazes. Com esses dados em mãos, pode-se pensar em como neutralizar os efeitos do câmbio sobre o comércio e devolver às regras, tão arduamente negociadas ao longo das rodadas do Gatt/OMC, sua plena eficácia.

Este capítulo explora algumas hipóteses de trabalho. Foram considerados valores para desalinhamentos que se situam dentro do intervalo do espectro de desalinhamentos estimados nos diferentes trabalhos examinados: Brasil (+30%), EUA (–10%) e China (–20%).

As tarifas utilizadas para Brasil, EUA e China foram obtidas no banco de dados da OMC — *Tariff Analysis Online* — e baseadas nos períodos de 2008 a 2010. São elas: a) tarifas consolidadas (médias simples a dois dígitos do SH); e b) tarifas aplicadas (médias simples a dois dígitos do SH).

Neste capítulo, foram calculados os efeitos do câmbio sobre as médias simples porque são estas que têm impacto direto nas regras da OMC. Os cálculos dos efeitos sobre as médias ponderadas, que avaliam os impactos sobre os níveis do comércio, não serão aqui publicados.

Os efeitos da simulação apresentam os seguintes resultados:

- *Efeitos do câmbio nas médias tarifárias de alguns países.* Os efeitos do câmbio, quando tarifados, podem ser visualizados na variação dos valores das tarifas médias consideradas para alguns países selecionados. Foram examinadas as médias tarifárias consolidadas e aplicadas de Brasil, China e EUA, que apresentam casos de valorização e de desvalorização. Os efeitos dos desalinhamentos nas médias tarifárias são consideráveis: as médias de Brasil, China e EUA se deslocam de forma significativa. As médias consolidada e aplicada do Brasil são anuladas e passam a valores negativos. As médias dos EUA e da China, consideradas baixas entre os membros da OMC, passam a ter valores positivos elevados.

TABELA 1

Impactos do câmbio nas tarifas de países selecionados

Desalinhamentos cambiais: Brasil (valorização de 30%); China (desvalorização de 20%); EUA (desvalorização de 10%)

Tarifas	Brasil	China	EUA
Média simples consolidada (2009)	31,4	10	3,5
Média simples consolidada ajustada pelo câmbio	–8,0	32	13,9
Média simples aplicada (2009)	13,6	9,6	3,5
Média simples aplicada ajustada pelo câmbio	–20,5	31,5	13,9
Média ponderada aplicada (2008)	8,8	4,3	2,0
Média ponderada aplicada ajustada pelo câmbio	–23,8	25,2	12,2

Fonte: OMC. Tariff profile.

Elaboração: CGCI.

■ *Efeitos do câmbio nas tarifas do Brasil*

a) Para uma valorização de 30% do câmbio do Brasil: as tarifas médias consolidadas, que variam de +12% a +50%, passam a variar entre +5% e –22%, sendo a grande maioria de valores negativos; as tarifas médias aplicadas, que variam entre 0% e +35%, passam a variar entre –5% e –30%.

GRÁFICO 5

Tarifas do Brasil e efeito da valorização cambial

Médias simples a dois dígitos do SH

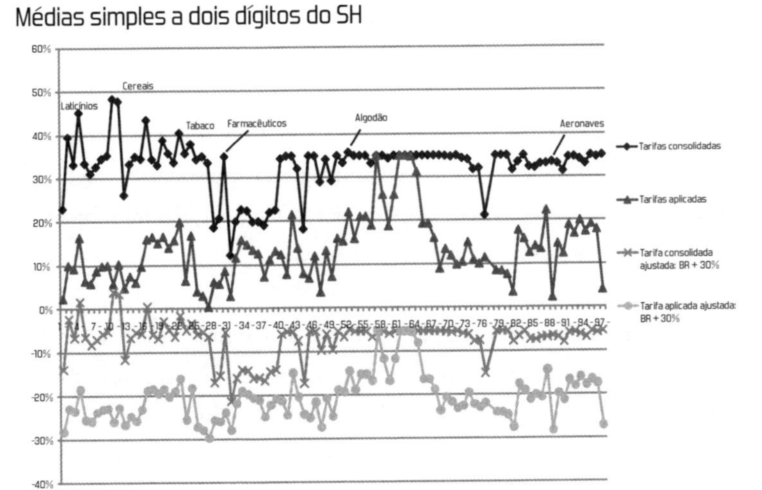

Fonte: OMC.

Resultado: A valorização cambial do Brasil, nos níveis considerados de 30%, não significa apenas a anulação das tarifas consolidadas na OMC como incentivo às importações do país, porque reduzem as tarifas aplicadas a níveis negativos. Diante desse quadro, exigir cortes mais significativos nas tarifas consolidadas, no âmbito da Rodada de Doha, seria impor maiores distorções aos níveis tarifários já negociados. A mesma consideração pode ser feita quando forem analisadas as opções de negociação de novos acordos preferenciais de comércio.

b) Para uma desvalorização de 10% no câmbio dos EUA, os efeitos no Brasil seriam os seguintes: as tarifas médias consolidadas, que variam de

+13% a +50% no Brasil, passam a flutuar entre valores de +2% e +35%; e as tarifas médias aplicadas, que variam de 0% a +35%, passam a variar entre valores de –10% e +21%.

Resultado: A desvalorização do câmbio nos EUA, que representa um subsídio às suas exportações, reduz de forma significativa não só as tarifas consolidadas pelo Brasil na OMC, como também suas tarifas aplicadas.

c) Para uma desvalorização de 20% da China os efeitos seriam os seguintes: as tarifas médias consolidadas, que variam de +13% a +50% no Brasil, passam a flutuar entre +20% e –9%; e as tarifas médias aplicadas, que variam de 0% a +35%, passam a variar entre valores de +8% e –20%.

Resultado: A desvalorização do câmbio na China, que representa um subsídio às suas exportações, não só anulam as tarifas consolidadas negociadas pelo Brasil na OMC, como também suas tarifas aplicadas transformam as tarifas em incentivos às importações chinesas.

d) Quando se soma a valorização do Brasil à desvalorização da China, os efeitos no Brasil seriam os seguintes: as tarifas médias consolidadas, que variam de +12% a +50% no Brasil, passam a flutuar entre valores de –25% e –42%; e as tarifas médias aplicadas, que variam entre 0% e +35%, passam a variar entre valores de –32% e –50%.

Em síntese, para o Brasil, a valorização de sua moeda praticamente anula o instrumento das tarifas e representa um incentivo às importações em geral. Diante de câmbios desvalorizados como os dos EUA e da China, os níveis tarifários negociados na OMC também são anulados, o que representa que o Brasil está oferecendo acesso a seus mercados de forma muito mais aberta do que negociou na OMC.

GRÁFICO 6

Tarifas do Brasil e efeito do desalinhamento cambial entre Brasil e China

Média simples a dois dígitos de SH

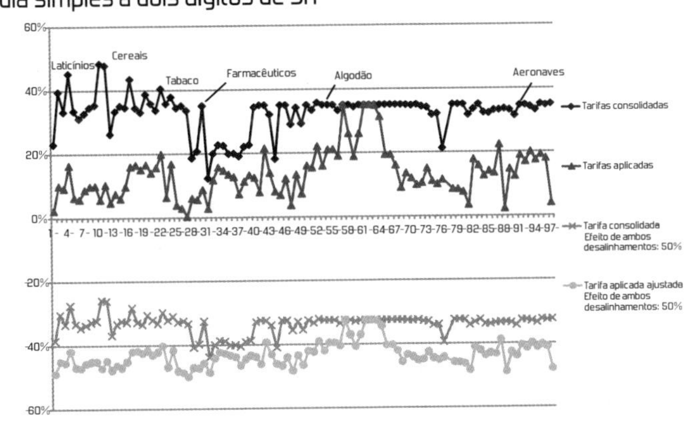

- *Efeitos do câmbio nas tarifas dos EUA.* Para uma desvalorização de 10% no câmbio dos EUA, as tarifas médias consolidadas e aplicadas, a dois dígitos do SH, que apresentam níveis muito próximos, variam de 0% a +13% (com a exceção do capítulo SH 24 — tabaco, cuja média situa-se em torno de 140%); com o ajuste da desvalorização do câmbio, tais tarifas passam a variar de +10% a +25%, bem acima dos valores consolidados pelos EUA na OMC.

GRÁFICO 7

Tarifas e efeitos da desvalorização cambial — EUA

Média simples a dois dígitos de SH

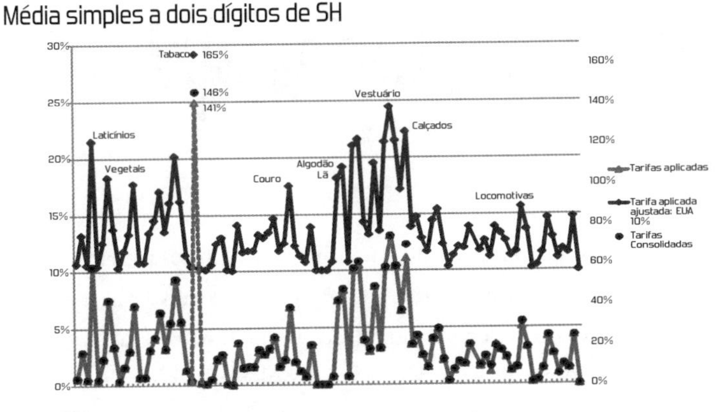

Fonte: OMC.

Resultado: As desvalorizações cambiais representam não só um incentivo às exportações do país com moeda desvalorizada como também criam uma tarifa extra às importações de outros países. Como os valores estão acima das tarifas consolidadas na OMC, há que se discutir se esses países estariam ou não violando as regras da OMC, principalmente o art. II do Gatt, que estabelece que as partes do Gatt não aplicariam tarifas em excesso às tarifas consolidadas.

- *Efeitos do câmbio nas tarifas da China.* Para uma desvalorização de 20% no câmbio da China, as tarifas médias consolidadas e aplicadas, a dois dígitos do SH, também apresentam valores próximos, e variam de 0% a +33%. Com o ajuste da desvalorização do câmbio, tais tarifas passam a flutuar de +20% a +57%. Esses valores estão acima dos valores consolidados pela China na OMC.

GRÁFICO 8

Tarifas e efeitos de desvalorização cambial de 20% — China

Médias simples a dois dígitos de SH

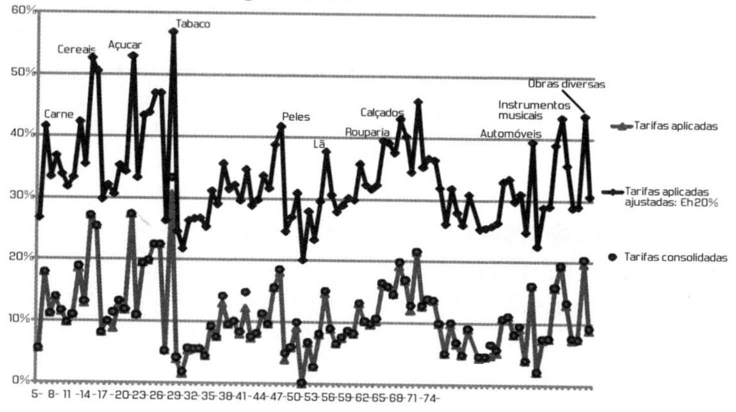

Fonte: OMC.

Para uma desvalorização de 30% no câmbio da China, as tarifas médias consolidadas e aplicadas, que variam de 0% a 33%, passam a variar de 30% a 70%, bem acima dos valores consolidados pela China na OMC.

Resultado: Como no caso dos EUA, desvalorizações cambiais representam não só um incentivo às exportações do país com moeda desvalorizada como também criam uma tarifa extra às importações. Com valores acima das tarifas consolidadas na OMC, restabelece-se, novamente, a possibilidade de esses países estarem violando as regras da OMC. Recorde-se que o art. II do Gatt determina que as partes não apliquem tarifas com valores superiores às tarifas consolidadas.

Alguns autores defendem que a desvalorização da moeda da China, que representa subsídios à exportação, seria compensada nas importações chinesas, penalizadas com tarifas mais elevadas. No entanto, como parte significativa das importações chinesas tem origem em países com os quais a China tem acordos preferenciais (Asean) ou são importadas para zonas de processamento e reexportadas, essas tarifas extras seriam parcialmente anuladas, convertendo-se em mais um incentivo às exportações chinesas.

Em síntese, a existência conjunta de dois desalinhamentos cambiais, o de países com moedas valorizadas e o de países com moedas desvalorizadas, por longos períodos representa uma séria distorção dos instrumentos de política de comércio internacional de muitos países, principalmente no que diz respeito ao instrumento da política tarifária, fundamental para uma política industrial eficiente.

Desalinhamentos cambiais e art. II do Gatt

Em termos de acesso a mercados, as regras básicas da OMC estão contidas no art. II do Gatt. O art. II.1(a) estabelece que os membros da OMC não podem conceder aos demais "tratamento menos favorável" (*less favorable treatment*) do que aquele determinado em sua respectiva lista de compromissos, representados sob a forma de tarifas consolidadas. O art. II.1(b), por sua vez, veda aos membros a imposição de tarifas extras ou em excesso às tarifas consolidadas em suas listas. Em outras palavras, os países devem manter suas tarifas aplicadas em níveis iguais ou inferiores a suas tarifas consolidadas. Cabe apontar que a alínea (b) é mais específica que a alínea anterior e que sua violação acarreta, automaticamente, uma violação da alínea (a).

Quando se avalia o impacto do desalinhamento cambial nas tarifas (tarifas ajustadas), é possível afirmar que tanto a China quanto os EUA violariam ambas as alíneas do art. II. Os gráficos demonstram que, ao desvalorizarem suas moedas, China e EUA impõem tratamento menos favorável do que aquele previsto em suas listas, uma vez que, somadas as tarifas e o desalinhamento cambial, as barreiras impostas aos produtos exportados pelos demais membros superam o limite negociado na OMC, o que poderia ensejar uma violação do art. II.1.(a) do Gatt.

E ainda, se considerada a tarificação do desalinhamento cambial da China e dos EUA como uma tarifa nos termos do art. II, haveria uma violação também do art. II.1(b), pois a tarifa advinda do desalinhamento cambial poderia ser cobrada em excesso à tarifa consolidada, ferindo o disposto no artigo.

Todavia, é necessário definir em que momento o desalinhamento cambial passa a afetar significativamente o nível de abertura comercial, levantando assim a discussão no âmbito da OMC, sobretudo em um sistema de câmbio flutuante. Tal discussão não é nova, pois já ocorreu no Gatt. Como resultado dessa discussão, o Gatt estabeleceu, no âmbito do art. II.6, o *threshold* de 20% como base mínima para que desequilíbrios cambiais permitam a renegociação das tarifas específicas negociadas. Essa renegociação foi efetivada nove vezes na era Gatt, entre 1950 e 1975, permitindo a elevação das tarifas específicas consolidadas de Benelux, Finlândia (três vezes), Israel, Uruguai (duas vezes), Grécia e Turquia.

Com o fim do padrão-ouro, as partes contratantes do Gatt estabeleceram um grupo de trabalho com o objetivo de adaptar o mecanismo existente no art. II.6 à nova realidade de câmbios flutuantes. De 1978 a 1980, o grupo de trabalho reuniu-se e emitiu, em 29 de janeiro de 1980, as "Diretrizes para decisões sob o artigo II.6(a) do Acordo Geral" (*Guidelines for decisions under Article II:6(a) of the General Agreement*, L/4938, 27S/28-29). Este documento afirmou a importância da manutenção do mecanismo para neutralizar o efeito da desvalorização cambial nas tarifas específicas das partes contratantes e manteve o *threshold* de 20% de desalinhamento como base para a renegociação.

É importante frisar que tal *threshold* foi considerado razoável com base no nível tarifário vigente à época. Com a queda do nível das tarifas hoje praticadas, há que se definir um novo *threshold* de desalinhamento que faria sentido para permitir a renegociação tarifária no mundo atual de câmbios administrados e flutuantes.

Desalinhamentos cambiais e o art. I do Gatt — NMF

Os desalinhamentos cambiais trazem consequências profundas para o sistema multilateral de comércio. Quando os países apresentam desalinhamentos cambiais constantes, estes afetam um dos mais importantes princípios do Gatt, o de nação mais favorecida (NMF), estabelecido no art. I do Gatt, que reza o seguinte:

> 1. Qualquer vantagem, favor, imunidade ou privilégio concedido por uma parte contratante em relação a um produto originário de ou destinado a qualquer outro país será imediata e incondicionalmente estendido ao produtor similar, originário do território de cada uma das outras partes contratantes ou ao mesmo destinado. Este dispositivo se refere aos direitos aduaneiros e encargos de toda natureza que gravem a importação ou a exportação, ou a elas se relacionem, aos que recaiam sobre as transferências internacionais de fundos para pagamento de importações e exportações, digam respeito ao método de arrecadação desses direitos e encargos ou ao conjunto de regulamentos ou formalidades estabelecidos em conexão com a importação e exportação bem como aos assuntos incluídos nos §§ 1 e 2 do Art. III.

Segundo o princípio NMF, cada parte contratante é obrigada a prover o mesmo tratamento tarifário a todas as outras partes contratantes. Além disso, qualquer vantagem ou privilégio que uma parte contratante tenha em relação às importações e às exportações de outra parte contratante deve ser "imediata e incondicionalmente" estendida a todas as outras partes contratantes. Este princípio tem por objetivo verificar dois benefícios principais para o sistema.

Em primeiro lugar, este princípio garante que nenhum país em particular tenha vantagem comercial em relação a outra parte contratante, pois, de outra forma, poderia causar tensões e distorcer o comércio. Esta é uma garantia ampla, que engloba todo tipo de benefício percebido por um país em particular em relação a outro país parte do sistema. O objetivo é evitar a alocação arbitrária dos fluxos comerciais entre as partes contratantes, o que poderia prejudicar os benefícios trazidos pela concorrência no comércio internacional.

Em segundo lugar, este princípio protege a estabilidade do sistema. Permite a um produtor saber que enfrentará a mesma barreira tarifária para exportar para determinado país independentemente de onde ele exporte tal produto. Assim, ele pode decidir onde produzi-lo sem levar em consideração a tarifa aplicada para aquele local em relação ao local de destino das exportações. O princípio também garante a previsibilidade e produz um melhor ambiente para que os produtores possam buscar o país que apresente as melhores vantagens comparativas. Nesse sentido, o princípio NMF é o principal pilar do sistema multilateral de comércio, estabelecido depois da II Guerra Mundial, em resposta à crise econômica dos anos 1930, intensificada pelas medidas arbitrárias e protecionistas aplicadas no período.

O desalinhamento (e potencial manipulação) cambial, porém, traz outra variável para a equação, sem qualquer conexão direta com as bases da concorrência leal. A taxa de câmbio de um país em particular, e sua variação de um nível considerado de equilíbrio no médio prazo, poderia representar uma "vantagem ou privilégio" nas relações comerciais bilaterais entre um grupo de países quando comparada com outras taxas de câmbio com diferentes níveis de variação de equilíbrio. Isso se deve ao efeito que os desalinhamentos cambiais produzem sobre as tarifas aplicadas para cada país.

Após o término do sistema de câmbio fixo durante a década de 1970 e sua substituição pelo sistema de câmbio flutuante, as partes contratantes do Gatt manifestaram preocupação com as consequências para o sistema multilateral de comércio. Em particular, as consequências para o acesso a mercados enfrentadas pelos exportadores foram, em verdade, destacadas no sistema de câmbio flutuante:

> 1. As PARTES CONTRATANTES, conquanto não questionem o sistema de câmbio flutuante e suas contribuições, entendem que, em certas circunstâncias, a instabilidade do mercado financeiro contribui para uma incerteza de mercado para comerciantes e investidores e podem levar a pressões para o aumento da proteção desses mercados; estes problemas, contudo, não podem ser reme-

diados por ações comerciais protetoras (*Exchange rate fluctuations and their effect on trade — Fortieth Session of the Contracting Parties, action taken on 30 November 1984 — L/5761*).

Quando os desalinhamentos cambiais são "tarificados" e aplicados às tarifas de um país, pode-se visualizar uma imagem mais apurada das incertezas trazidas para o sistema pela instabilidade do mercado cambial. Também é possível determinar o nível de barreiras tarifárias verdadeiramente enfrentado pelos exportadores de um país quando exportam para outro.

O efeito do desalinhamento nas tarifas aplicadas

Para melhor entender os efeitos das variações do câmbio sobre o princípio NMF, consideramos o perfil tarifário de alguns países e apresentamos simulações das consequências em suas tarifas aplicadas a partir de um exercício de "tarificação" dos seus desalinhamentos cambiais. Os resultados constam dos gráficos a seguir.

Em resumo: Para cada país considerado, os efeitos combinados dos desalinhamentos cambiais em tarifas aplicadas (média simples a dois dígitos do SH) resultarão em diferentes perfis tarifários para um mesmo país. Em outras palavras, considerando as novas "tarifas ajustadas", cada exportador enfrentará uma situação diferente de acesso ao mercado dependendo de que país ele exporte seus produtos.

O primeiro mercado analisado foi o dos Estados Unidos, onde estão representadas as exportações a partir da China e do Brasil. A segunda análise refere-se ao mercado da China, onde estão representadas as exportações dos EUA e do Brasil. Pelo princípio NMF, cada uma dessas exportações deveria receber o mesmo tratamento tarifário para entrar no mercado dos Estados Unidos, o que não ocorre. O mesmo se dá quando se analisa o mercado chinês.

O mercado dos Estados Unidos

O gráfico 9 mostra as tarifas aplicadas e consolidadas dos Estados Unidos antes de ser feita qualquer análise sobre os efeitos do câmbio.

Para os exportadores chineses, se a moeda norte-americana está desvalorizada em 10%, o efeito é o aumento das tarifas dos EUA. Se a taxa de câmbio da China está desvalorizada em 20%, o efeito é a redução das tarifas aplicadas pelos EUA. Quando os dois desalinhamentos são analisados em conjunto, a desvalorização dos Estados Unidos é parcialmente compensada pelo efeito do desalinhamento do câmbio chinês. O resultado é uma diminuição de cerca de 10% das tarifas dos EUA em relação aos exportadores chineses.

Para os exportadores brasileiros, se a moeda norte-americana está desvalorizada em 10%, mantém-se o efeito de aumento nas tarifas aplicadas pelos EUA. Se a taxa de câmbio do Brasil está valorizada em 30%, o efeito é também o aumento das tarifas aplicadas pelos EUA. Quando os dois desalinhamentos são analisados em conjunto, como geram o mesmo efeito, o resultado é um aumento aproximado de 40% das tarifas dos Estados Unidos em relação aos exportadores brasileiros.

Como cada país exportador enfrenta um perfil tarifário distinto, pode--se questionar a efetividade do princípio NMF estabelecido no art. I do Gatt de que "*qualquer vantagem, favor, imunidade ou privilégio concedido por uma parte contratante em relação a um produto originário de ou destinado a qualquer outro país será imediata e incondicionalmente estendido ao produtor similar, originário do território de cada uma das outras partes contratantes ou ao mesmo destinado*".

GRÁFICO 9

Tarifas dos EUA — efeitos do desalinhamento cambial em países selecionados (art. I do Gatt)

Média simples a dois dígitos de SH

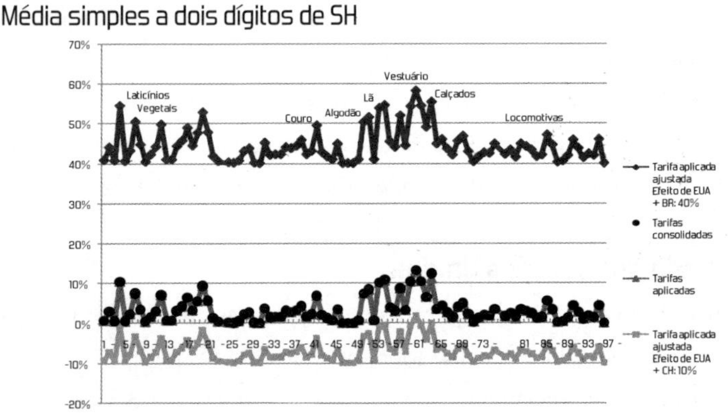

Fonte: OMC, exceto setor SH24 (tabaco).

O mercado da China

O gráfico 10 mostra as tarifas aplicadas e consolidadas da China antes de ser feita qualquer análise sobre os efeitos do câmbio.

Para os exportadores dos Estados Unidos, se a moeda chinesa está desvalorizada em 20%, o efeito é o aumento de suas próprias tarifas. Se a moeda dos EUA está desvalorizada em 10%, o efeito é a diminuição das tarifas aplicadas pela China. Quando os dois desalinhamentos são analisados em conjunto, a desvalorização dos EUA é compensada, parcialmente, pelo efeito do desalinhamento cambial chinês. O resultado é um aumento aproximado de 10% nas tarifas da China em relação aos exportadores dos EUA.

Para os exportadores brasileiros, se a moeda da China está desvalorizada em 20%, mantém-se o efeito de aumento nas tarifas aplicadas por ela mesma. Se a taxa de câmbio do Brasil está valorizada em 30%, o efeito é também o aumento das tarifas aplicadas pela China. Quando os dois desalinhamentos são analisados em conjunto, como geram o mesmo efeito, o resultado é um aumento aproximado de 50% das tarifas da China em relação aos exportadores brasileiros.

Novamente, cada país exportador enfrenta um perfil tarifário distinto e, de novo, pode-se questionar a efetividade do princípio NMF estabelecido no art. I do Gatt.

GRÁFICO 10

Tarifas da China — efeitos do desalinhamento cambial de países selecionados (art. I do Gatt)

Média simples a dois dígitos de SH

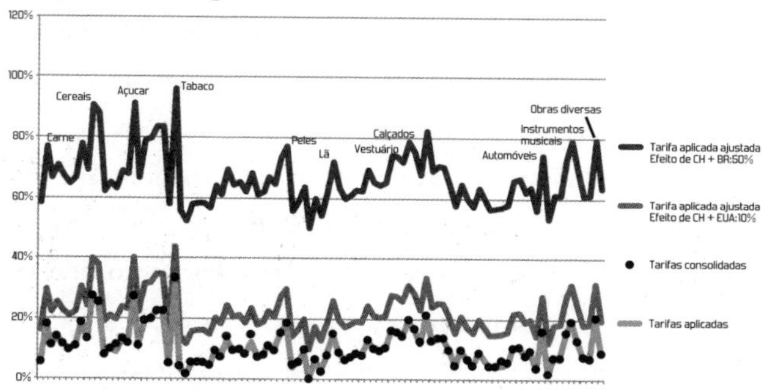

Fonte: OMC.

A mesma simulação pode ser feita para qualquer mercado existente. Cada mercado apresentará um perfil tarifário distinto em relação a cada parceiro comercial. As taxas das tarifas ajustadas variarão enormemente dependendo do desalinhamento cambial verificado.

Algumas conclusões

Como instrumentos de política de comércio internacional, as tarifas são o único elemento de proteção permitido pelas regras da OMC. A história do Gatt começou com negociações sobre tarifas, que por várias décadas foram o grande objetivo das rodadas do Gatt.

Também por consenso das partes, o tema câmbio e seu impacto sobre os instrumentos de comércio foi ignorado não só pelo Gatt como pela OMC. Apesar de incluído em alguns artigos do Gatt e acordos da OMC, seus membros nunca se preocuparam, institucionalmente, com os efeitos dos desalinhamentos cambiais sobre as regras do comércio. O principal artigo do Gatt a prever o efeito do câmbio, o art. XV, apesar de várias vezes mencionado, nunca foi testado pelos mecanismos de solução de controvérsias, tanto do Gatt quanto da OMC.

No entanto, uma análise mais cuidadosa dos efeitos do câmbio nas tarifas revela que o tema não pode ser mais ignorado pela OMC.

Instrumentos básicos de proteção comercial negociados ao longo de décadas, as tarifas acabam sendo anuladas pelos efeitos dos desalinhamentos cambiais. Mais ainda, os desalinhamentos cambiais afetam diretamente os níveis de concessões oferecidos nas negociações e os níveis de abertura comercial negociados na OMC.

No entanto, o art. II do Gatt, cujo mecanismo jurídico garante o respeito aos níveis de abertura comercial negociados, nunca foi invocado no órgão de solução de controvérsias sob o aspecto cambial, apesar dos efeitos potencialmente violadores dos desalinhamentos.

Diante da realidade da prática de políticas de desvalorização cambial, poder-se-ia pensar em um mecanismo que neutralizasse os efeitos do câmbio nas tarifas, algo como tarifas compensatórias. Por outro lado, também se poderia pensar em um mecanismo de tarifas ajustadas, ou tarifas que, quando efetivamente aplicadas, permitissem a manutenção do acesso a mercados originariamente negociados.

Além das tarifas, pode-se considerar os efeitos dos desalinhamentos em vários outros instrumentos de política comercial, como defesa comercial, *antidumping*, medidas compensatórias e salvaguardas, pois, também no caso desses instrumentos, os desalinhamentos cambiais podem ser tarificados. Muitos dos direitos estabelecidos ao longo dos últimos anos podem ter sido anulados pelo efeito câmbio. Além do que, o câmbio afeta o próprio mecanismo de solução de controvérsias, quando se autorizam retaliações sob a forma de elevação dos níveis das tarifas.

Com a progressiva redução das tarifas conseguida ao longo das rodadas de negociação e com o advento dos altos níveis de desalinhamento cambial praticados por vários países de peso no comércio internacional, os desalinhamentos cambiais acabam tendo um efeito mais importante do que as próprias tarifas. Além disso, para os países com câmbios desvalorizados, esse desalinhamento converte-se não só em subsídios às exportações como em sobretaxas às importações e, assim, em barreiras ao comércio muito mais eficazes do que as tarifas aplicadas.

Quando se observa que as negociações da Rodada de Doha estão bloqueadas porque membros como os EUA exigem cortes mais significativos dos principais países emergentes, questiona-se quais os níveis reais de abertura de mercado ofertados e concedidos por esse país, uma vez que as práticas cambiais podem estar anulando toda a oferta sobre as mesas de negociação. Pode-se pôr em dúvida todo o nível de abertura concedido pelos membros que praticam desvalorização cambial por períodos prolongados. Qual será o corte efetivamente concedido?

Historicamente, até a década de 1970, as partes do Gatt aceitaram a renegociação das taxas específicas de alguns países que enfrentaram desalinhamentos cambiais. Nessa renegociação, foi utilizado o *threshold* previsto no art. II para que desequilíbrios cambiais permitissem a renegociação das tarifas específicas consolidadas. A questão que se coloca é por que não reconsiderar o problema cambial e negociar um novo *threshold*?

Diante da realidade da prática de desvalorizações cambiais, é imperativo que se negocie a criação de um mecanismo para neutralizar os efeitos do câmbio nas tarifas, ou algo como tarifas ajustadas ou compensatórias, que, quando efetivamente aplicadas, possibilitassem a manutenção do acesso aos mercados originariamente negociados.

Em termos de acesso a mercados, somente com a introdução do conceito de tarifas ajustadas para os efeitos cambiais é que os membros da OMC poderão analisar os níveis reais de abertura concedidos. Por outro lado, somente com a introdução de tarifas compensatórias é que tais membros teriam respeitado o nível de acesso ao mercado negociado nas rodadas.

Uma alternativa possível seria examinar o instrumento do *dumping* cambial e ajustar o Acordo de *Antidumping* não só para o conceito de *dumping* como para o de dano, de modo a serem introduzidos os efeitos do câmbio de forma explícita no instrumento. Essa discussão, aliás, faz parte da história do Gatt, como consta na minuta de seu Comitê Preparatório, que incluía no acordo quatro tipos de *dumping*: preço, serviços (fretes), social e câmbio (E/PC/T/34, de 5-3-1947).

Em síntese, os efeitos dos desalinhamentos cambiais são tão evidentes que a OMC não pode continuar desatenta às distorções por eles causadas.

Desalinhamento cambial: definições, metodologia de mensuração e estimativas

O objetivo desta parte do capítulo é apresentar uma metodologia para o cálculo de desalinhamentos cambiais, discutir a racionalidade dos fundamentos e os métodos econométricos e, por fim, os resultados obtidos para dois países analisados — Brasil e Estados Unidos.[1]

Existe um debate na literatura sobre que variáveis determinam a taxa de câmbio real no longo prazo. Uma teoria conhecida é a denominada "paridade do poder de compra" (PPC). Por essa teoria, a taxa de câmbio de um país em relação a seus parceiros comerciais, corrigida pela diferença entre os níveis de preços, deve ser estável no longo prazo, por conta da arbitragem internacional de mercadorias. Uma versão popular é o Índice Big Mac, que compara preços desse produto em diversas cidades do mundo.

[1] Os cálculos para os demais países integrantes do G-20 estão em andamento no âmbito das atividades do Cemap da Escola de Economia de São Paulo da FGV.

Os testes da validade da PPC ainda estão em aberto. Se válida, a PPC poderia nortear uma discussão de muito longo prazo, na medida em que os desvios quanto a um eventual equilíbrio demorariam muito tempo para se dissiparem totalmente.

Os determinantes da taxa de câmbio real

Há uma discussão teórica sobre que variáveis determinam os fundamentos de longo prazo. Uma literatura mais antiga remonta ao trabalho de Edwards (1987) e Dornbusch (1976). O primeiro analisa a denominada "economia do desalinhamento", suas causas e consequências. Já o segundo trata do modelo clássico de câmbio flexível, em que choques de política monetária causam variações além dos fundamentos (PPC) de longo prazo.

Os trabalhos de Bilson (1979) e Mussa (1976) também são clássicos e contemplam a denominada "abordagem monetária" da taxa de câmbio. Segundo esta abordagem, a taxa de câmbio seria basicamente determinada pela evolução relativa do produto e da oferta de moeda entre os países, na hipótese de validade contínua da paridade do poder de compra e da paridade descoberta de juros (PTJD), assim como da estabilidade na demanda por moeda dos países. O trabalho de Meese e Rogoff (1983) pôs em dúvida o poder explicativo de tal teoria, ao mostrar que as previsões obtidas a partir dessa abordagem não são superiores a um modelo "ingênuo" como um passeio aleatório puro para a taxa de câmbio. Stein (1995) propõe a abordagem da taxa natural de câmbio (Natrex). Segundo o autor, em tal abordagem, o câmbio de equilíbrio é aquele que iguala a poupança ao nível de investimento gerado pelos fundamentos econômicos.

Uma discussão mais recente sobre desalinhamento encontra-se em Williamson (1994), na qual câmbio de equilíbrio é aquele que permite ao país manter determinado déficit ou superávit desejado (visto como sustentável) nas contas externas. Trata-se da "abordagem fundamental da taxa de câmbio real" (*fundamental real exchange rate approach* — Frer). Outra referência mais recente dessa abordagem é Cline (2008). Uma crítica a esta abordagem é a existência de um alto grau de arbitrariedade por conta da subjetividade na escolha da meta de contas externas. Além disso, esse tipo de abordagem tem como foco os fluxos e não os estoques.

Faruqee (1995) procura incorporar questões relacionadas à evolução dos estoques e constrói um modelo que permite a interação de fluxos e estoques. Dessa forma, mostra que deve existir uma relação estável entre o câmbio real e a posição externa de passivos líquida entre residentes e não residentes. É a denominada "abordagem comportamental da taxa de câmbio real" (*behavourial real exchange rate approach* — Brer). O modelo é estendido por Alberola e colaboradores (1999). Kubota (2009) utiliza um modelo com agente representativo que maximiza o consumo intertemporalmente, acumulando capital, tendo como resultado que a taxa de câmbio real é função de termos de troca, posição externa líquida e produtividade relativa dos setores transacionáveis e não transacionáveis. Esta é a abordagem utilizada neste capítulo.

Tal abordagem procura reduzir o grau de subjetividade existente na estimação do desalinhamento cambial ao estabelecer uma ligação entre a taxa de câmbio real e o conjunto de fundamentos, a partir de algum modelo teórico, e decompor as séries de câmbio real e dos fundamentos em componentes transitórios e permanentes, utilizando as técnicas econométricas disponíveis.

Como escolher os fundamentos?

A literatura de desalinhamento cambial reconhece as limitações tanto empíricas quanto teóricas da paridade do poder de compra (PPC) e utiliza uma abordagem baseada em fundamentos econômicos. Tais fundamentos são obtidos a partir de um modelo econométrico que leva em conta a dinâmica da conta-corrente e da conta capital no cálculo da taxa de câmbio de equilíbrio. O modelo econométrico contém as seguintes variáveis: posição externa líquida de investimentos (PEL), termos de troca (TT), indicador de produtividade entre os setores produtores de bens transacionáveis e não transacionáveis (BS). Com tais variáveis, estima-se a taxa de câmbio de equilíbrio de longo prazo. Os desvios dessa taxa em relação à taxa de câmbio observada são os desalinhamentos cambiais.

1. $CR_t = fundamentos_t + desalinhamento_t$

2. $fundamentos_t = f\,(PEL_t^{equilíbrio},\ TT_t^{equilíbrio},\ BS_t^{equilíbrio})$

A taxa de câmbio real de equilíbrio de longo prazo pode ser estimada a partir de um modelo econométrico de séries de tempo que visa estimar a estrutura dada por 1 e 2.

Como estimar o desalinhamento?

A estimação é feita decompondo-se as séries em componentes transitórios e permanentes, após análise de estacionariedade e de cointegração.[2] O componente transitório está ligado ao desalinhamento e o componente permanente, ao equilíbrio de longo prazo. As séries econômicas analisadas individualmente, em geral não tendem a reverter a algum patamar de longo prazo. Dito de forma técnica, as séries econômicas são integradas, ou seja, os choques se acumulam ao longo do tempo. As séries são ditas cointegradas se os choques se acumulam em um conjunto de séries comuns, de tal sorte que exista uma combinação linear entre elas, de forma a se obter uma variável estacionária. Assim, duas séries cointegradas podem se distanciar de forma transitória, mas tendem a se reaproximar no longo prazo. O câmbio real pode se distanciar de determinada série denominada fundamento, mas, se este for de fato um determinante de longo prazo da taxa de câmbio, então as séries voltarão a se reaproximar no longo prazo.

Resultados obtidos

Estimou-se tanto para os Estados Unidos quanto para o Brasil a taxa de câmbio real de equilíbrio vigente ao longo dos últimos anos, usando técnicas de cointegração da abordagem Brer e os fundamentos listados. Os resultados são apresentados a seguir.

Estimativas para o Brasil

O gráfico 11 apresenta a evolução do nível de desalinhamento observado na economia brasileira desde 1980 até 2010. As estimativas de desalinhamento cambial sugerem que o momento de maior desalinhamento positivo ocorreu no ano de 1998, quando o câmbio real brasileiro ficou em média cerca de 25% acima do equilíbrio. Já o ano em que se deu o maior

---

[2] Ver Engle e Granger (1987), Johansen (1995) e Gonzalo e Granger (1995).

desalinhamento negativo foi 2003, quando o câmbio chegou a ficar cerca de 23% abaixo do equilíbrio. O primeiro momento está associado ao processo de estabilização macroeconômica da economia brasileira, em que o câmbio não era flutuante. O segundo tem a ver com os efeitos decorrentes da crise de confiança na transição do governo FHC para o governo Lula. O gráfico 11 também sugere que o desalinhamento cambial apresenta um grau de persistência alto. Períodos de desalinhamentos positivos tendem a ser seguidos por outros períodos de desalinhamento positivo, o mesmo valendo para os desalinhamentos negativos.

A linha de fundamentos, que denota o valor de equilíbrio de longo prazo para o qual o câmbio deve convergir, mostra que, nos anos 1990, houve uma tendência de piora dos fundamentos que foi interrompida e revertida ao longo dos anos 2000. No período recente, a linha de fundamentos permanece estável, enquanto a taxa de câmbio real apresenta forte valorização.

Estimar a taxa de câmbio real de equilíbrio é uma tarefa complexa que dá ensejo a grandes discussões. As estimativas feitas devem ser consideradas com a cautela de praxe, principalmente no caso de períodos ao final da amostra, em que todos os desdobramentos de eventos recentes não foram plenamente sentidos, o que pode distorcer de alguma forma a estimativa. Dito isto, o modelo aqui estimado sugere que, ao longo de 2010, o câmbio brasileiro esteve bem distante do equilíbrio, sendo o desalinhamento crescente ao final do ano. Estima-se que em 2010 o câmbio esteve cerca de 29% acima do equilíbrio, valor muito próximo do teto histórico da série calculada, que se inicia em 1980.

À exceção do primeiro trimestre de 2009, por conta dos desdobramentos da crise financeira, o câmbio brasileiro permanece sistematicamente acima do equilíbrio desde 2005. A partir desse ano, também a linha de fundamentos para de cair, sugerindo que a melhoria de fundamentos observada no início da década de 2000 teria se esgotado. Contudo, a moeda brasileira continuou se apreciando em relação a uma cesta de moedas relevante.

A medida do desalinhamento cambial não deve ser utilizada como uma previsão da taxa de câmbio real. O desalinhamento da moeda brasileira não implica necessariamente que ocorrerão correções imediatas, e sim em algum momento no futuro, sendo muito difícil precisar quando tal ajustamento ocorrerá e sua intensidade. A medida deve ser entendida como o indicador de algum tipo de desequilíbrio presente, mas não necessariamente futuro. Melhorias não previstas dos fundamentos, como ganhos adicionais nos termos de troca, melhor posição externa dos investimentos, por exemplo, podem fazer com que a linha de fundamentos se aproxime do atual nível da taxa de câmbio.

GRÁFICO 11

Taxa de câmbio real, fundamentos e desalinhamento cambial estimados — Brasil

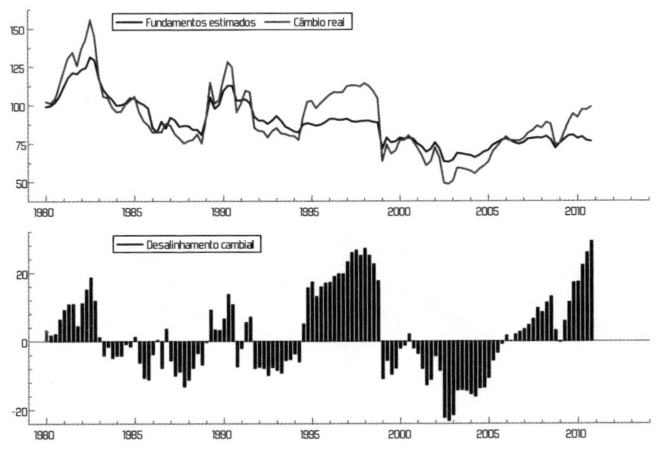

Fonte: Cemap.

Estimativas para os Estados Unidos

O gráfico 12 apresenta a evolução do nível de desalinhamento observado na economia norte-americana de 1970 a 2010. As estimativas de desalinhamento cambial sugerem dois grandes momentos de valorização excessiva da moeda americana. O primeiro ocorreu na primeira metade dos anos 1980. O segundo iniciou-se em meados da década de 1990 e perdurou até a primeira metade dos anos 2000. Em ambos os casos a moeda norte-americana chegou a apresentar um valor cerca de 40% acima do equilíbrio. A linha de fundamentos, que denota o valor de equilíbrio de longo prazo para o qual o câmbio deve convergir, mostra uma tendência contínua de piora dos fundamentos da economia americana que, a partir de 2005, começa, aparentemente, a se reverter de forma suave.

O modelo aqui estimado sugere que o câmbio norte-americano ao longo de 2010 esteve abaixo do equilíbrio. Os valores não são tão grandes quanto os observados em outros períodos, mas se situam entre 5% e 10%, dependendo do ponto analisado.

GRÁFICO 12

Taxa de câmbio real, fundamentos e desalinhamento cambial estimados — Estados Unidos

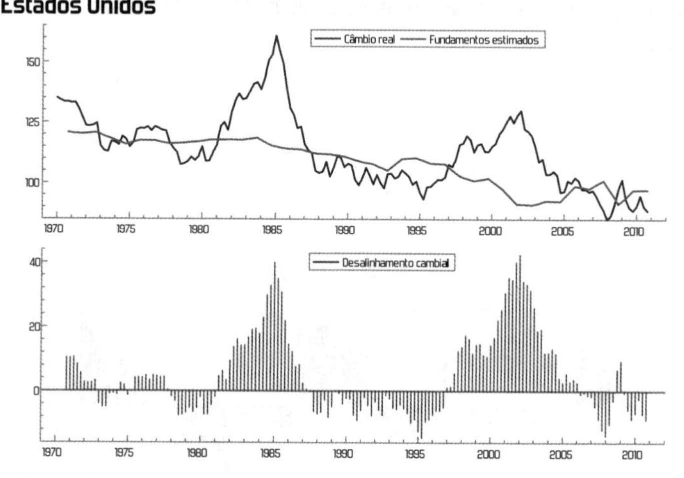

Fonte: Cemap.

Estimativas para a China

O gráfico 13 mostra a evolução do nível de desalinhamento observado na economia chinesa de 1980 a 2010. A análise do Cemap dos determinantes da taxa de câmbio real chinesa nesse período utilizou técnicas de cointegração e dados que contêm as taxas reais de câmbio, a posição de ativos externos (*foreign asset position* — NFA), o nível das reservas oficiais internacionais como percentagem do produto interno bruto (RGDP) e a diferença entre o PIB *per capita* da China e de seus principais parceiros comerciais (DiffPercapita). A inclusão das reservas no modelo VEC (*vector error correction model*) não é comum na literatura. Nesse estudo, com a inclusão das reservas oficiais, foram obtidas evidências em favor da hipótese de cointegração entre essas variáveis, ao contrário do que ocorre com o modelo tradicional sem as reservas oficiais. As variáveis NFA, RGDP e DiffPercapita podem ser vistas como determinantes de longo prazo das taxas de câmbio reais. A partir desse modelo é possível estimar o nível do desalinhamento cambial da China.

GRÁFICO 13

Taxa de câmbio real da China, fundamentos e desalinhamentos cambiais

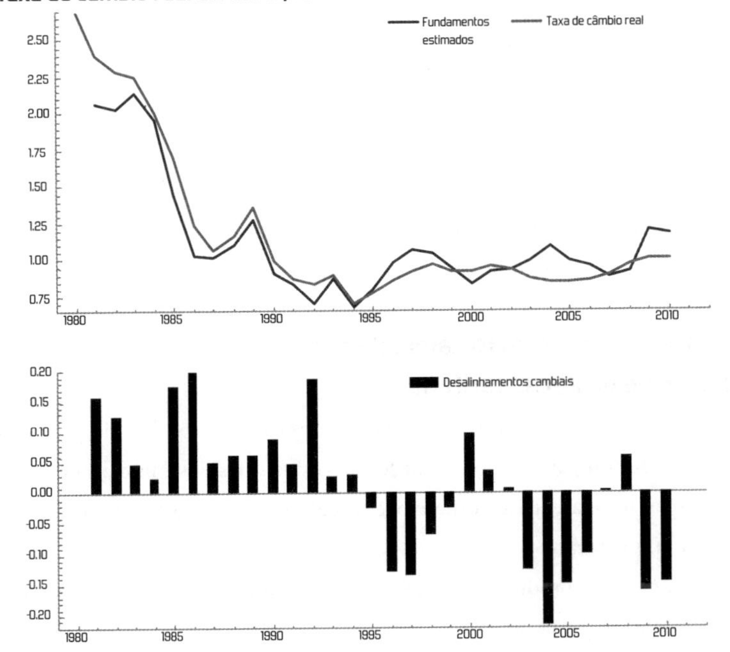

Fonte: Cemap.

Algumas conclusões

Em síntese, o Cemap calculou o desalinhamento cambial seguindo uma metodologia baseada na análise dos fundamentos de longo prazo da taxa de câmbio real, usando para isso um modelo econométrico de séries de tempo. Foram utilizados como fundamentos que explicam o comportamento da taxa de câmbio real no longo prazo a posição externa líquida do investimento, os termos de troca e um indicador de diferencial de produtividade dos setores de bens internacionais e domésticos. Existe uma justificativa teórica para tal escolha. A relação entre o câmbio real e essas variáveis é validada empiricamente.[3]

Com base no modelo, estimou-se o desalinhamento cambial brasileiro ao final de 2010 em cerca de 29%, ou seja, a moeda brasileira teria de se depreciar em torno de tal valor para atingir o valor considerado de equilíbrio. O mesmo exercício foi feito para os EUA, sendo o resultado um desalinhamento de cerca de –10%, ou seja, a moeda americana teria de se apreciar neste montante para atingir os valores de longo prazo. Tais valores devem ser vistos como estimativas e condicionadas às condições verificadas no período analisado.

Mais uma vez, o mesmo cálculo foi feito para a China, sendo o resultado um desalinhamento de aproximadamente –17%, o que significa que a moeda chinesa deveria se valorizar nesse mesmo montante para atingir seu equilíbrio de longo prazo. Esses dados foram considerados a partir das condições que prevaleciam no período analisado.

Estimativa do impacto cambial sobre o nível de proteção tarifária

Uma maneira de se estimar o impacto cambial sobre o nível de proteção tarifária de um país, tendo-se por foco possíveis desvios cambiais em uma dada relação bilateral de comércio, é tomar como base os preços domésticos de importação.

O preço do produto importado na economia doméstica pode ser escrito como na equação 1:

$$P_{imp}^{dom} = P_{exp}^{*} . \Theta_{dom} . (1 + t) \tag{1}$$

Na qual:

P_{imp}^{dom} = preço doméstico do produto importado pela economia doméstica;

P_{exp}^{*} = preço internacional do produto exportado pela economia estrangeira;

Θ_{dom} = taxa nominal de câmbio da economia doméstica; e

[3] Ver Faruqee (1995), Alberola et al. (1999) e Kubota (2009).

$(1+t)$ = poder tarifário.

Já o preço internacional do produto exportado pela economia estrangeira (P^*_{exp}) pode ser escrito como na equação 2:

$$P^*_{exp} = P^*_{dom} \cdot \frac{1}{\Theta^*} \tag{2}$$

Na qual:

P^*_{imp} = preço doméstico do produto exportado pela economia estrangeira; e

Θ^* = taxa nominal de câmbio da economia estrangeira.

Logo, a equação 1 pode ser reescrita como em 3:

$$P^{dom}_{imp} = P^*_{dom} \cdot \frac{1}{\Theta^*} \cdot \Theta_{dom}(1+t) \tag{3}$$

Uma maneira aproximada de se estimar o impacto de possíveis desvios cambiais sobre os preços de importação doméstica é aplicar a função logaritmo a ambos os membros da equação 3 e, em seguida, linearizá-la. Desse modo, é possível reescrever a equação 3 sob a forma de variações percentuais para cada uma das variáveis que a compõe, conforme a equação 4:

$$\frac{d(P^{dom}_{imp})}{P^{dom}_{imp}} = \frac{d(P^*_{dom})}{P^*_{dom}} - \frac{d(\Theta^*)}{\Theta^*} + \frac{d(\Theta_{dom})}{\Theta_{dom}} + \frac{d(1+t)}{1+t} \tag{4}$$

Considerando-se que o preço (doméstico) do produto exportado pela economia estrangeira é pouco sensível a variações cambiais (por exemplo, por baixo conteúdo de importações ou existência de subsídios governamentais), a equação 4 pode ser reescrita como:

$$\frac{d(P^{dom}_{imp})}{P^{dom}_{imp}} = -\frac{d(\Theta^*)}{\Theta^*} + \frac{d(\Theta_{dom})}{\Theta_{dom}} \tag{5}$$

Ou seja, pode-se escrever as flutuações do preço doméstico do produto importado apenas como função das flutuações cambiais, tanto na economia doméstica quanto na economia estrangeira. Como observado na equação 5, a desvalorização da moeda estrangeira contribui para o aumento da competitividade do produto importado pela economia doméstica, tornando-o mais barato, pois $(d(\Theta^*)/\Theta^*) \geq 0$. O mesmo vale para uma valorização da moeda doméstica, pois $(d(\Theta_{dom})/\Theta_{dom}) \leq 0$.

Para o cálculo de uma tarifa de importação ajustada às variações cambiais (percentuais) descritas na equação 5, é possível reescrever a equação 3 na forma de desvios em relação às taxas de câmbio de equilíbrio. Por exemplo, se a economia estrangeira (exportadora) manipula seu câmbio a fim de torná-lo mais competitivo (desvalorizado) e, concomitantemente, a economia doméstica comercializa com seu câmbio valorizado, a equação 3 sofrerá os seguintes ajustes em relação às taxas de equilíbrio:

$$(1+(-\frac{d(\Theta^*)}{\Theta^*}+\frac{d(\Theta_{dom})}{\Theta_{dom}})).P_{imp}^{dom} = P_{dom}^*.\frac{1}{\Theta^*}.\Theta_{dom}(1+t).(1+(-\frac{d(\Theta^*)}{\Theta^*}+\frac{d(\Theta_{dom})}{\Theta_{dom}})).$$

Logo, é possível definir uma tarifa ajustada às flutuações cambiais, da seguinte maneira:

$$(1+t).(1+(-\frac{d(\Theta^*)}{\Theta^*}+\frac{d(\Theta_{dom})}{\Theta_{dom}})) = (1+t^{ajust}) \tag{6}$$

Portanto, ao serem levados em consideração os desvios cambiais em relação a seus valores de equilíbrio, a tarifa de importação "ajustada" pode ser calculada como na equação 7:

$$t^{ajust} = (-\frac{d(\Theta^*)}{\Theta^*}+\frac{d(\Theta_{dom})}{\Theta_{dom}}) + t(1+(-\frac{d(\Theta^*)}{\Theta^*}+\frac{d(\Theta_{dom})}{\Theta_{dom}})) \tag{7}$$

É importante ressaltar que a equação 7 pressupõe algumas hipóteses simplificadoras, mais apropriadas a estimativas de curto prazo. Primeiro, foi desconsiderado o impacto da variação do câmbio doméstico sobre os preços domésticos. Segundo, o desvio cambial utilizado neste estudo baseou-se em uma cesta de moedas que, em princípio, poderia apresentar alguma diferença de valor, caso fosse baseado apenas em uma relação bilateral de comércio, mas o exercício aqui deve ser entendido como uma primeira aproximação do problema.

Conclusão

Diante do quadro atual de diversidade das políticas cambiais e amplitude dos desalinhamentos das taxas de câmbio, uma importante questão se coloca: guerras cambiais podem desencadear guerras comerciais?

O primeiro passo para se tentar obter uma resposta é indagar sobre os efeitos dos desalinhamentos cambiais na política de comércio internacional de cada país e sobre os impactos em seus instrumentos de ação. Se os desalinhamentos cambiais afetarem os objetivos dessa política e tirarem a eficácia de seus instrumentos, a resposta é obvia: sim, estamos diante de um quadro de guerra comercial.

Exemplos de guerras comerciais são tão velhos quanto a História, como bem ilustraram Findlay e O'Rourke (2007). Mas a novidade é que, nos últimos 60 anos, os países conseguiram evitá-las com a criação de um organismo — o Gatt, depois OMC. O principal objetivo do Gatt/OMC é liberalizar o comércio internacional e estabelecer um quadro regulatório a ser respeitado por todos os seus membros, sob pena de terem suas atividades comerciais contestadas no tribunal diplomático-jurídico da organização.

O grande problema surgiu, porém, com a especialização funcional entre o Gatt e o FMI, o primeiro incumbido de cuidar do comércio e o segundo, do câmbio e dos balanços de pagamentos. Na época, todo o sistema de regras para o comércio foi estabelecido com base no regime cambial do padrão-ouro e, mesmo depois da adoção de câmbio flexível, na década de 1970, o tema câmbio continuou sob o controle do FMI, não sendo incorporado ao Gatt, nem posteriormente à OMC.

A partir de 2000, o quadro internacional tornou-se mais complexo com a emergência da China como potência econômica, sua entrada na OMC e sua transformação no maior exportador mundial de bens. Acordos de realinhamentos de câmbio entre poucos, como acontecia no passado, tornaram-se impossíveis. A questão do câmbio globalizou-se e passou a afetar diretamente a política de comércio internacional dos principais parceiros comerciais.

O tema câmbio não está totalmente ausente da OMC. O art. XV do Gatt desde 1948 estabeleceu regras sobre arranjos cambiais, determinando que "as partes contratantes não deverão, por meio de ação sobre o câmbio, frustrar o propósito dos dispositivos do Gatt, nem, por ação de comércio, o propósito dos dispositivos dos artigos do Acordo do FMI". O problema é que, com a divisão artificial acordada no passado, os membros da OMC têm se recusado a discutir a questão câmbio e seus efeitos no comércio no âmbito da OMC.

Várias propostas de utilização de instrumentos de defesa comercial, como *antidumping* e antissubsídios, para anular os efeitos do câmbio foram discutidas, mas os resultados podem ser juridicamente contestáveis, pela simples razão de que os instrumentos de defesa comercial não foram negociados como mecanismos para coibir o uso do câmbio como instrumento de comércio desleal, base de tais acordos. Recorde-se que, na origem do Gatt, o tema foi levantado, tendo sido propostos quatro tipos de *dumping*: preço, serviços (fretes), social e câmbio. Por que não retomar essa discussão agora?

Com a ampliação do quadro de desalinhamentos cambiais nos últimos anos, seus efeitos se propagaram sobre o comércio, e o tema acabou sendo levado ao G-20. Mas, apesar de estar sendo amplamente discutido nesse foro político, não existe consenso sobre como resolver a questão.

Recentemente, a discussão retornou à OMC, tendo sido levantada pelo Brasil (WT/WGTDF/W/53, de 13-4-2011), em proposta apresentada ao Grupo de Trabalho sobre Comércio, Dívida e Finanças. O Brasil propôs dois pilares de um programa de trabalho para a OMC sobre o tema. O primeiro seria a elaboração de estudos e seminários, com economistas e centros de pesquisas convidados, abordando a relação entre câmbio e comércio e oferecendo soluções para os conflitos gerados. O segundo pilar seria institucional, com a previsão de estudos comissionados a especialistas independentes que buscassem estabelecer mecanismos de coerência entre o trabalho do Banco Mundial, do FMI e da OMC, a fim de harmonizar a relação entre câmbio e comércio. Apenas o primeiro desses pilares foi aprovado pelos membros da OMC.

Enquanto os membros da OMC se recusam a discutir a questão dos efeitos do câmbio no comércio e de como neutralizá-los, economistas de diferentes partes do mundo acumulam vasto trabalho acadêmico, evidenciando a magnitude do problema. Já existem diversas metodologias e diversos métodos para se calcular taxas de câmbio de equilíbrio e os desalinhamentos das principais moedas do mundo: o da paridade do poder de compra, o do equilíbrio do balanço de transações correntes, o do equilíbrio dos fluxos de ativos e passivos de um país, ou o da taxa de câmbio baseada na unidade de custo da mão de obra.

É verdade que tais estudos apresentam grande variedade de resultados. O que importa para a OMC não é a exatidão dos números das valorizações ou desvalorizações cambiais. O que importa para a OMC é descobrir os limiares a partir dos quais os instrumentos de política de comércio internacional negociados no âmbito do Gatt/OMC tornam-se ineficazes, anulando os efeitos das regras estabelecidas ao longo de seis décadas de existência.

A pesquisa que deu origem a este capítulo procura explorar os impactos do câmbio sobre os instrumentos de comércio. O primeiro instrumento estudado foi o relativo a tarifas, base de todo o sistema multilateral de comércio. Já estão em andamento trabalhos para analisar os efeitos do câmbio nos instrumentos de defesa comercial de *antidumping*, antissubsídios, criados contra o chamado comércio desleal, e salvaguardas contra surtos de importação consideradas não desleais. O próximo objeto de estudo serão as regras de origem preferenciais, base de todos os acordos regionais e bilaterais de comércio, em franca multiplicação no mundo atual.

Os resultados dos efeitos do câmbio sobre o instrumento comercial das tarifas são evidentes e não devem causar surpresa aos estudiosos da área.

- Nos países com câmbio valorizado, dependendo do nível da valorização: as tarifas consolidadas e aplicadas podem ser anuladas e se tornarem negativas, ou seja, o país está concedendo incentivos às importações e abrindo mão do nível de proteção tarifária negociado na OMC.
- Nos países com câmbio desvalorizado, dependendo do nível de desvalorização: as tarifas consolidadas e aplicadas são elevadas em proporções maiores que as do câmbio.
- Nos países que apresentam tarifas consolidadas próximas das aplicadas, qualquer desvalorização pode implicar que as tarifas praticadas ultrapassem os tetos negociados na OMC, violando o art. II do Gatt.

Em outras palavras, apesar de toda a propalada transparência e previsibilidade da estrutura tarifária, tão defendida na OMC, na verdade tal estrutura é pouco transparente, confusa e imprevisível, deixada ao sabor das flutuações e manipulações cambiais. Os mesmos impactos também podem estar afetando os instrumentos de defesa comercial e as regras de origem.

Em síntese, a OMC não pode mais ignorar os efeitos do câmbio sobre o sistema de regras desenvolvido nas últimas décadas. Diante da atual situação da Rodada de Doha, pode-se indagar se a questão cambial não estaria por trás do impasse enfrentado.

O grande avanço representado pela OMC sempre foi o de garantir que as relações entre Estados sejam orientadas por regras, e não pela força. O fortalecimento do sistema regulatório da OMC é fundamental para que guerras comerciais não se transformem em conflitos internacionais.

Referências

ALBEROLA, E. et al. *Global equilibrium exchange rate*: euro, dolar, "ins", "outs" and other major currencies in a panel cointegration framework. Washington, DC: IMF, 1999. (IMF Working Paper, 99-175).

BERGSTEN, F. Correcting the Chinese exchange rate: an action plan. 2010.

BILSON, J. F. Recent developments in monetary models of exchange rate determination. *IMF Staff Paper,* v. 26, n. 2, p. 201-223, 1979.

CLINE, W. R. Estimating consistent fundamental equilibrium exchange rate. Washington, DC: Peterson Institute for International Economics, 2008. 26p. (Working Paper Series).

_____; WILLIAMSON, J. *Notes on equilibrium exchange rates.* Jan. 2010.

_____; _____. *Estimates of fundamental equilibrium exchange rates.* Peterson Institute, maio 2011.

CREDIT SUISSE. Valuation of emerging markets currencies. *Debt Trading Monthly*, jan. 2011.

DORNBUSCH, R. Expectations and exchange rate dynamics. *Journal of Political Economy*, v. 84, n. 6, p. 1161-1176, 1976.

EDWARDS, S. *Exchange rate misaligment in developing countries.* 1987. (NBER Working Paper, 442).

ENGLE, R. F.; GRANGER, C. W. J. Co-integration and error correction: representation, estimation and testing. *Econometrica*, v. 55, p. 251-276, 1987.

EVENETT, Simon (Ed.). US-Sino currency dispute: new insights from economics, policy and law. VoxEU, abr. 2010.

FARUQEE, H. Long-run determinants of the real exchange rate: a stock flow perspective. *IMF Staff Paper*, v. 42, p. 80-107, 1995.

FERGUSON, N.; SCHULARICK, M. *The end of chimerica*. Cambridge, Mass.: Harvard Business School, out. 2009. (WP 10-937).

FINDLAY, R.; O'ROURKE, K. *Power and plenty*. Princeton: Princeton University Press, 2007.

GONZALO, J.; GRANGER, C. W. J. Estimation of common long-memory components in cointegrated systems. *Journal of Business and Economics Statistics*, v. 13, n. 1, 1995.

HELMUT, R. On the Renminbi and economic convergence. VoxEU, dez. 2009.

IMF (International Monetary Fund). Country report — People's Republic of China: article IV consultation. *Staff Report*, jul. 2010.

_____. Country Report — People's Republic of China: article IV consultation. *Staff Report*, jun. 2011.

JOHANSEN, S. *Likelihood-based inference in cointegrated vector autoregressive models*. Oxford: Oxford University Press, 1995.

KUBOTA, M. *Real exchange rate misalignments*: theoretical modelling and empirical evidence. Nova York: University of York, 2009. (Discussion Papers in Economics).

MEESE, R. A.; ROGOFF, K. Empirical exchange models of the seventies: do they fit out of the sample? *Journal of International Economics*, v. 14, p. 3-24, 1983.

MUSSA, M. The exchange rate, the balance of payments and monetary policy under a regime of controlled floating. *Scadinavian Journal of Economics*, v. 78, p. 228-248, 1976.

RODRICK, D. Making room for China in the world economics. VoxEU, dez. 2009.

STEIN, J. *The fundamental determinants of the real exchange rate of the US dollar relative to other G-7 currencies*. Washington, DC: IMF, 1995. (IMF Working Paper, 95-81).

SUBRAMANI, A. New PPP-based estimates of Renminbi undervaluation and policy implications. Peterson Institute, abr. 2010. (PB10-8).

WILLIAMSON, J. *Estimating equilibrium exchange rates*. Washington DC: IIE, 1994.

WTO (World Trade Organization). *Results of the Uruguay Round negotiations*. 1994.

_____. *Protocol on the Accession of China*. 2001. (WT/MIN(01)/3).

_____. *Trade policy review* — China. 2010. (WT/TPR/S/230).

_____. *Data base on tariffs*. 2011.

PARTE III

A economia e o plano

8
Oportunidades e riscos pós-crise

RICARDO CARNEIRO

Nos cinco anos que vão de 2004 a 2008, o Brasil exibiu fortes indícios de ter superado o longo período de baixo dinamismo econômico que se iniciou com a crise da dívida, nos anos 1980, e permaneceu durante toda a era de dominância das políticas de corte liberal até meados dos anos 2000. Nesse quadro de maior dinamismo doméstico e cenário internacional benigno, sobreveio a crise financeira global, reconhecidamente a mais intensa e relevante desde a Grande Depressão.

Examinar as possibilidades de continuidade ou mesmo de aceleração do desenvolvimento brasileiro nesse novo contexto pressupõe considerar duas questões distintas, mas inter-relacionadas: qual será o novo perfil do crescimento internacional após a crise e quais suas implicações sobre a dinâmica de crescimento recente no país. Isso exige avaliar os contornos gerais desse novo padrão internacional e como esses novos parâmetros interagem com as principais características do estilo de crescimento doméstico recente.

Para analisar essas questões, este capítulo divide-se em várias seções, nas quais se examinam os principais aspectos do referido crescimento — internacional e doméstico —, destacando-se, no caso brasileiro, seus principais obstáculos. Assim, com base em literatura conhecida e consagrada, foram recuperados aspectos do padrão da economia internacional no período da globalização, enfatizando suas principais características domésticas e articulações internacionais para examinar prospectivamente como a crise os afetará. Em seguida, analisou-se mais detalhadamente as características do desenvolvimento recente no Brasil com ênfase em seus determinantes. Foram salientadas questões como o peso da demanda doméstica *vis-à-vis* à externa; os fatores responsáveis pelo desempenho da primeira, com destaque para os elementos dinâmicos do consumo e do investimento; e os fatores limitantes à manutenção do dinamismo observado no período recente.

Crise global: implicações sobre o padrão de crescimento

A literatura que discute as características do crescimento durante a globalização destacou enfaticamente os crescentes desequilíbrios que lhe foram inerentes. Do ponto de vista doméstico, uma propensão à formação de bolhas de preços de ativos — a última das quais engendrou a crise financeira — e um profundo desequilíbrio nos fluxos de comércio e de capitais, como se deu nos EUA e em outros países desenvolvidos, os levaram a incorrer em déficits comerciais recorrentes e crescentes, financiados, com base na qualidade superior de suas moedas, por acréscimos correspondentes em seus passivos externos.[1]

A despeito da enorme controvérsia acerca da sustentabilidade desse padrão do ponto de vista internacional — posta em relevo, por exemplo, pela polêmica entre Dooley, Folkerts-Landau e Garber (2003) e Eichengreen (2004) — não restam dúvidas de que a crise financeira, que eclodiu em 2007 e teve como epicentro os EUA e o segmento do sistema financeiro das hipotecas subprime, pôs em xeque os esquemas de crescimento até então prevalecentes e, com estes, o arranjo internacional subjacente.

Na enorme complexidade e variedade dos aspectos dessa crise, dois deles merecem maior destaque pela articulação com o padrão de crescimento dos países periféricos: o fundamento da sustentação do crescimen-

---

[1] É caudalosa e quase inesgotável a literatura que trata da globalização em suas várias dimensões. Na caracterização que fiz, segui de perto a interpretação proposta por Aglietta e Berrebi (2007); Chesnais e colaboradores (2004); Gutmann (2009); Belluzzo (1997); e Tavares e Belluzzo (2004).

to da demanda nominal nos países centrais, em especial os EUA, e seus mecanismos de transmissão para a economia global. No primeiro caso, cabe destacar a trajetória de endividamento das famílias como substrato do aumento do consumo e, no segundo, o déficit externo e seus efeitos sobre os padrões de comércio global.

O endividamento de famílias e empresas baseado na ampliação de seus patrimônios decorrentes das bolhas de preços de ativos, e relativamente desconectado do crescimento da renda e do fluxo de lucros, foi o principal mecanismo de expansão do gasto autônomo em consumo e investimento nos EUA. O consumo, principalmente, dado o seu peso elevado nessa economia, constitui-se no principal motor do aumento da demanda agregada. Contrastando com o desempenho do setor privado, o setor público, tanto local quanto federal, contribuiu muito menos — em alguns anos negativamente — para essa ampliação. Tudo isso ocorreu simultaneamente, *et pour cause*, ao peso crescentemente negativo da demanda externa na dinâmica do crescimento dos EUA (ver tabela 1).[2]

TABELA 1

EUA: taxas de variação do endividamento dos agentes

Anos/trimestres	Total	Famílias	Empresas	Govs. locais	Gov. federal
2000	5,0	9,1	9,3	1,4	-8,0
2001	6,3	9,6	5,7	8,8	-0,2
2002	7,4	10,8	2,8	11,1	7,6
2003	8,1	11,8	2,3	8,3	10,9
2004	8,8	11,0	6,2	7,3	9,0
2005	9,5	11,1	8,7	10,2	7,0
2006	9,0	10,1	10,6	8,3	3,9
2007	8,7	6,7	13,1	9,5	4,9
2008	6,0	0,3	5,4	2,1	24,2
2009	3,1	-1,7	-2,5	4,8	22,7
2009/t. 1	3,8	-1,2	-0,7	4,7	22,6

[2] Uma análise exaustiva dos mecanismos de crescimento da economia norte-americana durante a globalização foi feita por Godley e pode ser encontrada em suas várias publicações no Levy Institute, disponíveis em <http://www. levyinstitute.org/publications/>.

Anos/trimestres	Total	Famílias	Empresas	Govs. locais	Gov. federal
2009/t. 2	4,3	-1,6	-2,9	4,0	28,2
2009/t. 3	2,7	-2,5	-3,0	5,6	20,6
2009/t. 4	1,3	-1,6	-3,5	4,6	12,6
2010/t. 1	3,5	-2,4	0,0	4,3	18,5

Fonte: Federal Reserve; fluxo de fundos.

O ano de 2007, no qual se iniciou a crise das hipotecas subprime, marca a inflexão nesse padrão de crescimento. A partir de então, assiste-se a uma desaceleração e posterior contração do endividamento das famílias e das empresas, e a uma expansão do endividamento do setor público federal em razão de sua ação anticíclica. As evidências quanto à incapacidade de restauração desse padrão são indisputáveis até o início de 2010: estabilização dos níveis de endividamento das empresas com persistente contração desse indicador para as famílias. Em resumo: as fontes de gasto autônomo de origem privada estão contribuindo negativamente para o crescimento do PIB norte-americano, e nada indica sua reversão.

A questão de fundo nesse comportamento são os níveis elevados de endividamento — medido contra a renda disponível — assumidos por esses agentes e, sobretudo, pelas famílias durante o ciclo de expansão. A perda de valor dos ativos, com o estouro da bolha, revelou o quanto excessivo este era, induzindo a uma atitude oposta à do período de expansão, no intuito de recompor níveis de endividamento mais de acordo com a renda e com o patrimônio diminuído. A consequência dessa nova postura foi uma contração significativa da demanda de consumo e da demanda agregada. O ponto crucial a destacar é que nada sugere ou indica uma reversão nesse comportamento. Aliás, ele é típico de momentos marcados por crises financeiras que engendram desequilíbrios patrimoniais expressivos.

O padrão de crescimento da economia norte-americana e, em menor escala, de várias economias desenvolvidas deu origem a um persistente déficit nas transações correntes desses países, tendo como contrapartida o *export-led growth* de diversos países periféricos, em particular os asiáticos. Na verdade, como assinalam autores como Nolan (2002), as raízes desses desequilíbrios são mais profundas e estão associadas a mudanças no padrão de concorrência que ocorrem na globalização e que têm como essência o *outsourcing* ou a deslocalização de parcela expressiva da produção industrial dos países avançados em direção à periferia, com destaque para os países da Ásia em desenvolvimento.

A combinação desses dois movimentos deu origem a um padrão de crescimento muito extrovertido, com o comércio internacional crescendo a taxas mais elevadas do que os PIBs dos países. Os dados da tabela 2 mostram que, nos anos 1990 e 2000, houve uma significativa, e sem exceções, progressão da abertura das economias. Alguns países participaram desse processo com mais intensidade, como os do Leste asiático e do Pacífico, contrastando com os da América Latina, onde a intensidade foi menor. Entre os desenvolvidos, o grande destaque foi para a Alemanha, cujo desempenho contrasta com o do Japão e o dos Estados Unidos. Para os países — emergentes ou avançados — que conseguiram se adequar a essas tendências, o *export-led growth* foi um mecanismo crucial de dinamização do crescimento durante o período.

TABELA 2

Fluxo de comércio

% do PIB de países e regiões selecionados

	1980	1985	1990	2000	2007
Países de alta renda	39,6	39,2	38,1	48,3	56,0
Alemanha	45,3	51,9	49,7	66,4	87,0
Estados Unidos	20,8	17,2	20,5	26,3	29,0
Japão	28,4	25,3	20,0	20,5	34,0
América Latina e Caribe	27,7	27,6	31,5	41,3	47,0
Brasil	20,4	19,3	15,2	21,7	26,0
México	23,7	25,7	38,3	63,9	58,0
Leste asiático e Pacífico	33,6	33,1	47,2	66,8	84,0
China	21,7	24,0	34,6	44,2	71,0
Coreia do Sul	72,0	63,4	57,0	74,3	82,0
Ásia meridional	20,9	17,4	20,3	30,1	46,0
Índia	15,6	13,0	15,7	27,4	46,0
África subsaariana	62,6	53,8	51,8	63,2	70,0

	1980	1985	1990	2000	2007
África do Sul	62,7	54,0	43,0	52,8	66,0
Rússia	n.d.	n.d.	36,1	68,1	52,0
Mundo	38,5	38,0	38,3	49,1	58,0

Fonte: Silva (2010), apud World development indicators online, do Banco Mundial.

Diante do esgotamento dos mecanismos que induziram o crescimento na economia global desde os anos 1990 — a ampliação do gasto privado, mormente de consumo, por meio do endividamento —, é muito provável que a extroversão da economia global também se estabilize ou desacelere, tornando menos dinâmicos os esquemas de crescimento baseados no *export-led growth*. Além da perda geral de dinamismo, essa tendência também estaria sustentada pelo menor papel da economia norte-americana como motor do crescimento global. Olhando o problema de outra perspectiva, pode-se inferir que os países em geral, particularmente os periféricos, teriam que buscar dinamismo nas fontes associadas à demanda doméstica. Desse ponto de vista, países de menor extroversão e grandes mercados internos se posicionariam melhor nesse novo padrão.

Outro aspecto dos impactos da crise na dinâmica do crescimento global diz respeito ao papel que a China desempenha e poderá desempenhar. Uma das principais forças motrizes do crescimento chinês desde os anos 1990 foram as exportações líquidas, com efeito significativo sobre o investimento induzido. Como mostra Medeiros (2010), associado a esse fator, o desempenho do investimento autônomo vinculado às obras de infraestrutura constituiu-se em outra vertente crucial do crescimento.

No plano da inserção externa, a China beneficiou-se do *outsourcing* e da extroversão do crescimento, característicos da globalização, obtendo superávits comerciais sistemáticos e elevados em relação à maioria dos países da OCDE e, em particular, aos EUA. Simultaneamente, atuou como "correia de transmissão" desses estímulos, oriundos das exportações líquidas para os países asiáticos em desenvolvimento, em especial para os do Sudeste asiático e do Asean, por meio de déficits comerciais. Como mostra um documento da Cepal (2006), a China constitui uma espécie de plataforma de exportação da Ásia em desenvolvimento, o que implica crescentes níveis de integração regional via comércio intraindustrial e Investimento Direto Externo (IDE).

A desaceleração do crescimento nas economias desenvolvidas certamente afetará a China no que diz respeito ao dinamismo de suas exportações líquidas. O ponto central é em que magnitude, o que envolve a capacidade desse país de compensar parcialmente a perda potencial de mercados nessas economias por outros mercados localizados nas demais economias em desenvolvimento. O efeito final que isso ocasionará na taxa de crescimento da economia chinesa também dependerá da capacidade do país de substituir demanda externa por demanda doméstica. A solução para essa questão envolve conflitos e interesses de diversas ordens, como apontado por Medeiros (2010). De qualquer modo, a reorientação mais ou menos radical do crescimento chinês implicará uma menor extroversão dessa economia e um efeito contraditório sobre o comércio internacional.

O efeito contraditório aludido pode ser ilustrado pela natureza das relações comerciais da China com países da América Latina, tal como analisado pela Cepal (2010). Alguns aspectos dessas relações merecem destaque: a) a China se tornou o parceiro comercial mais dinâmico da região nos anos 2000; b) a despeito de se constituir em importante destino das exportações da região, o papel de fonte de importações é mais relevante, acarretando déficits comerciais sistemáticos — maiores na América Central e México e menores na América do Sul; c) a pauta exportadora da região para a China é muito concentrada — acima de 80% — em produtos primários e seus processados, enquanto a pauta de importações compõem-se quase exclusivamente de manufaturas.[3]

Se a China mantiver taxas de crescimento elevado, esse padrão de articulação beneficiará indiscutivelmente países produtores de *commodities*, entre os quais os da América do Sul. Mas o efeito será contraditório em países de estrutura produtiva mais complexa como o Brasil. Estes serão estimulados pelo crescimento das importações de matérias-primas da China, mas enfrentarão a crescente concorrência das manufaturas chinesas em

[3] Esse quadro geral comporta variações, pois as *maquilas* da América Central e do México são responsáveis por um comércio mais concentrado em partes e peças.

seus próprios mercados e nos mercados que tradicionalmente já ocupam. Nesse caso, é muito provável que a competitividade chinesa, fundada em níveis mais altos de produtividade e numa taxa de câmbio desvalorizada, acabe por prevalecer e subtrair mercados desses países concorrentes.

Dinâmica do crescimento recente no Brasil

Como já assinalei no início deste capítulo, o Brasil experimentou entre 2004 e 2008 uma forte aceleração do crescimento de sua economia, num ciclo de crescimento de duração e intensidade há muito não observadas. No período de vigência do neoliberalismo, que se iniciou, *grosso modo*, no começo dos anos 1990, há apenas um período de crescimento de intensidade similar, o do Plano Real, no qual a economia cresceu 5,2% ao ano contra 4,8% ao ano no período recente, mas com menor duração; cerca de 12 trimestres contra os 19 trimestres do ciclo do governo Lula (gráfico 1).

GRÁFICO 1

PIB e investimentos: trajetórias

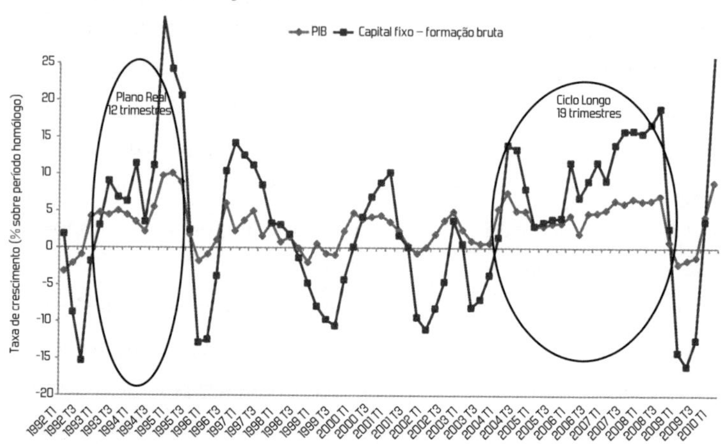

Fonte: IBGE, contas nacionais.

Outras peculiaridades distinguem o período recente, como, por exemplo, o fato de o investimento manter-se em crescimento a uma taxa equivalente a quase o dobro do PIB — cerca de 8,5% ao ano — durante tanto tempo. Isso também ocorreu durante o Plano Real, mas por um período mais curto. Essas primeiras observações já sugerem fortemente a presença de um novo padrão de crescimento na economia brasileira pós-2004, corroborado pela rapidez com que o PIB e o investimento se recuperaram após três trimestres de contração por efeito da crise financeira global.

A insustentabilidade das exportações líquidas

Outro aspecto relevante do perfil do crescimento recente são os fatores que o impulsionaram. No início do processo, o dinamismo deveu-se exclusivamente ao crescimento da demanda externa oriundo da aceleração do crescimento do comércio internacional, que entre 2002 e 2003 explicou a elevação do crescimento do PIB num contexto de retração da demanda doméstica. Isso durou cerca de oito trimestres ou dois anos, seguindo-se outro período de igual duração no qual a demanda externa, embora positiva, teve peso cada vez menor. Nos 16 trimestres seguintes, ou quatro anos, de ampliação do patamar de crescimento, foi a demanda doméstica que apareceu como fator preponderante, tendo a demanda externa apresentado contribuição negativa (ver gráfico 2).

GRÁFICO 2

PIB: decomposição do crescimento

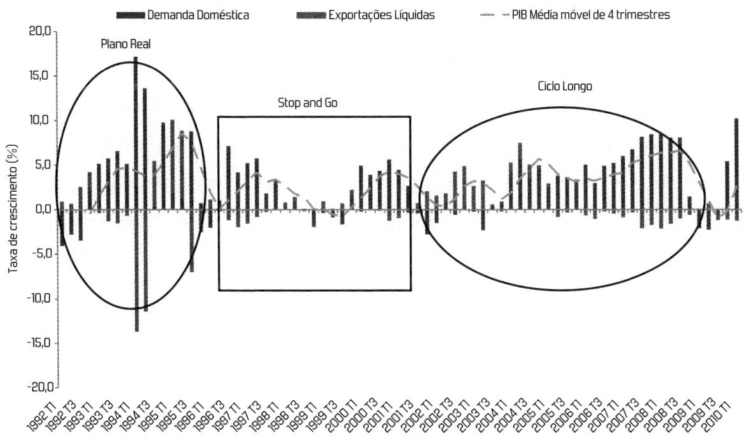

Fonte: IBGE, contas nacionais.

Essa não foi uma propriedade exclusiva desse período. Como se pode ver no gráfico 2, durante o Plano Real ocorreu o mesmo, isto é, uma discrepância entre a contribuição da demanda externa e da doméstica, inclusive com maior intensidade à época. Como esses períodos têm em comum uma elevada taxa de crescimento da demanda doméstica, bem como uma significativa valorização do real, a explicação destaca essas duas variáveis como fatores explicativos desse comportamento. Embora a importância destes últimos fatores seja inegável, é necessário caracterizar melhor a trajetória das exportações líquidas e buscar uma explicação mais refinada para o fenômeno.

Durante o Plano Real, como mostra Carneiro (2008), ocorreu simultaneamente uma abertura comercial de grande significado, que, juntamente com a apreciação do real, promoveu uma especialização regressiva na estrutura produtiva brasileira, em particular na indústria, o que conduziu a um aumento expressivo da elasticidade-renda das importações, sem um correspondente dinamismo nas exportações. As informações disponíveis indicam que esse quadro não se alterou desde então, ou seja, a mudança dos coeficientes exportados e, sobretudo, importados da economia brasileira faz com que, toda vez que ocorra uma aceleração do crescimento, se siga uma desaceleração das exportações líquidas, e a importância da demanda externa declina significativamente.

A elevada elasticidade-renda das importações constituiu uma característica essencial das economias latino-americanas e periféricas, e a redução do coeficiente importado foi um objetivo estratégico perseguido por décadas, a ser conseguido por meio da industrialização. De acordo Faynzylber (2000), países como o Brasil foram mais longe nesse processo e chegaram a obter, após os anos 1980, um superávit comercial no setor industrial que, a despeito do seu caráter estrutural e da polêmica sobre a sua sustentabilidade, revelava o grau de diversificação da produção industrial atingido. Após a abertura comercial, no início dos anos 1990, acompanhada da valorização do real, parte muito significativa desse saldo foi perdida, em decorrência do que Coutinho (1997) denominou "especialização regressiva".

O perfil dessa especialização pode ser visto na tabela 3. Os números mostram coeficientes exportados e de penetração em elevação nas várias classes de indústria, mas com maior intensidade na extrativa *vis-à-vis* à de transformação. Na indústria de transformação, os coeficientes se ampliam na mesma magnitude entre 1996 e 2008 — cerca de oito pontos percentuais —, com alguma flutuação associada à posição da taxa de câmbio. A ampliação simultânea dos dois coeficientes, em igual magnitude, e seus valores muito próximos, sendo ligeiramente maior o do coeficiente de penetração, escondem importantes diferenças qualitativas entre esses dois coeficientes.

TABELA 3

Coeficientes de exportação e penetração segundo setores (CNAE 1.0)

Em %, preços constantes de 2006

Setores de atividades	Coeficiente exportado			Coeficiente de exportação		
	1996	2008	(2008-1996)	1996	2008	(2008-1996)
Extração de carvão mineral	0,2	0,1	0,0	91,1	84,9	-6,1
Extração de petróleo	0,7	53,2	52,5	68,4	62,5	-5,9
Extração de minerais metálicos	92,7	81,5	-11,2	75,8	39,8	-36,0
Extração de minerais não metálicos	17,9	19,8	1,9	7,3	9,8	2,4
Indústria extrativa	**42,1**	**61,6**	**19,5**	**67,4**	**55,4**	**-12,0**
Produtos alimentícios e bebidas	9,5	22,0	12,5	3,6	3,3	-0,3
Produtos do fumo	7,1	1,7	-5,4	0,2	0,2	0,1
Produtos têxteis	5,7	13,5	7,8	9,0	15,9	6,8
Confecção de artigos de vestuário e acessórios	2,3	2,1	-0,2	3,8	5,7	1,9
Preparação de couros, seus artefatos e calçados	17,6	34,1	16,4	3,3	10,1	6,8
Produtos de madeira	19,8	37,2	17,5	2,2	3,3	1,1
Móveis e indústrias diversas	5,7	15,9	10,2	6,4	9,9	3,6
Celulose, papel e produtos de papel	14,0	23,2	9,1	10,8	9,2	-1,6
Edição, impressão e reprodução de gravações	0,6	0,7	0,1	5,6	1,7	-3,9
Coque, refino de petróleo e combustíveis	3,1	11,0	7,9	18,5	14,8	-3,7
Produtos químicos	6,6	10,4	3,8	13,7	26,0	12,4
Artigos de borracha e plástico	3,8	9,0	5,3	5,6	14,7	9,1
Produtos de minerais não metálicos	4,2	8,5	4,3	2,3	5,5	3,1

Setores de atividades	Coeficiente exportado			Coeficiente de exportação		
	1996	2008	(2008-1996)	1996	2008	(2008-1996)
Metalurgia básica	28,3	26,6	-1,7	7,6	14,7	7,1
Produtos de metal	3,5	7,5	4,0	5,6	10,9	5,4
Máquinas e equipamentos	14,4	20,4	6,0	24,2	32,6	8,3
Máquinas para escritório e de informática	11,3	6,4	-4,9	39,2	43,7	4,5
Máquinas, aparelhos e materiais elétricos	11,5	17,2	5,8	20,7	26,5	5,9
Material eletrônico e de comunicações	1,8	17,0	15,2	15,2	47,9	32,7
Equipamentos médico-hospitalares, de automação industrial e de precisão	4,8	16,8	12,0	30,1	65,2	35,1
Veículos automotores, reboques e carrocerias	9,7	16,8	7,1	11,0	16,6	5,6
Outros equipamentos de transporte	30,6	45,3	14,7	28,0	35,5	7,5
Indústria de transformação	**9,4**	**17,5**	**8,1**	**10,6**	**18,6**	**8,1**

Fonte: Elaborado pela Funcex a partir de dados do IBGE, Secex/MDIC e Banco Central.

A primeira disparidade refere-se ao ocorrido na indústria extrativa, na qual o coeficiente exportado se amplia significativamente ao mesmo tempo em que cai o coeficiente importado, tendo como fato relevante subjacente a passagem da atividade petrolífera para exportadora. Embora isso ainda não se traduza em exportação líquida — na verdade o Brasil importa um tipo de petróleo e exporta outro —, indica uma crescente orientação para fora. A extração de minerais metálicos mantém, com ligeira queda, um altíssimo coeficiente exportado e uma diminuição do coeficiente importado. Esses dados traduzem a consolidação de fortes setores exportadores na área extrativa, particularmente no segmento de minério de ferro e petróleo. No período mais recente, esse desempenho esteve muito vinculado à evolução favorável dos preços das *commodities*, sobretudo as minerais e energéticas.

Na indústria de transformação há dois conjuntos de setores nos quais se amplia significativamente o coeficiente exportado: as indústrias tradicionais ligadas à base de matérias-primas e a de bens de capital. No primeiro grupo, o coeficiente exportado é altíssimo e o de penetração muito baixo, indicando saldos expressivos e alta competitividade. No segundo grupo, apesar do crescimento do coeficiente exportado, este ocorre com um crescimento ainda maior do coeficiente de penetração, denotando uma atividade de montagem (*maquilas*). Nesse grupo pode-se considerar como exceção a exportação de aviões (outro material de transporte), na qual ocorre maior agregação doméstica de valor.

O quadro traçado indica a existência de uma especialização exportadora na economia brasileira em torno das *commodities* — incluindo a atividade extrativa de petróleo e minério de ferro e as indústrias processadoras de matérias-primas —, com concentração ainda maior do saldo comercial nesses segmentos, como veremos em seguida. Há, ademais, uma atividade de *maquila* com exportação relevante na indústria de bens de capital, certamente associada a nichos de mercado na América Latina. Mas foi exatamente nesse segmento — o de bens de capital —, ao qual podemos agregar a indústria química e, dentro dela, aquela de maior conteúdo tecnológico, como a farmacêutica, que o coeficiente de penetração se expandiu significativamente no período considerado.

A estrutura dos coeficientes explica a elevada elasticidade-renda das importações, mormente na fase de aceleração do crescimento do investimento. Ao mesmo tempo, faz a dinâmica das exportações depender do segmento do comércio internacional que tem revelado menor dinamismo, salvo no período pós-2002, por conta do *boom* dos preços das *commodities*. Além do diferencial das elasticidades-renda, a análise da estrutura também indica menor sensibilidade das exportações às flutuações da taxa de câmbio — por um lado, dada a altíssima competitividade da produção e o processamento de *commodities*; e, por outro, em razão do elevado coeficiente importado das *maquilas*. Mas o contrário não é verdadeiro, ou seja, a combinação dessa estrutura com a apreciação da moeda nacional, um episódio recorrente após 1994, não impacta significativamente as exportações, mas cumpre papel decisivo na ampliação das importações.

Para finalizar essas considerações, cabe ilustrar o argumento da especialização regressiva e da alta elasticidade-renda das importações com os dados do saldo comercial da tabela 4. Após a mudança do regime cambial em 1999, retomando uma característica observada antes do Plano Real, o Brasil construiu um importante saldo comercial, originado tanto de produtos não industriais quanto, principalmente, das manufaturas. Contudo, com a crescente apreciação da moeda nacional após 2003 e a aceleração do ritmo de crescimento, o saldo em manufaturas foi encolhendo até se tornar negativo, embora o de *commodities* tenha persistido e mesmo se ampliado.

Na indústria, os saldos negativos dos segmentos de alta tecnologia já eram elevados e ampliaram-se substancialmente, com a honrosa exceção do setor aeronáutico. O mesmo ocorreu na indústria de tecnologia média alta, na qual o único segmento a preservar um saldo positivo foi o automotivo. O oposto ocorreu nas indústrias de tecnologias média baixa e baixa, nas quais o saldo foi crescente após a mudança do regime cambial e pouco sensível à aceleração do crescimento. Porém, mesmo no primeiro grupo, observou-se uma diminuição do saldo após 2005. Em resumo, o saldo comercial brasileiro concentra-se nas atividades não industriais e na indústria de baixa e média baixa tecnologias, havendo déficits nas indústrias de tecnologias alta e média alta. Com essa estrutura de exportações e importações, a questão das elasticidades-renda desiguais leva a uma sensibilidade muito significativa desse saldo à taxa de câmbio e, sobretudo, ao ritmo do crescimento.

TABELA 4

Saldo do comércio exterior por intensidade tecnológica

US$ bilhões

Setores	1996	1999	2002	2005	2008
Total	(5.599)	(1.290)	13.119	44.708	24.746
Produtos industriais*	(5.089)	(4.554)	8.000	33.235	(1.294)
Indústria de tecnologia alta e média alta (I + II)	(18.107)	(17.638)	(11.460)	(7.884)	(51.100)
Indústria de alta tecnologia (I)	(8.308)	(7.656)	(4.525)	(8.377)	(21.932)
Aeronáutica e aeroespacial	(61)	438	1.608	1.745	1.114
Farmacêutica	(1.522)	(2.080)	(1.888)	(2.281)	(4.642)
Material de escritório e informática	(1.347)	(1.071)	(1.169)	(1.550)	(3.104)
Equipamentos de rádio, TV e comunicação	(3.728)	(3.557)	(1.454)	(3.884)	(9.786)
Instrumentos médicos de ótica e precisão	(1.722)	(1.386)	(1.621)	(2.408)	(5.513)
Indústria de tecnologia média alta (II)	(9.727)	(9.982)	(6.935)	494	(29.169)

Setores	1996	1999	2002	2005	2008
Máquinas e equipamentos elétricos (n. e.)	(1.219)	(1.861)	(2.162)	(945)	(2.339)
Veículos automotores, reboques e semirreboques	(708)	295	2.300	7.825	2.203
Produtos químicos, excl. farmacêuticos	(4.005)	(4.417)	(4.487)	(6.165)	(20.109)
Equips. p/ ferrovia e material de transporte (n. e.)	(120)	(310)	(76)	131	(767)
Máquinas e equipamentos mecânicos (n. e.)	(3.674)	(3.689)	(2.509)	(351)	(8.156)
Indústria de tecnologia média baixa (III)	2.887	1.912	3.979	12.257	9.648
Construção e reparação naval	171	(1)	(47)	172	1.469
Borracha e produtos plásticos	(327)	(294)	(297)	(220)	(1.144)
Prods. de petróleo refinado e outros combustíveis	(1.901)	(1.615)	(569)	1.227	(2.707)
Outros produtos minerais não metálicos	209	385	568	1.194	870
Produtos metálicos	4.735	3.437	4.323	9.884	11.160
Indústria de baixa tecnologia (IV)	10.130	11.171	15.481	28.862	40.158
Produtos manufaturados (n. e.) e bens reciclados	86	337	578	1.049	468
Madeira e seus produtos, papel e celulose	1.505	2.423	2.969	5.415	6.572
Alimentos, bebidas e tabaco	6.472	6.456	9.225	18.677	31.292
Têxteis, couros e calçados	2.067	1.956	2.709	3.722	1.825
Produtos não industriais	(510)	3.264	5.119	11.473	26.040

Fonte: Secex/MDIC.

* Classificação extraída de: OECD, Directorate for Science, Technology and Industry. Stan indicators, 2003.

Nota: n. e. = não especificado.

O papel primordial do consumo

Uma vez discutidas as limitações da demanda externa para comandar o crescimento da economia, cabe analisar os fatores responsáveis pela aceleração do crescimento após 2004, cujo patamar praticamente dobrou a partir dessa data. No gráfico 3, vemos que, num primeiro momento, o investimento é basicamente induzido pelas exportações líquidas, que até meados de 2004 ainda explicavam uma parcela razoável do crescimento do PIB. Depois, estas últimas passam a contribuir negativamente para o crescimento, cedendo a vez ao consumo das famílias, que aumenta sustentadamente.

De início, o investimento não se recupera por conta da política do Banco Central, que, ao elevar a taxa de juros diante de um choque de oferta — representado pela elevação do preço das matérias-primas —, sinalizou a descontinuação do crescimento do consumo. Ou seja, como os efeitos iniciais das exportações líquidas se esgotaram, por força da recuperação da demanda doméstica e da valorização do real, o investimento passou a ser induzido pelo aumento do consumo. Num primeiro momento, dado o aumento das taxas de juros pelo Banco Central, instala-se a desconfiança quanto à continuidade deste último, mas como o crescimento do consumo, por motivos alheios à política monetária, se mantém, o aumento do investimento acaba por acontecer.

GRÁFICO 3

Crescimento da demanda doméstica

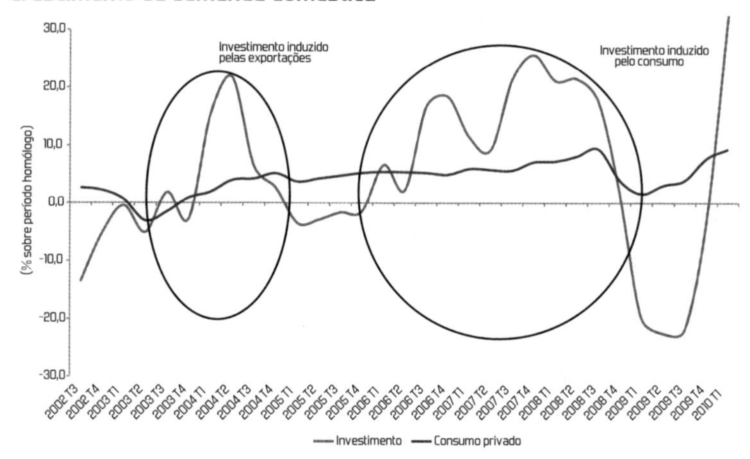

Fonte: IBGE, contas nacionais.

Na discussão da trajetória do consumo e das possibilidades de preservação de seu crescimento, cabe identificar os fatores que explicam sua performance. O primeiro, responsável pelo aumento do consumo autônomo e que guarda uma relativa independência do aumento da renda corrente, é o crédito. Após 2002, vários fatores que atuam no âmbito da demanda e da oferta de financiamento levaram a uma ampliação do crédito às pessoas físicas, ampliação esta de magnitude inusitada para os padrões brasileiros:

cerca de 10 pontos percentuais do PIB em cinco anos, o que significa, *grosso modo*, um acréscimo de demanda agregada de 1,5 ponto percentual do PIB por ano.[4]

Destaca-se como aspecto decisivo do lado da oferta a mudança de postura dos bancos, que, diante da expectativa de queda da inflação e dos juros, e de apreciação cambial, ou seja, de maior estabilidade macroeconômica, decidiram mudar a composição de seus ativos, ampliando o peso do crédito em relação ao dos títulos públicos. E o fizeram priorizando os financiamentos às pessoas físicas, nos quais o *spread* é maior. Nessa decisão foram ajudados por inovações financeiras importantes, como o crédito consignado, cujo efeito maior foi o de ampliar as garantias e permitir a redução de margens, barateando o custo final dos empréstimos. A recuperação do salário médio real dos trabalhadores, que ocorreu a partir do início de 2004, constituiu um importante indutor da ampliação da demanda de crédito.

Embora os níveis de endividamento das famílias medido pela relação crédito/PIB sejam muito baixos no Brasil, comparativamente aos padrões internacionais, há outras limitações para o aumento continuado do crédito ao ritmo ocorrido nos últimos cinco anos. A principal limitação decorre da magnitude da taxa de juros. Como se sabe, o crédito ao consumo constitui uma antecipação de renda futura. Taxas de juros muito elevadas significam descontar a renda futura a essas taxas, diminuindo a magnitude do poder de compra antecipado e seu impacto no consumo. Por sua vez, o rápido aumento do peso do crédito às pessoas físicas no portfólio dos bancos, crédito esse concedido a taxas muito altas, amplia o risco bancário, induzindo uma moderação no seu crescimento.

Resta indagar por que as taxas de juros são tão elevadas se seu patamar obedece a determinantes conjunturais ou estruturais. A resposta está em duas ordens de fatores. Como estamos tratando da ponta final do crédito, uma parcela do seu custo está relacionada com as margens de lucro dos bancos (*spreads*) e outra parcela, com a taxa de juros básica da economia. Ao

---

[4] No período em questão, o crédito para pessoas jurídicas ampliou-se em igual magnitude, ou seja, 10 pontos percentuais do PIB, levando esse indicador a uma marca histórica de 45% do PIB.

analisarmos a evolução do *spread* do crédito às pessoas físicas no período recente, vemos que este praticamente não se alterou, a despeito do grande aumento de seu volume e da redução dos riscos, incluindo a disseminação do crédito consignado. O gráfico 4 mostra que a redução da taxa de juros para as pessoas físicas que ocorreu após 2003 deveu-se exclusivamente à queda da taxa de juros básica, que carregou para baixo o *spread* medido em pontos percentuais. Mas o *spread* calculado como margem sobre a taxa de juros básica manteve-se inalterado.

GRÁFICO 4

Indicadores de crédito para pessoas físicas

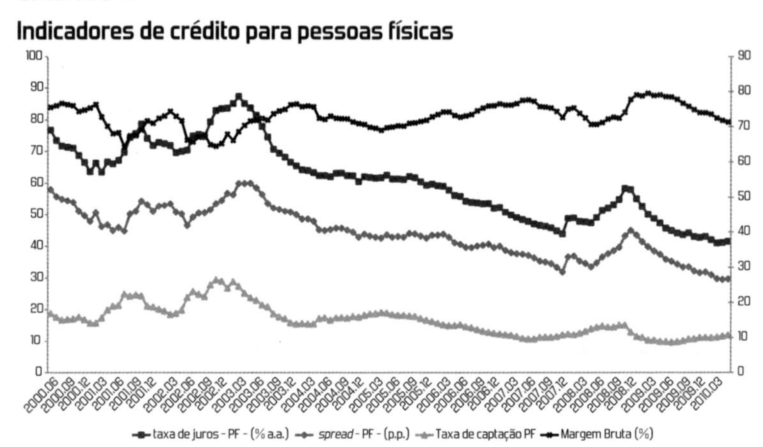

Fonte: Banco Central do Brasil.

Em outros textos, por exemplo Carneiro (2008) e Carneiro e colaboradores (2010), argumentei que os elevados *spreads* bancários no Brasil deviam-se a um conjunto de fatores que operam tanto no âmbito macro quanto no microeconômico. Em primeiro plano se encontra a ainda elevada instabilidade macroeconômica, que se traduz em grande volatilidade dos preços-chave — taxas de juros e taxa de câmbio — e grande incerteza sobre sua evolução futura. A forma de os bancos — cuja atividade precípua é descasar prazos — se protegerem contra essa incerteza é a ampliação dos *spreads*. Por outro lado, como mostrado por Freitas (2009), é necessário considerar a elevada e crescente oligopolização do sistema bancário brasileiro, que certamente explica a prática de *spreads* muito elevados nas linhas de crédito, nas quais prevalecem fortes imperfeições de mercado e relações de clientela (nas linhas de pessoas físicas).

No plano dos juros básicos, o alto patamar da taxa brasileira constitui uma verdadeira anomalia. O gráfico 5 ilustra esse ponto de vista, ao mostrar de forma indireta a taxa de juros do ativo com risco zero e a dívida pública em vários países. Como se pode perceber, há uma correlação elevada, na maioria deles, entre o tamanho da dívida pública e a carga de juros, o que expressa uma relação direta entre o tamanho da primeira e o patamar da taxa de juros. Há apenas duas exceções: o Japão e o Brasil. No primeiro, a carga e a taxa de juros são excessivamente baixas para o tamanho de sua dívida. Provavelmente o contexto deflacionário explique esse patamar. No Brasil ocorre o oposto; a taxa é anormalmente alta para o patamar da dívida. Parte da explicação recai sobre os patamares de inflação mais altos no Brasil, que incrementam o componente nominal da taxa de juros. Mas isso não explica tudo. A parcela subsistente, que corresponde à taxa real de juros, não se deve à posição fiscal do governo, mas ao risco cambial implícito. Ou seja, como essa taxa é determinada de fora para dentro, agrega-se a ela um prêmio de risco para contrabalançar possíveis variações na taxa de câmbio e manter o retorno na divisa de origem.

GRÁFICO 5

Dívida líquida e carga de juros do setor público: países selecionados

Média de 2004-08

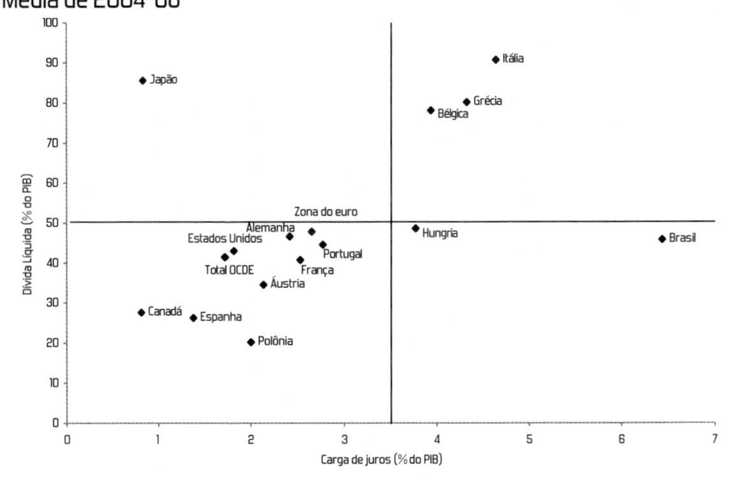

Fonte: OCDE, principais indicadores.

Um segundo elemento responsável pela ampliação do consumo é o seu aumento induzido pelo aumento da renda, com dois componentes distintos: um propriamente induzido, associado ao crescimento desta última, e outro com características de gasto autônomo, decorrente da melhoria da distribuição. Ou seja, há uma combinação de ambos os fatores ensejando o crescimento do consumo a um ritmo superior ao do PIB. Essa melhoria na distribuição, por sua vez, decorre de fatores associados ao gasto público e, mais diretamente, às transferências e ao incremento real do salário mínimo. A rigor, este último foi o fator fundamental, pois determinou tanto a ampliação das transferências a ele indexadas quanto uma melhor distribuição intersalarial.

Os dados do gráfico 6 mostram um incremento significativo nas transferências de previdência e assistência — de cerca de 1,5 ponto percentual do PIB entre 2002 e 2008 —, incremento determinado pelo aumento do salário mínimo (valor da aposentadoria básica, benefícios da Loas, RMV e, indiretamente, o Bolsa Família). A dificuldade de continuar melhorando a distribuição da renda por essa via é indiscutível. Isso pelo alto patamar já alcançado por esse tipo de transferência e, consequentemente, pela disputa de recursos entre esta e outras despesas, como as pagas como aposentadoria ao funcionalismo público, com clara inclinação regressiva. Ou entre esta e os gastos públicos propriamente ditos, num contexto de carga tributária elevada.

GRÁFICO 6

Transferências: principais itens

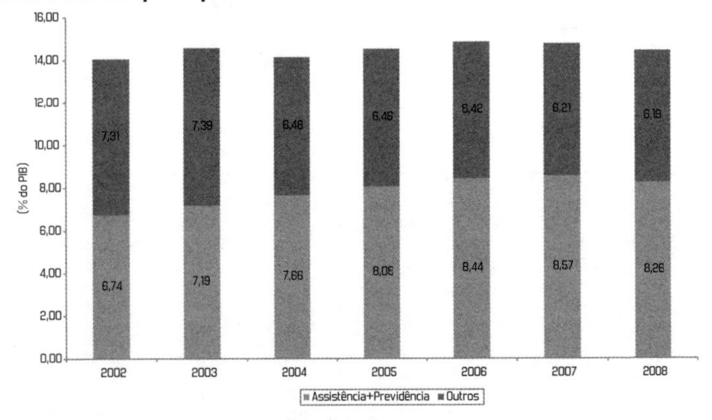

Fonte: IBGE, contas nacionais, apud Santos (2009).

O mesmo argumento da atenuação dos efeitos redistributivos de maior intensidade pode ser utilizado para o salário mínimo, cujo crescimento real foi muito significativo durante o período, quase dobrando de valor. Ou seja, dado o patamar já alcançado, sua progressão nesse ritmo dificilmente poderá ser mantida. Isso pelas implicações das transferências de origem previdenciária, mas também por injunções ligadas ao próprio mercado de trabalho. Como se pode ver no gráfico 7, as relações entre o salário médio e o salário mínimo passaram de 4,5 vezes no início do período para 2,5. Embora o salário médio também tenha crescido no período e a participação dos salários na renda nacional tenha se ampliado em cerca de dois pontos percentuais do PIB, a redução da dispersão salarial encontra limites na própria organização/estruturação do mercado de trabalho. Muito provavelmente seu ritmo deverá ser mais lento daqui por diante.

GRÁFICO 7

Rendimento real médio e salário mínimo real

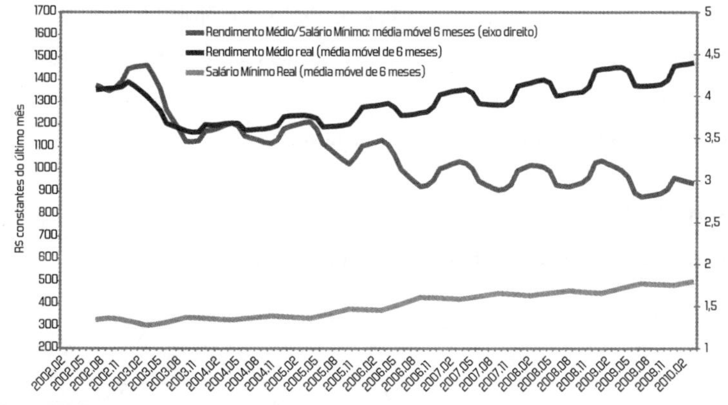

Fonte: IBGE/PME e Ipeadata.

O conjunto das informações usadas para analisar o desempenho recente da economia brasileira sugere que o crescimento foi largamente determinado pelo consumo e, em menor medida e no início do ciclo, pelas exportações líquidas. Após 2007, agregou-se ao consumo o investimento por este induzido. No que tange ao consumo, como afirmei, esse padrão de crescimento deve perder seu crescente dinamismo devido à estabilização do multiplicador da renda, que se ampliou consideravelmente nos últimos anos dada a melhoria em sua distribuição. O aumento do consumo autônomo, alimentado pela ampliação dos financiamentos às famílias, deve persistir, mas também a um ritmo mais lento. Assim, se a combinação entre ampliação do multiplicador, consumo autônomo e investimento induzido foi capaz de deslocar o crescimento do produto para um patamar médio de 4,5% ao ano, nos próximos anos será necessário contar com outras fontes de crescimento para assegurar ou mesmo ampliar esse nível. O candidato mais forte é o investimento autônomo.

Os múltiplos caminhos do investimento

As informações disponíveis sobre os componentes do investimento dão sustentação às evidências iniciais de seu caráter induzido. Como se vê no gráfico 8, o componente mais dinâmico do investimento é o de "máquinas e equipamentos", que reflete aumentos de capacidade produtiva em setores com baixa indivisibilidade, entre os quais a indústria. A lenta recuperação e crescimento da construção estão, por sua vez, associados tanto à trajetória mais lenta da construção civil residencial quanto à das obras de infraestrutura. Ambas, por sua vez, ganharam intensidade após 2004; a primeira, por causa de inovações na área financeira que permitem o destravamento do crédito; e a segunda, depois de 2006, por conta da recuperação dos investimentos públicos em infraestrutura.

GRÁFICO 8

Investimento e seus componentes: variação real

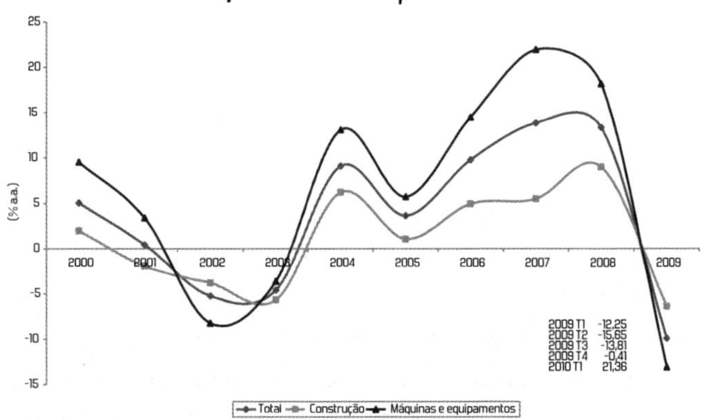

Fonte: IBGE, contas nacionais.

A análise setorial do investimento a partir dos dados calculados pelo BNDES permite verificar com maior detalhe sua trajetória (gráfico 9). O investimento aumentou substancialmente na atividade extrativa, num claro movimento induzido pelas exportações, e em menor escala na indústria de transformação. Mas, como já apontado, o aumento foi irrisório nas atividades de construção: um pouco melhor na infraestrutura e pior na construção residencial. As possibilidades limitadas de o investimento induzido pelas exportações ou pelo consumo liderar um ciclo mais longo e intenso de crescimento já foram discutidas. Trata-se de analisar a possibilidade de os investimentos na construção cumprirem esse papel.

GRÁFICO 9

Taxa de investimento por setor

(% do PIB)

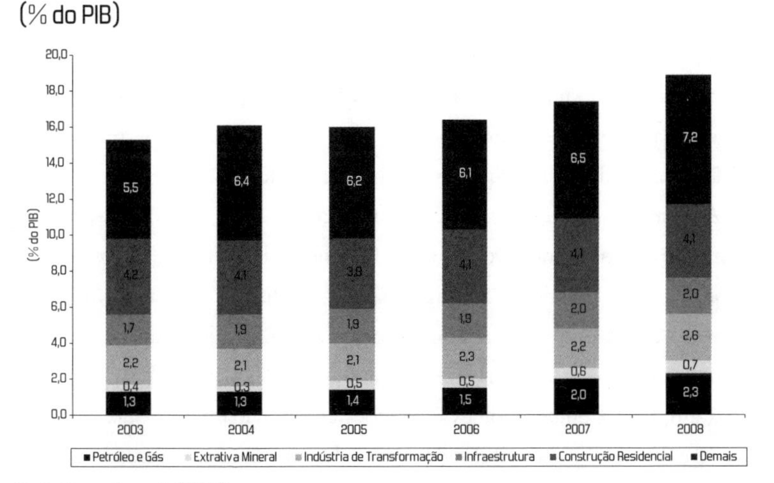

Fonte: Puga e Borça Jr. (2009).

Em tese, a possibilidade de a construção civil sustentar e mesmo ampliar a taxa de crescimento no Brasil via aumento da taxa de investimento é significativa. Segundo Puga e Borça Jr. (2009), do ponto de vista quantitativo, representa apenas 40% dessa taxa, quando a média nos países que crescem mais rápido, em especial na Ásia em desenvolvimento, chega a 60%. Reforçando essa possibilidade, há uma significativa demanda insatisfeita nos vários segmentos dessa atividade, como déficit habitacional, infraestrutura urbana, rede de estradas, portos, aeroportos, oferta de energia etc. Essa demanda, todavia, não pode ser considerada efetiva, pois, dada a sua natureza — indivisibilidades, montantes elevados, prazos de construção e maturação dilatados —, esses investimentos dependem de arranjos particulares de financiamento.[5]

Outro aspecto significativo dos investimentos em infraestrutura é que dependem em grande medida, direta e indiretamente, de investimentos públicos ou mesmo de arranjos especiais entre os setores público e privado, como subsídios e garantias, dado o alto risco característico da atividade. As privatizações dos anos 1990 diminuíram substancialmente o peso do investimento público em infraestrutura. Segundo Frischtak (2008), até 2005 os investimentos privados em infraestrutura, embora declinantes, superavam a soma do investimento público (estatal + administração pública), mas essa tendência se inverteu após aquele ano. Embora disseminados por vários segmentos, a grande concentração de investimentos se deu nas telecomunicações, o que explica a desaceleração observada, pois o ciclo de investimento mais pesado — com destaque para a telefonia fixa — realizou-se até 2001 e foi declinando progressivamente desde então.

A despeito de os investimentos públicos terem avançado substancialmente nos últimos anos (ver gráfico 10), ainda estão em um patamar muito baixo, considerando-se as exigências de ampliação da infraestrutura. O aumento do investimento público ocorreu tanto na administração pública quanto nas empresas estatais, mas em ambas as esferas há constrangimentos à sua ampliação, entre os quais limitações ao endividamento, que, salvo no caso da Petrobras, é contabilizado como déficit público. É verdade que os investimentos poderiam avançar se a carga de juros se ativesse a um patamar normal, correspondente ao tamanho da dívida. De qualquer modo, seria importante mudar a contabilidade do déficit público ou adotar a regra de admitir déficits nominais desde que iguais ou inferiores aos investimentos.

---

[5] Do ponto de vista analítico, pode-se considerar uma parcela do investimento em infraestrutura como investimento autônomo e outra como investimento induzido. Neste último caso estão todos os investimentos para os quais já há uma demanda manifesta e insatisfeita. Podem-se, contudo, considerar como investimentos autônomos certas inversões que não se enquadram nesse caso, como a construção de estádios de futebol, vilas olímpicas, ferrovias para trens de passageiros de alta velocidade etc.

GRÁFICO 10

Taxa de investimento privado e público

% do PIB

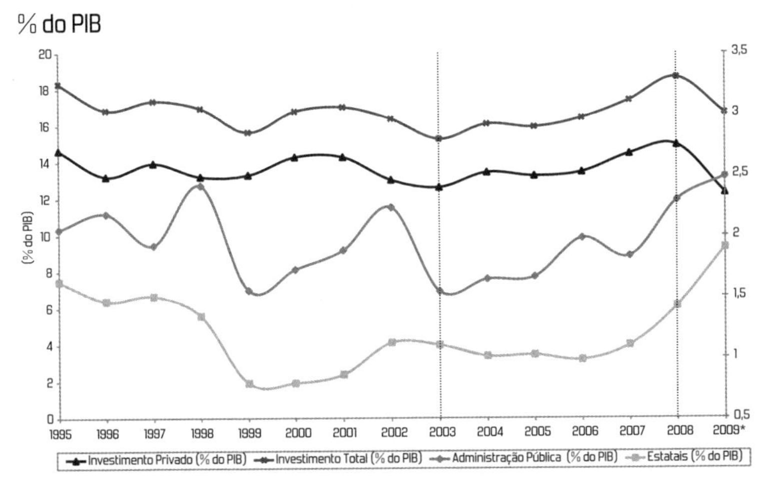

Fonte: IBGE, contas nacionais.

A composição e o volume do investimento público no período recente estão largamente associados à implementação do Plano de Aceleração do Crescimento (PAC), posto em prática no segundo mandato do presidente Lula (quadro 1). Embora os investimentos contemplem uma gama de atividades, no caso da infraestrutura econômica e social, a maior concentração se dá na área de energia, incluindo petróleo e gás e energia elétrica. No primeiro, as descobertas de grandes reservas na camada do pré-sal e a existência de uma empresa do porte da Petrobras já constituem um passo importante para garantir um patamar de investimentos elevado. O financiamento desses investimentos de grande magnitude pode ser integralmente garantido por recursos externos, dado o *hedge* natural proporcionado pela produção de petróleo. No Plano de Negócios para o quinquênio 2009-13, a previsão de investimentos da empresa era de US$ 174,4 bilhões, mas ainda estava sendo revisto para cima.

QUADRO 1

PAC I — programas e investimentos (2007-10)

Investimentos totais em infraestrutura nas áreas de transportes, energia, saneamento, habitação e recursos hídricos: R$ 503,9 bilhões.

- Infraestrutura logística, envolvendo a construção e ampliação de rodovias, ferrovias, portos, aeroportos e hidrovias: R$ 58,3 bilhões.
- Infraestrutura energética, correspondendo à geração e à transmissão de energia elétrica, produção, exploração e transporte de petróleo, gás natural e combustíveis renováveis: R$ 274,8 bilhões.
- Infraestrutura social e urbana, englobando saneamento, habitação, metrôs, trens urbanos, universalização do programa Luz para Todos e recursos hídricos: R$ 170,8 bilhões.

No caso da energia elétrica, a dificuldade para financiar os investimentos é mais significativa; primeiro, porque a Eletrobrás é uma empresa incluída no cômputo do saldo primário; segundo, porque a atividade envolve riscos ambientais e de implantação muito significativos, além de não ser adequada ao financiamento com recursos externos por produzir um bem não comercializável. O envolvimento de empresas privadas, por sua vez, exige a construção de parcerias público-privadas muito específicas.

O arranjo público-privado para a construção da Usina de Belo Monte ilustra bem esse padrão de associação. O comunicado à imprensa da diretoria do BNDES de 16 de abril de 2010 explicita esse arranjo:

> A usina tem custo estimado pela EPE, vinculada ao Ministério de Minas e Energia, de cerca de R$ 19,6 bilhões. A participação do BNDES poderá representar até 80% do valor total do investimento do projeto. O BNDES poderá atuar de forma direta, indireta (por meio de seus agentes financeiros) ou mista. No caso de operações indiretas, o risco da operação ficará por conta das instituições financeiras que repassarão os recursos. O BNDES decidiu ampliar para até 30 anos o prazo total de financiamento por se tratar de investimento em infraestrutura de longo prazo de maturação, devido aos elevados montantes que serão aportados

> na implantação da usina, inclusive em projetos socioambientais. Para financiamento de bens de capital, poderão ser aplicáveis as condições do BNDES PSI (Programa BNDES de Sustentação do Investimento) vigentes à época da aprovação da operação. O apoio do BNDES também está condicionado às condições de governança da beneficiária, que devem incluir: controle acionário majoritariamente privado; transparência na gestão da Sociedade de Propósito Específico (SPE), com a adoção das melhores práticas, tendo como objetivo atingir os padrões de governança corporativa apresentados no Novo Mercado da Bovespa; acordo de acionistas; e ações exclusivamente ordinárias. O modelo de financiamento do BNDES para a hidrelétrica de Belo Monte está baseado nas políticas operacionais do banco para as operações de project finance.

Como elementos adicionais para caracterizar um arranjo particular público-privado, agregue-se que o consórcio vencedor da concorrência para construir e operar a usina é composto de empresas privadas e estatais, assim distribuídas: a geradora estatal federal Chesf (49,98%), as empreiteiras Queiroz Galvão (10,02%), Galvão Engenharia (3,75%), Mendes Junior (3,75%), Serveng-Civilsan (3,75%), J. Malucelli (9,98%), Contern Construções (3,75%), Cetenco Engenharia (5%) e Gaia Energia e Participações (10,02%). Esse perfil de associação e financiamento indica o novo tipo de articulação entre Estado e setor privado necessário para realizar investimentos em infraestrutura em vários setores, e não apenas em energia elétrica.

A ampliação do investimento em outros segmentos também não é trivial. Como foi apontado, envolve a disponibilidade de recursos fiscais — tanto para o investimento direto quanto para a concessão de subsídios — ou a possibilidade de endividamento, mormente para as empresas estatais. Defronta-se com marcos regulatórios muito díspares, bem como com exigências ambientais significativas. A participação do setor privado, por sua vez, é limitada não só pelo maior risco dos projetos, mas também por seus retornos insuficientes. Este último obstáculo é magnificado pelo elevado patamar da taxa de juros básica, que aumenta o custo de oportunidade desses investimentos.

Ainda no âmbito da construção, um segmento que deve ampliar ainda mais seu dinamismo é o residencial. Esse segmento é crucial, dado o seu peso muito significativo na formação da taxa de investimento: cerca de um quarto do total. Aqui, uma distinção básica diz respeito à construção de habitações por interesse social, que envolve subsídios, e a produção de habitações privadas. Em ambos os segmentos, há uma demanda reprimida significativa, oriunda do déficit habitacional e de anos de produção insuficiente. No âmbito da produção de habitações por interesse social, o governo lançou, como parte do PAC II, o programa Minha Casa Minha Vida (quadro 2), com metas bastante ambiciosas para a construção de moradias para faixas de renda de até três salários mínimos. Como a venda dessas casas no limite do comprometimento da renda exigido implicará subsídios, o programa tem como restrição importante o montante dessas transferências num quadro em que estas últimas já são elevadas. Outro problema diz respeito à oferta de terrenos para a implantação dessas moradias, sobretudo nas grandes áreas metropolitanas.

QUADRO 2

PAC II — programas e Investimentos (2011-14)

Total: R$ 955 bilhões.

- PAC Cidade Melhor — enfrentamento dos principais desafios das grandes aglomerações urbanas, propiciando melhor qualidade de vida: R$ 57,1 bilhões.
- PAC Comunidade Cidadã — presença do Estado nos bairros populares, aumentando a cobertura de serviços: R$ 23 bilhões.
- PAC Minha Casa Minha Vida — redução do déficit habitacional, dinamizando o setor da construção civil e gerando trabalho e renda: R$ 278,2 bilhões.
- PAC Água e Luz para Todos — universalização do acesso a água e energia elétrica: R$ 30,6 bilhões
- PAC Transportes — consolidação e ampliação da rede logística, interligando os diversos modais e garantindo qualidade e segurança: R$ 104,5 bilhões.

- PAC Energia — garantia de segurança do suprimento a partir de uma matriz energética baseada em fontes renováveis e limpas; desenvolvimento das descobertas no pré-sal, com ampliação da produção: R$ 461,6 bilhões.

A ampliação da construção residencial privada encontra outros limites, sendo o principal a disponibilidade de financiamento. Este último foi muito ampliado no governo Lula, por força de inovações financeiras como a Lei nº 10.931/2004, que instituiu a alienação fiduciária para bens imóveis e alterou o patrimônio de afetação nas transações imobiliárias, cujo efeito foi a redução do risco para o comprador do imóvel e também para as instituições financeiras. Contudo, o crédito à habitação advém, em sua quase integralidade, de uma rubrica do crédito direcionado, ou seja, das exigibilidades de direcionar para o crédito habitacional 65% dos depósitos da caderneta de poupança. Embora as taxas de crescimento desses depósitos e dos financiamentos tenham sido excepcionais nos últimos anos, esse *funding* tem caráter limitado e dá mostras de estar se esgotando.[6]

A continuidade da expansão do crédito habitacional depende do desenvolvimento de novas fontes de financiamento, com novos instrumentos e fundos a custo de mercado. Esse custo constitui, na verdade, um impedimento significativo: dado o patamar da taxa de juros básica e sua volatilidade, torna-se impossível ampliar os financiamentos por essa via. Exemplificando: a taxa de juros básica da economia é de cerca de 9,5% ao ano e a taxa de captação de qualquer instrumento privado já estaria um ou dois pontos percentuais acima disso. Se adicionarmos a esse custo o *spread* normalmente cobrado nos financiamentos imobiliários, teríamos um custo mínimo de 15,5% a 17,5% ao ano.

Conclusões

Ao longo deste capítulo, examinei as condições de crescimento das economias brasileira e internacional, tomando como referência seus modelos de

[6] Para uma análise detalhada do desempenho recente do subsistema de crédito imobiliário, ver Biancareli e Lodi (2009).

crescimento no passado recente e os eventuais impactos da crise financeira global. Quanto aos países desenvolvidos, ficou evidente a partir dos dados e de grande parte das análises que dificilmente retornarão (num futuro imediato) às taxas de crescimento dos últimos 20 anos, particularmente àquelas dos anos 2000. Isso se deve em boa medida à natureza da crise, a seu caráter financeiro e aos desequilíbrios patrimoniais subjacentes. Essa perda de dinamismo vincula-se também a um particular arranjo ou ordem internacional que tem em um único país, os EUA, a principal fonte do crescimento. A conclusão inexorável é que a desaceleração dos países desenvolvidos e sua implicação na demanda global via comércio ampliarão o papel dos mercados internos no crescimento dos países periféricos.

Para examinar a capacidade de o Brasil se adaptar de forma eficaz a esse novo padrão de crescimento, analisei o modelo brasileiro recente, no qual foi crucial o papel do consumo e da melhora da distribuição de renda. O peso do mercado interno no desenvolvimento brasileiro não constitui uma novidade *tout court*; e sim o novo papel da melhoria da distribuição de renda, cujo efeito econômico prático foi a elevação do multiplicador da renda. Embora seja bastante provável que esse multiplicador permaneça num patamar elevado, há também indícios de que esteja estabilizado, ou seja, de que suas ampliações venham a sofrer apenas alterações marginais daqui por diante. Isso obviamente não diminuirá o papel dinâmico que o consumo pode ter no novo padrão de crescimento, apenas lhe retirará o caráter de fator autônomo, vinculado ao aumento do multiplicador e também à ampliação do crédito, cujo óbice diz respeito sobretudo à magnitude da taxa de juros.

O novo candidato a se tornar o elemento autônomo de maior peso no novo ciclo de crescimento fundado no mercado interno é o gasto em infraestrutura e construção residencial. Nesse caso, foram apontados várias possibilidades e desafios. O primeiro diz respeito às novas formas de articulação entre o investimento público e o privado nessa área, principalmente no que diz respeito à ampliação do volume do primeiro e à redução dos riscos do segundo, por meio de subsídios e garantias de retorno. Como questão mais geral, subsiste o ainda elevado patamar da taxa de juros, que impõe um alto custo de oportunidade ao investimento e também impede o aprofundamento do financiamento privado no setor.

Se for possível manter elevado o multiplicador da renda e introduzir e desenvolver novas formas de coordenação do investimento por parte do setor público, restarão ainda dois obstáculos importantes para assegurar o sucesso do modelo: o patamar dos juros e o desalinhamento cambial. Este último, como mostrado, num quadro de especialização da estrutura produtiva e apreciação do real, pode contribuir de forma muito negativa para o crescimento, por elevar a elasticidade-renda das importações e reduzir o multiplicador. Isto ocorrerá mesmo que seja possível financiar déficits em transações correntes mais altos, da ordem de 3-4% do PIB, dado o aumento da solvência externa decorrente da exploração do petróleo na camada do pré-sal.

Referências

AGLIETTA, M.; BERREBI, L. Désordres dans le capitalisme mondial. Paris: Odile Jacob, 2007.

BELLUZZO, L. G. M. O dinheiro e as metamorfoses da riqueza. In: TAVARES, M. C.; FIORI, J. L. *Poder e dinheiro*: uma economia política da globalização. Petrópolis: Vozes, 1997.

BIANCARELI, A.; LODI, A. L. Financiamento ao setor imobiliário: projeto de estudo sobre as perspectivas da indústria financeira brasileira e o papel dos bancos públicos; subprojeto mercado de crédito bancário. 2009. Disponível em: <http://www.iececon.net/arquivos/Financiamento_ Imobiliario.pdf>.

CARNEIRO, R. Globalização e inconversibilidade monetária. *Revista de Economia Política*, v. 28, n. 4, p. 539-556, out./dez. 2008.

______ et al. Relatório síntese: perspectivas da indústria financeira brasileira e o papel dos bancos públicos. 2010. Disponível em: <http://www.iececon.net/arquivos/pesquisa_41_304017920.pdf>.

CEPAL. *Panorama de la inserción internacional de América Latina y el Caribe*. Santiago: Cepal, 2006.

_____. *La República Popular de China y América Latina y el Caribe*: hacia una relación estratégica. Santiago: Cepal, abr. 2010.

CHESNAIS, F. et al. *La finance mondialisée*: racines sociales et politiques, configuration, consequences. Paris: La Decouverte, 2004.

COUTINHO, L. A especialização regressiva: um balanço do desempenho industrial pós-estabilização. In: *Brasil*: desafios de um país em transformação. Rio de Janeiro: Fórum Nacional, 1997.

DOOLEY, M. P.; FOLKERTS-LANDAU, D.; GARBER, P. An essay on the revived Bretton Woods system. Cambridge, Mass.: National Bureau of Economic Research, 2003. (NBER Working Paper Series, 9971).

EICHENGREEN, B. Global imbalances and the lessons of Bretton Woods. *Economie Internationale*, v. 4, n. 100, 2004.

FAYNZYLBER, F. Industrialização na América Latina: da caixa-preta ao conjunto vazio. In: BIELSCHOWSKY, R. (Org.). *Cinquenta anos de pensamento da Cepal*. Rio de Janeiro: Record, 2000. v. 2, p. 858-871.

FREITAS, M. C. P. Transformações institucionais do sistema bancário brasileiro. Projeto de pesquisa: o Brasil na era da globalização: condicionantes domésticos e internacionais ao desenvolvimento. Subprojeto VIII: crédito bancário no Brasil: evolução e transformações institucionais. Campinas: Cecon-Unicamp, 2009. Disponível em: <http://www.iececon.net/bndes/ SubprojetoVIIIRelat1BNDES.pdf>.

FRISCHTAK, C. O investimento em infraestrutura no Brasil: histórico recente e perspectivas. *Pesquisa e Planejamento Econômico*, v. 38, n. 2, ago. 2008.

GUTMANN, R. Asset bubbles, debt deflation, and global imbalances. *International Journal of Political Economy*, v. 38, n. 2, p. 45-68, Summer 2009.

MEDEIROS, C. A. O ciclo recente de crescimento chinês e seus desafios. *Observatório da Economia Global*, n. 3, 2010. Disponível em: <http://www.iececon.net/arquivos/OBSERVATORIO_3.pdf>.

NOLAN, P. Industrial policy in the early 21st century: the challenge of global business revolution. In: CHANG, Ha-Joon. *Rethinking development economics*. Londres: Antherm Press, 2002.

PUGA, F.; BORÇA JR., G. R. Apesar da crise, taxa de investimento brasileira continuará em expansão. *Visão do Desenvolvimento*, BNDES, n. 65, jun. 2009.

SANTOS, C. H. Um panorama das finanças públicas brasileiras 1995/2009. 2009. inédito.

SILVA, A. C. Macedo e. O Expresso do Oriente — redistribuindo a produção e o comércio globais. *Observatório da Economia Global*, n. 2, 2010.

TAVARES, M. C.; BELLUZZO, L. G. A mundialização do capital e a expansão do poder americano. In: FIORI, J. L. *O poder americano*. Petrópolis: Vozes, 2004.

9

Regime de política econômica e crescimento sustentável

FERNANDO DE HOLANDA BARBOSA

Até que ponto se pode falar hoje de um regime de política econômica voltado para o crescimento econômico sustentável? Este capítulo tem como objetivo responder a esta pergunta, levando em conta, inclusive, os oito primeiros meses do governo da presidenta Dilma Rousseff. Primeiramente, cabe definir regime de política econômica e crescimento econômico sustentável. Regime de política econômica é o conjunto de instituições, procedimentos e regras que determinam a utilização dos instrumentos de política econômica. Na linguagem esportiva, o regime de política econômica consiste nas regras do jogo. Crescimento econômico sustentável é aquele permitido pelo crescimento do produto potencial da economia, que depende da acumulação de capital físico, capital humano e tecnologia.

A história econômica brasileira dos anos 1920 até os dias atuais pode ser dividida em três períodos. O primeiro, dos anos 1920 até o final da década de 1970, é a época do modelo de substituição de importações. Esse período produziu uma taxa média de crescimento do produto de 7% ao ano e a transformação do Brasil de uma economia rural primário-exportadora num país urbano-industrial. O segundo, que abrange as décadas de 1980 e 1990, é um período de crise e transição para um novo regime de política econômica. Nesse período, a crise fiscal do Estado produziu hiperinflação, estagnação, estabilização e a construção dos pilares que sustentam o novo regime de política econômica. Os pilares desse novo regime são: a) disciplina macroeconômica; b) abertura da economia, tanto na conta-corrente quanto na conta capital; e c) mudança do papel do Estado. O terceiro período, que começa em meados de 1999, depois da adoção do sistema de metas de inflação, pode ter vida longa, desde que esse tripé não seja destruído. Cabe salientar que mudanças no uso de instrumentos de política econômica não caracterizam a substituição desse tripé, mas refletem preferências de cada administração no estilo de jogo.

Esse novo modelo de crescimento da economia brasileira será denominado economia social de mercado, tomando-se emprestado a expressão usada por Ludwig Erhard, ministro da Fazenda alemã no pós-guerra. A eleição dos presidentes Lula e Dilma, ambos do PT, deu continuidade à herança do presidente FHC e dos presidentes que o precederam. O abandono pelo PT de ideias que não deram certo em lugar nenhum, aderindo, portanto, ao novo modelo que não surgiu como uma iniciativa de governo, mas pela força bruta dos fatos e de tentativas fracassadas de política econômica, fez com que esse novo regime de política econômica tivesse o apoio de todos os partidos políticos importantes no Brasil. Nesse novo modelo o Estado passou a ter papel importante na questão social, deixando em segundo plano a função de Estado empresarial do modelo de substituição de importações. A opção por uma economia de mercado, com a regulação do Estado, deixou de lado a visão antimercado que seduzia importantes segmentos da esquerda brasileira.

Este capítulo não pretende fazer uma análise exaustiva do novo regime de política econômica, tampouco do crescimento sustentável brasileiro, mas uma análise seletiva de alguns tópicos. Está assim organizado: a segunda seção analisa o crescimento econômico brasileiro, mostrando os limites do possível, mantidos os parâmetros existentes; a terceira trata da disciplina macroeconômica; a quarta é dedicada à abertura da economia; a quinta analisa a mudança do papel do Estado; e a sexta sumaria as principais conclusões.

Crescimento econômico brasileiro: limites do possível

Nas duas primeiras décadas do século XX, a taxa decenal de crescimento da renda *per capita* era inferior a 20% (ver gráfico 1). Nos 60 anos do modelo de substituição de importações as taxas decenais superaram 20%, chegando a 90%. Na crise e transição das décadas de 1980 e 1990, as taxas decenais ficaram abaixo de 10%. A partir da primeira década do novo milênio, o Brasil começou uma nova era de crescimento, sem o vigor da época de substituição de importações, mas numa trajetória sustentável, que deve perdurar por bastante tempo.

GRÁFICO 1

Taxa de crescimento de 10 anos do PIB *per capita*

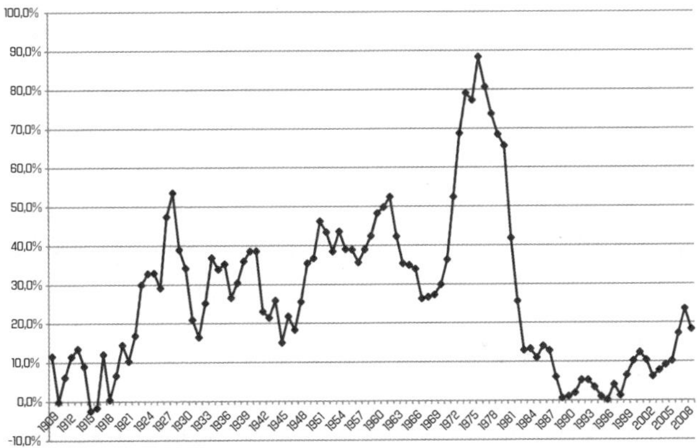

GRÁFICO 2

Crescimento médio em 10 anos

O gráfico 2 mostra as taxas de crescimento médio da renda *per capita* de cada década. No período do modelo de substituição de importações, essa taxa era, em geral, maior do que 3% ao ano, tendo seu ápice na década de 1970, quando atingiu 6% ao ano. O novo regime de política econômica, que teve início no novo milênio, dificilmente produzirá esses números, a não ser que a sociedade brasileira esteja disposta a aumentar a taxa de investimento e promova as reformas necessárias para que se aumente a produtividade total dos fatores de produção, capital e trabalho. Nesse novo regime de política econômica, o cenário mais provável aponta para taxas de crescimento da renda *per capita* no intervalo entre 3% e 4% ao ano. Tais taxas anuais correspondem a taxas decenais no intervalo de 34% a 48%.

O arcabouço da contabilidade do crescimento econômico permite que se façam algumas estimativas da taxa de crescimento da renda *per capita* no novo regime de política econômica. A taxa de crescimento da renda per capita depende: a) da taxa de crescimento da produtividade total dos fatores de produção; b) da participação do capital no produto ($\alpha_K = 1 - \alpha_L$); c) da taxa de investimento (I / Y); d) da relação capital/produto (K / Y); e) da taxa de depreciação (δ); f) da taxa de crescimento da mão de obra (n_{mo}); e g) da taxa de crescimento da população (n_{pop}), de acordo com:

$$\frac{\Delta\, RPC}{RPC} = \frac{\Delta PTF}{PTF} + \alpha_K \left(\frac{I/Y}{K/Y} - \delta - n_{pop}\right) + \alpha_L (n_{mo} - n_{pop})$$

O último termo desta expressão é o bônus demográfico, que é proporcional à diferença entre as taxas de crescimento da mão de obra e da população. No longo prazo, este termo é igual a zero.

A tabela contém dois cenários para a taxa de crescimento da produtividade total dos fatores — de 1,2% e de 2% ao ano — e três cenários para a taxa de investimento: 18%, 21% e 24%. A taxa de 18% é a atual; na década de 1970, a taxa de investimento ficou pouco acima de 21%. Em nenhuma década da época do modelo de substituição de importações a taxa de investimento chegou a uma média de 24%, mas isso não significa dizer que esta não possa ser atingida. As hipóteses dos demais parâmetros são as seguintes: participação do capital correspondente a 40% do produto, taxa de depreciação de 3,5% do estoque de capital, relação capital/produto igual a 2,5%, taxa de crescimento da mão de obra de 2,5% ao ano e taxa de aumento da população de 1% ao ano. A taxa de crescimento da renda *per capita* é igual a 3,2% na pior alternativa e de 4,8 % ao ano na melhor alternativa.

Taxa de crescimento da renda *per capita* (%)

	Δ PTF/PTF	
I/Y	1,2	2,0
18	3,2	4,0
21	3,7	4,5
24	4,0	4,8

Hipóteses: $\alpha_\kappa = 0{,}4$; $\delta = 3{,}5\%$; $\kappa/\gamma = 2{,}5$ e $\eta = 1{,}0\%$.

Disciplina macroeconômica

A disciplina macroeconômica abrange as políticas fiscal, monetária e cambial. A política fiscal não permite que o endividamento público seja insustentável, tampouco que o déficit público seja financiado por emissão de moeda. A política monetária administra a taxa de juros para que se atinja determinada meta de inflação. A política cambial, num sistema de taxa de câmbio flexível, deixa que o mercado determine a taxa de câmbio necessária para equilibrar o balanço de pagamentos, evitando que o país produza dívida externa insustentável, como ocorreu no passado. Nesta seção analisarei as políticas fiscal e monetária, deixando a política cambial para a seção que trata da abertura da economia.

Política fiscal

Depois do crescimento explosivo da dívida pública que ocorreu logo em seguida ao Plano Real, a política fiscal brasileira estabeleceu, desde 1998, uma meta de superávit primário para tornar sustentável a dívida pública. Até 2008, o superávit primário foi maior do que 3% (ver gráfico 3). O déficit nominal diminuiu e, em 2007, já estava abaixo de 3%. A dívida pública como proporção do PIB deixou de crescer, diminuindo de 2004 a 2008, subindo um pouco durante a crise de 2008, mas retornando ao patamar de 40% do PIB desde então. Esse bom desempenho fiscal permitiu que se utilizassem os instrumentos clássicos de política fiscal na crise financeira de 2008/09. A política fiscal brasileira pôde, então, ser aperfeiçoada, introduzindo-se uma regra de política fiscal anticíclica.

GRÁFICO 3

Dívida pública e necessidades de financiamento do setor público (NFSP)

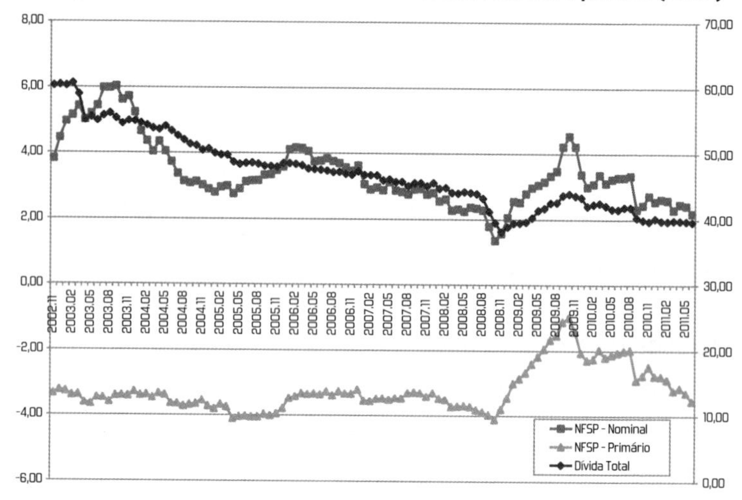

A fórmula de uma regra fiscal anticíclica pode ser especificada por:

$$f - \bar{f} = -\varphi\,(y - \bar{y})\,,\varphi > 0$$

A aplicação desta fórmula requer que se determine primeiramente o déficit de pleno emprego $\bar{f}$ e o parâmetro φ. Esse parâmetro, segundo Taylor (2000), é igual a 0,5 nos EUA. Isso significa que, se o produto norte-americano estiver 2% abaixo do produto de pleno emprego, o déficit público aumenta 1%. Nos EUA, essa política anticíclica se deve a mecanismos de estabilização automática. A política fiscal brasileira, em alguns períodos recentes, pode ter sido pró-cíclica, em vez de anticíclica, como seria desejável numa coordenação das políticas monetária e fiscal. Quanto ao déficit público de pleno emprego, é possível utilizá-lo como instrumento para influenciar a taxa de câmbio, como veremos a seguir.

Política monetária

Desde a adoção do programa de metas de inflação em meados de 1999, a meta de inflação só não foi cumprida em três anos: em 2001, em virtude do apagão, e em 2002 e 2003, devido à desconfiança da sociedade com relação à eleição do presidente Lula. No período do programa de metas de inflação houve quatro ciclos de taxas de juros no Brasil, com períodos curtos de elevação e períodos longos de queda da taxa Selic, a taxa do mercado interbancário (ver gráfico 4). Em geral, a taxa de inflação ficou na parte superior do intervalo, mostrando que o Banco Central não exagerou na mão, como afirmam alguns críticos. Todavia, a sintonia fina poderia ter sido feita com menos volatilidade da taxa de juros.

GRÁFICO 4

Taxa Selic e inflação

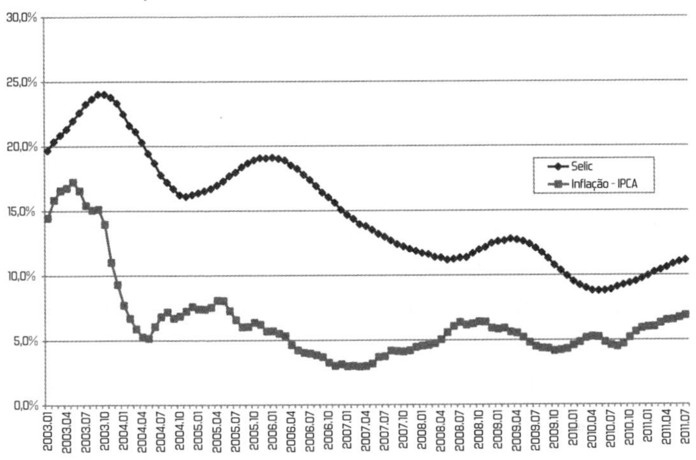

A taxa de juros real do mercado interbancário brasileiro é recordista mundial e tem suscitado grande debate sobre as causas que determinam esse fenômeno. Para analisar o problema, cabe fazer uma distinção que nem sempre é levada na devida conta em análises ingênuas e apressadas desse tópico. A taxa de juros real tem dois componentes: a taxa de juros natural ($\bar{r}$) e o hiato da taxa de juros ($r - \bar{r}$). Isto é:

$$r \equiv \bar{r} + (r - \bar{r})$$

O hiato da taxa de juros real depende da política monetária. O fato de algumas taxas de juros serem tabeladas — como a TJLP do BNDES — pode levar o Banco Central a aplicar uma dosagem de juros maior do que a necessária se não existissem tais distorções no mercado financeiro. Todavia, esse componente não explica a elevada taxa de juros real do mercado interbancário brasileiro. A explicação reside na taxa de juros natural.

GRÁFICO 5

Taxa indicativa Andima — Nota do Tesouro Nacional (NTN-B)

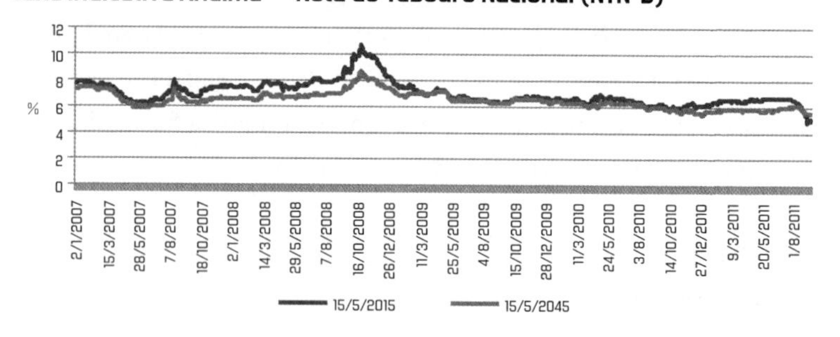

A taxa de juros natural do mercado interbancário tem um efeito contágio na dívida pública, dada a existência das letras financeiras do Tesouro (LFT), um título pós-fixado indexado à taxa Selic (Barbosa, 2006). O estoque desses títulos tem diminuído nos últimos anos, mas ainda representa um terço da dívida pública brasileira. A taxa de retorno desses títulos, por arbitragem, deve ser igual à das taxas dos demais títulos da dívida pública. Caso o Banco Central decidisse fixar a taxa Selic abaixo da taxa de retorno dos demais títulos públicos, o Tesouro teria de pagar um prêmio de risco nas LFTs, aumentando o custo do serviço da dívida pública. O gráfico 5 mostra a taxa de juros real das NTN-B, um título indexado ao IPCA. Essa taxa de juros é uma estimativa da taxa de juros natural no Brasil. No período recente, esteve em torno de 6% ao ano e, em meados de setembro de 2011, caiu abaixo desse valor.

Mudança da política monetária no governo Dilma

A eleição da presidenta Dilma Rousseff não trouxe apenas uma mudança no comando do Banco Central. O novo governo tem parâmetros diferentes na função objetivo da política monetária. A teoria monetária supõe que a função objetivo do Banco Central — a função de perda — tem dois componentes: a variância da inflação e a variância do produto. O ideal seria que tais componentes fossem iguais a zero. Mas isso é impossível, porque, se um componente aumenta, o outro diminui. Logo, há que se estabelecer um peso relativo para a variância do produto *vis-à-vis* a variância da inflação, como na expressão:

$$\textit{Função de perda} = \textit{Variância da inflação} + \kappa \; \textit{Variância do produto}$$

Quando o parâmetro κ for igual a zero, a variância do produto não é considerada na função objetivo da política monetária. Quando $\kappa \rightarrow \infty$, a função de perda depende apenas da variância do produto. No governo Dilma o peso da variância do produto aumentou. Isso não quer dizer que o programa de metas tenha sido abandonado, mas que o período de convergência da meta aumentou, e que as respostas do Banco Central para os hiatos da inflação ($\pi_t - \bar{\pi}_t$) e do produto (x_t) agora são menores, como na regra de Taylor:

$$i_t = \bar{r}_t + p_t + f_k (p_t - \bar{p}_t) + q_k x_t$$

Os índices κ nos coeficientes dos hiatos da inflação e do produto indicam que estes variam com o peso atribuído à variância do produto na função de perda. O quadro contém uma demonstração dessa proposição com um modelo bastante simplificado.

O modelo da economia contém duas equações, uma curva IS keynesiana e uma curva de Phillips aceleracionista (Svensson, 1997). A taxa de juros afeta o hiato do produto com uma defasagem, e a taxa de inflação sofre o efeito do hiato do produto também com uma defasagem. Portanto, a taxa de juros afeta a taxa de inflação com dois períodos. As especificações das curvas IS e de Phillips são dadas por:

$$\text{IS: } x_{t+1} = \lambda x_t - \alpha(\bar{r}_t - r) + \varepsilon_{t+1}$$

$$\text{CP: } \pi_{t+1} = \pi_t + \delta x_t + u_{t+1}$$

Os símbolos ε e μ representam os choques, respectivamente, de demanda e de oferta, cada um com média zero, variância constante e não correlacionados serialmente; l, a e d são parâmetros positivos.

A função de perda do Banco Central depende do hiato da inflação e do hiato do produto, de acordo com:

$$L = \frac{1}{2}(\pi_{t+2} - \bar{\pi})^2 + \frac{K}{2} x_{t+1}^2$$

O parâmetro K indica o peso relativo do hiato do produto com relação ao hiato da inflação. Quando $K = 0$, o Banco Central não se preocupa com o hiato do produto, e quando $K \rightarrow \infty$, o Banco Central considera apenas o hiato da inflação.

O problema do Banco Central consiste em determinar a taxa de juros nominal i_t, de tal sorte que minimize o valor esperado da perda, levando em conta a estrutura da economia. Isto é:

$$\min_{i} E_t \square \beta^2 [\frac{1}{2} (\pi_{t+2} - \bar{\pi})^2 + \frac{K}{2} x_{t+1}^2]$$

sujeito às seguintes restrições:

$$\pi_{t+2} = \pi_t + \delta (1+\lambda) x_t = \alpha \delta (i_t - \pi_t - \bar{r}) + u_{t+1} + \delta \varepsilon_{t+1} + u_{t+2}$$

$$x_{t+1} = \lambda x_t - \alpha (i_t - \pi_t - \bar{r}) + \varepsilon_{t+1}$$

A condição de primeira ordem deste problema é dada por:

$$E_t \beta \quad [(\pi_{t+2} - \bar{\pi})(- \alpha\delta) + K x_{t+1} (- \alpha)] = 0$$

Essa condição é equivalente a:

$$E_t \pi_{t+2} = \bar{\pi} - \frac{K}{\delta} \in x_{t+1}$$

Substituindo-se as esperanças matemáticas de π_{t+2} e x_{t+1}, obtém-se a seguinte regra de Taylor:

$$i_t = \bar{r} + \pi_t + \phi(\pi_t - \bar{\pi}) + \theta x_t$$

Os coeficientes ϕ e θ são dados por:

$$\phi = \frac{\delta}{\alpha(\delta^2 + \kappa)} \; ; \; \theta = \frac{\delta^2 (1+\lambda) + \kappa\lambda}{\alpha(\delta^2 + \kappa)}$$

A conclusão a que se chega é de que quanto maior o valor do parâmetro κ, menores os coeficientes do hiato da inflação (ϕ) e do hiato do produto (θ).

A esperança matemática da inflação no período $t + 2$ não será igual à meta de inflação (π):

$$E_t \pi_{t+2} = \bar{\pi} + \frac{\kappa}{\delta^2 + \kappa} (\pi t - \bar{\pi}) + \frac{\kappa\delta}{\delta^2 + \kappa} x_t$$

Quando $\kappa = 0$, $E_t \pi_{t+2} = \bar{\pi}$.

Com um pouco de álgebra pode-se concluir que a inflação converge gradualmente para a meta:

$$E_t \pi_{t+2} = \bar{\pi}_t = -\frac{\delta^2}{\delta^2 + \kappa} (\pi t - \bar{\pi})$$

Abertura da economia

A abertura da conta-corrente da economia brasileira ocorreu em 1989, no governo Collor. Esse fato foi uma consequência natural de o modelo de substituição de importações ter chegado ao seu final. A abertura da conta de capital não ocorreu num determinado momento e, sim, de maneira progressiva, na medida em que se foram removendo várias restrições à mobilidade do capital.

GRÁFICO 6

Taxa de câmbio real e transações correntes

GRÁFICO 7

Reservas internacionais e câmbio nominal

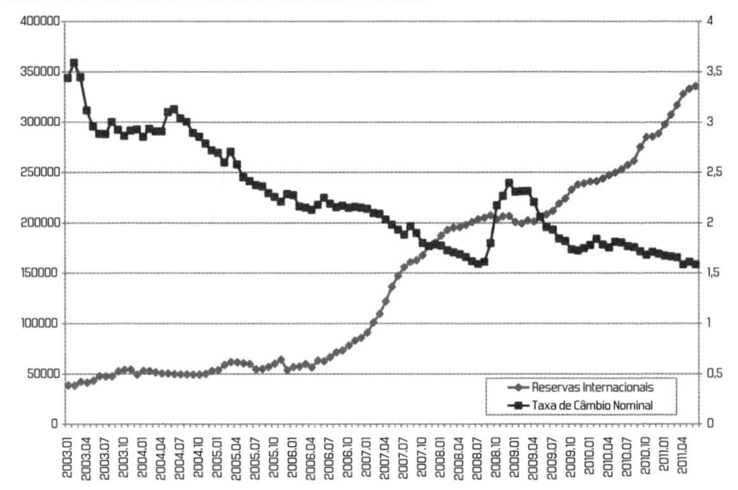

Um fenômeno recorrente na economia brasileira é a apreciação da taxa de câmbio. O gráfico 6 mostra a evolução da taxa de câmbio real. No período que se seguiu ao Plano Real, a taxa de câmbio manteve-se apreciada até a desvalorização de janeiro de 1999. Desde o início de 2003 a taxa câmbio real vem diminuindo e atualmente está mais apreciada do que no período pós-real. Esse nível de apreciação é tema de debate entre os economistas que se preocupam com as consequências para a indústria brasileira, seja pela perda de competitividade das empresas exportadoras, seja pela concorrência dos produtos importados à produção doméstica. A taxa de câmbio real afeta a conta-corrente do balanço de pagamentos (ver gráfico 6) e é um preço relativo crucial para a competitividade do país. Qual a resposta mais apropriada da política econômica à apreciação da taxa de câmbio?

A resposta do governo à apreciação cambial tem sido: a) compra de moeda estrangeira, aumentando as reservas internacionais; b) uso do IOF sobre a entrada de capital estrangeiro; e c) taxação de transações nos mercados de derivativos cambiais.

O gráfico 7 mostra que, desde o segundo semestre de 2006, o Banco Central decidiu intervir no mercado de câmbio, aumentando o nível de reservas do país, que na época era de cerca de US$ 50 bilhões para US$ 352 bilhões em meados de setembro de 2011. Há fundamentos que justifiquem essa decisão? Os defensores dessa política argumentam que o Banco Central na verdade compra um seguro que protege o Brasil de crises financeiras externas, como a crise de 2007/08. Todavia, esse seguro é caro demais, pago pelo contribuinte, e um luxo desnecessário num país tão pobre como o nosso. Um cálculo aproximado do nível ótimo de reservas para o Brasil indica um valor mais próximo do nível de reservas que existia em 2006 (Barbosa, Nunes e Nogueira, 2009). Mas, numa hipótese conservadora, admita-se que o nível ótimo de reservas seja de US$ 100 bilhões. Caso a diferença dos juros pagos pelo Tesouro e aquele recebido pelas aplicações das reservas internacionais seja de 10%, o custo anual do nível excedente das reservas chega a US$ 35,2 bilhões, o que equivale a um custo mensal de quase US$ 3 bilhões.

O excesso de liquidez internacional depois da crise financeira internacional, provocada pelas políticas monetárias expansionistas dos bancos centrais dos Estados Unidos, da Europa e da Inglaterra, tem produzido um movimento de capitais para os países emergentes com bons fundamentos macroeconômicos, como é o caso do Brasil. O governo brasileiro tem procurado inibir essas entradas desde 2008, aplicando o imposto sobre operações financeiras (IOF) às aplicações em renda fixa. O problema com esse imposto sobre uma transação específica é que se cria um incentivo para que o mercado crie operações que contornem a incidência do imposto. A maneira mais eficiente de usar esse instrumento de política econômica é aplicá-lo a todas as transações de movimento de capitais, e criar um mecanismo de crédito integral do imposto, devidamente corrigido pela inflação, para aplicações de médio e longo prazos.

Política cambial: a taxa de câmbio natural

A política cambial brasileira tem sido cara, ineficiente e incapaz de impedir a apreciação da taxa de câmbio real. O que deve ser feito para que essa experiência não se repita? Para responder a esta pergunta é preciso compreender os mecanismos de determinação das taxas de câmbio nominal, real e natural. A taxa de câmbio nominal depende das seguintes variáveis: a) hiato dos níveis de preços doméstico e externo; b) hiato das taxas de juros reais, doméstica e externa; e c) taxa de câmbio natural.

Quando o nível de preços doméstico se eleva mais do que o nível de preços internacional, a taxa de câmbio aumenta pela diferença entre os dois níveis de preços. Essa proposição é a velha conhecida paridade do poder de compra. A segunda variável que afeta a taxa de câmbio é o diferencial de juros. Quando a taxa de juros brasileira é maior do que as taxas de juros internacionais, o capital é atraído para o nosso país. Esse movimento produz uma apreciação do câmbio. A política monetária é responsável pelo diferencial dos níveis de preços no longo prazo e pelo diferencial de taxas de juros no curto prazo. O hiato das taxas de juros reais desaparece pelo efeito da arbitragem no longo prazo. O Banco Central só influencia o câmbio nominal no longo prazo pelo controle que exerce sobre a taxa de inflação.

No sistema de câmbio flexível, a taxa de câmbio nominal muda *pari passu* com a taxa de câmbio natural, que é a taxa de câmbio real de equilíbrio de longo prazo. Tal taxa é um preço relativo que depende: a) da taxa de progresso tecnológico do país, comparada com a taxa de seus parceiros comerciais; b) das preferências de seus consumidores com relação aos bens domésticos e aos bens importados; e c) da taxa de juros internacional. Quando a taxa de juros internacional diminui, a taxa de câmbio natural tende a se apreciar em virtude da maior entrada de capital estrangeiro. A política econômica não dispõe de instrumentos que afetem nenhuma dessas variáveis: progresso tecnológico, preferências dos consumidores e taxas de juros internacionais.

Em uma economia fechada, o déficit público é financiado pela poupança doméstica. Em uma economia aberta pequena, o déficit público pode ser financiado por poupança externa. A pressão sobre a taxa de juros produz a entrada de capital externo, que financia o déficit público, mas aprecia o câmbio. Esses dois déficits são os déficits gêmeos. Outro mecanismo da política fiscal que afeta a taxa de câmbio real é o aumento dos gastos públicos. A maior parte dos gastos públicos é direcionada para a compra de bens não comercializáveis, que provoca a mudança do preço relativo entre bens não comercializáveis e comercializáveis e, portanto, da taxa de câmbio natural. A política econômica pode, então, mudar a taxa de câmbio natural e, por conseguinte, a taxa de câmbio nominal, usando como instrumento as variáveis de política fiscal.

A conclusão a que se chega é de que a resposta mais apropriada da política econômica à apreciação da taxa de câmbio seria a determinação do déficit público $(\bar{f})$ e das despesas correntes do governo $(\bar{c}_G)$, ambos de pleno emprego, de tal sorte que fossem compatíveis com a taxa de câmbio real desejada.

Mudança no papel do Estado

No modelo de substituição de importações, o Estado teve uma função empresarial importante em siderurgia, telecomunicações, mineração, petróleo, energia elétrica e no setor financeiro. A crise das finanças públicas, que teve início na década de 1980 e que produziu a hiperinflação e a estagnação da economia brasileira, obrigou o Estado a privatizar as empresas de siderurgia, telecomunicações, mineração e a maioria dos bancos estaduais. A redução da capacidade de investimento do Estado produziu também a privatização de estradas e portos, e no futuro próximo um bom número de aeroportos seguirá este caminho. A consequência desse processo de privatização foi a criação de agências reguladoras em vários setores da economia. O Estado passou, então, a ter um papel importante na atividade de regulação, inclusive na área de concorrência e abusos do poder econômico.

A segunda mudança importante no papel do Estado ocorreu na área social. A saúde, a educação fundamental e a previdência foram universalizadas. No governo do presidente FHC foram criados programas de combate à miséria e à pobreza, e o presidente Lula ampliou esses programas, que têm contribuído para a redução da desigualdade de renda da população brasileira. Essa nova função social só foi possível com o aumento do tamanho do Estado, medido pela proporção dos gastos do governo, e uma carga tributária próxima de 40% do PIB para financiá-los.

Qualquer cidadão brasileiro está familiarizado com a ineficiência do Estado na prestação de serviços, inclusive de segurança pública e justiça, e no uso de recursos públicos. Uma reforma do Estado que produza eficiência no setor público é essencial para o crescimento e o aumento do bem-estar da sociedade. Aumentar a eficiência significa melhorar a qualidade dos serviços, reduzindo custos. A redução de custos libera recursos para que o Estado retome a capacidade de investimento que já teve no passado. Mas essa reforma tem de começar por cima, pela reorganização dos organogramas dos poderes executivos, abrangendo municípios, estados e a União.

Reforma do Estado: busca de eficiência

Na sociedade democrática, a coalizão política é um ingrediente fundamental para a governabilidade. A coalizão implica a partilha do governo entre os diversos partidos que formam sua base de sustentação. No Brasil, o processo de coalizão transformou-se também na criação de ministérios, secretarias e no loteamento de cargos nos órgãos públicos e nas empresas estatais. Esse padrão de comportamento virou prática comum nos governos municipais, estaduais e federal. Nas últimas décadas, o organograma do Poder Executivo brasileiro tem como objetivo acomodar os partidos políticos com cargos ministeriais e secretarias, e não a eficiência da administração pública. Como não existem cargos para tanta demanda, o jeito foi criar novos ministérios e secretarias.

O Brasil tem atualmente 37 ministérios divididos por diferentes áreas de atuação do governo. Na agricultura temos três ministérios: Agricultura, Pesca e Desenvolvimento Agrário. Na economia existem quatro: Fazenda, Planejamento, Secretaria de Assuntos Estratégicos e Banco Central. No caso do Banco Central, pode-se argumentar que o *status* de ministro deve-se ao fato de seu presidente, como ministro, ter como foro o Supremo Tribunal Federal, em vez da justiça comum, como ocorria antigamente.

A Presidência da República é recordista em ministros, contando com uma equipe de cinco: Casa Civil, Secretaria de Comunicações, Secretaria Geral, Secretaria de Relações Institucionais e Gabinete de Segurança Institucional. A área da justiça não fica atrás da Presidência da República. Além do Ministério da Justiça, existem o de Direitos Humanos, o da Igualdade Racial, a Advocacia Geral da União e a Controladoria Geral da União. A Secretaria Especial das Mulheres poderia entrar também nesta área.

A área de desenvolvimento tem cinco ministros: Desenvolvimento Industrial e Comércio Exterior, Turismo, Meio Ambiente, Comunicações e Ciência e Tecnologia. A área de integração tem três ministérios: Integração, Cidades e Desenvolvimento Social. O Ministério do Trabalho e da Previdência Social foi dividido em dois: Trabalho e Previdência. O Ministério dos Transportes foi dividido em dois: Transportes e Portos. A educação, a cultura e os esportes transformaram-se em três ministérios.

Os ministérios de Minas e Energia, Saúde e Relações Exteriores ainda não foram divididos, mas quem sabe se um dia não aparece alguém para fatiá-los. O Ministério da Defesa foi o único na contramão: o Exército, a Marinha e a Aeronáutica foram fundidos em um único ministério, que passou a ser comandado por um civil.

A pergunta que ocorre a alguém que analisa esse tipo de organização é a seguinte: qual o número de ministérios em outros países? A Austrália, além do primeiro-ministro e de seu vice, tem 18 ministérios. A Alemanha tem 15. Os Estados Unidos, 14. A França também tem 14 e o Reino Unido, 21 ministérios. Será que o Brasil é diferente e precisa de 37 ministérios?

Muita gente em nosso país acredita que a criação de um ministério é o caminho para se resolver um problema administrativo. A mesma mentalidade existe nos estados e nas prefeituras, com a criação de secretarias que, na verdade, são mecanismos de acomodação política. A experiência tem mostrado que o inchaço do organograma do governo nada resolve, apenas aumenta os custos e a ineficiência. A melhor opção seria, em primeiro lugar, uma reforma administrativa, feita por especialistas nessa área, que tivesse como objetivo a eficiência do governo.

Governança das empresas estatais

No caso das empresas estatais existe um caminho simples para acabar com a disputa política por seus cargos de direção: a privatização. O sucesso da privatização das empresas siderúrgicas, da Embraer, da Vale, das empresas de telecomunicações e dos bancos estaduais é um fato que não pode ser discutido apelando-se para a ideologia. Todavia, a população brasileira tem indicado que não aprova esse caminho. Resta, então, aceitar o veredicto popular.

Nas duas últimas décadas, os políticos brasileiros tornaram-se partes interessadas (*stakeholders*) nas empresas estatais. Esse comportamento é descabido e não contribui para o bom desempenho da empresa. É preciso, então, criar um estatuto para as empresas estatais que impeça que pessoas sem a devida qualificação profissional e (ou) experiência sejam membros de suas diretorias ou de seus conselhos de administração. A mudança do presidente da República, do governador, do prefeito não deve implicar a troca da diretoria e do conselho de administração das empresas estatais, para evitar que esses cargos sirvam de moeda de troca de apoio político.

Conclusão

O novo regime de política econômica brasileiro é compatível com um crescimento anual médio da renda *per capita* de 3%. Caso o Brasil deseje ter um desempenho melhor no futuro, deve-se aumentar a taxa de poupança doméstica e a taxa de investimento, inclusive do setor público. No curto prazo é bastante difícil aumentar a taxa de poupança do setor privado. Cabe, portanto, ao setor público fazê-lo, reduzindo o déficit nominal.

A política fiscal deveria ser aperfeiçoada, introduzindo-se uma regra de política fiscal anticíclica, um coadjuvante importante da política monetária, com o valor do déficit (ou superávit) de pleno emprego consistente com uma meta da taxa de câmbio natural.

A política monetária deveria resolver o imbróglio da taxa de juros natural brasileira, que é excessiva se comparada com a de qualquer país do mundo. O Banco Central deveria fazer um acordo com o Tesouro para acabar com as LFTs, eliminando também a liquidação dos títulos públicos no dia da transação (no jargão do mercado, a liquidação não seria feita em D0).

Desde 2006, o calcanhar de aquiles da política econômica brasileira tem sido a política cambial. O sistema de câmbio flexível, na prática, tornou-se um sistema de câmbio administrado, produzindo uma elevação exagerada do nível de reservas internacionais. Nunca se pagou tão caro por um seguro, nem tampouco se atingiu o objetivo de impedir a forte apreciação do real. No sistema de taxa de câmbio flexível, o Banco Central deve atuar no mercado de câmbio em duas situações: a) para reduzir a volatilidade; e b) para dissipar bolhas, quando existirem indícios de tal ocorrência. Cabe ao Tesouro utilizar os instrumentos da política fiscal para influenciar a taxa de câmbio natural, a taxa de câmbio real de equilíbrio de longo prazo.

O aumento da taxa de crescimento do produto potencial brasileiro depende de uma reforma que torne o Estado eficiente na provisão de educação, saúde, segurança pública e justiça, e libere recursos para aumentar os investimentos públicos. A reforma deve começar pela extinção de cargos de ministros no governo federal e de secretários nos estados e municípios, cargos que têm como única finalidade servir de moeda de troca na obtenção de apoio político.

Referências

BARBOSA, F. H. The contagion effect of public debt on monetary policy: the Brazilian experience. *Revista de Economia Política*, n. 102, p. 231-238, 2006.

_____; NUNES, E. M. P.; NOGUEIRA, R. M. Reservas internacionais: seguro ou desperdício. *Conjuntura Econômica*, v. 63, n. 11, p. 26-29, nov. 2009.

SVENSSON, L. E. O. Inflation forecast targeting: implementing and monitoring inflation targets. *European Economic Review*, v. 41, p. 1111-1146, 1997.

TAYLOR, J. The policy rule mix: a macroeconomic policy evaluation. In: CALVO, Guillermo; DORNBUSCH, Rudiger; OBETFELD, Maurice (Eds.). *Money, capital and trade, essays in honor of Robert Mundell*. Massachusetts: MIT Press, 2000. p. 505-518.

10
O Brasil pode mais*

JOSÉ LUIS OREIRO

Mas, se avançamos, também devemos admitir que ainda falta muito por fazer. E se considerarmos os avanços em outros países e o potencial do Brasil, uma conclusão é inevitável: o Brasil pode ser muito mais do que é hoje.
José Serra

The biggest problem is not to let people accept new ideas, but to let them forget the old ones.
Jonh Maynard Keynes

No período compreendido entre 1980 e 2005, a economia brasileira teve um crescimento médio anual de apenas 0,7% em termos *per capita*, valor bastante inferior ao observado entre 1950 e 1980, que girou em torno de 3%. O desempenho brasileiro também ficou abaixo da performance de outros países emergentes, como Coreia do Sul, China, México e Chile. Nos últimos quatro anos, contudo, houve *uma aceleração no crescimento da economia brasileira* relativamente ao comportamento observado desde 1988.

---

* Este capítulo é uma versão modificada e ampliada de "Novo desenvolvimentismo e a agenda de reformas macroeconômicas para o crescimento sustentado com estabilidade de preços e equidade social: algumas implicações para o caso brasileiro", escrito com Luiz Fernando de Paula e publicado no site da Associação Keynesiana Brasileira.

A taxa média de crescimento no período 2004-08 foi de 4,81% ao ano, bastante superior às médias observadas nos períodos 2000-03 (2,35% ao ano), 1996-99 (1,45%), 1992-95 (3,48%) e 1988-91 (-0,05%). Considerando um crescimento populacional da ordem de 1,5% ao ano, a manutenção dessa taxa de crescimento do PIB fará com que a renda *per capita* brasileira volte a crescer à taxa de 3% ao ano, recuperando o desempenho observado no período 1950-80.

Mas a boa performance que a economia brasileira vem apresentando desde 2004 deve-se a uma *conjuntura internacional extremamente favorável*, que se expressa por um aumento sem precedentes do preço internacional das *commodities*, forte recuperação dos termos de troca, vigorosas taxas de expansão do comércio internacional e taxas de juros mundiais em níveis bastante baixos. Esse cenário internacional favorável permitiu o aumento vigoroso das exportações brasileiras e uma forte recuperação dos termos de troca (ver gráficos 1 e 2), o que contribuiu para o *relaxamento da restrição externa* ao crescimento da economia brasileira.

GRÁFICO 1

Evolução da taxa de crescimento das exportações (1995-2008)

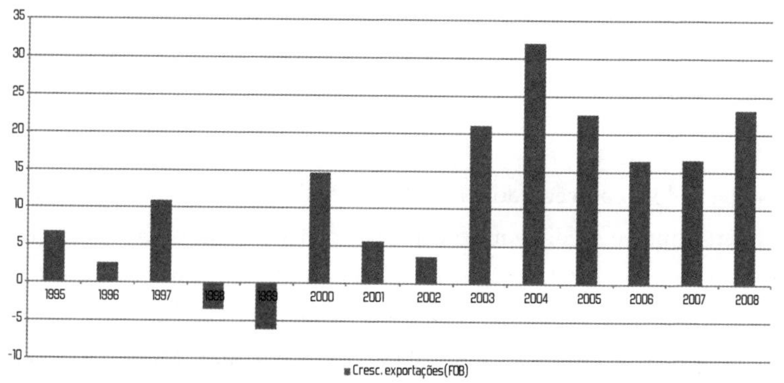

GRÁFICO 2

Evolução dos termos de troca da economia brasileira (1995-2009)

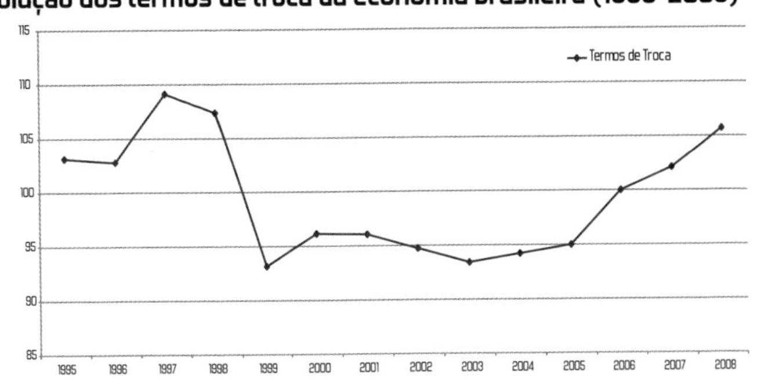

Fonte: Ipeadata.

Essa combinação de elementos também permitiu que, até 2007, a economia brasileira apresentasse superávits em conta-corrente fundamentais para a redução de sua vulnerabilidade externa; ao mesmo tempo em que a taxa de câmbio apresentou forte apreciação, um elemento importante no sentido de facilitar o processo de desinflação iniciado pelo Banco Central em 2003, e que permitiu o controle da taxa de inflação via taxas de juros gradativamente mais baixas, em termos tanto nominais quanto reais (ver gráfico 3). Dessa forma, o cenário internacional favorável teria sido o responsável direto pelo relaxamento não só da *restrição externa* como da *restrição interna* ao crescimento econômico de longo prazo.

GRÁFICO 3

Evolução da meta da taxa Selic nominal (2003-09)

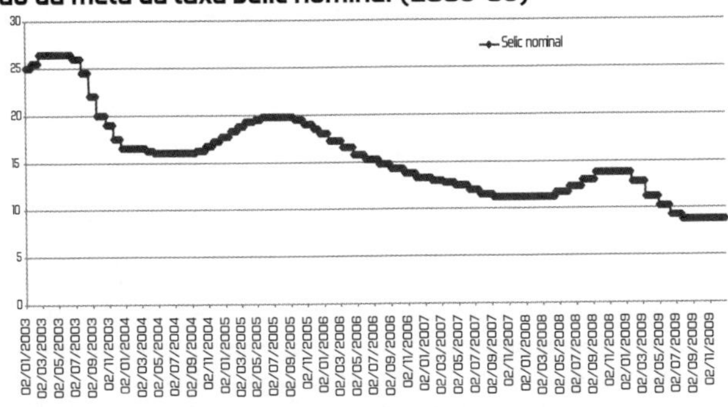

Fonte: Ipeadata.

O crescimento mais acelerado de 2004-08, contudo, não é sustentável a médio e longo prazos. Primeiro, cabe destacar que a taxa de investimento, apesar da notável recuperação observada desde 2003, ainda permanece em patamares insuficientes para proporcionar um crescimento sustentado a longo prazo num contexto de estabilidade de preços. A taxa de investimento situa-se em torno de 18% do PIB (ver gráfico 4), o que é compatível com um crescimento sustentado do PIB de apenas 3% ao ano.[1]

Segundo, o crescimento observado nos últimos anos tem ocorrido num contexto de *apreciação crônica da taxa real de câmbio*. Essa dinâmica da taxa real de câmbio induziu não apenas o ressurgimento dos déficits em conta-corrente (gráfico 5), como ainda tem causado forte *reprimarização da pauta de exportações* (gráfico 6), somada a um movimento de queda da participação do valor adicionado da indústria no PIB. Em outras palavras, o crescimento recente da economia brasileira foi financiado com "poupança externa" — o que ressuscita temores quanto à fragilidade externa da economia brasileira — num contexto de mudança estrutural perversa, ou seja, num contexto de desindustrialização.

GRÁFICO 4

Evolução de taxa de investimento a preços constantes (1995-2009)

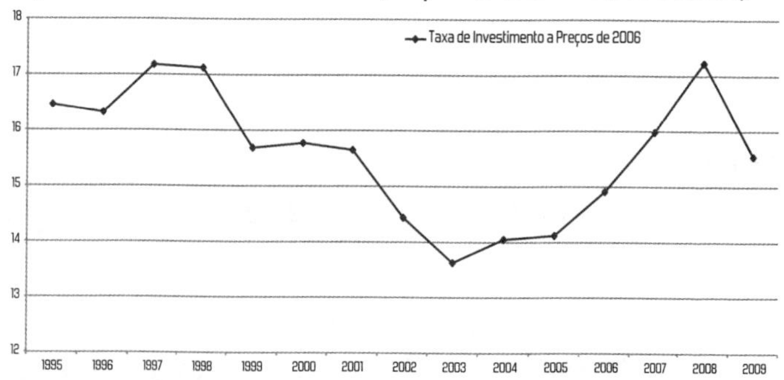

Fonte: Ipeadata.

[1] Essa projeção baseia-se numa calibração do modelo de crescimento Harrod-Domar. A taxa garantida de crescimento do modelo de Harrod é dada por: $g = \frac{s}{v} - d$, onde s é a taxa de investimento, v é a relação capital/produto e δ é a taxa de depreciação do capital fixo. Presumindo-se uma taxa de investimento de 18%, uma relação capital/produto de 3 e uma taxa de depreciação de 3% ao ano para o estoque de capital fixo, chega-se a um valor de 3% ao ano para a taxa de crescimento garantida.

A desindustrialização é um processo que resulta na redução do crescimento potencial de longo prazo de uma economia, uma vez que, segundo salientaram Thirwall (2002) e Tregenna (2009):

- Os efeitos de encadeamento para a frente e para trás na cadeia produtiva são mais fortes na indústria do que nos demais setores da economia.
- A indústria é caracterizada pela presença de economias estáticas e dinâmicas de escala, de tal forma que a produtividade na indústria é uma função crescente da produção industrial. Esse fenômeno é conhecido na literatura econômica como Lei de Kaldor-Verdoorn.[2]
- A maior parte da mudança tecnológica ocorre na indústria. Além disso, boa parte do progresso tecnológico no restante da economia é difundida a partir do setor manufatureiro.
- A elasticidade-renda das importações de manufaturas é maior do que a elasticidade-renda das importações de *commodities* e produtos primários. Dessa forma, a "industrialização" é tida como necessária para aliviar a restrição do balanço de pagamentos ao crescimento de longo prazo.[3]

GRÁFICO 5

Evolução do déficit em conta-corrente/PIB (2003-09)

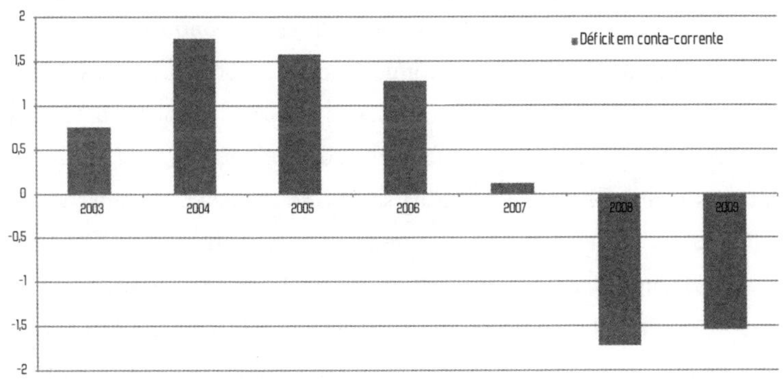

Fonte: Ipeadata.

[2] Para evidências empíricas sobre a Lei de Kaldor-Verdoorn, ver McCombie e De Ridder (1984).

[3] Sobre a restrição do balanço de pagamentos ao crescimento de longo prazo e o papel desempenhado pela estrutura produtiva na determinação das elasticidades-renda das importações e das exportações, ver McCombie e Roberts (2002).

GRÁFICO 6

Relação entre o valor das exportações de produtos básicos/produtos industrializados na economia brasileira (1995-2009)

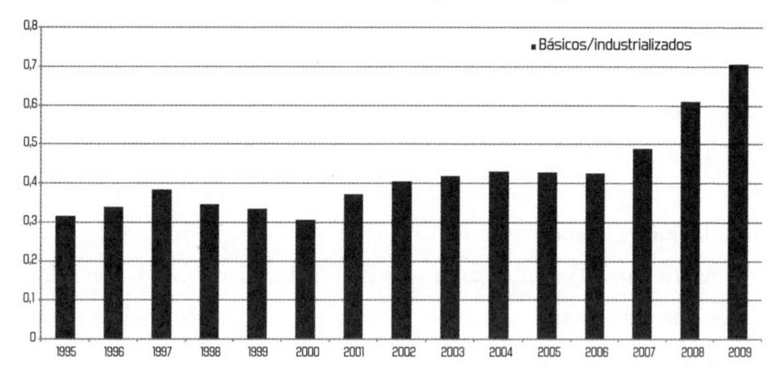

Fonte: Ipeadata.

Isto posto, este capítulo tem por objetivo discutir os contornos gerais de uma agenda de reformas macroeconômicas para o crescimento sustentado da economia brasileira num contexto de estabilidade de preços e equidade social. O pressuposto básico que orienta a agenda de reformas aqui apresentadas é que "o Brasil pode mais", ou seja, que os problemas que levaram o Brasil à semiestagnação nas últimas décadas não são insuperáveis *per se*. A raiz das dificuldades que o Brasil encontra para se libertar desse passado de estagnação econômica não reside, porém, nas novas ideias que serão apresentadas a seguir, e, sim, como afirmado por Jonh Maynard Keynes, nas ideias antigas que referenciam o *paradigma neoliberal*, ainda forte entre os formadores de opinião na sociedade brasileira. Romper com as velhas ideias é fundamental para o desenvolvimento do Brasil.

Essa agenda de *reformas macroeconômicas* é tida como necessária para que a economia brasileira retome sua trajetória de desenvolvimento após 25 anos de semiestagnação. Tais reformas macroeconômicas envolvem a flexibilização do regime de metas de inflação, a mudança do regime de política fiscal em direção a um sistema baseado na obtenção de metas de superávit em conta-corrente do governo, a adoção de uma política de administração da taxa de câmbio por intermédio da constituição de um fundo de estabilização cambial e uma reforma geral do sistema financeiro. Em outras palavras, é necessário pôr de lado o modelo macroeconômico vigente desde 1999, que se baseia no tripé câmbio flutuante, metas de superávit primário e metas (rígidas) de inflação.

O modelo macroeconômico brasileiro e as raízes da semiestagnação

Durante o período de hegemonia do pensamento neoliberal no Brasil ocorreram importantes transformações na condução da política econômica. Tais transformações tiveram importante papel na consolidação da estabilidade de preços, iniciada em 1994 com a implantação do Plano Real. Contudo, essas mesmas transformações foram responsáveis pela manutenção da economia brasileira numa situação de semiestagnação do ponto de vista do crescimento de longo prazo. O atual modelo de política macroeconômica adotado no Brasil, fruto das transformações mencionadas, se apoia em três pilares básicos: a) política monetária operada a partir do arcabouço institucional do regime de metas de inflação, responsável por manter a taxa de juros básica compatível com a meta de inflação definida pelo Conselho Monetário Nacional; b) regime cambial de flutuação suja (*dirty floating*), no qual o mercado é responsável pela definição da taxa de câmbio nominal e as intervenções do Banco Central no mercado cambial restringem-se a impedir movimentos especulativos maiores e a levar adiante o propósito de sua política de acumulação de reservas cambiais;[4] e c) regime fiscal baseado na geração de superávits primários expressivos para manter a estabilidade (ou reduzir) a dívida líquida do setor público como proporção do PIB.

Esse modelo tem sido capaz de manter a taxa de inflação em patamares baixos (um dígito por ano), mas tem também contribuído para as baixas taxas de crescimento do produto e, com isso, limitado as possibilidades de redução do desemprego e a melhoria efetiva das condições de vida da população. Isto porque o atual modelo macroeconômico manteve uma combinação perversa entre juros elevados em termos nominais e reais, câmbio apreciado e baixo investimento público em obras de infraestrutura econômico-social.

[4] Barbosa Filho (2008) sugere a existência de um regime de flutuação suja assimétrica, no qual o Banco Central luta contra as desvalorizações, mas tolera as valorizações para alcançar as metas de inflação estabelecidas pelo governo.

O regime de metas inflacionárias foi implantado no Brasil em 1999, após o colapso do regime de câmbio administrado em janeiro daquele ano. Em função do histórico inflacionário do país e da falta de credibilidade das políticas anti-inflacionárias adotadas nos anos 1980 e início dos 1990, entendia-se não ser possível manter a estabilidade de preços na ausência de uma âncora nominal. O regime de metas inflacionárias veio justamente suprir essa necessidade. No entanto, o arranjo institucional do regime — entendido como a medida da taxa de inflação, a definição do valor numérico da meta, o estabelecimento do prazo de convergência da inflação para a meta fixada e a maneira de determinar a taxa de juros — é bastante rígido, o que atua no sentido de produzir uma taxa média de juros mais alta do que a que ocorreria se esse arranjo fosse mais flexível.

O arranjo institucional do regime de metas inflacionárias tem as seguintes características: utiliza-se o índice de preços ao consumidor (IPCA) cheio, há uma meta central de inflação com um intervalo de tolerância, o prazo de convergência é de 12 meses do ano calendário e existem fortes indícios de que o Banco Central determine a meta da taxa Selic de acordo com alguma variante da regra de Taylor.[5] Essa rigidez do regime de metas de inflação faz com que, diante de um choque de oferta desfavorável (por exemplo, uma desvalorização cambial produzida pela "parada súbita" dos fluxos de capitais para o país), a autoridade monetária seja levada a "sobrerreagir" ao choque por meio de elevações bastante significativas da taxa de juros. Dado que economias emergentes como o Brasil são mais suscetíveis a choques de oferta do que as economias desenvolvidas, segue-se que a taxa média de juros tende a ser mais elevada em contextos em que o arranjo institucional do regime de metas de inflação for mais rígido.

Além da rigidez do arcabouço institucional do regime de metas de inflação,[6] outros dois fatores contribuem para manter a taxa de juros no Brasil em patamares elevados: a) a existência de títulos públicos indexados

[5] Modenesi (2008) apresenta evidências empíricas de que a formação da taxa Selic é pautada por uma convenção pró-conservadorismo, com um comportamento assimétrico do Banco Central, que eleva a taxa de juros mais fortemente por ocasião de um aumento no hiato do produto, ou no hiato inflacionário ($\pi c - \pi p$), reduzindo pouco, quando diminui, tais hiatos.

[6] Para uma avaliação do regime de metas de inflação brasileiro, ver Oreiro, Paula e Sobreira (2009).

à taxa básica de juros; e b) a indexação dos preços administrados ao IGP-M. Em função dos riscos que as variações na taxa de juros poderiam impor ao sistema financeiro num contexto de inflação elevada, o Tesouro Nacional introduziu, no final dos anos 1980, as chamadas Letras Financeiras do Tesouro (LFTs), que são títulos cujo fluxo de pagamento de juros é indexado pela taxa Selic — a taxa definida no mercado de reservas bancárias, e que é a variável operacional de política monetária. Dessa forma, as LFTs são um título com duration igual a zero, ou seja, cujo valor de mercado não varia em função de mudanças na taxa básica de juros. Atualmente, cerca de 40% da dívida líquida do setor público é constituída por LFTs, mas esse percentual já superou os 50% há alguns anos. A indexação das LFTs pela taxa básica de juros elimina o "efeito riqueza" da política monetária, ou seja, as perdas de capital resultantes de um aumento da taxa de juros. Sendo assim, a política monetária perde bastante de sua eficácia como instrumento de controle da demanda agregada, fazendo com que a dosagem requerida de aumento da taxa de juros para se obter uma dada redução na taxa de inflação seja consideravelmente maior do que o necessário caso o "efeito riqueza" estivesse presente.[7]

Outro problema causado pela existência das LFTs é o chamado "efeito contágio" da política monetária pela dívida pública (Barbosa, 2006). A indexação das LFTs pela taxa básica de juros torna tais títulos substitutos perfeitos para as reservas bancárias. Isso significa que, em equilíbrio, a taxa de retorno dos títulos públicos indexados à Selic deve ser igual à taxa de juros do mercado interbancário, local onde os bancos podem comprar e vender o excesso de reservas. Dessa forma, a taxa de juros que o Banco Central utiliza para regular a liquidez do mercado de reservas bancárias deve ser equivalente à taxa de juros que o Tesouro Nacional deve pagar para vender os títulos públicos aos poupadores domésticos. Isso faz com que a taxa de juros de curto prazo seja igual à taxa de juros de longo prazo, criando uma curva de juros horizontal para a economia brasileira. Essa característica da curva de juros brasileira atua no sentido de desestimular a emissão de

[7] O canal "efeito riqueza" da política monetária é resultado do impacto negativo sobre a riqueza financeira dos agentes causado pela redução no preço do título prefixado devido à elevação da taxa de juros. Tais perdas de capital deixam de existir com títulos indexados à Selic.

dívida de longo prazo, fazendo com que o Tesouro Nacional não consiga alongar o prazo de maturidade dos títulos da dívida do governo. Apesar dos resultados positivos obtidos nos últimos anos em termos da gestão da dívida pública, o prazo médio de vencimento da dívida mobiliária federal encontra-se em torno de 44 meses. A estrutura de vencimento da dívida pública brasileira faz com que o valor das amortizações pagas por ano pelo setor público seja bastante elevado (cerca de R$ 400 bilhões), o que aumenta a fragilidade financeira do setor público, ou seja, aumenta o risco de solvência percebido pelos credores no caso de um aumento da taxa básica de juros, ditado pela necessidade de manter a inflação dentro das metas definidas pelo Conselho Monetário Nacional.

O formato peculiar da curva de juros brasileira, além de possibilitar o aumento da fragilidade financeira do setor público, também atua no sentido de impor um piso para a queda da taxa básica de juros, limite este dado pela remuneração das cadernetas de poupança. Como é sabido, os depósitos de poupança têm garantida por lei uma remuneração de 0,5% ao mês (o que equivale a 6,17% ao ano), acrescida da variação da TR.[8] Os depósitos de poupança constituem um ativo seguro e com bastante liquidez. O prazo de maturidade dos depósitos de poupança no Brasil é de apenas um mês, período após o qual o depositante pode retirar seus depósitos acrescidos dos juros referentes ao período de aplicação. A retirada antecipada dos depósitos, ou seja, a retirada em uma data anterior ao prazo de vencimento dos mesmos tem como único custo de transação a perda dos juros referentes ao período de aplicação. A elevada liquidez e o baixo prazo de maturidade dos depósitos de poupança tornam estes substitutos próximos das LFTs, de forma que, em equilíbrio, a taxa de retorno (pós-impostos) das LFTs não pode cair abaixo de 6,17% ao ano em termos nominais sob o risco de migração em massa dos recursos destinados à compra de títulos públicos para as cadernetas de poupança.

A indexação dos contratos dos preços administrados também contribui para a manutenção da taxa real de juros em patamares elevados. Cerca de 30% do IPCA são compostos por preços de bens e serviços sujeitos a re-

[8] A variação da TR é igualada a zero toda vez que a Selic fica abaixo de 9% ao ano.

gras contratuais de reajuste anual (eletricidade, por exemplo). Os contratos desses bens e serviços têm como indexador o IGP-M,[9] um índice de preços que, por construção, acompanha de perto a evolução da taxa de câmbio. Sendo assim, se ocorre uma desvalorização da taxa de câmbio no ano *t*, os efeitos desta são repassados à taxa de inflação no ano $t + 1$ por meio dos contratos de reajuste de preços. Isso faz com que não só a taxa de inflação apresente um elevado grau de inércia ao longo do tempo, como ainda se torne especialmente sensível a variações da taxa nominal de câmbio. Dessa forma, choques de oferta passam a ter efeitos fortes e persistentes sobre a taxa de inflação, o que, num contexto de rigidez do arranjo institucional do regime de metas de inflação, obriga o Banco Central a manter uma taxa média de juros bastante elevada (Arestis, Paula e Ferrari Filho, 2009).

Após o colapso do regime cambial de "paridade deslizante" em janeiro de 1999, o Brasil adotou um regime de flutuação suja para a taxa de câmbio no qual o câmbio é determinado pelo mercado, mas o Banco Central intervém esporadicamente para evitar grandes flutuações da taxa de câmbio causadas por movimentos especulativos ou para acumular reservas cambiais. Em tese, o regime de câmbio flutuante deveria isolar o país de choques externos, corrigindo "automaticamente" desequilíbrios entre oferta e demanda de moeda estrangeira, o que tornaria praticamente impossível a ocorrência de ataques especulativos contra a moeda nacional. O novo regime cambial foi adotado num contexto de abertura bastante significativa da conta de capitais do balanço de pagamentos, ocorrida no início dos anos 1990, com a permissão dada a investidores externos de aplicar na bolsa do país e a transfiguração das CC5, que na prática passaram a permitir a saída livre de capitais do país por parte de não residentes e residentes.

A flexibilidade cambial somada à abertura da conta de capitais fez com que o comportamento da taxa de câmbio passasse a ser determinado pelos movimentos de capitais internacionais, e não mais pela situação da conta de transações correntes do balanço de pagamentos. Dessa forma, no período 1999-2003, caracterizado por saldos líquidos negativos de capitais

[9] O Índice Geral de Preços (IGP) é calculado pela Fundação Getulio Vargas, sendo um índice ponderado que inclui 60% do Índice de Preços por Atacado (IPA), 30% do Índice de Preços ao Consumidor (IPC) e 10% do Índice Nacional de Custos da Construção (INCC).

externos na economia brasileira, a taxa real efetiva de câmbio apresentou uma nítida tendência à depreciação, o que contribuiu para a melhoria do saldo comercial do país. Contudo, no período 2004-07, caracterizado por abundante liquidez internacional e grande entrada de capitais externos na economia brasileira, a taxa real efetiva de câmbio apresentou forte tendência à apreciação, fazendo com que a economia brasileira voltasse a apresentar déficits em conta-corrente em 2008 (Oreiro et al., 2009).

A apreciação da taxa de câmbio tem efeitos não só sobre a conta de transações correntes do balanço de pagamentos, mas também sobre a estrutura produtiva da economia e, por conseguinte, sobre o crescimento de longo prazo. A apreciação da taxa real de câmbio significa uma redução nos preços dos bens comercializáveis relativamente aos bens não comercializáveis, o que reduz mais intensamente a lucratividade da produção e dos investimentos nos setores manufatureiros. Isto porque os bens comercializáveis produzidos pelos setores não manufatureiros são bens intensivos em recursos naturais escassos, o que permite a obtenção de "rendas ricardianas" pelos produtores desses bens. Já os bens comercializáveis produzidos pelos setores manufatureiros são mais intensivos em trabalho do que em recursos naturais, de maneira que as "rendas ricardianas" apropriadas pelos produtores de manufaturas são próximas de zero. Isso significa que a apreciação da taxa real de câmbio muda a estrutura de rentabilidade relativa entre os setores da economia, induzindo uma migração de capitais dos setores de manufaturados para os setores de bens comercializáveis não manufaturados e de bens não comercializáveis. Essa migração de capitais atua no sentido de mudar a estrutura produtiva da economia, tornando-a mais especializada na produção de bens comercializáveis não manufaturados e de bens não comercializáveis, ou seja, um processo de desindustrialização, entendido como a redução da participação do valor adicionado na indústria relativamente ao PIB. Como os setores de bens comercializáveis não manufaturados e de bens não comercializáveis tendem a apresentar retornos decrescentes de escala, ao passo que o setor de bens comercializáveis, principalmente as atividades industriais, apresenta retornos crescentes, segue-se que essa mudança na estrutura produtiva deve resultar em uma taxa de crescimento do produto real mais baixa no longo prazo (Oreiro, 2009).

A economia brasileira vem apresentando sinais claros de desindustrialização e "reprimarização da pauta de exportações", associadas à valorização da taxa real de câmbio. A participação do valor adicionado da indústria no PIB brasileiro vem caindo continuamente desde 2004 (ver gráfico 7), acompanhada de uma redução expressiva do saldo comercial da indústria de transformação, notadamente nos setores de maior intensidade tecnológica (Iedi, 2009). Trata-se de sinais inequívocos de *desindustrialização* da economia brasileira,[10] com efeitos negativos sobre as perspectivas de crescimento de longo prazo, dado que a fonte de retornos crescentes de escala se encontra nas atividades manufatureiras e não nas atividades primário-exportadoras (Thirwall, 2002).

GRÁFICO 7

Câmbio e participação da indústria no PIB (2003-09)

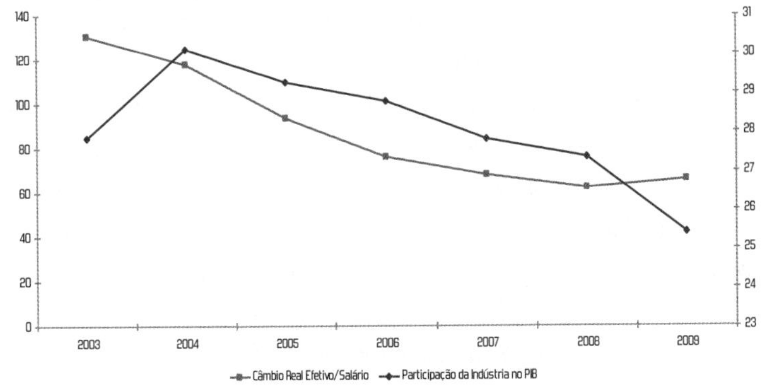

Fonte: Ipeadata.

Em 1999 foi implantado um novo regime fiscal no Brasil, baseado na geração de uma meta de superávit primário como proporção do PIB. Inicialmente, a meta foi fixada em 3,75% do PIB, tendo sido aumentada para 4,25% em 2003, no primeiro mandato do presidente Lula. Essa política foi bem-sucedida no sentido de produzir uma redução significativa da dívida líquida do setor público (DLSP) como proporção do PIB — que

[10] Para um levantamento sistemático da literatura sobre a desindustrialização da economia brasileira, ver Oreiro e Feijó (2010).

passou de 51,67% do PIB em 2003 para 37% em 2008 —, mas à custa do aumento continuado da carga tributária e da redução dos investimentos públicos em infraestrutura. Isso decorre da "miopia" do regime de metas de superávit primário, ou seja, de sua incapacidade de perceber os efeitos sobre o crescimento de longo prazo de um aumento dos gastos de investimento do setor público.

O cálculo do superávit requerido para a estabilização da DLSP envolve três variáveis fundamentais: a taxa real de juros, a taxa de crescimento do PIB e a DLSP/PIB inicial. Todas as demais variáveis mantidas constantes, um aumento da taxa de crescimento do PIB reduz o superávit primário requerido para a estabilização da DLSP. O investimento público em infraestrutura é um determinante importante da taxa de crescimento de longo prazo devido a seus efeitos de transbordamento positivos sobre as decisões de investimento do setor privado, além de gerar outras externalidades ao crescimento econômico. Sendo assim, uma redução na meta de superávit primário com vistas a um aumento do investimento público em infraestrutura atua no sentido de aumentar a taxa de crescimento do produto real no longo prazo, fazendo com que o superávit requerido para manter a estabilidade da DLSP seja reduzido. Em outras palavras, o fundamental para a estabilidade da DLSP não é a meta numérica do superávit primário, mas a combinação juro real-crescimento, que pode ser influenciada pelo nível do investimento público.

Proposta de um novo modelo macroeconômico

A partir do diagnóstico apresentado, pode-se passar à análise dos elementos constitutivos de um novo modelo macroeconômico para o Brasil, modelo este que permita a obtenção de um crescimento acelerado do produto real num contexto de estabilidade de preços. O novo modelo macroeconômico deve se basear nos seguintes pilares: regime de metas de inflação flexível, regime fiscal baseado na geração de metas de superávit em conta-corrente do governo e administração da taxa de câmbio, criando assim condições para se ter uma taxa de juros baixa e um câmbio mais competitivo. De forma complementar a esses elementos, deve-se adicionar, quando for o caso, controles à entrada e à saída de capitais do país.

Flexibilização do regime de metas de inflação e reforma do sistema financeiro nacional

No que se refere à flexibilização do regime de metas de inflação (RMI),[11] deve-se adotar um novo arranjo institucional para o RMI brasileiro, no qual: a) a meta de inflação seja definida com base no *core inflation*, de modo a expurgar os efeitos de aumentos nos preços da energia e dos alimentos, que são mais suscetíveis a choques de oferta; b) o prazo de convergência para a meta de inflação seja estendido para 24 meses, de maneira a permitir um ajuste mais suave da taxa de juros nos casos em que pressões inflacionárias do lado da demanda agregada exijam o aumento dos juros; e c) a adoção de "cláusulas de escape" que permitam à autoridade monetária se desviar da meta inflacionária quando e se certas circunstâncias se fizerem presentes — por exemplo, uma queda muito acentuada do PIB devido a um choque de demanda.

De fato, a utilização moderada da política de taxa de juros para controlar a inflação requer uma distinção entre choques de oferta e de demanda e situações de excesso de demanda temporária e permanente, a redução da volatilidade cambial, bem como o reconhecimento de que os países emergentes, por motivos estruturais, têm de operar com taxas de inflação maiores do que os países desenvolvidos. A política de taxa de juros é um instrumento eficaz para controlar a inflação de demanda, mas não é adequada para controlar a inflação causada por choques de oferta. Por isso, o Banco Central deve reagir fazendo uso de variações da taxa de juros somente no caso de pressões inflacionárias causadas por situações de excesso de demanda. Esse objetivo pode ser alcançado com a utilização de índices de inflação que excluam os produtos mais sensíveis a choques de oferta, como alimentos e energia. Isso significa a adoção do núcleo de inflação, em vez do índice de inflação cheio, como medida da meta de inflação.

Além disso, o Banco Central só deve reagir a situações de excesso de demanda permanente. Um excesso de demanda temporário, devido a uma elevada taxa de crescimento da demanda efetiva que induza um aumento dos gastos com investimento, deve ser acomodado pelo Banco Central por

---

[11] A esse respeito, ver Oreiro, Paula e Squeff (2009).

meio de uma política monetária passiva. Para que o banco possa viabilizar o crescimento econômico, devem ocorrer aumentos da taxa de juros apenas em situações de excesso de demanda não associado ao aumento da taxa de acumulação de capital. Portanto, se os gastos com investimentos estiverem crescendo a taxas mais elevadas do que a demanda agregada global, então, *ceteris paribus*, a capacidade de crescimento do produto será cada vez maior no médio prazo, configurando o *caráter temporário* de uma situação de excesso de demanda. Nessas condições, é desejável um maior horizonte temporal de convergência (superior a um ano) para a meta de inflação a fim de atenuar os efeitos dos choques de demanda temporários sobre a taxa de inflação.[12]

Adicionalmente à flexibilização do regime de metas de inflação, deve-se eliminar os títulos públicos pós-fixados por meio de uma operação voluntária de *swap*, na qual esses títulos sejam substituídos por títulos prefixados. Para minimizar o custo fiscal dessa operação para o Tesouro, a operação de *swap* deve ser feita no momento em que a autoridade monetária esteja adotando uma estratégia de redução da taxa básica de juros. Essa operação de *swap* deve ser, porém, precedida por mudanças nas regras dos fundos de investimento, eliminando-se a liquidez diária das cotas — mediante uma maior penalização via cobrança de impostos —, como forma de induzir uma redução da preferência pela liquidez dos gestores dos fundos de investimento. Essa medida contribui para diminuir o interesse dos fundos de investimento por "ativos selicados", facilitando assim a operação de *swap* por parte do Tesouro Nacional. Além disso, devem ser implantadas medidas que induzam os fundos de pensão a reduzir o percentual de suas carteiras aplicadas em títulos pós-fixados, o que também atuaria no sentido de reduzir a demanda por LFTs, facilitando a troca destas por títulos prefixados.

Um elemento importante para a redução do custo do capital na economia brasileira seria a realização de uma ampla reforma no setor finan-

[12] Um horizonte de convergência mais amplo (superior a um ano) para o cumprimento da meta de inflação significa que uma medida mais adequada da inflação é a média de pelo menos 18 ou 24 meses. Essa ampliação do período de convergência produz a suavização maior da série da taxa de inflação do que a produzida por períodos mais curtos.

ceiro por meio da extinção da garantia legal de remuneração dos depósitos em caderneta de poupança. A existência dessa garantia, em conjunto com a indexação dos títulos públicos pela Selic, não só atua no sentido de estabelecer um piso para a queda da taxa de juros como ainda contribui para manter elevado o custo de rolagem da dívida pública. Dessa forma, proponho a adoção de um sistema de remuneração flutuante para os depósitos de poupança, no qual a taxa de juros dos depósitos de poupança passe a ser determinada pela oferta e demanda de fundos para empréstimos do sistema financeiro de habitação. O direcionamento de 65% dos recursos das cadernetas de poupança para o financiamento habitacional deve ser mantido em função das externalidades positivas que o investimento habitacional tem sobre toda a economia. No entanto, para reduzir o problema de descasamento de prazos entre ativos e passivos do sistema financeiro da habitação, proponho o aumento do prazo mínimo de aplicação nas cadernetas de poupança inicialmente para três meses, de forma a reduzir a liquidez desse tipo de aplicação financeira.

Por fim, os contratos dos preços administrados — energia elétrica, telefonia etc. — devem ser revistos de maneira a substituir o IGP-M pelo IPCA como seu indexador, ou pela criação/adoção de índices setoriais de inflação e, no limite, pela desindexação total de tais preços.

O conjunto dessas "reformas" — flexibilização do regime de metas de inflação, eliminação das LFTs, mudanças na remuneração e no prazo das cadernetas de poupança, e na indexação dos contratos relativos a preços administrados — contribuiria significativamente para a redução da taxa de juros doméstica no Brasil.

Novo regime de política fiscal: metas de superávit em conta-corrente

Voltando nossa atenção agora para o novo regime de política fiscal, define-se "poupança em conta-corrente do governo" como a diferença entre a receita do governo em todos os níveis (incluindo a participação nos lucros das empresas estatais) e os gastos correntes do governo, excluindo-se os gastos de investimento do setor público (inclusive das empresas estatais), mas considerando nesse saldo o pagamento dos juros sobre a dívida bruta do setor (Silva e Pires, 2006). O estabelecimento de uma meta de superávit em conta-corrente do governo significa que o setor público consolidado deve gerar um excedente de arrecadação sobre os gastos correntes, incluindo o pagamento de juros sobre a dívida pública.[13] Uma vez fixada a meta de superávit em conta-corrente do governo, caberia ao Ministério da Fazenda definir o volume de gastos com investimento, que seriam computados separadamente dos gastos correntes na chamada "conta capital". Investimentos públicos em infraestrutura econômica (portos, ferrovias, geração de energia elétrica etc.) são fundamentais para melhorar a competitividade sistêmica da economia brasileira, tendo em vista a forte deterioração da infraestrutura desde os anos 1980.

Dessa forma, o superávit em conta-corrente do governo entraria como crédito na conta capital, podendo ser usado para financiar, parcial ou integralmente, os gastos com investimento planejados pelo governo. Se o objetivo final da política fiscal for apenas reduzir a dívida líquida do setor público (DLSP) como proporção do PIB, então a conta capital deve ser superavitária, ou seja, o saldo em conta-corrente deve superar o investimento público. Mas se o objetivo final da política fiscal for estimular a demanda efetiva e/ou o crescimento de longo prazo, então a conta capital deve ser deficitária, ou seja, o investimento deve superar a "poupança do governo". A diferença entre o investimento público e a poupança pública seria então coberta pela emissão de dívida pública. Supondo-se que o setor público seja capaz de realizar gastos de investimento produtivos do ponto de vista social, então o aumento do endividamento público deve ser acompanhado por um aumento do estoque de ativos do setor público, tendo assim impacto reduzido sobre a DLSP. Adicionalmente, seriam criadas condições para a redução da taxa de juros doméstica, criando um círculo virtuoso que causaria a redução da própria relação DLSP/PIB.

Uma crítica que pode ser feita ao regime de metas de superávit em conta-corrente do governo é que este poria em risco a autonomia operacional da autoridade monetária. Se pressões inflacionárias requererem

---

[13] Além do controle dos gastos de custeio, seria necessária a imposição de alguma regra que limitasse o aumento das despesas com salários dos funcionários.

um aumento da taxa de juros para se manter a inflação dentro das metas estabelecidas pelo Conselho Monetário Nacional, então a existência de uma meta de superávit em conta-corrente do governo, num contexto de rigidez dos gastos de consumo e de custeio do governo, poderia impedir a autoridade monetária de executar o aumento da taxa de juros para atender à meta inflacionária. Esse risco existe, mas pode ser substancialmente reduzido. Primeiro, tal como no regime de metas de inflação, deve-se definir uma banda de variação para a meta de superávit em conta-corrente do governo. Essa banda de variação não só daria espaço para acomodar eventuais erros de previsão da receita do setor público, como ainda propiciaria algum espaço de manobra para acomodar aumentos de taxa de juros, se e quando necessários. Isto posto, proponho a adoção de uma meta de superávit em conta-corrente do governo de 4-5% do PIB a partir de 2015.[14] A banda de variação pode ser fixada inicialmente em 0,5% do PIB, para mais ou para menos.

Segundo, cabe ressaltar que a mudança no regime de política fiscal exige uma flexibilização do regime de metas de inflação (RMI). Como já disse, existem fortes evidências de que o RMI no Brasil seja extremamente rígido, o que faz com que o Banco Central tenha que "sobrerreagir" a choques de oferta por meio de elevações significativas da taxa de juros. Dessa forma, a flexibilização do regime de metas de inflação atuaria no sentido de reduzir a magnitude das variações requeridas da taxa de juros para manter a inflação em conformidade com a meta definida pelo Conselho Monetário Nacional.

Cabe ressaltar ainda que, no novo modelo macroeconômico, o Conselho Monetário Nacional (CMN) passaria a desempenhar papel importante na *coordenação entre a política monetária e a fiscal*. O CMN teria como atribuição a fixação tanto da meta de inflação quanto da meta de superávit em conta-corrente. Nesse caso, conviria evitar a adoção de metas de inflação muito ambiciosas e inadequadas para as características estruturais da economia brasileira, o que poderia requerer a necessidade de superávits

[14] A magnitude de tal superávit dependeria, evidentemente, do nível da taxa de juros reais e da taxa de crescimento do PIB do país. Esta teria de ser a princípio elevada por conta da política de maior intervenção na taxa de câmbio.

em conta-corrente do governo e/ou taxas de juros muito elevadas.[15] Essa coordenação entre as políticas monetária e fiscal, no âmbito do CMN, atuaria no sentido de reduzir a dosagem de juros necessária para manter a inflação dentro da meta, o que diminuiria o custo da política desinflacionária para o crescimento econômico de longo prazo.

Nova política cambial

Para garantir a manutenção da taxa real efetiva de câmbio num patamar competitivo a médio e longo prazos, proponho a criação de um *fundo de estabilização cambial*, com recursos fornecidos pelo Tesouro Nacional na forma de títulos da dívida pública, com um aporte inicial de capital de R$ 300 bilhões (aproximadamente US$ 170 bilhões, à taxa de câmbio de agosto de 2010).[16] O fundo de estabilização cambial deve atuar como um *market maker* no mercado de câmbio, adquirindo moeda estrangeira toda vez que a taxa de câmbio se apreciar de maneira persistente com respeito ao valor estimado da taxa real de câmbio de equilíbrio; e vendendo moeda estrangeira toda vez que a taxa de câmbio se apreciar de forma persistente com respeito ao valor de equilíbrio dessa taxa. Vale ressaltar que não haveria incompatibilidade entre a administração da taxa de câmbio e a obtenção das metas de inflação, uma vez que as operações de compra e venda de moeda estrangeira seriam feitas com recursos do Tesouro Nacional, não tendo qualquer impacto sobre a base monetária. A magnitude do fundo de estabilização cambial deve ser tão maior quanto maior for o fluxo de entrada de capitais na economia brasileira, o que pode implicar um maior esforço fiscal em termos do aumento da meta de superávit primário. Para reduzir, pelo menos parcialmente, o esforço fiscal requerido à implantação desse fundo, faz-se necessária a introdução de controles abrangentes de

---

[15] Padilha (2007) estima, com base em amostra de 55 países em 1990-2004, que a "taxa mínima de inflação", ou seja, a que não é prejudicial ao crescimento, é igual a 5,1% ao ano em países emergentes e 2,1% ao ano em países desenvolvidos.

[16] Cabe observar que a capitalização do fundo de estabilização cambial pelo Tesouro em si mesma não aumentaria a dívida líquida do setor público, pois os recursos do Tesouro seriam alocados para a compra de ativos no mesmo valor. No entanto, a existência de um diferencial positivo entre a taxa de juros interna e a taxa de juros externa contribuiria para aumentar o déficit público, de modo que a sustentabilidade da política cambial a médio e longo prazos exigiria um aprofundamento do ajuste fiscal.

capitais no Brasil, a fim de reduzir parcialmente os fluxos de dólares para a economia brasileira.

Desse modo, o Banco Central poderia intervir na taxa de câmbio nominal, por exemplo, comprando divisas, sem entrar em conflito com o movimento da taxa Selic por ocasião de uma inflação de demanda. Sendo assim, *o regime cambial brasileiro continuaria sendo um regime de câmbio flutuante*, necessário para permitir alguma flexibilidade na absorção dos choques externos, mas o governo deteria um papel importante como demandante e/ou ofertante de moeda estrangeira. Teríamos assim uma espécie de *regime de câmbio flutuante administrado*, no qual o Banco Central buscaria evitar a volatilidade excessiva de curto prazo da taxa de câmbio nominal e, ao mesmo tempo, influenciar a trajetória intertemporal da taxa de câmbio real, de modo que esta não ficasse desalinhada, ou seja, se situasse próxima da "taxa de câmbio de equilíbrio da economia".[17] Por exemplo, o Banco Central poderia usar um sistema de banda de monitoramento, que tem como referência uma "taxa de câmbio efetiva real neutra" (estimativa oficial e anunciada da taxa de câmbio de equilíbrio), usando uma banda de flutuação na qual possa intervir quando a taxa tiver ultrapassado o intervalo, mas sem ter a obrigação de defender a margem estabelecida (ver Paula, Pires e Meyer, 2008).

Como elemento secundário à tarefa de administração da taxa de câmbio, deve-se adotar controles à entrada de capitais do país. A natureza dos controles seria definida a partir do ciclo de liquidez prevalecente na economia mundial. Em momentos de elevada liquidez internacional, nos quais ocorram grandes fluxos de capitais em direção aos países emergentes, o Conselho Monetário Nacional deve impor controles à entrada de capitais no país na forma de requerimento não remunerado de depósitos sobre o ingresso de capitais no Brasil. Uma observação importante sobre os controles à entrada de capitais é que *estes devem ser abrangentes para que seja garantida sua efetividade*. Isto porque, dada a característica de fungibilidade do capital, a imposição de controles sobre uma forma específica de entrada de capitais no Brasil (por exemplo, renda fixa) faria apenas com que o

[17] Definida como aquela taxa que reflete os "fundamentos" da economia, como diferenciais de produtividade, termos de troca, arbitragem entre ativos estrangeiros e ativos domésticos etc.

sistema financeiro brasileiro, altamente sofisticado, descobrisse formas de burlar os controles, disfarçando a entrada de capitais para investimento em renda fixa como operações para aplicação em renda variável.

Por fim, cabe ressaltar que, nessa estratégia de política macroeconômica, não há incompatibilidade entre crescimento puxado pelas exportações e crescimento puxado pelo mercado interno. Embora se tenha o propósito de aumentar a inserção da economia brasileira no comércio internacional, não se objetiva aqui fazer do Brasil uma "nova China", mas sim permitir uma maior diversificação (e crescimento) das exportações, de modo a evitar problemas relacionados à restrição externa a um crescimento econômico maior e sustentado, algo típico em várias economias emergentes especializadas na exportação de produtos de menor valor agregado. O mercado interno deve continuar a ser o "motor" do crescimento brasileiro, sendo estimulado pelos efeitos multiplicadores de renda do próprio crescimento, somado a políticas sociais inclusivas, como o Bolsa Família, o aumento gradual do salário mínimo, investimentos e gastos na área social (educação, saúde etc.) e outros. Estudos recentes mostram a importância dos programas sociais — educação e programas de transferência de renda (Bolsa Família) etc. — na redução da pobreza e das desigualdades sociais no Brasil (Rodrigues e Cardoso, 2008). A longo prazo, uma combinação de taxa de câmbio mais competitiva com políticas industriais voltadas para a exportação poderia estimular o desenvolvimento de uma economia com maior conteúdo tecnológico, promovendo a criação de empregos de remuneração mais alta, o que evidentemente requereria uma melhor qualificação da mão de obra.

É possível administrar juros e câmbio ao mesmo tempo?

Um eixo previsível de crítica à proposta de reformas macroeconômicas feita na seção anterior encontra-se na relação entre a política monetária, ainda pautada pela existência de um regime de metas de inflação, e a implantação de uma política ativa de administração da taxa de câmbio. Segundo os economistas ortodoxos, a adoção de uma política de administração da taxa de câmbio teria o efeito de solapar o regime de metas de inflação brasileiro, pondo em risco a estabilidade de preços duramente obtida nos últimos 15 anos.

Segundo a interpretação ortodoxa, a estabilização da taxa de câmbio num patamar competitivo só seria possível se o Banco Central fizesse *operações não esterilizadas* de compra de dólares no mercado à vista de câmbio. As operações esterilizadas, segundo essa linha de interpretação, não teriam qualquer impacto perceptível sobre a taxa de câmbio, ao passo que a introdução de controles de capitais seria uma medida ineficaz para impedir a apreciação cambial resultante dos fluxos de entrada de capitais, uma vez que o mercado financeiro brasileiro, altamente sofisticado, poderia burlar facilmente esses controles. Além disso, a imposição de controles de capitais poderia atuar no sentido de aumentar o custo do capital prevalecente na economia brasileira, dado o efeito destes sobre o prêmio do risco país.[18] Dessa forma, a única alternativa possível seria a realização de intervenções não esterilizadas no mercado de câmbio.

O problema é que, nesse contexto, o Banco Central perderia a capacidade de fixar a taxa nominal de juros, podendo apenas determinar o valor da taxa nominal de câmbio. Nesse caso, contudo, a lógica operacional do sistema de metas de inflação seria destruída, pois o objetivo da política monetária não seria mais o controle da taxa de inflação, mas a administração da taxa de câmbio. Perder-se-ia assim a âncora nominal para a taxa de inflação, criando a possibilidade de surgimento de um processo inflacionário alimentado por profecias autorrealizáveis: expectativas de elevação da taxa de inflação produziriam um aumento da demanda agregada, o que pressionaria a taxa de inflação para cima, devido à inelasticidade da oferta agregada no longo prazo, sancionando as expectativas de elevação da inflação, o que possibilitaria um novo ciclo de elevação da taxa de inflação esperada. Esse quadro seria agravado pelo caráter puramente passivo da

[18] A esse respeito, Gustavo Loyola (2009) afirma que: "[...] existe uma situação particular em que medidas como o citado IOF de 2% podem ser altamente eficazes para alterar de forma mais persistente a trajetória da taxa de câmbio. É quando sua frequência, intensidade e imprevisibilidade acarretam a elevação do prêmio de risco país [...] A elevação do prêmio de risco decorreria do aumento da incerteza entre os investidores sobre a estabilidade e a segurança dos contratos financeiros firmados sob a jurisdição brasileira. Usando o termo consagrado por Arida, Bacha e Lara Resende, a depreciação cambial seria resultado direto do aumento da 'incerteza jurídica' em decorrência da banalização da interferência das autoridades nas regras que regem o mercado de divisas. Por sua vez, a maior incerteza jurisdicional elevaria o custo doméstico do capital e tenderia a agravar ainda mais o problema da falta de crédito de longo prazo no Brasil".

política monetária e pelo fato de que o objetivo da política cambial seria manter o câmbio depreciado, o que teria impacto negativo sobre o nível do salário real, podendo abrir caminho para uma espiral salários-preços, em função do conflito distributivo entre firmas e sindicatos sobre o nível de salário real aceitável para ambos.

No que se refere ao impacto sobre o salário real, alguns economistas ortodoxos chegam ao extremo de afirmar que uma política ativa de desvalorização da taxa de câmbio seria incompatível com o regime democrático, uma vez que: a) a desvalorização do câmbio produz a redução da participação dos salários na renda, aumentando a desigualdade na *distribuição pessoal da renda*; b) a sociedade brasileira já teria demonstrado, ao eleger Fernando Henrique Cardoso e Luiz Inácio Lula da Silva, que não está disposta a aceitar medidas de política econômica que aumentem a desigualdade na distribuição pessoal da renda. Nessas condições, os defensores do ajuste da taxa de câmbio ou estariam vivendo em uma outra realidade (uma alegada "dimensão Z") ou preconizando a volta da ditadura militar.

O argumento convencional sobre a ineficácia das intervenções esterilizadas baseia-se na chamada "paridade descoberta da taxa de juros" — mas pode também ser apresentado em termos da "paridade coberta". Nesse contexto, seja i a taxa de juros doméstica, i^* a taxa de juros internacional, p o prêmio de risco país, E a taxa nominal corrente de câmbio e E^f a taxa de câmbio esperada para algum momento no futuro. Assume-se que i^* e p sejam exógenos (devido à hipótese de país pequeno); e que E^f seja exógeno (Blanchard, 1997:253).

A paridade descoberta de juros estabelece que:

$$i = i^* + \rho + \left(\frac{E^f - E}{E}\right) = i^* + \rho + \left(\frac{E^f}{E} - 1\right) \qquad (1)$$

A equação 1 indica a existência de uma relação inversa entre a taxa de juros doméstica e a taxa nominal corrente de câmbio, ou seja, uma redução na taxa de juros resultaria em uma depreciação da taxa nominal de câmbio, *dados* o câmbio futuro esperado, o prêmio de risco país e a taxa de juros internacional.

Uma operação esterilizada de compra de moeda estrangeira corresponde a uma situação na qual a autoridade monetária compra dólares no mercado de câmbio, aumentando a base monetária, mas imediatamente enxuga a liquidez criada com essa operação vendendo títulos. Dessa forma, a base monetária não se expande e, consequentemente, a taxa de juros doméstica não se altera. A operação esterilizada de compra de moeda estrangeira teria um duplo objetivo: produzir a depreciação da taxa nominal de câmbio e ao mesmo tempo manter a taxa de juros nominal (no caso brasileiro, a Selic) no nível adequado para o atendimento dos objetivos domésticos (no caso brasileiro, a obtenção da meta inflacionária).

Com base na paridade descoberta da taxa de juros, pode-se constatar que a obtenção desse duplo objetivo seria *uma tarefa impossível*, uma vez que, se a taxa de juros doméstica não se alterar, e tudo o mais se mantiver constante, a taxa de câmbio nominal também não se altera, de modo que o efeito das operações esterilizadas de compra de moeda estrangeira é nulo.

Esse raciocínio apresenta uma série de aspectos problemáticos. O primeiro é que a paridade descoberta (ou coberta) da taxa de juros pressupõe perfeita mobilidade de capitais. Se essa hipótese não for válida — e no caso brasileiro certamente não é, pois o Brasil ainda dispõe de mecanismos de controle da entrada e saída de capitais —, então a taxa de juros doméstica pode se desviar do patamar dado pela paridade descoberta por uma margem que depende, entre outros fatores, da oferta relativa de ativos no portfólio dos agentes. Nesse contexto, quando a autoridade monetária compra moeda estrangeira e vende títulos ocorre uma mudança no estoque relativo de moeda estrangeira e títulos na carteira dos agentes, o que produz uma alteração em suas respectivas taxas de retorno, dada a hipótese de substitutibilidade imperfeita entre os ativos (ver Tobin, 1998, cap. 10). Sendo assim, as operações esterilizadas de compra de moeda estrangeira têm impacto sobre a taxa nominal de juros. Se esse impacto for significativo — o que é uma questão empírica, e não teórica —, a autoridade monetária poderia, em tese, controlar o câmbio e os juros ao mesmo tempo.[19]

O segundo aspecto problemático refere-se à hipótese da exogeneidade das expectativas quanto ao câmbio futuro. Por que a taxa esperada de câm-

---

[19] Essa capacidade de fixar o câmbio e os juros ao mesmo tempo é reforçada pela introdução de controles de capitais, permitindo a obtenção dos objetivos de "autonomia da política monetária" e "administração da taxa de câmbio", mesmo num contexto onde fosse válida a "trindade impossível" de Mundell.

bio seria insensível às tentativas da autoridade monetária de afetar o câmbio corrente? Se os agentes econômicos forem racionais, a única resposta a essa pergunta é que os agentes consideram que a autoridade monetária não está de fato empenhada em alterar o nível da taxa de câmbio, de modo que suas intervenções no mercado de câmbio são tidas como esporádicas e de caráter temporário. Isso nos leva a concluir que, se a autoridade monetária der uma sinalização crível de que não tolerará que a taxa de câmbio fique abaixo de certo patamar, então as expectativas dos agentes econômicos sobre a taxa de câmbio no futuro irão se alterar, o que produzirá, dada a taxa de juros doméstica, a alteração da taxa nominal corrente de câmbio. Mas, para tanto, a autoridade monetária terá de abandonar o discurso de que o câmbio é "livremente flutuante" e substituí-lo por outro discurso em que enfatize que o câmbio é livre para flutuar, desde que fique acima de um patamar condizente com o equilíbrio intertemporal do balanço de pagamentos.

No que se refere à suposta ineficácia da política de controles à entrada de capitais, os economistas ortodoxos aparentemente supõem que uma política de controle da entrada de capitais basear-se-ia necessariamente em controles seletivos — ou seja, direcionados para um tipo específico de fluxo de capitais — e estáticos — ou seja, imutáveis ao longo do tempo em sua forma e incidência —, em vez de abrangentes e dinâmicos. Nesse contexto, fica fácil argumentar que os controles podem ser burlados pelo sistema financeiro brasileiro, que é de fato altamente sofisticado. Mas boa parte dos economistas que defendem a adoção de controles de capitais[20] (e me incluo entre eles) advoga a adoção de controles abrangentes e dinâmicos, o que reduziria muito a possibilidade de burlá-los mediante manobras criativas do sistema financeiro (Oreiro e Paula, 2009).

A hipótese de que os controles de capitais podem atuar no sentido de aumentar o custo do capital prevalecente na economia brasileira em função de seus efeitos sobre o prêmio de risco país foi elaborada por Arida (2003a e 2003b). A respeito de seus artigos, cabe ressaltar que não se observa neles nenhuma evidência empírica que suporte a tese de que os controles de capitais teriam efeito positivo e estatisticamente significativo sobre o prêmio

---

[20] Ver Sicsú e Ferrari (2006).

de risco país. Nesse contexto, escrevi, em conjunto com os economistas Luiz Fernando de Paula e Guilherme Jonas Costa da Silva, um artigo, publicado na *Revista de Economia Política*, intitulado "Por uma moeda parcialmente conversível: uma crítica a Arida e Bacha", no qual apresentamos um modelo econométrico em que foi testada a influência dos controles de capitais (mensurados pelo índice de controles de capitais desenvolvido por Eliana Cardoso e Ilan Goldfajn) sobre o prêmio de risco país. Os resultados encontrados rejeitam a hipótese de existência de relação entre o prêmio de risco e os controles de capitais remanescentes na economia brasileira. Donde se segue, portanto, que não existem evidências empíricas que nos permitam afirmar que, no caso brasileiro, os controles de capitais resultariam numa elevação do custo do capital.

Outro aspecto problemático da "crítica ortodoxa" refere-se ao fato de que esta considera que a administração da taxa de câmbio só pode ser feita pelo Banco Central. Isso é falso. Os economistas que defendem uma política ativa de administração da taxa de câmbio consideram indispensável a constituição de um *fundo de estabilização cambial*, conforme já mencionado, financiado com recursos do Tesouro Nacional.[21] Dessa forma, as operações de compra e venda de dólares no mercado à vista de câmbio não teriam qualquer impacto sobre a base monetária e, portanto, sobre a capacidade do Banco Central de fixar a taxa nominal de juros com vistas ao atendimento da meta de inflação. Uma possibilidade concreta no caso do Brasil seria aproveitar o *fundo soberano brasileiro*, turbinando-o com o aporte adicional de recursos do Tesouro Nacional de forma a permitir que este atue como *market maker* no mercado de câmbio.

[21] Do ponto de vista puramente conceitual, as operações esterilizadas de compra de câmbio no mercado à vista equivalem às operações de compra de câmbio pelo fundo de estabilização, uma vez que em ambas não ocorre a criação de meios de pagamento. Mas os defensores do fundo de estabilização cambial argumentam que uma das vantagens deste sobre as operações esterilizadas realizadas pelo Banco Central é que o fundo de estabilização poderia emitir — por intermédio do Tesouro Nacional — títulos de longo prazo para o financiamento de suas operações, algo que seria mais difícil de ser feito, se não impossível, pelo Banco Central, que "lastreia" as operações de compra de câmbio nas chamadas "operações compromissadas", que são empréstimos tipicamente de curto prazo do setor financeiro à autoridade monetária. Dessa forma, a administração da taxa de câmbio poderia ser compatível com o alongamento gradual do prazo de maturidade da dívida bruta do setor público brasileiro, reduzindo seu nível de fragilidade financeira.

Para que o "fundo soberano" possa atuar no sentido de produzir uma desvalorização permanente da taxa de câmbio, deve ter uma magnitude considerável, talvez algo entre US$ 170 e US$ 200 bilhões. Isso implica uma emissão de títulos de longo prazo pelo Tesouro da ordem de R$ 300 a R$ 350 bilhões. Enquanto o "problema dos juros" não for equacionado no Brasil, a taxa de juros interna deve ser maior do que a externa, de maneira que as operações do "fundo soberano" serão necessariamente deficitárias. Nas condições atuais, pode-se considerar um *spread* negativo de no mínimo 5% ao ano, de tal forma que, *grosso modo*, o fundo soberano gerará um déficit para o Tesouro da ordem de R$ 15 a R$ 17,5 bilhões. Isso significa que, para impedir que a criação do fundo soberano para o câmbio gere um impacto desestabilizador sobre a dinâmica da relação dívida pública/PIB, será necessário um aumento da meta de superávit primário de 0,5% a 0,6% do PIB. Donde se segue que a viabilidade da nova política cambial está condicionada a um aperto da política fiscal. Esse é o preço que o país tem de pagar para garantir uma taxa de câmbio competitiva a médio e longo prazos, de forma a reverter o processo de desindustrialização em marcha na economia brasileira.

No que se refere ao aumento requerido da meta de superávit primário, verificou-se quão importantes são os controles à entrada de capitais. A magnitude do fundo de estabilização cambial será tanto maior quanto maior for o fluxo de entrada de capitais na economia brasileira, o que implica necessariamente maior esforço fiscal em termos do aumento da meta de superávit primário. Para reduzir o esforço fiscal requerido para a implantação desse fundo, faz-se necessária a introdução de controles abrangentes da entrada de capitais no Brasil a fim de reduzir, ainda que marginalmente, os fluxos de dólares para a economia brasileira.

Voltando agora nossa atenção para a alegada incompatibilidade entre a "nova política cambial" e o objetivo de maior equidade na distribuição pessoal da renda, cabe ressaltar inicialmente que, até o presente momento, não existe nenhum estudo empírico consistente no Brasil que relacione a distribuição funcional da renda — ou seja, a repartição da renda entre salários, lucros, juros, aluguéis — e a distribuição pessoal da renda. Na ausência desse tipo de estudo, não é possível fazer ilações minimamente robustas a respeito do impacto de mudanças na participação dos salários na renda (induzidas pela desvalorização da taxa de câmbio) sobre a distribuição pessoal. Sendo assim, é no mínimo temerário afirmar que uma menor participação dos salários na renda levaria necessariamente, e em quaisquer condições, a uma maior desigualdade na distribuição pessoal da renda.

Mas há um segundo ponto a ressaltar. A participação dos salários na renda nacional bruta tem permanecido relativamente estável no Brasil, em torno do patamar de 33% no período 1996-2007 (gráfico 8). Contudo, quando se examina a série de taxa real efetiva de câmbio, observa-se que: a) tal taxa é altamente volátil; e b) entre 1996 e 2007, a taxa real efetiva de câmbio apresentou uma desvalorização média de quase 18%! Os dados mostram, portanto, que a participação dos salários no valor adicionado no Brasil é relativamente insensível a uma desvalorização permanente da taxa real de câmbio. Com efeito, uma desvalorização de 17,55% da taxa real efetiva de câmbio foi acompanhada por uma redução média de apenas 3,42% na participação dos salários na renda nacional bruta. Donde se segue que uma política de desvalorização da taxa de câmbio real, mantido o padrão histórico observado no passado, terá um efeito pequeno sobre a distribuição funcional da renda. Portanto, a tese de que uma política ativa de administração da taxa real de câmbio é contrária ao objetivo político de uma menor desigualdade social é mais um *non sequitur* da ortodoxia brasileira.

GRÁFICO 8

Evolução da taxa real efetiva de câmbio e da participação dos salários na renda nacional (1996-2007)

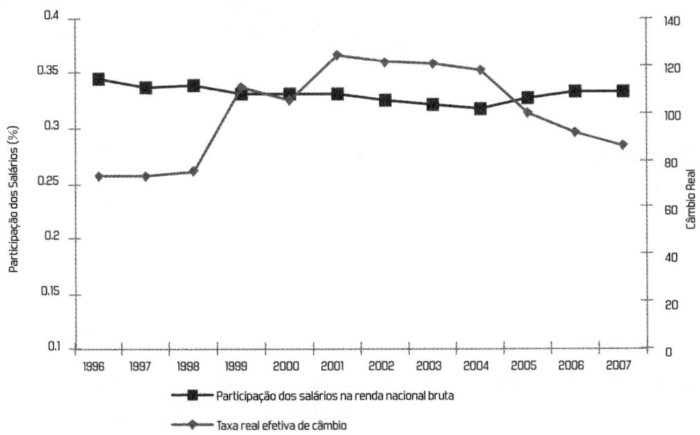

Em suma, uma nova política cambial que combine administração da taxa de câmbio via fundo de estabilização cambial, controles à entrada de capitais e aumento da meta de superávit primário não só é perfeitamente possível como compatível com o regime de metas de inflação e com o objetivo político de obter uma distribuição de renda mais equitativa. A implantação dessa política, porém, requer a combinação de "desenvolvimentismo" com "fiscalismo".

Comentários finais

Ao longo deste capítulo foram delineadas as linhas gerais de uma agenda de reformas macroeconômicas para o crescimento sustentado da economia brasileira com estabilidade de preços e equidade social. Essas reformas macroeconômicas envolvem a flexibilização do regime de metas de inflação, a mudança do regime de política fiscal em direção a um sistema baseado na obtenção de metas de superávit em conta-corrente do governo, a adoção de uma política de administração da taxa de câmbio por meio da constituição de um fundo de estabilização cambial financiado pelo Tesouro Nacional e uma reforma geral no sistema financeiro, o que envolve mudanças nas regras de remuneração dos depósitos de poupança, das políticas de administração dos fundos de investimento e dos fundos de pensão. Para facilitar a tarefa de administrar a taxa de câmbio, devem ser introduzidos controles abrangentes à entrada de capitais no Brasil. Tais políticas, voltadas para a criação de um ambiente favorável a um crescimento sustentado da economia brasileira, devem ser acompanhadas de políticas sociais — abrangentes e focalizadas —, que estimulem a maior inclusão social do desenvolvimento.

Referências

ARIDA, P. Ainda a conversibilidade. *Revista de Economia Política*, v. 23, n. 1, p. 135-142, 2003a.

_____. Por uma moeda plenamente conversível. *Revista de Economia Política*, v. 23, n. 3, p. 151-154, 2003b.

ARESTIS, P.; PAULA, L. F.; FERRARI FILHO, F. A nova política monetária: uma análise do regime de metas de inflação no Brasil. *Economia e Sociedade*, v. 18, n. 1, p. 1-30, 2009.

BARBOSA, F. H. The contagion effect of public debt on monetary policy: the Brazilian experience. *Brazilian Journal of Political Economy*, v. 26, n. 2, p. 231-238, 2006.

BARBOSA FILHO, N. H. Inflation targeting in Brazil. *International Review of Applied Economics*, v. 22, n. 2, p. 187-200, 2008.

BLANCHARD, O. *Macroeconomics*. New Jersey: Prentice Hall, 1997.

IEDI. A balança comercial tecnológica da indústria de transformação: o déficit de competitividade anterior à crise. 2009. Disponível em: <http://www.iedi.org.br/cgi/cgilua.exe/sys/start.htm?sid= 73&infoid=4464&UserActiveTemplate=iedi>.

LOYOLA, G. IOF: se funcionar é porque deu errado. *Valor Econômico*, 9 nov. 2009.

McCOMBIE, J. S. L.; DE RIDDER, J. R. The Verdoorn law controversy: some empirical evidence using US State data. *Oxford Economic Papers*, v. 36, n. 2, 1984.

_____; ROBERTS, M. The role of the balance of payments in economic growth. In: SETTERFIELD, M. (Ed.). *The economics of demand-led growth*. Aldershot: Edward Elgar, 2002.

MODENESI, A. M. Convenção e inércia na taxa Selic: uma estimativa da função de reação do BCB (2000-2007). In: ENCONTRO INTERNACIONAL DA ASSOCIAÇÃO KEYNESIANA BRASILEIRA, 1., 2008, Campinas. *Anais*... Campinas: IE/Unicamp, 2008.

OREIRO, J. L. Apreciação cambial, crescimento de longo prazo, controles de capitais e doença holandesa: análise e propostas para o caso brasileiro. *Revista de Conjuntura*, v. 9, n. 38, 2009.

_____; FEIJÓ, C. A. Desindustrialização: conceituação, causas, efeitos e o caso brasileiro. *Revista de Economia Política*, v. 30, n. 2, 2010.

_____; PAULA, L. F. Novo desenvolvimentismo e a agenda de reformas macroeconômicas para o crescimento sustentado com estabilidade de preços e equidade social. 2009. Disponível em: <http://www.ppge.ufrgs.br/akb/clipping.asp>.

_____; _____; SOBREIRA, R.S. *Política monetária, bancos centrais e metas de inflação:* teoria e experiência brasileira. Rio de Janeiro: FGV, 2009.

_____; _____; SQUEFF, G. Flexibilização do regime de metas de inflação em países emergentes: uma abordagem pós-keynesiana. In: OREIRO, J. L.; PAULA, L. F.; SOBREIRA, R. (Orgs.). *Política monetária, bancos centrais e metas de inflação:* teoria e experiência brasileira. Rio de Janeiro: FGV, 2009.

_____ et al. *Macroeconomic constraints to growth of Brazilian economy:* diagnosis and some policy proposals. Brasília: UnB, 2009. (Texto para Discussão).

PADILHA, R. *Metas de inflação:* experiência e questões para os países em desenvolvimento. 2007. Dissertação (Mestrado) — UFPR, Curitiba, 2007.

PAULA, L. F.; PIRES, M. C. C.; MEYER, T. R. Regime cambial, taxa de câmbio e estabilidade macroeconômica no Brasil. In: FÓRUM DE ECONOMIA, 5., 2008, São Paulo. *Anais*... São Paulo: EESP, 2008.

RODRIGUES, L.; CARDOSO, A. Pobreza, desigualdade de renda, mobilidade social no Brasil e seus determinantes: 1981 a 2007. 2008. Inédito.

SICSÚ, J.; FERRARI, F. *Câmbio e controles de capitais:* avaliando a eficiência de modelos econômicos. Rio de Janeiro: Campus, 2006.

SILVA, A. M.; PIRES, M. C. *Dívida pública, poupança em conta corrente do governo e superávit primário*. Brasília: Ipea, 2006. (Texto para Discussão, 1.196).

THIRWALL, A. P. *The nature of economic growth.* Aldershot: Edward Elgar, 2002.

TOBIN, J. *Money, credit and capital.* Nova York: McGraw-Hill, 1998.

TREGENNA, F. Characterizing deindustrialization: an analysis of changes in manufacturing employment and output internationally. *Cambridge Journal of Economics*, v. 33, 2009.

11

Para além da política macroeconômica

GERALDO BIASOTO JUNIOR*

O debate econômico no Brasil tem se caracterizado por forte cisão entre a macro e a microeconomia. Ao longo dos últimos anos, a política econômica tem sido tratada como se as variáveis macroeconômicas pudessem ter existência independente da realidade dos negócios, das decisões orçamentárias e do dia a dia empresarial. As reformas microeconômicas tiveram curso como se não tivessem relação com os chamados preços macroeconômicos. Essa dissociação entre os diferentes âmbitos da ação governamental reduziu o alcance da política econômica e sobrecarregou as políticas monetária e cambial, resultando em expressivo comprometimento das finanças públicas e das transações correntes, além de pouco ter contribuído para a melhoria de eficiência das unidades produtivas.

É verdade que o regime macroeconômico vigente desde 1999, ancorado no tripé "política de metas de inflação-câmbio flutuante-geração de superávits fiscais primários", foi compatível com uma trajetória em muitos aspectos favorável da economia brasileira no período que precedeu a irradiação da crise financeira internacional em 2008. De fato, essa convenção mostrou-se muito eficaz como mecanismo de coordenação das expectativas dos agentes.

* O autor agradece os comentários de Maria Luiza Levi, Daniela Prates, Luis Fernando Novais, Talita Miranda e Cristina Penido.

Contudo, é preciso aperfeiçoar a política macroeconômica, incorporando outras dimensões a sua condução, incluindo a gestão das políticas de crédito, fiscal, tributária e de preços regulados.

Este capítulo pretende fazer uma avaliação crítica do atual arranjo de política econômica a partir da noção de que o regime macroeconômico que lhe é subjacente tem implicações perversas sobre a inserção externa e a estrutura produtiva da economia, fragilizando a trajetória de crescimento do país. A segunda seção dedica-se à avaliação crítica desse arranjo, enquanto a terceira apresenta diretrizes para o aperfeiçoamento do atual arcabouço de política econômica. Na última seção são feitas considerações finais.

A economia brasileira de 2003 a 2009: avaliação crítica

O cenário externo desfavorável que caracterizou a maior parte do quadriênio 1999-2002 — segundo mandato do presidente Fernando Henrique Cardoso — foi substituído por um ambiente internacional benigno no período 2003-07 — governo Luiz Inácio Lula da Silva —, que só se reverteu em 2008, com o aprofundamento da crise financeira internacional.

Na realidade, a economia mundial registrou nesse quinquênio a fase mais próspera das últimas quatro décadas, combinando elevadas taxas de crescimento, baixas taxas de inflação, abundância de fluxos de capitais e expansão do volume do comércio mundial. Ademais, economias produtoras de *commodities*, como a brasileira, se beneficiaram da alta dos preços desses bens a partir de 2002, o que resultou em ganhos de termos de troca, sobretudo para os exportadores de petróleo e minerais comerciais. No que se refere às finanças internacionais, ainda que com algum atraso, o Brasil foi favorecido pela fase ascendente do novo ciclo de liquidez, absorvendo investimentos de portfólio em ações e títulos de renda fixa e fluxos de investimentos externos diretos, atraídos pelas oportunidades de lucro nos setores produtores de *commodities* e voltados para o mercado interno (ver tabela 1 do anexo).[1]

[1] De fato, no caso do Brasil, esse movimento teve início apenas em 2005. Sobre o ciclo de liquidez e comércio internacional de 2003-07, ver Biancareli (2007), IMF (2008) e Unctad (2008).

A evolução favorável da economia internacional no período em tela influenciou de forma decisiva a dinâmica da economia brasileira, tanto pelo lado das contas externas quanto por suas implicações para a gestão macroeconômica, que, embora ancorada no arranjo vigente desde 1999, pôde, no governo Lula, usufruir de maiores graus de liberdade.

Esse regime baseia-se nos seguintes pilares: a) política monetária de metas de inflação, guiada pela expectativa do mercado de elevação futura dos preços ao consumidor e pela medida do hiato do produto; b) flutuação suja do câmbio, subordinada aos objetivos de conter a volatilidade do preço da moeda estrangeira e, a partir de 2006, acumular reservas internacionais — seja para ampliar o "colchão de segurança" contra choques externos, seja para contribuir para a melhora do *rating* externo do país; c) obtenção de superávits fiscais primários, de forma a dar sustentação a uma trajetória descendente da relação dívida líquida do setor público/PIB.

A interação entre a dinâmica da economia internacional e a gestão macroeconômica num ambiente de abertura financeira, que, ademais, se aprofundou ao longo do governo Lula,[2] implicou uma relação inédita entre os dois preços-chave da economia brasileira. Enquanto no período anterior (1999-2002), numa situação de escassez de recursos externos, a política monetária precisou em vários momentos elevar a taxa de juros básica para conter os movimentos de desvalorização cambial (devido ao seu impacto inflacionário), a partir de 2003, numa conjuntura de retorno dos fluxos de capitais voluntários e resultados favoráveis nas transações correntes, essa política ganhou autonomia e passou a ser um dos principais determinantes da trajetória da taxa de câmbio.

Configurou-se um cenário de queda do risco país e de menor volatilidade cambial, propiciado pela baixa aversão ao risco no mercado financeiro internacional e pela evolução favorável das contas externas

---

[2] O processo de abertura financeira da economia brasileira que teve início em 1989, ainda no governo Sarney, foi praticamente concluído nas duas gestões do presidente Lula. As principais mudanças foram: a) a liberação praticamente total das saídas de capitais pelos residentes após a unificação dos mercados de câmbio livre e flutuante e a extinção da conta de não residentes (CC5); b) a eliminação da cobertura cambial das exportações; c) a adoção de um estímulo fiscal aos investimentos estrangeiros de portfólio em títulos da dívida pública. Para maiores detalhes sobre essas mudanças, ver Prates (2007).

brasileiras. Nesse contexto, a elevação sucessiva da meta da taxa de juros básica em 2004 e 2005, sob o argumento de pressões de demanda, resultou num aumento do diferencial entre os juros interno e externo que nutriu expectativas de apreciação cambial e se converteu no principal determinante da apreciação do real (ver gráfico 1). De fato, dados o elevado grau de abertura financeira da economia brasileira e a existência de mercados de derivativos líquidos e profundos, as operações de arbitragem envolvendo o ingresso efetivo de capitais e, sobretudo, as apostas de apreciação do real por parte dos investidores estrangeiros no mercado futuro de câmbio — investidores estes que ampliaram continuamente suas posições vendidas na Bolsa de Mercadorias e Futuros — criaram um vínculo estreito entre o elevado diferencial de juros e a trajetória de queda da taxa de câmbio.[3]

GRÁFICO 1

Diferencial de juros (%) e taxa de câmbio do real (R$/US$)

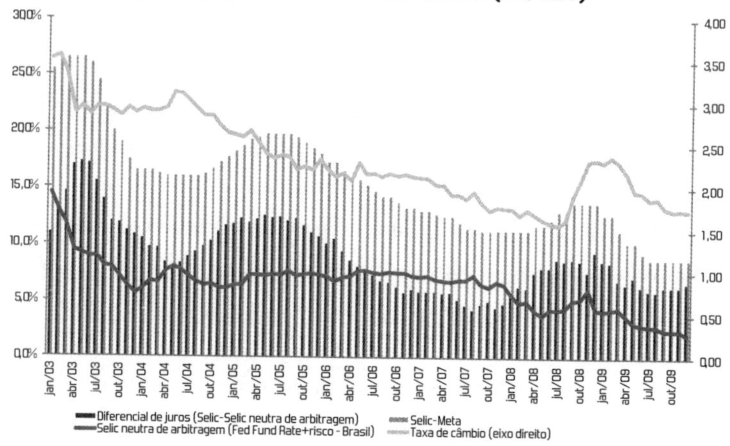

Fonte: Banco Central do Brasil.

Em função do elevado grau de *pass-through* e do papel fundamental da taxa de câmbio na formação das expectativas dos agentes numa economia

---

[3] Como no Brasil a taxa de câmbio refere-se ao preço da moeda estrangeira (dólar), sua queda representa uma apreciação cambial. Sobre a política monetária nesse período, ver também Farhi (2006).

periférica como a brasileira, a variação cambial revelou-se o principal mecanismo de transmissão da política de metas de inflação, propiciando a desaceleração dos índices de preços e, assim, a própria eficácia dessa política. Esse contexto abriu espaço para a queda da taxa de juros básica a partir de 2006 e para a mudança do eixo dinâmico da economia brasileira, do mercado externo para o interno, mudança da qual emergiu uma fase de crescimento mais sustentado.[4]

O principal fator que impulsionou a expansão do mercado interno subjacente a essa fase mais duradoura do crescimento foi a forte expansão do crédito ao setor privado. Iniciada em maio de 2003, sob a liderança dos bancos privados nacionais, a ampliação do crédito se concentrou no segmento de recursos livres, no qual as taxas de juros e demais condições de financiamento são livremente negociadas entre as partes. Em especial, o crédito a pessoas físicas, sobretudo nas modalidades de crédito pessoal, aquisição de veículos e cartão de crédito, liderou a expansão dos financiamentos bancários, impulsionados pela introdução do crédito consignado, pelo avanço do processo de inserção da população brasileira no mercado bancário — resultante tanto da formalização das relações de trabalho, quanto dos programas de transferência de renda e inclusão social — e pela estratégia das instituições financeiras de ampliarem os prazos dos empréstimos na busca por maiores ganhos.[5]

A partir de 2008, com a forte dinamização do mercado interno e a expansão dos investimentos, o crédito com recursos livres aos setores empresariais ganhou ímpeto e ultrapassou o ritmo de expansão do crédito às famílias (ver gráfico 2).

[4] A contribuição da demanda doméstica para o crescimento do PIB foi de 5,2 pontos percentuais em 2006, 7,0 em 2007 e 6,9 em 2008, enquanto a demanda externa contribuiu negativamente em 1,4 ponto percentual, 1,4 e 2,2, respectivamente, no mesmo período (cálculo a partir de dados do IBGE).

[5] O maior potencial de lucro das operações de crédito a pessoas físicas (em função das taxas de juros mais elevadas e da maior facilidade de avaliação do risco) levou os bancos a priorizarem esse segmento. Para maiores detalhes sobre os determinantes e características do ciclo recente de expansão do crédito, ver Freitas e Prates (2009).

GRÁFICO 2

Evolução do crédito no Brasil — 2003-09

(variação anual real %)

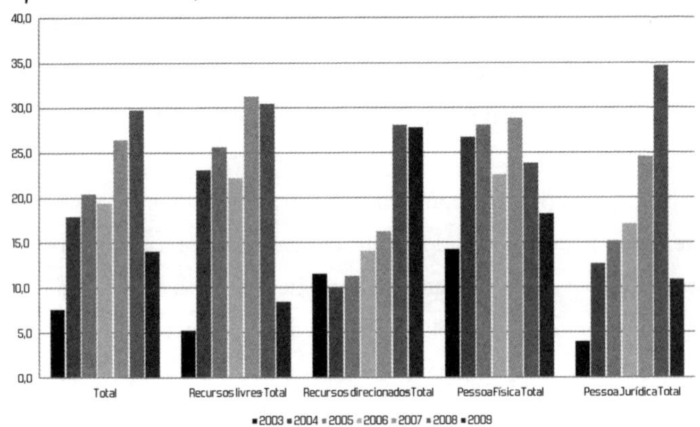

Fonte: Banco Central do Brasil.

Com o aprofundamento da crise financeira internacional em setembro de 2008 e seu forte impacto na economia brasileira, o sistema bancário privado contraiu fortemente a concessão de crédito. Porém, devido à ação anticíclica dos bancos públicos, o crédito ao setor privado se manteve em trajetória de expansão entre o último trimestre de 2008 e o final de 2009.[6] Ampliando a oferta de empréstimos com base, sobretudo, em recursos direcionados, as instituições financeiras públicas supriram a necessidade de crédito tanto das empresas quanto das famílias, contribuindo para evitar uma retração ainda mais forte da demanda doméstica e viabilizando uma recuperação mais rápida da atividade econômica.[7]

Também contribuiu para impulsionar o mercado interno a expansão da capacidade de consumo das famílias, em função tanto da política de recupera-

---

[6] Conforme dados do Banco Central, o crédito ao setor privado atingiu 43,1% do PIB em dezembro de 2009 contra 37,7% em agosto de 2008, mês que antecedeu a irradiação da crise.

[7] As operações de crédito com recursos direcionados registraram um aumento real da ordem de 24% em 2009, com forte destaque para os empréstimos diretos do BNDES e os financiamentos imobiliários da Caixa Econômica Federal, que registraram crescimento real de 40,7% e de 40,3% no ano, respectivamente. Por sua vez, a participação das instituições financeiras públicas no total das operações de crédito do sistema financeiro nacional ao setor privado saltou de 35,1% para 39,3% entre dezembro de 2008 e 2009 (ver Fundap, 2010).

ção do valor real do salário mínimo, com forte impacto sobre aposentadorias e pensões, quanto da retomada do crescimento do mercado de trabalho, que respondeu positivamente ao dinamismo da atividade econômica doméstica. De fato, a ocupação e o rendimento real dos trabalhadores apresentaram expansão devido ao aumento da atividade industrial e do setor de serviços, bem como à maior intensidade de formalização dos empregos e ao próprio efeito do aumento do salário mínimo sobre os salários (ver gráfico 3).[8]

GRÁFICO 3

Variação anual da massa real de rendimentos, do rendimento médio real e da ocupação

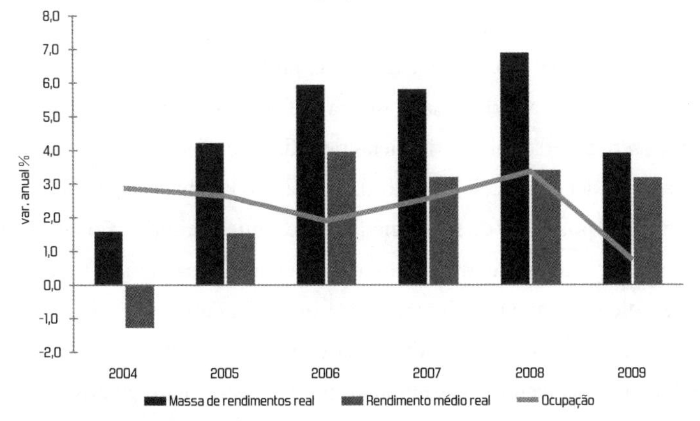

Fonte: Pesquisa Mensal de Empregos, IBGE.

Esse movimento de crescimento da renda fez com que a classe C avançasse, com o surgimento de novos consumidores oriundos dos estratos D e E (os mais desfavorecidos da estrutura social), evidenciando a maior mobilidade no período recente (ver tabela 1 do anexo). Nesse contexto, uma parcela maior da população brasileira passou a ter acesso a uma cesta de consumo mais ampla, inclusive a produtos mais sofisticados (bens

[8] O movimento de ampliação do crédito estimulou igualmente a formalização das empresas e de seus trabalhadores, uma vez que o acesso ao sistema bancário depende da comprovação de vínculos econômicos formais. Por sua vez, as sinergias do mercado de trabalho — queda da taxa de desocupação e aumento da massa de rendimento e do emprego formal — realimentaram o ciclo de crédito, dando sustentação ao consumo.

duráveis), cuja aquisição depende da ampliação do crédito. Por sua vez, o consumo lastreado no ciclo de crédito e na expansão da renda gerou demanda para o setor terciário e para a indústria de transformação, que retomou os investimentos na esteira da elevação do nível de utilização da capacidade instalada.

É importante notar que programas de transferência de renda como o Bolsa Família e a assistência ao idoso e ao deficiente também impulsionaram a ampliação da renda familiar, gerando estímulos a economias locais antes alijadas do circuito "renda-consumo-produção".

Assim, o dinamismo do mercado interno, que sustentou a aceleração do crescimento econômico entre 2006 e o terceiro trimestre de 2008, decorreu, principalmente, de fatores à margem do tripé que embasa o arranjo macroeconômico vigente. Na realidade, pode-se afirmar que esse arranjo não impediu que a economia brasileira acelerasse seu ritmo de crescimento, já que a eficácia da política de metas de inflação no período imediatamente anterior — decorrente, sobretudo, da apreciação cambial — permitiu a adoção de uma política monetária menos rígida, que, contudo, não conduziu o juro real a patamares equivalentes aos observados nos demais países emergentes. Nesse contexto, a interação, de um lado, entre os vários elementos de estímulo ao crescimento da renda e, de outro, as decisões privadas das instituições financeiras e das empresas produtivas surtiram efeitos dinâmicos para a economia brasileira.

De acordo com análises, esse triênio de maior dinamismo, caracterizado por 20 trimestres sucessivos de elevação do investimento[9] — fato inédito desde os anos 1970 —, teria se convertido numa fase sustentável de crescimento se a crise internacional não tivesse assumido dimensão sistêmica e contaminado inclusive economias emergentes com bons fundamentos econômicos, como o Brasil. Os defensores dessa hipótese, todavia, desconsideram as fragilidades na dinâmica econômica que se manifestariam independentemente da crise, em razão das inconsistências no arranjo de política econômica vigente.

[9] Considerando a variação em relação ao mesmo período do ano anterior na série, sem ajuste sazonal. Dados disponíveis em <http://www.ibge.gov.br>.

É possível identificar duas fragilidades latentes e interligadas da economia brasileira no contexto atual: a inserção externa e a estrutura industrial. A combinação "crescimento econômico ancorado no mercado interno--câmbio valorizado" teve efeitos positivos num primeiro momento, por baratear os preços dos bens de consumo e de capital importados, e, consequentemente, aumentar o poder de compra em dólares dos consumidores e favorecer a modernização do parque produtivo. Contudo, acarretou uma perda de competitividade das exportações simultaneamente a um aumento da penetração das importações na indústria, resultando em desadensamento da cadeia industrial e deterioração progressiva da balança comercial, em termos quantitativos e qualitativos.

Ao longo do período analisado, do ponto de vista do conteúdo tecnológico, a assimetria entre as pautas exportadora e importadora brasileiras se acentuou ainda mais. Enquanto a participação das *commodities* primárias no total das vendas externas avançou de 40,6% em 2003 para quase 50% em 2009 — resultado associado não só à alta dos preços desses bens no período, mas também ao forte crescimento das quantidades exportadas —, do lado das importações, o peso dos bens de média intensidade tecnológica aumentou ainda mais, passando de 35,5% para 38,4% (ver tabela 1 do anexo). Com isso, o saldo comercial brasileiro, além de registrar trajetória cadente, sofreu forte deterioração em termos de perfil.

Esse contexto tem duas implicações perversas para a economia brasileira. Por um lado, a restrição externa pode novamente se manifestar e impor limites ao crescimento econômico, já que as exportações são a única fonte genuína de geração de divisas e a capacidade do segmento de *commodities* primárias de sustentar as taxas de crescimento do período recente é limitada. Em algum momento, a China e os demais países em desenvolvimento atingirão um grau mais maduro de desenvolvimento e, consequentemente, reduzirão sua demanda por esses bens. Como mostrou Prebisch (1949), há uma relação fundamental e direta entre intensidade tecnológica e as elasticidades-renda das exportações e importações. Ademais, como destaca a literatura neosshumpeteriana, há igualmente uma correlação positiva entre, de um lado, o grau de sofisticação tecnológica e, de outro, o grau de oligopolização e de proteção do mercado, que aumentam a capacidade das empresas de fixar preços e, assim, sua rentabilidade e o valor das exportações.[10]

Por outro lado, na hipótese de que as futuras exportações de petróleo da camada pré-sal sejam capazes de evitar que a restrição externa se manifeste, a combinação "baixo dinamismo das exportações de manufaturas--desadensamento da cadeia da indústria" pode comprometer o crescimento econômico nos próximos anos. De fato, as exportações industriais têm papel fundamental na indução do crescimento da indústria nos estágios mais avançados de desenvolvimento.[11] Este setor, por sua vez, é caracterizado pela capacidade de inovação e por rendimentos crescentes de escala e, assim, pelo potencial de gerar valor agregado e ganhos de produtividade na própria indústria e na economia como um todo. Como evidenciado pela experiência dos países asiáticos, cria-se um círculo virtuoso entre exportações industriais, crescimento da indústria, ganhos de valor agregado e de produtividade, crescimento da produção e do emprego, crescimento das exportações e, assim, sucessivamente (Unctad, 2002). As exportações estimulam simultaneamente a introdução de inovações — para enfrentar a concorrência, em geral mais acirrada, nos mercados externos — e, no caso de uma economia como a brasileira, com amplo mercado interno, reduzem a dependência das empresas em relação ao comportamento desse mercado.

A fragilidade da estrutura industrial decorre também de outros gargalos presentes na economia brasileira. Um deles é o chamado custo Brasil, associado a deficiências na infraestrutura — energia para indústria, gás, nafta, malha viária sucateada, transporte aéreo de passageiros e de cargas em descompasso com a demanda crescente —, que refletem lacunas que não se restringem à dimensão industrial da economia brasileira, relacionando-se a sua estrutura produtiva. Um segundo gargalo seriam as fontes de financiamento domésticas de longo prazo, ainda restritas às linhas de crédito do BNDES. De fato, embora tenha se desenvolvido nos últimos anos, o mercado de capitais ainda é incipiente, com grande dependência

---

[10] Para maiores detalhes sobre a relação entre restrição externa e desempenho exportador, ver Thirwall (2005).

[11] Segundo Kaldor (1994), nos estágios iniciais de crescimento, a agricultura seria a fonte autônoma de demanda da indústria e, nos estágios posteriores, as exportações.

dos fluxos de investimento estrangeiro de portfólio. Esse gargalo compromete a estrutura de financiamento das empresas, especialmente aquelas de pequeno e médio portes.

Ainda que essas fragilidades nos âmbitos externo, produtivo e financeiro tenham condicionantes estruturais, gestados ao longo da história da economia brasileira, o arranjo de política econômica no governo Lula contribuiu para o seu aprofundamento. É possível tecer duas críticas a esse arranjo. A primeira refere-se à inexistência de uma visão de conjunto da política de desenvolvimento que articule as políticas macroeconômicas com as outras políticas implementadas. O Plano de Aceleração do Crescimento (PAC) é constituído de um conjunto de ações, projetos e intervenções com baixa sinergia, especialmente pela carência de uma ótica de projeto com finalidades específicas e pela fragmentação das intervenções. O mesmo ocorre com a Política de Desenvolvimento Produtivo (PDP), que não conseguiu dinamizar as interconexões entre os distintos elos da cadeia produtiva. Vale notar que pouquíssimos pontos de comunicação podem ser identificados entre o PAC e a PDP. A segunda crítica dirige-se à gestão do regime de política macroeconômica, ou seja, do modelo do tripé "metas de inflação-câmbio flutuante--superávits primários", que, nos últimos anos, implicou uma descoordenação entre as três instâncias de política. Criou-se, na prática, uma determinada hierarquia entre as políticas, na qual a política de metas de inflação, ancorada no manejo da taxa de juros básica enquanto instrumento principal (se não exclusivo) de coordenação das expectativas, subordinou e impôs custos à gestão fiscal e ao setor externo da economia, via elevado custo fiscal das reservas e da dívida mobiliária e apreciação cambial, resultando em fragilização da balança comercial. Isto porque a estabilidade de preços tornou-se o objetivo precípuo da política macroeconômica, deixando em segundo plano a atividade econômica, o emprego e o dinamismo do investimento produtivo.

Esse problema da descoordenação das políticas macroeconômicas é agravado pela rigidez do arcabouço institucional do regime de metas no Brasil.[12] O fato de que a convergência à meta de inflação deve ser alcan-

[12] O regime de metas de inflação comporta diferentes graus de flexibilidade, como mostra a análise da experiência internacional. Sobre esse ponto, ver Farhi (2007) e Freitas (2009).

çada no ano calendário (janeiro a dezembro) engessa a gestão da política monetária e impede a acomodação de choques, em particular aqueles resultantes de mudanças de preços internacionais ou de quebras de safra associadas a condições climáticas adversas, que ocorrem com relativa frequência. Como a autoridade monetária reage sempre elevando a taxa de juros ante expectativas de elevação da inflação e/ou aumento de pressões inflacionárias, quaisquer que sejam suas causas, o horizonte curto para a convergência da meta de inflação exige uma elevação muito mais expressiva da meta da taxa Selic, com consequências adversas sobre a produção e o emprego, bem como sobre o custo da dívida pública.

Um reflexo das restrições que essa política impõe é a própria formação e difusão das expectativas de mercado. A operacionalização da política monetária brasileira baseia-se na apuração das expectativas dos agentes econômicos com relação à inflação — elemento central da condução da política monetária no regime de metas —, que considera apenas o mercado financeiro. Esta é realizada exclusivamente junto a analistas de instituições financeiras e/ou de consultorias econômicas que também prestam serviço ao mercado financeiro. Esses agentes "são os que mais têm a ganhar com taxas de juros elevadas", como bem ressalta Farhi (2004:86).

Se, do ponto de vista teórico, não existe consenso sobre a eficácia da elevação dos juros como instrumento de controle da inflação,[13] no caso brasileiro, há dificuldades adicionais, que atuam no sentido de reduzir ainda mais o alcance da política monetária. Primeiro, há um conjunto expressivo de preços administrados e monitorados na composição do Índice de Preços ao Consumidor Ampliado (IPCA), referência da meta de inflação perseguida pelo Banco Central. Esses preços, que respondem por cerca de 30% do IPCA, são relativamente rígidos ao longo do ciclo econômico e, portanto, largamente insensíveis aos efeitos da política monetária de curto prazo, introduzindo um importante componente de inércia na dinâmica da inflação.

Segundo, não obstante a expressiva ampliação do volume do crédito no Brasil no período recente, que, medido em termos do PIB, saltou de 24,3%

---

[13] Mencione-se, por exemplo, as críticas da corrente pós-keynesiana ao regime de metas de inflação. Sobre esse ponto, ver, entre outros, Arestis e Sawyer (2003) e Sawyer (2009).

em 2003 para 45% em dezembro de 2009, esse patamar ainda é baixo em termos comparativos. Esse contexto restringe a eficácia da transmissão da política monetária através do canal de crédito. Ademais, o impacto da elevação dos juros na decisão de endividamento das famílias é, pelo menos em parte, neutralizado pela estratégia das instituições financeiras de alongar os prazos para acomodar as prestações nos seus orçamentos.

Terceiro, os preços no setor de serviços têm se comportado com notável rigidez, a qual, pelo menos em parte, decorre da política de aumento real do salário mínimo, sobretudo naqueles ramos de serviços que o utilizam como referência salarial.

Em relação à política cambial, na gestão adotada no governo Lula, o principal objetivo foi o mesmo da política de metas, ou seja, estabilidade de preços. A adoção de uma gestão monetária restritiva para garantir a eficácia da política de metas de inflação num ambiente de ampla mobilidade de capitais resultou numa trajetória de progressiva apreciação cambial, com impactos negativos sobre a competitividade externa das exportações industriais, fundamentais tanto para a redução permanente da vulnerabilidade externa do país quanto para o dinamismo sustentável da economia brasileira, conforme já argumentado. O objetivo adicional de acumular reservas a partir de 2006 não impediu essa trajetória, devido à estratégia adotada pelo Banco Central de intervenções frequentes para absorver a "sobra" de dólares das instituições financeiras no final do dia, ao preço vigente no mercado.[14]

De fato, o regime de câmbio flutuante pode ter diferentes objetivos macroeconômicos, em especial: a) o controle da inflação; b) a redução da vulnerabilidade externa mediante o acúmulo de reservas e a melhoria dos *ratings* soberanos; c) a manutenção do equilíbrio do balanço de pagamentos e da competitividade externa; e d) a prevenção contra crises ou desordens de mercado que comprometam a estabilidade financeira. Esses objetivos condicionam as metas perseguidas, os indicadores monitorados e a estratégia de intervenção adotada pelas autoridades monetárias (BIS, 2005; Prates, 2007).

---

[14] Sobre a gestão do regime cambial brasileiro no governo Lula, ver Prates, Cunha e Lélis (2009).

No caso do Brasil, a política de flutuação suja subordinou-se aos dois primeiros objetivos e negligenciou a competitividade externa. Para atingir seu alvo principal — a estabilidade de preços —, procurou conter a volatilidade e os movimentos abruptos da taxa de câmbio mediante intervenções no mercado à vista e no mercado futuro (por meio dos chamados "swaps reversos").[15] Além disso, procurou reduzir a vulnerabilidade externa e obter o *upgrading* nas notas das agências de classificação de risco de crédito, mediante a redução da dívida externa pública e o acúmulo de reservas. Em contrapartida, deixou o real seguir uma trajetória de apreciação contínua, já que a manutenção daquela competitividade não fazia parte dos seus objetivos.

A política fiscal, por sua vez, arcou com os custos da política monetária e da estratégia de acúmulo de reservas. De um lado, a manutenção da taxa de juros básica num patamar elevado implicou expressivo gasto com o pagamento do serviço financeiro da dívida mobiliária durante o período. De outro, a manutenção de um grande volume de reservas internacionais exigiu a colocação de dívida mobiliária interna no mercado para manter a taxa Selic no patamar desejado pelo Banco Central.

Na realidade, a política fiscal acabou a reboque das outras políticas, pois teve de assumir seus custos sem condições de desempenhar um papel ativo. Em sua execução corrente, as contas do setor público foram matizadas por dois elementos: no campo da despesa, apresentou recorrente evolução real positiva, crivada por aumentos salariais, políticas generosas no campo dos benefícios previdenciários e sociais, e generalizada expansão do custeio da máquina pública; no campo da receita, pela contínua expansão da carga tributária. Para tanto, concorreram as medidas de elevação de alíquotas de tributos e contribuições e o crescimento econômico. Pior, a expansão do gasto ocorreu sem que os investimentos públicos tivessem alteração expressiva, posto que privilegiou o aumento da despesa corrente.

A dinâmica altamente favorável das receitas acabou por ocultar a inconsistência dessas políticas de gasto, viabilizando a manutenção do superávit primário em valores não muito distantes dos alcançados na primeira metade

---

[15] Esses instrumentos equivalem à compra de dólar no futuro e à venda de contratos DI, ou seja, são exatamente o reverso dos *swaps* ofertados nos momentos de depreciação do real, quando os investidores demandam dólares em troca de reais.

da década, ainda que, para tanto, tenha feito uso de alguns subterfúgios pouco ortodoxos. Importa, porém, que o olhar dos agentes econômicos sobre a política fiscal passou a oscilar entre a complacência e o descrédito, abalando seu papel de um dos sustentáculos da política econômica.

Ampliando os instrumentos e objetivos da política econômica

Conforme sinalizado, a história da política econômica brasileira dos últimos 10 anos pode ser sintetizada como uma tendência à focalização em apenas um instrumento: a taxa de juros. Nos parágrafos que se seguem, são discutidas formas de ampliar os objetivos da política e aperfeiçoar os instrumentos utilizados em sua condução. Nesse sentido, evidentemente, a busca pela articulação de instrumentos endereça a discussão à própria noção de coordenação de política econômica.

O ponto de partida dessa reflexão deve ser a definição de estabilidade macroeconômica. A perspectiva aqui adotada supõe que a consolidação de um ambiente macroeconômico sustentável, com baixa volatilidade e elevada capacidade de resistência a crises, requer patamares adequados e relativamente estáveis dos preços-chave — câmbio e juros — para garantir não só a estabilidade dos preços, mas também o crescimento sustentável, com inclusão social e inserção externa favorável.

Para tanto, é preciso romper com o caráter contraditório de uma gestão macroeconômica que ignora o papel das políticas monetária, cambial e fiscal como determinantes simultâneos dos fluxos reais e financeiros da economia e de sua relação com o restante do mundo. É necessário, ademais, ampliar os limites de uma política que se volta apenas para os agregados mais gerais — juros, câmbio e dívida mobiliária —, e que, na maioria das vezes, conflita com as políticas direcionadas à esfera microeconômica. Em outras palavras, é fundamental que a política econômica se paute pelo objetivo de integrar e coordenar as diferentes instâncias de política — macroeconômicas e setoriais —, de forma a atuar positivamente sobre o lado da oferta.

No âmbito da condução da política macroeconômica, não se questiona a manutenção do modelo do tripé já vigente há uma década. Em especial, a preservação do regime de metas de inflação é crucial, posto que a convenção que se formou em seu entorno contribui decisivamente para a coordenação das expectativas dos agentes e para a convergência dos formadores de preços às metas indicadas pelo Conselho Monetário Nacional. Impõe-se, no entanto, um aperfeiçoamento da política de metas que permita aumentar sua eficácia. De fato, na maior parte das vezes, os movimentos de elevação da taxa de juros básica tiveram que contar com o auxílio da valorização cambial para produzir a reversão das expectativas de inflação.

Como mencionado na seção anterior, vários itens que integram a cesta de consumo das famílias brasileiras têm preços administrados e/ou monitorados, cujos contratos indexados contribuem para a persistência da inflação. São os casos, por exemplo, das tarifas de luz, gás e telefone. Essa indexação reduz a eficácia da política monetária, impedindo a queda do patamar da taxa de juros básica. É fundamental, portanto, avançar no processo de desindexação da economia iniciado com o Plano Real, em 1994.

Não há dúvida de que a excessiva utilização da taxa de juros como instrumento central da política econômica poderia ser substituída pelo recurso a outros instrumentos. A utilização, pelo Conselho Monetário Nacional, de instrumentos de política financeira e creditícia de forma complementar à ação do Banco Central ampliaria o poderio da política monetária. Na presença de pressões inflacionárias associadas à aceleração da demanda, seria recomendável, por exemplo, efetuar o monitoramento da concessão de crédito das instituições financeiras, particularmente dos bancos públicos.

Outro aperfeiçoamento importante da política monetária seria a incorporação de novos agentes econômicos na pesquisa de apuração das expectativas de inflação. Como sugerido por Oreiro e Passos (2005), seria importante a inclusão de entidades patronais da indústria, do comércio e sindicatos de trabalhadores na consulta semanal efetuada pela Gerin do Banco Central. Isso tenderia a reduzir o viés altista do mercado financeiro, uma vez que o relatório Focus passaria a refletir as expectativas dos agentes que efetivamente participam do processo de formação de preços e salários, rompendo com a virtual dicotomia que se criou entre o lado real e o monetário na condução da política anti-inflacionária.

Em relação à política cambial, impõe-se a necessidade de uma gestão ativa, voltada para a manutenção de uma posição sustentável na conta de transações correntes, enfocando especialmente as transações comerciais. O elevado grau de abertura financeira da economia brasileira e a maior profundidade dos mercados financeiros domésticos (relativamente à maioria dos países emergentes) tendem a ampliar a desproporção entre o reduzido volume de transações comerciais e os expressivos fluxos de natureza financeira, uma característica do ambiente atual de globalização financeira. Esse contexto produz forte tendência de valorização cambial, seja mediante entradas de capital pela conta financeira, atraídas pelo diferencial entre os juros internos e externos e pelas perspectivas de ganhos de capital nas aplicações em ações, seja por meio das apostas de apreciação do real no mercado futuro, as quais contaminam a cotação no mercado à vista.

A política cambial, com foco na sustentabilidade das contas externas, deve evitar que essa tendência se concretize. Para tanto, o padrão de atuação do Banco Central no mercado de câmbio deve ser alterado. Conforme estudo recente do Bank of International Settlements (BIS, 2005), quando o objetivo da política cambial é a estabilidade de preços, a autoridade monetária adota um padrão de frequentes e pequenas intervenções a preços favoráveis no final do dia com um mínimo efeito sobre a taxa de câmbio — exatamente a estratégia perseguida pelo Banco Central nos últimos anos. Em contrapartida, se o objetivo é influenciar a taxa de câmbio, as intervenções devem ser amplas e menos frequentes.

Assim, para que a taxa de câmbio não se distancie do patamar considerado ideal no segmento à vista, a autoridade monetária deve atuar de forma menos previsível, com intervenções amplas e ao longo do dia, procurando "formar" o preço e não apenas sancionar a cotação vigente no mercado.[16] Do mesmo modo, é necessário que o Banco Central monitore de perto os fluxos financeiros e as posições dos bancos no mercado à vista, bem como acompanhe a atuação dos agentes nos mercados de derivativos cambiais, conjunto que reúne, além dos próprios bancos, investidores institucionais nacionais, empresas não financeiras e investidores estrangeiros. Isso permitirá uma avaliação mais acurada acerca da necessidade de adoção,

[16] No mesmo sentido, intervenções no mercado futuro têm uma influência fundamental na trajetória da taxa de câmbio do real.

em momentos de forte pressão altista sobre o real, de outros instrumentos de política cambial, como intervenções nos mercados de derivativos, mediante, por exemplo, *swaps* reversos, ou mesmo de técnicas de gestão dos fluxos de capitais, como a imposição de limites ao tamanho da posição vendida dos bancos no mercado à vista.

Quanto à política fiscal, um primeiro aspecto a ser levado em conta é o fato de que, nas economias capitalistas contemporâneas, a dívida pública constitui um elemento fundamental da estrutura de ativos, sendo portanto fundamental sua gestão sob padrões adequados, com base em uma política de receitas e despesas que seja, simultaneamente, sustentável no tempo e crível pelos agentes econômicos.

Nesse sentido, a política fiscal deve ter como variável central o perfil das contas-correntes do setor público, levando em consideração o movimento de receitas no ciclo econômico. As trajetórias de gastos de custeio devem ser limitadas de forma a não ocuparem todo o espaço aberto pela elevação pró-cíclica das receitas. Desse modo, a margem para o investimento em infraestrutura pode ser preservada, aumentando a eficácia dos instrumentos de planejamento e gestão nos três níveis de governo.

A gestão sustentável da política fiscal, ademais, é um elemento-chave para a credibilidade da política macroeconômica, pois impede a ocorrência de questionamentos por parte do mercado quanto às condições de financiamento da dívida pública. Em especial, uma gestão capaz de sinalizar aos agentes que o governo não exercerá pressões inflacionárias, mediante a ampliação dos gastos correntes, e que tem condições de cumprir suas obrigações futuras é essencial para que se possa promover o alongamento da dívida pública mobiliária. O financiamento da dívida mobiliária por prazos mais longos, por sua vez, é precondição para o surgimento de uma curva de rendimento de longo prazo na economia, elemento fundamental para a operação da política monetária.

Mais do que isso, a redução da incerteza decorrente do compromisso com a sustentabilidade fiscal é o caminho indicado para criar um espaço de aceitação de títulos com maior maturidade sem a exigência de um retorno excessivamente elevado. Isso amplia o grau de liberdade do Banco Central na condução da política monetária, permitindo a redução do patamar da taxa de juros da economia. De fato, papéis mais longos envolvem menores pressões de seus detentores diante de variações tópicas nas taxas de juros e inflação do que papéis mais curtos e/ou prefixados.

Simultaneamente ao rearranjo da política econômica nos termos descritos até aqui, a obtenção de um padrão de crescimento mais sustentado para o país requer a implementação de uma estratégia integrada de desenvolvimento. Para tanto, será preciso estruturar políticas industriais que busquem a competitividade sistêmica.

Efetivamente, o Brasil não logrou superar aquilo que constitui um padrão truncado de crescimento característico de economias periféricas, com expansões de pequeno alcance e crises recorrentes. A outra face desse movimento são os desequilíbrios no balanço de pagamentos, que, na perspectiva de um desenvolvimento mais sustentado, não podem ter na absorção de fluxos capitais seu principal mecanismo de ajuste.

Como incorporar ciclos tecnológicos no parque produtivo local, a exemplo do que têm feito países como China, Índia e Coreia do Sul, e obter o ingresso nos mercados internacionais mais dinâmicos dos países centrais? A geração de maior valor agregado nos produtos exportados é o caminho para superar de forma mais consistente os constrangimentos descritos, inclusive nas fases de menor crescimento da economia mundial. Isso, por sua vez, requer ações públicas consubstanciadas em políticas industriais que permitam desenvolver e manter atividades produtivas locais com competências específicas, que ampliem o valor agregado, especialmente na indústria brasileira.

O principal dilema a ser enfrentado na elaboração de um conjunto de ações e políticas governamentais com o objetivo de elevar a produtividade e as escalas das empresas que operam no país é decidir que estrutura produtiva se deseja. Dois caminhos se abrem: políticas que norteiem setores especializados em produtos e serviços de alta tecnologia e que, assim, alavanquem exportações de maior valor agregado; e ações governamentais que incentivem a diversificação e as vantagens comparativas que o país já apresenta atualmente, por exemplo, na produção da agroindústria, da siderurgia e da mineração.

O primeiro caminho, embora mais difícil, é mais virtuoso para o crescimento e o desenvolvimento sustentados. A ênfase nos setores inovadores e na alta tecnologia exige um conjunto complexo de ações e de coordenação de instrumentos, normas e regras definidas *ex ante*, isto é, negociadas previamente entre governo, empresas e entidades empresariais, cuja resolução tende a ser lenta e não isenta de obstáculos. Nesse caso, o foco da política industrial deve ser orientado tanto para setores e atividades indutoras de mudanças tecnológicas, quanto para o contexto econômico e institucional que embute os parâmetros de estruturação das empresas e indústrias, de forma a incorporar um sistema nacional de inovação para o parque produtivo.

Como ressaltam Suzigan e Furtado (2010:196), para o sucesso dessa estratégia de política industrial com ênfase na inovação é imprescindível "coordenar o avanço das infraestruturas em simultâneo à implementação da política industrial, especialmente quando a estratégia é de *catching-up* tecnológico". Ademais, o modo de operacionalizar essas políticas é "administrar os diversos instrumentos (sistema de proteção, financiamento, promoção de exportações, incentivos fiscais, defesa da concorrência, lei de patentes e outros) de modo harmônico, sem ambiguidades em termos dos sinais transmitidos aos agentes, e de forma consistente com os objetivos da estratégia industrial".

Para mitigar os efeitos negativos da concentração das cadeias de produção domésticas associada à internacionalização dos grandes grupos empresariais brasileiros, sugere-se a adoção de programas que incentivem a diversificação de investimentos em outros setores. São igualmente importantes programas direcionados aos pequenos produtores, dotando-os de *expertise* e capacidade de barganha em relação aos grupos líderes nacionais, de forma a gerar sinergia nessas cadeias produtivas. A adoção de estratégias horizontais, que proporcionem ganhos de competitividade à estrutura produtiva, como, por exemplo, uma nova política de preços básicos energéticos (gás e nafta), hoje fixados pela Petrobras, também pode beneficiar um conjunto maior de empresas.

Como já mencionado, a resolução das deficiências de infraestrutura física do país — energia, transporte, comunicação e portos — é um requisito fundamental para uma bem-sucedida política industrial voltada para a promoção dos setores inovadores e de alta tecnologia. Como as demais formas de organizar esses investimentos — privatizações e modelos de concessões de serviços sob regulação pública — não funcionaram com a eficiência desejada (Suzigan e Furtado, 2010), defende-se o desenvolvimento de novas formas de parceria público-privada (PPP).

Como apontado por Afonso e Biasoto Jr. (2009), é crucial reconstruir as articulações em torno do investimento público, o que requer a adoção de configurações empresariais que, embora mantendo a propriedade estatal, tenham perfil de gestão privada. Em particular, casos que não se mostrem adequados ao formato PPP podem ser equacionados mediante a organização sob a forma legal de empresas de propósito específico, instituídas e reguladas pelo poder público e geridas de modo profissional pela ótica privada. Os arranjos constituídos nesse desenho devem também viabilizar o levantamento de recursos junto aos mercados de capitais para o financiamento dos investimentos. Logicamente, os projetos devem embutir taxas internas de retorno compatíveis com critérios de mercado, ou, nos casos em que isso não ocorra, pela natureza específica das ações envolvidas, devem incorporar recursos públicos em seu financiamento, mas apenas de forma complementar.

Ademais, na perspectiva de crescimento sustentável aqui adotada, o governo deve priorizar a infraestrutura e indústrias não poluidoras e eficientes em termos energéticos e de utilização de recursos naturais. Deve ainda incentivar o desenvolvimento tecnológico em áreas de ponta voltadas para a preservação ambiental, a redução das emissões de carbono e a exploração dos recursos da biodiversidade.[17] Os negócios ligados à economia de baixo carbono representam uma oportunidade única para o desenvolvimento tecnológico em várias áreas. Atender ao imperativo de energia limpa e segura exigirá novas tecnologias, tanto na produção de energia a partir de fontes renováveis com baixo impacto ambiental, quanto nos transportes, na construção imobiliária, na indústria, no setor elétrico, entre outros.

---

[17] Sobre as oportunidades associadas à economia do baixo carbono, ver WBCSD (2010) e McKinsey&Company (2009).

Considerações finais

O arcabouço de política econômica criado ao final dos anos 1990, baseado no câmbio flutuante, no superávit fiscal e no regime de metas de inflação, logrou consolidar um ambiente estável para a tomada de decisões pelos agentes econômicos. Aprofundar as condições para que tal arranjo possa ser articulado a outros instrumentos de política econômica, tanto no âmbito macroeconômico quanto no campo das unidades econômicas, é uma tarefa essencial para garantir que a estabilidade econômica conviva com altos índices de desenvolvimento.

A condução da política macroeconômica precisa ser articulada em suas distintas faces: monetária, cambial e fiscal. O uso coordenado do amplo espectro de instrumentos de política tende a eliminar os efeitos deletérios associados à sobreutilização da taxa de juros, resultando em grandes ganhos de efetividade. Já a gestão macroeconômica deve dar respaldo às políticas setoriais, em especial no que diz respeito ao fomento à indústria e à inovação, de forma a aumentar a eficiência e a competitividade interna e externa da economia doméstica. Longe de perder substância, a política macroeconômica ganharia, nesse contexto, legitimidade junto aos diversos segmentos da sociedade brasileira.

Referências

AFONSO, José R.; BIASOTO JR., Geraldo. Por que não investimento público com gestão privada? In: BIASOTO JR., Geraldo et al. *Panorama da economia internacional e brasileira*: dinâmica e impactos da crise global. São Paulo: Fundap, 2009. p. 314-335.

ARESTIS, Phillip; SAWYER, Malcolm. Inflation targeting: a critical appraisal. Levy Economics Institute of Bard College, set. 2003. (Working Paper, 388). Disponível em: <http://www. levy.org>.

BIANCARELI, André M. Integração, ciclos e finanças domésticas: o Brasil na globalização financeira. 2007. Tese (Doutorado) — IE/Unicamp, Campinas, 2007.

BIS (Bank for International Settlement). Foreign exchange market intervention in emerging markets: motives, techniques and implications. *BIS Papers*, n. 24, maio 2005.

FARHI, Maryse. Metas de inflação e o medo de crescer. *Política Econômica em Foco*, n. 4, p.73-91, maio/out. 2004.

______. O impacto dos ciclos de liquidez no Brasil: mercados financeiros, taxa de câmbio e política econômica. In: CARNEIRO, R. (Org.). *A supremacia dos mercados e a política econômica do governo Lula*. São Paulo: Unesp, 2006. p. 173-207.

______. Análise comparativa dos regimes de metas de inflação: pass-through, formatos e gestão nas economias emergentes. Campinas: IE/Unicamp, jul. 2007. (Texto para Discussão, 127). Disponível em: <http://www.eco.unicamp.br>.

FREITAS, M. Cristina P. Regime de meta de inflação em perspectiva comparada. In: BIASOTO JR., Geraldo et al. *Panorama da economia internacional e brasileira*: dinâmica e impactos da crise global. São Paulo: Fundap, 2009. p. 98-112.

_____; PRATES, Daniela M. O mercado de crédito no Brasil: tendências recentes. In: BIASOTO JR., Geraldo et al. *Panorama das economias internacional e brasileira*: dinâmica e impactos da crise global. São Paulo: Fundap, 2009. p. 215-234.

FUNDAP (Fundação do Desenvolvimento Administrativo). O mercado de crédito em 2009: a força dos bancos públicos. São Paulo, 2010. (Nota Técnica do Grupo de Conjuntura). Disponível em: <http://www.fundap.sp.gov.br/debatesfundap>.

IMF (International Monetary Fund). World Economic Outlook, out. 2008. Disponível em: <http://www.imf.org>.

KALDOR, N. Causes of the slow rate of economic growth of the United Kingdom. In: KING, J. E. *Economic growth in theory and practice*: a Kaldorian perspective. Cambridge: Edward Elgar, 1994. p. 279-318.

MCKINSEY&COMPANY. Caminhos para uma economia de baixa emissão de carbono no Brasil. 2009. Disponível em: <www.mckinsey.com.br>.

PRATES, Daniela M. A gestão dos regimes de câmbio flutuante nos países emergentes. Campinas: IE-Unicamp, set. 2007. (Texto para Discussão, 133).

_____; CUNHA, André M.; LÉLIS, Marcos T. C. A gestão do regime de câmbio flutuante no Brasil. *Revista de la Cepal,* n. 99, p. 95-117, dez. 2009.

OREIRO, J. L.; PASSOS, M. *Indicadores Econômicos*. FEE, Porto Alegre, v. 33, n. 1, jun. 2005, p. 157-168.

PREBISCH, Raul. El desarrollo económico de la América Latina y algunos de sus principales problemas. In: GURRIERI, A. *La obra de Prebisch en la Cepal*. [1949]. México: Fondo de Cultura Económica, 1982. p. 99-155.

SAWYER, Malcolm. Fiscal and interest rate policies in the "new consensus" framework: a different perspective. *Journal of Post Keynesian Economics*, v. 31, n. 4, p. 549-565, 2009.

SUZIGAN, Wilson; FURTADO, João. Política industrial e desenvolvimento. *Revista da Cepal*, n. 100, abr. 2010.

THIRWALL, A. *A natureza do crescimento econômico*. Brasília: Ipea, 2005.

UNCTAD. *Trade and development report*. Set. 2002. Disponível em: <http://www.unctad.org>.

______. *Trade and development report*. Set. 2008. Disponível em: <http://www.unctad.org>.

WBCSD (World Business Council for Sustainable Development). *Vision 2050*: the next agenda to business. Genève: WBCSD, 2010.

Anexo

TABELA 1

Variação anual do PIB, comércio exterior, fluxo de capitais e commodities — Brasil e países selecionados (%)

	2003	2004	2005	2006	2007	2008	2009
PIB							
Mundo	3,6	4,9	4,5	5,1	5,2	3,0	-0,6
Economias avançadas	1,9	3,2	2,7	3,0	2,8	0,5	-3,2
EUA	2,5	3,6	3,1	2,7	2,1	0,4	-2,4
Zona do Euro	0,8	2,2	1,7	3,0	2,8	0,6	-4,1
Alemanha	-0,2	1,2	0,7	3,2	2,5	1,2	-5,0
França	1,1	2,3	1,9	2,4	2,3	0,3	-2,2
Itália	0,0	1,5	0,7	2,0	1,5	-1,3	-5,0
Espanha	3,1	3,3	3,6	4,0	3,6	0,9	-3,6
Japão	1,4	2,7	1,9	2,0	2,4	-1,2	-5,2
Reino Unido	2,8	3,0	2,2	2,9	2,6	0,5	-4,9
Canadá	1,9	3,1	3,0	2,9	2,5	0,4	-2,6
Outras economias avançadas[1]	2,6	4,8	4,2	4,7	4,9	1,7	-1,1
União Europeia	1,5	2,7	2,2	3,4	3,1	0,9	-4,1
Economias emergentes	6,2	7,5	7,1	7,9	8,3	6,1	2,4
Novas econ. industr. da Ásia	3,2	5,9	4,8	5,8	5,8	1,8	-0,9
Europa central e oriental	4,8	7,3	5,9	6,5	5,5	3,0	-3,7
Comun. Estados Independentes	7,7	8,2	6,7	8,5	8,6	5,5	-6,6
Rússia	7,3	7,2	6,4	7,7	8,1	5,6	-7,9
Ásia emergente	8,2	8,6	9,0	9,8	10,6	7,9	6,6
China	10,0	10,1	10,4	11,6	13,0	9,6	8,7
Índia	6,9	7,9	9,2	9,8	9,4	7,3	5,7
Asean-5	5,8	6,1	5,5	5,7	6,3	4,7	1,7
Oriente Médio	6,9	5,8	5,4	5,7	5,6	5,1	2,4
África subsaariana	5,0	7,1	6,3	6,5	6,9	5,5	2,1
África do Sul	2,9	4,6	5,3	5,6	5,5	3,7	-1,8
América Latina	2,2	6,0	4,7	5,6	5,8	4,3	-1,8
Brasil	1,1	5,7	3,2	4,0	6,1	5,1	-0,2
México	1,7	4,0	3,2	4,9	3,3	1,5	-6,5

	2003	2004	2005	2006	2007	2008	2009
Volume de comércio	5,4	10,7	7,7	8,8	7,2	2,8	-10,7
Exportações	5,3	10,6	7,7	9,2	7,4	2,6	-10,5
Economias avançadas	3,3	9,1	6,2	8,6	6,3	1,9	-11,7
Economias emergentes	11,0	14,8	11,5	10,4	9,7	4,0	-8,2
Importações	5,6	10,8	7,8	8,5	6,9	2,9	-10,9
Economias avançadas	4,2	9,2	6,5	7,6	4,7	0,6	-12,0
Economias emergentes	10,3	15,9	11,7	10,9	12,7	8,5	-8,4
Fluxos de capital privado (líquidos)							
Economias emergentes (US$ bilhões)	178,6	230,3	289,3	254,2	689,3	179,2	180,2
Índice de preço das commodities (variação anual %)							
Combustíveis e não combustíveis	11,6	23,7	24,2	20,7	11,8	27,5	-31,0
Não combustíveis[2]	5,9	15,2	6,1	23,2	14,1	7,5	-18,7
Insumos industriais	5,5	18,4	12,2	36,3	13,2	-5,7	-24,8

Fonte: FMI, World Economic Outlook.

[1] Exclui G-7 e Zona do Euro.

[2] Inclui alimentos e insumos industriais.

TABELA 2

Evolução das principais variáveis da economia brasileira — 2003 a 2009

	2003	2004	2005	2006	2007	2008	2009
PIB							
PIB nominal (R$ bilhões)	1.700	1.941	2.147	2.369	2.661	3.005	3.143
PIB *per capita* (R$)	9.511	10.720	11.709	12.769	14.183	15.847	16.414
PIB – crescimento real (%)	1,1	5,7	3,2	4,0	6,1	5,1	-0,2
Oferta							
Impostos sobre produtos	0,6	6,4	4,4	5,7	7,7	7,4	-0,8
Valor adicionado a preços básicos	1,2	5,6	3,0	3,7	5,8	4,8	-0,1
Agropecuária	5,8	2,3	0,3	4,8	4,8	5,7	-5,2
Indústria	1,3	7,9	2,1	2,2	5,3	4,4	-5,5
Serviços	0,8	5,0	3,7	4,2	6,1	4,8	2,6
Demanda							
Formação bruta de capital fixo (FBCF)	-4,6	9,1	3,6	9,8	13,9	13,4	-9,9
Consumo das famílias	-0,8	3,8	4,5	5,2	6,1	7,0	4,1
Consumo do governo	1,2	4,1	2,3	2,6	5,1	1,6	3,7
Export. de bens e serviços não fatores	10,4	15,3	9,3	5,0	6,2	-0,6	-10,3
Import. de bens e serviços não fatores	-1,6	13,3	8,5	18,4	19,9	18,0	-11,4
Taxa de investimento (FBCF/PIB)	15,3	16,1	15,9	16,4	17,4	18,7	16,7
Crédito (% do PIB)							
Total	24,6	25,7	28,3	30,9	35,2	40,8	45,0
Recursos direcionados	9,3	8,9	9,4	9,9	10,3	11,9	14,6
Recursos livres	15,0	16,4	18,8	21,0	24,8	29,0	30,4
Pessoa física	5,9	7,1	8,9	10,0	11,9	13,1	14,9
Pessoa jurídica	9,1	9,2	9,9	11,0	12,9	15,9	15,4
Emprego e rendimento							
Taxa de desemprego aberto IBGE[1] (média anual, % da PEA)	12,3	11,4	9,9	10,0	9,3	7,9	8,1
Ocupação (var. anual %)	n/d	2,9	2,6	1,9	2,6	3,4	0,7
Rendimento médio real (var. anual %)	n/d	-1,3	1,5	4,0	3,2	3,4	3,2
Massa de rendimentos (var. anual %)	n/d	1,6	4,2	5,0	5,8	6,9	3,9
Salário mínimo real (preços de 2009)	325	327	357	404	420	433	465
Salário mínimo real (var. anual %)	9,8	0,7	9,2	13,1	3,9	3,1	7,4

	2003	2004	2005	2006	2007	2008	2009
Participação da classe C na população[1]	43,0	47,6	46,7	50,0	51,9	53,8	53,6
Bolsa Família							
Nº de famílias beneficiadas (milhões)	n/d	6,6	8,7	11,0	11,0	10,6	12,4
Desembolsos do governo (R$ bilhões)	n/d	5,5	6,9	8,1	9,2	10,8	11,2
Preços							
IPCA (IBGE – % ao ano)	9,3	7,6	5,7	3,1	4,5	5,9	4,3
IGP-M (FGV – % ao ano)	8,7	12,4	1,2	3,8	7,7	9,8	-1,7
IGP-DI (FGV – % ao ano)	7,7	12,1	1,2	3,8	7,9	9,1	-1,4
Setor externo							
Balança comercial (US$ bilhões)	24,8	33,6	44,7	46,5	40,0	24,8	25,3
Exportações (US$ bilhões)	73,1	96,5	118,3	137,8	160,6	197,9	153,0
Importações (US$ bilhões)	48,3	62,8	73,6	91,4	120,6	173,1	127,6
Balança de serviços e rendas (US$ bi)	-23,5	-25,2	-34,3	-37,1	-42,5	-57,3	-52,9
Conta-corrente (US$ bilhões)	4,2	11,7	14,0	13,6	1,6	-28,2	-24,3
Conta de capital e financeira	5,1	-7,5	-9,5	16,3	89,1	29,4	71,3
Conta de capital	0,5	0,4	0,7	0,9	0,8	1,1	1,1
Conta financeira	4,6	-7,9	-10,1	15,4	88,3	28,3	70,2
IDE	10,1	18,1	15,1	18,8	34,6	45,1	25,9
Investimento estrangeiro em carteira	5,1	-4,0	6,7	9,1	48,1	-0,8	46,2
Outros investimentos estrangeiros	-0,7	-8,7	-22,5	24,1	31,7	8,1	14,1
Reservas (liquidez internacional, US$ bilhões)	49,3	52,9	53,8	85,8	180,3	206,8	239,1
Setor público							
Déficit nominal (% do PIB)	5,1	2,8	3,4	3,5	2,7	1,9	3,3
Juros nominais (% do PIB)	8,5	6,6	7,3	6,8	6,1	5,4	5,4
Resultado primário (% do PIB)	3,3	3,8	3,9	3,2	3,4	3,5	2,1
Dívida líquida setor público (% do PIB)	54,9	50,6	48,2	50,7	45,2	38,4	42,8

Fontes: IBGE, Banco Central, FGV, Ministério do Desenvolvimento Social, Ipea.

[1] Refere-se às seis principais regiões metropolitanas do país: São Paulo, Rio de Janeiro, Belo Horizonte, Recife, Salvador e Porto Alegre.

12

Infraestrutura — sonhos e realidade

PAULO FERNANDO FLEURY

O Programa de Aceleração do Crescimento (PAC) foi lançado em 2007 com o objetivo de reduzir as deficiências do Brasil em quatro áreas principais: saneamento, logística, energia e habitação. O bom momento da economia brasileira e a carência do país em infraestrutura logística vêm levando o governo brasileiro a priorizar o setor de transportes no PAC.

Após quatro anos de programa, o PAC passou a ser alvo de críticas por falhas no cumprimento de orçamentos e cronogramas. Além de retardarem o desenvolvimento do país, os problemas relacionados com o PAC vêm gerando dúvidas sobre a capacidade de planejamento do governo e a real eficiência desses investimentos. Apesar de o Brasil ter conseguido os aportes necessários para a realização das obras, existem claras dificuldades para tornar os projetos realidade, ou por falta de planejamento, excesso de burocracia, ou problemas de corrupção.

Para melhor compreender as dificuldades do governo brasileiro com o PAC, este capítulo analisa não só problemas recentes do país, mas também as mudanças que o afetaram nos últimos 40 anos. Fará ainda uma comparação com as experiências vividas por outros países para tentar entender os erros que vêm sendo cometidos e os caminhos a serem seguidos para que o Brasil não desperdice o bom momento vivido neste início de século XXI.

Análise da infraestrutura logística brasileira

As três últimas décadas foram de grande transformação para o Brasil. Após 25 anos de regime militar, o país abriu as portas para a democracia e, na sequência, para uma nova visão econômica. Anos de protecionismo ao mercado nacional deram lugar à abertura da economia, que se tornou mais liberal e diversificada em meio a um mercado doméstico em constante crescimento.

Esse cenário vem se consolidando nos últimos anos, juntamente com a preocupação dos sucessivos governos em manter uma política macroeconômica consistente, com metas de inflação, câmbio flutuante, acúmulo de reservas internacionais, responsabilidade fiscal e solidez no sistema financeiro. O bom ambiente institucional, aliado às riquezas naturais brasileiras, ao parque industrial diversificado e a um mercado consumidor em expansão, vem atraindo cada vez mais investimentos para o país, permitindo ainda que o Brasil supere, rapidamente, uma das maiores crises financeiras da história mundial.

Mas alguns problemas continuam impedindo que o país desenvolva seu verdadeiro potencial econômico. Sede da Copa do Mundo de Futebol de 2014 e dos Jogos Olímpicos de 2016, o Brasil ainda sofre com a baixa capilaridade e qualidade da infraestrutura de transportes, com a falta de educação de qualidade em todos os níveis, com altas desigualdades sociais e a pouca confiança do mercado nas instituições nacionais. Esses problemas, aliados ao excesso de burocracia e à falta de segurança nas grandes cidades, prejudicam a eficiência logística do país, afetando sua competitividade no mercado internacional.

Um retrato da logística brasileira pode ser visto examinando-se o Índice de Eficiência Logística, criado pelo Banco Mundial em 2007, e que avalia questões importantes como os ativos físicos, a burocracia e o conhecimento existentes nos países. Apesar de ter evoluído em relação a 2007, o desempenho do Brasil deixa muito a desejar, pois o país ocupava o 41º lugar em 2010, numa lista de 155 países liderada pela Alemanha. Entre os Brics — grupo formado por cinco das maiores economias em desenvolvimento —, o Brasil vem logo após a China e a África do Sul, à frente de Índia e Rússia. Na América Latina, o Brasil está em 1º lugar, após ultrapassar Argentina, Chile, México e Panamá, que na edição de 2010 ocupam, respectivamente, do 48º ao 51º lugares (World Bank, 2010).

Na construção do índice, o Banco Mundial considerou, além da infraestrutura de transportes e comunicação, outras cinco dimensões: consistência/confiabilidade, rastreamento de carga, competência dos serviços logísticos públicos e privados, disponibilidade de transporte internacional e procedimentos alfandegários. A pouca transparência dos processos, o excesso de burocracia e a baixa evolução dos órgãos governamentais que trabalham no desembaraço das mercadorias deixaram o Brasil na 82ª posição no item "procedimento alfandegário".

Fora do principal eixo de navegação do comércio internacional, o Brasil tem dificuldades também com a baixa disponibilidade de transporte internacional (65º lugar). Já os constantes roubos de carga — principalmente nos grandes centros urbanos — e os atrasos causados por inspeções antes do embarque de produtos para exportação colocaram o país na 20ª posição no item "consistência/confiabilidade". A má qualidade dos serviços prestados por transportadoras, agências aduaneiras de inspeção e associações de transporte e comércio deixaram o Brasil na 34ª posição no item "competência logística", enquanto problemas com a infraestrutura de telecomunicações o colocaram em 36º em "rastreamento de carga".

O baixo investimento em infraestrutura nas últimas décadas também afetou o setor de logística. Após cerca de 30 anos de subinvestimentos em infraestrutura de transportes — inferiores a 0,2% do PIB (Brasil, 2011c) —, o país apresenta um grande déficit de infraestrutura, em termos tanto quantitativos quanto qualitativos, o que o deixa na 37ª colocação no item "infraestrutura" do índice do Banco Mundial.

A deficiência da infraestrutura nacional acaba afetando os custos logísticos no Brasil, considerados dos mais altos do mundo. Os gastos com logística no país representam R$ 391 bilhões por ano ou 10,6% do PIB. Em termos relativos, esse valor está acima dos 7,7% registrados nos Estados Unidos em 2009 (CSCMP, 2011), resultado, principalmente, do desbalanceamento da matriz de transportes nacional e das altas taxas de juros praticadas no país. Essa diferença de 2,9% entre Brasil e Estados Unidos representa uma perda de US$ 90 bilhões por ano para o país (Ilos, 2012).

GRÁFICO 1

Percentual dos custos logísticos em relação ao PIB — Brasil x EUA

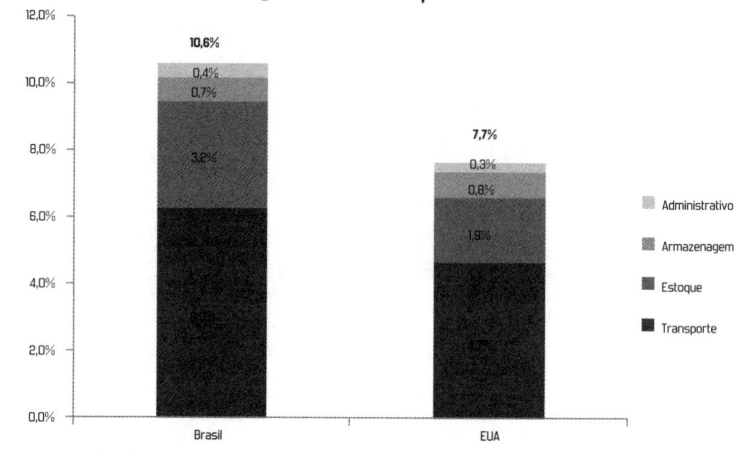

Fontes: Ilos (2012) e CSCMP (2011).

No âmbito das empresas, os custos logísticos também são bastante significativos. Em 2011, corresponderam a 8,5% da receita líquida anual, com o transporte ficando com a maior fatia: 4,6%. A parcela relativa aos custos de estoque correspondia a 1,9%, com os custos de armazenagem representando os 2% restantes (Ilos, 2012).

Apesar dos problemas, desde 2004, o Brasil vem obtendo um crescimento anual acima de 3% em seu PIB, série interrompida apenas em 2009 em função da crise financeira internacional. Após uma retração de 0,6% em 2009, o Brasil registrou em 2010 um PIB de R$ 3,7 trilhões, com crescimento de 7,5% em relação ao ano anterior, algo que não acontecia desde 1986 (IBGE, 2011a; World Bank, 2011).

Em 2010, o Brasil também bateu recordes nos valores de exportação e importação, com US$ 201,9 bilhões e US$ 181,6 bilhões, respectivamente, e saldo comercial de US$ 25,3 bilhões. Os produtos primários representaram quase 45% das exportações nacionais, com destaque para minérios (15,3%), o complexo soja (8,5%) e açúcar e etanol (6,8%). A China é o principal comprador de produtos brasileiros, com 15,3% de participação, à frente de Estados Unidos (9,6%) e Argentina (9,2%) (Brasil, 2010).

A infraestrutura brasileira em números

O crescimento do fluxo de mercadorias nos últimos anos deixou aparentes as deficiências do transporte de cargas no Brasil. Apesar do território extenso, com 8,5 milhões de quilômetros quadrados, a maior parte da produção brasileira (65,6%) é transportada pelo modal rodoviário. Embora tenham a vocação de movimentar grandes volumes de carga a longas distâncias, as ferrovias brasileiras transportam apenas 19,5% da produção nacional, com o modal aquaviário sendo responsável por 11,4% — 9,59% por cabotagem, 1,77% por hidrovia e 0,03% para apoio offshore —, o dutoviário por 3,8% e o aéreo por apenas 0,05% (IBGE, 2011b; Ilos, 2012).

O desequilíbrio da matriz de transporte de cargas brasileira é percebido comparando-a com as matrizes de outras regiões. Com uma área territorial tão extensa quanto a brasileira, os Estados Unidos transportam 38% de sua produção por ferrovias, com as rodovias recebendo 28,7% da carga nacional, o transporte aquaviário 11,4% — 6,8% por hidrovia e 4,6% por cabotagem —, o dutoviário 21,5% e o aéreo 0,3% (CSCMP, 2011). A tabela 1 apresenta um quadro comparativo com as matrizes de transporte de Brasil, EUA, União Europeia e China.

TABELA 1

Comparativo das matrizes de transporte em diversas regiões

%

Modal	Brasil (2010)	EUA (2010)	UE (2008)	China (2007)
Rodoviário	65,60	28,7	46	11,2
Ferroviário	19,50	38,0	11	23,5
Hidroviário	1,77	6,8	4	15,4
Cabotagem	9,59	4,6	37	48,0
Dutoviário	3,80	21,5	3	1,8
Aéreo	0,05	0,3	0	0,1

Fontes: Ilos (2012), CSCMP (2011), Eurostat (2011) e NBSC (2011).

O Brasil também sofre com problemas de qualidade da infraestrutura do país. Em recente pesquisa do Instituto Ilos, profissionais de logística das maiores empresas instaladas no Brasil apontaram a infraestrutura logística nacional como regular, atribuindo nota média cinco. No entender dos entrevistados, a falta de conservação da infraestrutura de transportes vem se constituindo em um problema tão grave quanto a falta de disponibilidade de vias e modais.

O maior alvo de críticas desses profissionais é a má conservação das estradas nacionais. Apesar de dispor de uma malha rodoviária bastante extensa (1,6 milhão de quilômetros), o Brasil tem apenas 214 mil quilômetros de rodovias pavimentadas (Brasil, 2011), 20 vezes menos que os 4,21 milhões de quilômetros dos EUA. Mesmo a Índia, com pouco mais de um terço do território brasileiro, possui uma malha pavimentada sete vezes maior que a do Brasil (CIA, 2011).

TABELA 2

Comparativo da infraestrutura de diversos países

(por mil km de via)

País	Área (milhões de km²)	Rodoviária pavimentada	Ferroviária	Dutoviária	Hidroviária
Brasil	8,5	214	29	19	14
China	9,3	1.576	77	58	110
Índia	3,0	1.569	63	23	15
Rússia	17,0	755	87	247	102
África do Sul	1,2	73	20	3	–
EUA	9,1	4.210	227	793	41

Fontes: Brasil (2011) e CIA (2011).

Os problemas de qualidade das estradas nacionais não se resumem à extensão dos trechos pavimentados. Estudo realizado em 2011 pela Confederação Nacional dos Transportes (CNT) mostra que o estado geral das rodovias brasileiras é deficiente. Quase 60% do trecho avaliado[1] foram considerados em mau estado, com problemas principalmente de geometria da via e de sinalização, além da má conservação da pavimentação.

Asfalto de má qualidade, falhas de construção, falta de conservação e excesso de peso dos caminhões são alguns dos fatores que afetam as condi-

[1] A avaliação da CNT levou em conta quase 93 mil quilômetros de estradas, que correspondem à extensão de toda a rede federal pavimentada e das principais rodovias estaduais.

ções das rodovias nacionais. Estudos apontam que 1% de carga acima do limite em um eixo isolado aumenta em 4,32% o desgaste do pavimento. Ou seja, se a sobrecarga for de 5% no caminhão, uma rodovia projetada para durar 10 anos tem sua vida útil reduzida para 8,1 anos. Já se o peso exceder 20%, a durabilidade do pavimento cai para apenas 4,5 anos (Reis, 2011).

O segundo principal problema apontado pelos profissionais de logística brasileiros é a baixa capilaridade da malha ferroviária nacional. O Brasil possui apenas 29 mil quilômetros de trilhos, concentrados em São Paulo, Minas Gerais, Rio de Janeiro e Rio Grande do Sul (Fleury e Hijjar, 2008). A malha brasileira é oito vezes menor que a dos EUA e, entre os Brics, só supera a da África do Sul, país cuja área territorial é sete vezes menor que a do Brasil (CIA, 2011). Dos 29 mil km de ferrovias, apenas 10 mil são efetivamente utilizados. Os embarcadores nacionais sofrem ainda com falta de vagões, dificuldades no transbordo e baixa velocidade nas proximidades dos grandes centros, além de problemas de regulação equivocada, que dificultam a passagem de carga entre ferrovias operadas por diferentes concessionárias.

A má qualidade dos acessos terrestre e marítimo aos portos e a falta de infraestrutura nos rios para navegação também interferem no transporte de carga no Brasil e prejudicam o desenvolvimento do modal aquaviário no país. O Brasil possui 7.400 km de costa e 43 mil km de rios navegáveis, com a maior parte situada na Região Norte do país (Ilos, 2011).

Por fim, a má conservação dos aeroportos é o principal problema apontado pelos profissionais de logística do Brasil em relação ao modal aéreo. O Brasil dispõe de 66 aeroportos, com 34 terminais de logística de carga, todos administrados pela Infraero. Nesses terminais são prestados serviços de armazenagem e movimentação da carga importada, a ser exportada, nacional e expressa. O maior terminal em volume de cargas é o de Guarulhos (SP), que movimentou em 2011 mais de 378 mil toneladas (Infraero, 2012a e 2012b).

A avaliação dos profissionais de logística na pesquisa do Instituto Ilos corroborou o resultado obtido pelo Banco Mundial no levantamento do Índice de Desenvolvimento Logístico. No estudo do Banco Mundial, mais da metade dos entrevistados apontaram a qualidade das rodovias brasileiras como baixa ou muito baixa. Nove entre 10 profissionais também disseram que as ferrovias nacionais eram de baixa ou muito baixa qualidade, enquanto 75% criticaram os portos nacionais. Assim como no levantamento do Ilos, os aeroportos também receberam o menor volume de críticas entre os modais (41%) (World Bank, 2010).

Os problemas de infraestrutura do Brasil também ficam evidentes em estudo do World Economic Forum (2011), que avaliou a competitividade dos países. Ocupando a 53ª colocação entre 142 países no Índice de Competitividade Global, o Brasil está apenas em 104º lugar no item "qualidade da infraestrutura em geral", sendo o último em um grupo de países formado por EUA (24º), África do Sul (60º), China (69º), Índia (86º) e Rússia (100º). Os principais fatores que influenciaram a má colocação do país foram a qualidade das infraestruturas portuária e aérea (130º e 122º lugares, respectivamente), seguida do modal rodoviário (118º) e do ferroviário (91º).

O Programa de Aceleração do Crescimento

Na tentativa de reduzir as deficiências da infraestrutura nacional, o governo federal lançou em 2007 o Programa de Aceleração do Crescimento (PAC). Embora reúna os principais projetos em andamento para o setor, o PAC carece de melhor estruturação, coordenação e de uma visão moderna de logística integrada. O programa sofre com deficiências no planejamento das obras, o que resulta em excessivas revisões de cronogramas, acréscimos de novos investimentos e dificuldades na obtenção de licenças e na liberação de recursos.

Os números comprovam algumas dessas deficiências. Apenas no setor de logística, o orçamento inicial do PAC previa um aporte de R$ 58 bilhões entre 2007 e 2010, quantia que dois anos depois se transformou em R$ 96 bilhões, com mais R$ 36 bilhões para o período pós-2010. Apesar do aumento no orçamento, o PAC chegou em 2010 com 68,2% das ações relacionadas à infraestrutura logística concluídas, sendo que, em três dos cinco grupos de trabalho, pouco mais de 30% dos investimentos previstos foram realizados (ver tabela 3). No total, foram investidos mais de R$ 65 bilhões, o que representa 0,74% do PIB do período, muito abaixo dos 1,8% destinados pelo Estado na década de 1970 (Brasil, 2011a).

TABELA 3

Acompanhamento do PAC em logística — 11º Balanço

Jan. 2007 a out. 2010*

Grupo	Investimento previsto de 2007 a 2010 (milhões de R$)	Investimento realizado até outubro de 2010 (milhões de R$)	% realizado
Rodovias	54.012,00	43.071,50	79,7
Ferrovias	10.354,00	3.710,70	35,8
Portos	2.443,00	784,10	32,1
Hidrovias	1.324,00	1.010,00	76,3
Aeroportos	824,00	281,30	34,1

Fonte: Brasil, 2011a.

* Na tabela não estão contemplados os valores referentes à Marinha Mercante e os de origem não identificada.

Falhas de planejamento acabam levando a atrasos por falta de licenças, principalmente ambientais, ou abrem brechas para suspeitas de irregularidades e de corrupção, também prejudicando o andamento das obras. O resultado é o grande número de projetos interrompidos pelo Tribunal de Contas da União (TCU), que, nos casos mais graves, acaba levando à rescisão de contratos, como ocorreu com os aeroportos de Guarulhos (SP), Vitória (ES) e Macapá (AP). Acusações de corrupção também levaram o governo federal a suspender licitações e aditivos previstos para o Departamento Nacional de Infraestrutura de Transportes (Dnit) e para a Valec, e a demitir grande parte da cúpula do Ministério dos Transportes no início de 2011.

Nem mesmo o lançamento periódico dos balanços das obras contribui para o acompanhamento preciso dos projetos. Sucessivas mudanças nos critérios de avaliação dos andamentos, a criação de novas etapas e alterações nos prazos deixam a análise confusa e, por vezes, impossível de ser realizada apenas com o material fornecido pelo Ministério do Planejamento, Orçamento e Gestão, responsável pelo programa.

Um exemplo das idas e vindas no planejamento do PAC é o trem de alta velocidade (TAV). Ausente do grupo de projetos existentes no lançamento do programa, em janeiro de 2007, o TAV passou a figurar a partir do 4º Balanço, em abril de 2008, com um investimento previsto de US$

11 bilhões. No 8º Balanço, enquanto aguardava o termo de referência e a consulta pública, o projeto do TAV já era estimado em R$ 34,6 bilhões, passando para R$ 33,1 bilhões em dezembro de 2010 e chegando a R$ 40 bilhões em 2011.

Os problemas de planejamento do TAV não acontecem apenas nos balanços do PAC. Embora seja considerado pelo governo um dos projetos mais importantes para o Brasil, o processo de licitação do TAV vem se arrastando desde 2010, tendo sofrido três adiamentos. O alto custo do projeto e a falta de garantias de retorno dos investimentos afastaram as empresas interessadas e obrigaram o governo a mudar o formato da licitação, que passou a ser dividida em duas fases, uma de escolha do operador do trem-bala e outra do consórcio construtor do empreendimento. Segundo o cronograma do governo, a primeira fase da licitação do TAV está prevista para outubro de 2012 e a segunda para 2013, com o tempo de obra estimado em cinco anos, o que inviabiliza a inauguração do trem-bala para os Jogos Olímpicos de 2016.

Outro caso emblemático é o da Ferrovia Oeste-Leste. Também não incluída no grupo de projetos previstos à época do lançamento do PAC, a Oeste-Leste entrou nos planos a partir do 4º Balanço, com um investimento não divulgado. Já no 5º Balanço, o projeto passou a ser orçado em R$ 3,3 bilhões, subindo para R$ 6 bilhões no levantamento seguinte. No 8º Balanço, com o projeto concluído, a ferrovia passou a ser orçada em R$ 3,8 bilhões, valor que voltou a ser alterado ao final do PAC-I, atingindo R$ 4,8 bilhões quando do início das obras. Por outro lado, a Valec, empresa pública responsável pelo planejamento econômico e administrativo de engenharia das ferrovias, previa, no final de 2011, investimentos de R$ 7,4 bilhões para a ferrovia.

Apesar de o traçado definitivo ter sido anunciado e as obras da ferrovia já terem começado, pendências ambientais estão obrigando a Valec a modificar o traçado original da ferrovia. O embargo das obras e a demora na definição do novo traçado (inicialmente previsto para o 1º trimestre de 2012) vão levar à nova alteração nos custos da ferrovia e no prazo de término da construção, previsto inicialmente para o fim de 2013 e que só deverá acontecer no final de 2014.

De qualquer maneira, o PAC tem o mérito de agir de forma ampla, com o objetivo de induzir e direcionar os investimentos e a economia do Brasil. Entretanto, assim como os últimos PPAs, o PAC ainda não deve ser considerado um plano de desenvolvimento para o país por não contemplar áreas como educação, saúde e tecnologia, que obrigatoriamente seriam envolvidas em um projeto desenvolvimentista.

Entre os críticos do PAC estão as próprias empresas brasileiras, que reclamam do conteúdo e do andamento das obras. Na avaliação de 100 executivos de logística das maiores empresas do Brasil em faturamento, as propostas de logística do PAC são consideradas apenas regulares, com nota média 6,2 (em um intervalo de 0 a 10), enquanto o andamento da execução das obras está aquém das expectativas, tendo recebido nota média 4 por parte dos entrevistados.

A preocupação das empresas com importação e exportação faz com que as obras de dragagem portuária estejam entre os principais projetos do PAC, ao lado da duplicação da BR-101, na opinião dos profissionais de logística. Outra ação de destaque para esses executivos seria a construção da Ferrovia Norte-Sul, para fortalecer o escoamento da produção agropecuária e agroindustrial do país. Já o TAV, que ligará o Rio de Janeiro a São Paulo, é uma das opções menos importantes, tendo recebido pouco mais da metade dos votos (54%).

Dando continuidade ao PAC-I, que na realidade não atingiu muitas de suas metas, o governo lançou o PAC-II, com previsão preliminar de investimentos em logística de R$ 104,5 bilhões entre 2011 e 2014, e mais R$ 4,5 bilhões após 2014. Ao modal rodoviário estão destinados R$ 50,4 bilhões, para a construção de 8 mil quilômetros de estradas, manutenção de 55 mil quilômetros e realização de novos projetos. A expansão da malha também está prevista no modal ferroviário, bem como o aumento de capacidade do sistema aeroportuário; a ampliação, modernização e recuperação dos portos, e a melhoria da navegabilidade dos rios nacionais (Brasil, 2011c).

Ainda que os investimentos em hidrovias estejam oficialmente na programação do PAC, os usuários do modal vêm reclamando do pouco repasse de verbas após um ano do início da segunda etapa do programa.

Segundo eles, apenas ações pontuais foram realizadas em 2011, apesar da promessa do governo de lançar um grande pacote de obras para o setor e estimar investimentos de R$ 2,7 bilhões. Alheio às reclamações, o governo federal nega que o programa para as hidrovias tenha sido abandonado.

Capacidade brasileira de investimento e planejamento

Diversos estudos mostram que o aporte de capital ainda está aquém das reais necessidades do Brasil, embora o volume de investimentos tenha aumentado nos últimos anos. Um mapeamento feito pelo Ipea aponta que o Brasil precisaria de R$ 304 bilhões para resolver os problemas e melhorar a eficiência de rodovias, ferrovias e portos nacionais, mais do que o dobro do investimento previsto pelo PAC-I para esses setores (Ipea, 2010a, 2010b e 2010c).

Segundo o Ipea (2010b), 80% dos investimentos do setor rodoviário devem ser destinados à recuperação, à adequação e à duplicação das estradas nacionais, sendo os outros 20% alocados à construção de novas vias. Já a maior necessidade do setor ferroviário está na ampliação da malha, atividade que receberia 44% dos investimentos, com outros 27% destinados à recuperação dos trechos (Ipea, 2010c).

Quanto aos portos, o mapeamento do Ipea (2010a) aponta que 90% dos investimentos devem ser direcionados para a ampliação, a construção e a recuperação de berços, píeres, terminais e pátios, além da expansão e do melhoramento dos acessos terrestres. Em todos os casos, o Ipea levou em consideração as obras identificadas como necessárias em diversos levantamentos feitos pelo governo nos últimos anos, como o Plano Nacional de Logística e Transporte, o Plano Plurianual, o Plano CNT de Logística e o PAC.

Usando metodologia diferente, o Instituto Ilos calcula serem necessários pouco mais de R$ 900 bilhões de investimentos em portos, ferrovias e rodovias para que o Brasil reduza os gargalos existentes no transporte de carga. Embora a intenção seja obter um maior equilíbrio da matriz de transportes brasileira, o modal rodoviário ainda receberia 82% dos investimentos (R$ 811,7 bilhões). Esse valor seria utilizado para recuperar mais de 125 mil quilômetros de estradas e pavimentar 560 mil quilômetros de rodovias, fazendo com que o país passasse a ter mais da metade da malha rodoviária pavimentada (contra 13% registrados no início de 2011).

Já no modal ferroviário, a malha nacional passaria a contar com 69 mil quilômetros, 40 mil a mais do que o registrado em 2011. Entre as obras necessárias estão a recuperação da malha atual, a adequação das passagens de nível críticas e a construção de 40,2 mil quilômetros de trilhos. Nos portos, o investimento seria destinado a obras de construção, ampliação e recuperação da infraestrutura portuária e dos acessos terrestres, além de intervenções para dragagem e derrocamento.

TABELA 4

Comparativo dos estudos do Ilos e do Ipea com os investimentos previstos pelo PAC-I

Modais	Ilos (R$ bilhões)	Ipea (R$ bilhões)	PAC-I — investimento previsto (R$ bilhões)
Rodoviário	811,7	183,5	79,3
Ferroviário	130,8	77,9	54,8*
Portos	42,9	42,9	3,4

Fontes: Ipea (2010a, 2010b e 2010c; Brasil (2011b).
* 60% deste valor estão relacionados ao projeto do TAV entre Rio de Janeiro e São Paulo.

O estado atual da infraestrutura brasileira é um retrato dos baixos investimentos feitos pelos sucessivos governos nos últimos 30 anos. Após chegarem a 1,8% do PIB na década de 1970, os investimentos públicos na área de transportes foram reduzidos devido aos cortes de gastos governamentais provocados pelas diversas crises financeiras que ocorreram nesse período. Nas últimas três décadas, os investimentos anuais não alcançaram nem 1% do PIB, impossibilitando a realização de diversos projetos programados (Brasil, 2011c). O resultado foi a deterioração da malha de transportes nacional por seu uso cada vez mais intenso sem que houvesse um mínimo de reparo e conservação das vias existentes.

GRÁFICO 2

Investimentos em transporte/PIB (%)

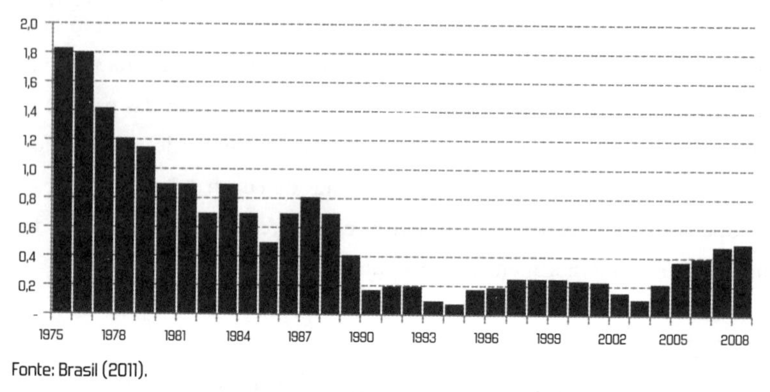

Fonte: Brasil (2011).

No modal rodoviário, a queda no repasse de recursos federais para investimento em infraestrutura nos últimos 30 anos levou o governo federal a buscar, a partir de 1995, empresas privadas para investirem no setor através do Programa de Concessão de Rodovias Federais. Pelo novo sistema, a escolha da concessionária é feita por licitação, vencendo a empresa que apresentar a menor tarifa de pedágio. Por intermédio do programa, já passaram para a administração privada quase 15 mil quilômetros de estradas, tendo as concessionárias investido, até 2009, cerca de R$ 20 bilhões na recuperação, ampliação e melhoria dos trechos concedidos (ABCR, 2010).

Em contrapartida aos investimentos, o governo permite que as concessionárias explorem pedágios nas rodovias. Apenas em 2009, a receita dos pedágios no Brasil foi de R$ 8,3 bilhões, um aumento de 23% em relação ao ano anterior. Nesse período, 1,1 bilhão de veículos passaram pelos quase 15 mil quilômetros de estradas pedagiadas, sendo mais de 270 mil veículos pesados, como caminhões e ônibus (ABCR, 2010).

Outra forma utilizada pelo governo para captar recursos são as parcerias público-privadas (PPP), opção que vem sendo empregada em rodovias com pouca ou nenhuma rentabilidade econômica. Nesse caso, a PPP é feita, em geral, por concessão patrocinada, na qual o usuário paga uma tarifa e o governo complementa a receita para que o empreendimento se torne economicamente viável (Soares e Campos Neto, 2006).

Já o arrendamento da operação e dos 29 mil quilômetros da malha ferroviária à iniciativa privada foi a opção encontrada pelo governo federal para reverter a queda substancial nos investimentos em conservação, manutenção e ampliação do sistema ferroviário nacional. No modelo adotado, a empresa vencedora de cada um dos seis trechos arrendados passou a se responsabilizar pelos investimentos em infraestrutura, operação, controle de tráfego, comercialização e finanças da malha durante 30 anos, renováveis por mais 30, sendo obrigada a cumprir as metas de produção de transporte previamente fixadas pelo governo (Pires, 2002).

Apesar de ainda estar longe do ideal, o modal ferroviário já evoluiu em relação ao período pré-privatização, principalmente entre 2001 e 2010. Essa evolução foi mais intensa em itens que apontam os resultados das concessionárias, como volume transportado, faturamento e investimentos, sendo menor em termos de atratividade e qualidade das ferrovias, como produto médio, velocidade média comercial e número de acidentes. Em 2010, as ferrovias brasileiras transportaram 278 bilhões de TKU, 71% a mais do que em 2001, com um faturamento de R$ 9,5 bilhões (175% superior ao de 2001). Em relação aos investimentos, o crescimento foi de 241%, tendo passado de R$ 810 milhões em 2001 para R$ 4,32 bilhões em 2010 (ANTT, 2010).

Preocupado com a subutilização de alguns trechos e pressionado pelos usuários, o governo anunciou o novo marco regulatório para o setor ferroviário, que permite que uma empresa administre a malha e outra a opere. O novo marco define também questões como direito de passagem e tráfego mútuo, além da possibilidade de o governo retomar trechos considerados abandonados ou inativos. O direito de passagem permite que o usuário que disponha de trem próprio passe por uma malha mediante pagamento, enquanto o tráfego mútuo possibilita que uma empresa entregue ou receba carga fora dos limites geográficos de sua malha remunerando a concessionária que administra o trecho. A expectativa do governo é de que essas medidas aumentem a competição entre as concessionárias, trazendo benefícios técnicos e financeiros para os usuários do modal.

Quanto ao modal aquaviário, os investimentos nos últimos anos estiveram divididos entre os setores público e privado, com 80% sendo direcionados para os portos e o restante indo para hidrovias, eclusas e outros. Desde a Lei de Modernização dos Portos, promulgada em 1993, o controle dos portos passou para as administrações portuárias estaduais e para as Companhias Docas, com o governo buscando investimentos da iniciativa privada por meio de concessões e arrendamentos. Nesse período, o Estado criou políticas para ampliar os investimentos, como o regime tributário de incentivo à modernização e à ampliação da estrutura portuária (Reporto) e o Plano Nacional de Logística e Transporte (Ipea, 2010a).

Apesar da aproximação da iniciativa privada, os investimentos nos portos brasileiros não cresceram da mesma forma que nos outros modais. Entre 1999 e 2008, o nível de investimentos no modal aquaviário manteve-se em torno de 0,06% do PIB, tendo atingido seu máximo em 2003 — 0,12%. Em 2008, foram investidos no modal aquaviário quase R$ 1,7 bilhão, sendo R$ 1,1 bilhão sob responsabilidade da iniciativa privada. Já os investimentos no setor de transporte vêm apresentando uma trajetória ascendente desde 2003, chegando a representar 1,15% do PIB em 2008, entre investimentos públicos e privados (Ipea, 2010a).

Enquanto os outros modais buscam capital junto à iniciativa privada, o modal aéreo chegou a 2011 refém apenas dos recursos públicos para investimento em aeroportos e no controle do tráfego aéreo. De 2003 a 2010, o investimento público no setor foi de R$ 8,8 bilhões, tendo alcançado R$ 1,3 bilhão no último ano. Apenas a Infraero foi responsável nesse período por quase 40% do montante investido — R$ 5,6 bilhões, sendo R$ 2,2 bilhões levantados através do programa Desenvolvimento da Infraestrutura Aeroportuária —, com o restante (60%) saindo do orçamento fiscal (Ipea, 2011).

Visando acelerar os investimentos no setor aeroportuário, a partir de 2011 o governo federal abriu a possibilidade de conceder a gestão dos aeroportos à iniciativa privada, com participação minoritária da Infraero. Esse processo teve início com o Aeroporto Internacional de São Gonçalo do Amarante (RN) e se estendeu aos aeroportos de Cumbica (SP), Viracopos (SP) e Brasília (DF), cujo leilão aconteceu em fevereiro de 2012. Existe ainda a previsão de Confins (MG) e do Galeão (RJ) passarem pelo mesmo processo. Segundo o projeto, as concessionárias estão obrigadas a ampliar a capacidade dos aeroportos concedidos — com a construção de novas pistas e novos terminais de embarque — e a melhorar a qualidade dos serviços. No caso de São Gonçalo do Amarante, a concessionária é responsável pela construção e operação do aeroporto.

O desmonte da engenharia do Estado

Além dos baixos investimentos, a infraestrutura logística brasileira também sofreu nos últimos anos com o desmonte da estrutura de planejamento passada. A crise econômica que começou em meados da década de 1970 e a necessidade de respostas de curto prazo por ela determinadas levaram a um declínio conjuntural do planejamento de longo prazo do país, que envolvia grupos de trabalho de diversos ministérios e órgãos, sob a coordenação política e técnica de um órgão central, o Instituto de Pesquisa Econômica Aplicada (Ipea). Esse declínio conjuntural transformou-se, nas décadas seguintes, em declínio estrutural, com a perda de profissionais qualificados e a extinção de alguns órgãos e empresas públicas.

Foi nas décadas de 1960 e 1970 que o Brasil evoluiu na experiência de planejar, mediante a criação de instituições como o Ipea e o Grupo Executivo para a Integração das Políticas de Transportes (Geipot). O Ipea participou ativamente da elaboração dos grandes planos nacionais de desenvolvimento, enquanto o Geipot era voltado para a área de transportes, pensando os modais de forma integrada entre estes e os demais setores da economia. A partir dessa fase, as instituições de planejamento brasileiras passaram a se responsabilizar em grande parte pela condução quase autônoma das atividades econômicas, buscando aprofundar o processo de industrialização.

Mas esse período desenvolvimentista foi interrompido na década de 1980, quando graves turbulências econômicas e políticas levaram o Brasil a trocar os planos desenvolvimentistas pelos planos de estabilização. Entre 1985 e 1994, foram postos em prática no Brasil seis planos de estabilização, com duração média de 18 meses cada e uma nítida aceleração inflacionária entre cada um deles (Almeida, 2004).

A estagnação dos investimentos levou à perda da capacidade de planejamento de longo prazo do Estado brasileiro. A mudança de política fez com que o Ipea perdesse poder e espaço institucional em relação ao planejamento e à assessoria técnica ao governo. Em 2002, com a reestruturação do setor federal de transportes e a criação das agências reguladoras, o Geipot foi extinto e, desde então, a área não tem uma estrutura de planejamento com profissionais especializados, capazes de centralizar os dados do setor e avaliar sua condição de forma global.

Apesar dessa lacuna importante, o Brasil vem, ainda que aos poucos, retomando sua capacidade de planejamento de médio e longo prazos. Previstos na Constituição de 1988, os planos plurianuais (PPA) deram o primeiro passo nessa retomada, através dos programas Brasil em Ação, Avança Brasil e Brasil de Todos, com o gerenciamento de grandes empreendimentos estratégicos nas áreas de transportes, energia, telecomunicações e novas tecnologias.

Outra importante etapa nessa retomada do planejamento no setor de transportes no Brasil foi o desenvolvimento, pelo Ministério dos Transportes, em cooperação com o Ministério da Defesa, do Plano Nacional de Logística e Transportes (PNLT). O PNLT foi concebido em 2007 como um marco inicial de retomada do planejamento de médio e longo prazos na área de transportes no Brasil. Além de ter servido de base para a formulação do Plano Plurianual 2008-11, o PNLT também foi referência para o PAC no que diz respeito a seu horizonte entre 2008 e 2011 (Brasil, 2009).

A intenção do governo com o PNLT é permitir a visualização dos investimentos necessários no setor, seguindo as demandas futuras e a evolução da economia do país, com atualizações e revisões sistemáticas do plano. Além da retomada do processo de planejamento no setor de transportes, o PNLT tem como objetivos considerar os custos de toda a cadeia logística, a fim de otimizá-la e racionalizá-la, bem como propiciar um melhor equilíbrio da matriz de transportes de cargas do Brasil, com uso mais intensivo e adequado dos modais ferroviário e aquaviário nos fluxos de maior densidade e deslocamento (Brasil, 2009).

Ainda que o PNLT se intitule um plano de Estado, e não de governo, o Brasil ainda carece de um projeto amplo, que englobe crescimento econômico, inclusão social, distribuição de renda e sustentabilidade ambiental. Para que esse processo seja possível, é importante que o Brasil restabeleça a estrutura de planejamento desmantelada na década de 1980 e na primeira metade da década de 1990. Nos últimos anos, a Secretaria de Política Nacional de Transportes (SPNT) vem cumprindo em parte essa função de planejar a estrutura de transporte nacional, mas a falta de equipe e recursos suficientes impede que atenda às necessidades do país. Além disso, a SPNT não reúne todos os dados e informações do setor, espalhados pelos diversos órgãos do governo, o que dificulta qualquer processo de planejamento integrado (Brasil, 2011a; Valente, 2010).

Exemplos podem vir do exterior

Nessa busca por um projeto amplo para o setor de logística e transportes, o Brasil pode se espelhar em exemplos de outros países para moldar seu próprio plano de desenvolvimento. Desde a década de 1960, os países escandinavos — Finlândia, Noruega e Suécia — realizam periodicamente projetos de longo prazo de infraestrutura de transportes. Nas últimas três décadas, esses projetos sofreram mudanças consideráveis, com alterações no foco e na estratégia de concepção. Inicialmente, o planejamento de transportes na região abordava modal por modal em separado, com clara ênfase no setor rodoviário. As análises baseavam-se no conceito de eficiência socioeconômica e foram gradualmente se tornando mais complexas, com a inserção de questões como preocupação ambiental, segurança nas estradas, desenvolvimento regional e planejamento do transporte urbano (Lauridsen, 2000).

No final da década de 1980 e início dos anos 1990, houve uma mudança na forma de pensar os transportes na Escandinávia, com o surgimento da segunda geração de planos nacionais de transportes. Em vez de apenas buscar soluções para os problemas existentes, o pensamento nos três países passou a ser detectar as deficiências, traçar os objetivos a serem alcançados e determinar as estratégias para alcançar esses objetivos, para então pô-las em prática. Nos últimos anos, porém, uma terceira geração de planejamento de transportes vem se desenvolvendo, principalmente na Noruega e na Suécia (a Dinamarca ainda está na segunda geração). Entre as principais questões dessa nova fase estão a ênfase na intermodalidade e a integração entre as agências de transportes. Nesse caso, os responsáveis pelo planejamento elaboram estratégias alternativas para o setor de transportes e apontam a que consideram mais adequada. Em seguida, os políticos decidem que estratégia será utilizada para o desenvolvimento do setor, ficando a cargo das agências de transportes a supervisão de sua implementação (Lauridsen, 2000).

O resultado desse planejamento pode ser visto na boa colocação de Suécia, Noruega e Finlândia no ranking de eficiência logística criado pelo Banco Mundial, no qual ocupam a 3ª, a 10ª e a 12ª posições, respectivamente. No quesito infraestrutura, a Noruega se destaca, situando-se na 3ª colocação e deixando Finlândia e Suécia nas 8ª e 10ª posições, respectivamente (World Bank, 2010).

Assim como na Escandinávia, os primeiros planos nacionais de infraestrutura de transportes na França também eram realizados segundo as necessidades de cada modal. Apenas a partir de 2002, os franceses passaram a planejar os transportes tendo como principal meta os serviços esperados pelos usuários, levando em consideração a multimodalidade e sua integração com o restante da Europa, sob uma perspectiva de longo prazo. Outra particularidade dos planos atuais franceses é investir primeiro na otimização da infraestrutura existente e só então considerar a construção de novas estruturas. Nesses planos são determinados os diversos objetivos do serviço de transportes para os usuários, os procedimentos para a sua implementação, assim como os critérios para a seleção das ações recomendadas. A intenção é garantir o sucesso do projeto a longo prazo e estabelecer as prioridades de investimento (ECMT, 2005).

No mais recente plano francês de infraestrutura de transportes foram traçados os objetivos até 2025, com uma lista dos principais projetos a serem realizados até 2012. Esse plano deve ser revisado ao longo do tempo para aprovar alguns projetos importantes não incluídos no projeto inicial (ECMT, 2005). A França ocupa a 17ª posição no ranking de desenvolvimento logístico do Banco Mundial, ficando na 14ª colocação no item infraestrutura do ranking (World Bank, 2010).

Já na Alemanha, primeiro lugar em desenvolvimento logístico segundo o Banco Mundial, o Plano Nacional de Infraestrutura de Transportes (BVWP, sigla em alemão) teve sua primeira edição na década de 1970 e é atualizado regularmente, trazendo um panorama dos investimentos do país em infraestrutura de transportes capitaneados pelo governo federal. Após a pré-seleção dos governos regionais, são realizadas conferências para a análise dos projetos, para, então, o governo federal fazer a seleção final. Entre os critérios de seleção estão fatores econômicos, ecológicos, de planejamento urbano e algum outro critério específico (World Bank, 2010; European Comission, 2000).

Desde 2000, Portugal vem fazendo a cada seis anos uma análise estratégica de sua estrutura de transportes para avaliar as necessidades do país e identificar as prioridades de investimento. Essa análise é feita, em parte, por determinação da União Europeia, da qual Portugal é um dos membros. O planejamento português leva em consideração, inicialmente, uma análise do atual sistema de transportes do país, tanto global quanto por região, incluindo transportes de carga e de passageiros. Apontadas as fraquezas do atual sistema e os investimentos necessários, são levantadas as prioridades de investimento para aquele período. O estudo português analisa ainda o sistema nacional segundo as necessidades de integração do bloco europeu. Além de verificar tais necessidades, Portugal avalia as possíveis fontes de financiamento dos projetos, assim como a capacidade administrativa dos portugueses de realizá-los. O projeto também analisa os impactos socioeconômicos em relação aos custos dos investimentos, bem como sua adequação em relação às necessidades da logística do país, que ocupa a 34ª posição no ranking de desenvolvimento logístico do Banco Mundial (Ecorys, 2006; World Bank, 2010).

Entre os principais objetivos da política portuguesa de transportes estão a criação de condições para o aumento da produtividade e da competitividade da economia portuguesa, o desenvolvimento de uma plataforma de serviços para um transporte intercontinental, a melhoria na qualidade de vida nas áreas urbanas e a coesão nacional. Para o período 2007-13, a Estratégia Nacional de Transportes indica concessões de infraestrutura rodoviária na região de Lisboa, o investimento em trens de alta velocidade, um novo aeroporto para a capital portuguesa, a melhoria do acesso ferroviário aos portos e o desenvolvimento do transporte intermodal. A expectativa mais otimista de realização dos investimentos mostra que Portugal teria um incremento de até 1,6% no PIB *per capita* caso todos os projetos previstos sejam realizados. Outro impacto importante seria no aumento da integração nacional, além dos efeitos positivos no meio ambiente, dada a ampliação em 80% no número de viagens no modal ferroviário (Ecorys, 2006).

A China também tem uma política desenvolvimentista para o transporte nacional, inserida nos planos quinquenais realizados há mais de 50 anos. Somente em 2009, a China investiu cerca de US$ 91 bilhões em ferrovias, três vezes mais do que o Brasil previu para o modal ferroviário em todo o PAC-I. Os investimentos em ferrovias em relação ao PIB da China chegam a 1,83%, enquanto no Brasil o investimento do governo e das concessionárias representou apenas 0,12% do PIB (NSBC, 2011).

GRÁFICO 3

Investimento em ferrovias

(% do PIB)

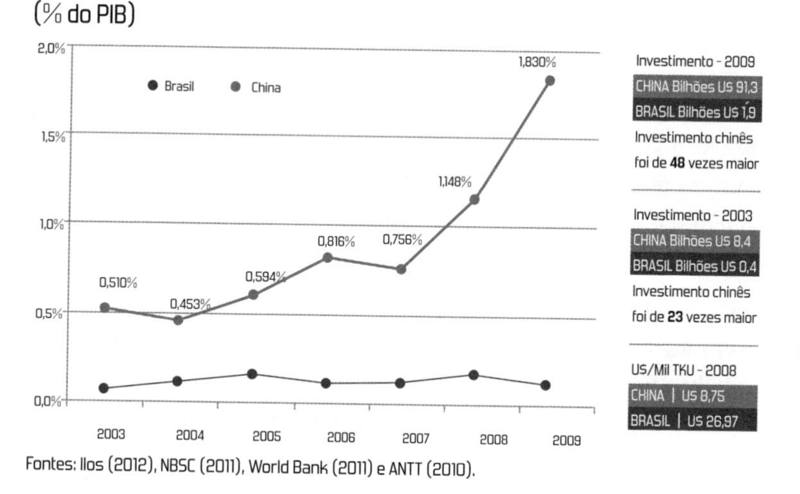

Fontes: Ilos (2012), NBSC (2011), World Bank (2011) e ANTT (2010).

Ainda na Ásia, a Índia também tem um estudo para mudar sua infraestrutura logística e adequá-la às necessidades de sua economia, que vem crescendo de forma substancial nas últimas décadas. Segundo o trabalho, os indianos devem considerar quatro objetivos principais: construção de uma rede de transportes que garanta o correto fluxo das mercadorias utilizando o modal mais adequado, melhoria dos facilitadores logísticos (plataformas logísticas que garantam a intermodalidade e facilitem a conexão com a entrega urbana, padronização dos contêineres e dos *pallets*) para um uso eficiente da rede de transportes, melhoria da infraestrutura existente e aumento dos investimentos em ferrovias, com diminuição do aporte para rodovias. O plano prevê ainda a elaboração de um Programa Nacional de Logística Integrada. Entre os principais alvos desse programa estão a ampliação da participação do modal ferroviário no transporte de cargas (com a construção de corredores ferroviários dedicados à movimentação de mercadorias), desenvolvimento da cabotagem, aperfeiçoamento dos acessos ferroviários e rodoviários aos portos, investimento em capacitação, redução dos desperdícios econômicos e maior eficiência energética (McKinsey&Company, 2010).

O primeiro passo para esse programa já foi dado pelo governo com a constituição do Comitê de Desenvolvimento da Política Nacional de Transportes. Caso todos os projetos sejam realizados, a expectativa do estudo é que a Índia reduza em um terço as perdas causadas por ineficiência da sua infraestrutura logística em 2020 (McKinsey&Company, 2010). O país ocupa o 47º lugar no ranking de desenvolvimento logístico do Banco Mundial, 10 posições abaixo do Brasil (World Bank, 2010).

Conclusão

Nos últimos anos, o desenvolvimento econômico do Brasil e o aumento do fluxo comercial têm direcionado os holofotes para a logística no país. Diante da carência de infraestrutura de transportes e da falta de integração entre os modais, o governo federal vem se esforçando para reduzir os *gaps* e permitir que as empresas cheguem a um nível superior de excelência nas operações logísticas.

Um obstáculo a tal excelência logística é a quantidade de recursos necessários para a recuperação da infraestrutura de transportes brasileira. Atualmente, os investimentos disponibilizados pelo governo federal estão muito aquém do necessário, o que mostra a importância de parcerias com investidores privados para a viabilização de novos projetos.

Mas tão ou mais importante do que incrementar a infraestrutura logística do Brasil é criar um ambiente de gestão eficiente. Este deve envolver questões como burocracia, segurança pública, legislação, política de investimentos, meio ambiente e capacitação técnica e gerencial. Para tanto, é fundamental a reestruturação do sistema de planejamento do setor de transportes, a fim de que as ações sejam bem-concebidas e aconteçam de forma integrada.

Outro fator relevante nesse pacote de ações voltado para a excelência nas operações logísticas são as parcerias e intercâmbios com organizações do exterior, que possibilitarão o conhecimento necessário para uma rápida evolução da logística nacional.

Por fim, é importante que os projetos sejam pensados e discutidos para que não favoreçam apenas determinado grupo ou setor, mas todos os *players* envolvidos no sistema logístico nacional. As ações devem ser acompanhadas e revistas ao longo do tempo, para que haja uma busca constante pela eficiência e pela melhoria do fluxo de mercadorias no Brasil.

Nas questões de burocracia e segurança pública, a transparência das ações governamentais, a segurança das pessoas e dos bens e a confiabilidade das instituições são de extrema relevância para o desempenho logístico, com consequências diretas sobre a atração de investimentos, conforme aponta relatório do Banco Mundial. Só um ambiente confiável institucionalmente será capaz de garantir uma melhoria constante da logística brasileira.

Referências

ABCR. Relatório anual de sustentabilidade. 2010. Disponível em: <http://www.relatorioweb.com.br/abcr/?q=pt-br/node/118>. Acesso em: 14 abr. 2011.

ALMEIDA, P. R. A experiência brasileira em planejamento econômico: uma síntese histórica. 2004. Disponível em: <http://www.pralmeida.org>.

ANTT. Relatório anual de acompanhamento das concessões ferroviárias. 2010. Disponível em: <http://www.antt.gov.br/relatorios/ferroviario/concessionarias2010/index.asp>. Acesso em: 6 fev. 2012.

BARBOSA, W. Planejamento e Ipea no Brasil: de 1964 aos anos 2000. Disponível em: <http://www.ifgoias.edu.br/observatorio/index.php/textos-colaboradores>. Acesso em: 2 ago. 2011.

BRASIL. Ministério do Desenvolvimento, Indústria e Comércio. Balança comercial brasileira — dados consolidados. Brasília, 2010.

______. Departamento Nacional de Infraestrutura de Transportes. PNV, 2011.

BRASIL. Ministério do Planejamento, Orçamento e Gestão. Governo deve apresentar proposta de central de projetos, diz Bernardo. Disponível em: <http://www.planejamento.gov.br/noticia.asp?p= not&cod=5796&cat=264&sec=2>. Acesso em: 3 ago. 2011a.

______. PAC — relatórios nacionais. Disponível em: <http://www.brasil.gov.br/pac/relatorios/ nacionais>. Acesso em: 1 jul. 2011b.

_____. PAC2 — Relatório 4. Disponível em: <http://www.brasil.gov.br/pac/pac-2/pac-2-relatorio-4>. Acesso em: 1 jul. 2011c.

BRASIL. Ministério dos Transportes/Ministério da Defesa. PNLT — Plano Nacional de Logística e Transportes: relatório executivo. Brasília, 2009.

CIA. World factbook. Disponível em: <https://www.cia.gov/library/publications/the-world-factbook/>. Acesso em: 4 jul. 2011.

CNT. Pesquisa CNT de rodovias: relatório gerencial. Brasília, 2011.

CSCMP. Annual state of logistics report. 2011.

DIEESE. Principais aspectos do Programa de Aceleração do Crescimento. 2007. (Nota Técnica, 41).

ECMT. Round Table 128: national systems of transport infrastructure planning. 2005.

ECORYS. Study on strategic evaluation on transport investment priorities under structural and cohesion funds for the programming period 2007-2013. Roterdã, 2006.

EUROPEAN COMISSION. Thematic study of transport: country report — Germany. 2000.

EUROSTAT. Sustainable development indicators. Disponível em: <http://epp.eurostat.ec.europa.eu/portal/page/portal/eurostat/home/>. Acesso em: 4 jul. 2011.

FLEURY, P. F.; HIJJAR, M. F. Logistics overview in Brazil. Instituto Ilos, 2008. Disponível em: <http://www.ilos.com.br/site/index.php?option=com_docman&task=cat_view&gid=10&Itemid= 44>.

IBGE. Em 2010, PIB varia 7,5% e fica em R$ 3,765 trilhões. Disponível em: <http://www.ibge.gov.br/home/presidencia/noticias/noticia_visualiza.php?id_noticia=1830&id_pagina=1>. Acesso em: 1 jul. 2011a.

_____. Área territorial oficial. Disponível em: <http://www.ibge.gov.br/home/geociencias/cartografia/default_territ_area.shtm>. Acesso em: 4 jul. 2011b.

ILOS. *Portos no Brasil*: análise de desempenho e avaliação dos usuários. Rio de Janeiro: Ilos, 2011.

_____. *Custos logísticos na economia e nas empresas no Brasil*. Rio de Janeiro: Ilos, 2012.

INFRAERO. *Boletim logístico*. Disponível em: <http://www.infraero.gov.br/index.php/br/movimentacao-das-cargas/boletins-estatisticos.html>. Acesso em: 6 fev. 2012a.

_____. Rede de terminais de logística de carga — rede Teca. Disponível em: <http://www.infraero.gov.br/index.php/br/rede-infraero-cargo.html>. Acesso em: 6 fev. 2012b.

IPEA. Portos brasileiros: diagnóstico, políticas e perspectivas. Brasília: Ipea, 2010a. (Série Eixos do Desenvolvimento Brasileiro. *Comunicados do Ipea*, 48).

_____. Rodovias brasileiras: gargalos, investimentos, concessões e preocupações com o futuro. Brasília: Ipea, 2010b. (Série Eixos do Desenvolvimento Brasileiro. *Comunicados do Ipea*, 52).

_____. Transporte ferroviário de cargas no Brasil: gargalos e perspectivas para o desenvolvimento econômico e regional. Brasília: Ipea, 2010c. (Série Eixos do Desenvolvimento Brasileiro. *Comunicados do Ipea*, 50).

_____. *Aeroportos no Brasil*: investimentos recentes, perspectivas e preocupações. Brasília: Ipea, 2011. (Nota Técnica, 5).

KPMG. China's 12th five-year plan: overview. 2011.

LAURIDSEN, H. *Strategic transport planning and evaluation*: the Scandinavian experience. Brussels: Institute of Transport Economics/Norwegian Centre for Transport Research, 2000.

MCKINSEY&COMPANY. *Building India* — transforming the nation's logistics infrastructure. 2010.

NBSC. China Statistical database. Disponível em: <www.stats.gov.cn/english/>. Acesso em: 4 jul. 2011.

PIRES, F. Os avanços do transporte ferroviário de carga no Brasil após as privatizações: uma análise segundo a perspectiva de usuários, prestadores de serviço e governo. 2002. Disponível em: <http://www.ilos.com.br/site/index.php?option=com_content&task=view&id=1101 &Itemid=225>. Acesso em: 11 jul. 2011.

REIS, N. G. Excesso de peso ganha manual. Disponível em: <http://www.portalntc.org.br/index.php?option=com_content&view=article&id=612:excesso-de-peso-ganha-manual&catid=38: destaques>. Acesso em: 3 jun. 2011.

SOARES, R. P.; CAMPOS NETO, C. A. S. *Das concessões rodoviárias às parcerias público-privadas*: preocupação com o valor do pedágio. Brasília: Ipea, 2006. (Texto para Discussão, 1.186).

VALENTE, J. A. *Empresas e autarquias estratégicas no setor transportes*: Geipot. Agência T1, 2010.

WORLD BANK. *Connecting to compete*: trade logistics in global economy. Washington, DC: World Bank, 2010.

_____. GDP (current US$). 2011. Disponível em: <http://data.worldbank.org/indicator/NY.GDP. MKTP.CD>. Acesso em: 1 jul. 2011.

WORLD ECONOMIC FORUM. The Brazil competitiveness report 2011-2012. Genebra, 2011.

WTO (World Trade Organization). Leading exporters and importers in world merchandise trade. Disponível em: <http://www.wto.org/english/res_e/statis_e/its2010_e/its10_world_trade_dev_e. htm>. Acesso em: 9 ago. 2011.

13

Plano Mais Brasil: o plano plurianual para 2012-15

MARIA LÚCIA DE OLIVEIRA FALCÓN

O planejamento governamental pode ser entendido como uma atividade que, a partir de diagnósticos e estudos prospectivos, orienta as escolhas de políticas públicas. Planejar deve ser uma atividade que vá além da elaboração de planos, pois implica acompanhar a implementação das políticas públicas com o propósito de corrigir eventuais deficiências e assegurar a sincronização ótima dos fatores — humanos, materiais, financeiros e logísticos —, com vistas a viabilizar as entregas de bens e serviços à sociedade.

No Brasil, a transformação de uma economia agrário-exportadora em nação industrializada demandou grande esforço de planejamento governamental. Essa atividade, incipiente até o primeiro governo Vargas, se fortaleceu com o Plano de Metas de JK, tendo-se destacado regionalmente a Sudene com Celso Furtado, e atingiu seu ápice durante o regime militar, período em que houve uma profunda reestruturação do aparato institucional, a elaboração e a condução de sucessivos planos de desenvolvimento, formulados de forma centralizada.

Com o esgotamento do modelo de desenvolvimento adotado e mudanças no ambiente econômico externo, o planejamento de longo prazo perdeu significância diante do longo período de instabilidade econômico-financeira que o Brasil atravessou. Nem mesmo a estabilização econômica, com o Plano Real em meados dos anos 1990, propiciou o fortalecimento da atividade de planejamento, visto que as restrições orçamentárias decorrentes da dívida pública interna e externa se associaram à intensa escassez de recursos externos, desembocando em baixa capacidade de investimento por parte do Estado.

Nesse contexto, a lógica da otimização dos insumos fez com que o conceito de eficiência (controle de gastos) sobrepujasse os conceitos de eficácia e efetividade. Em outras palavras, erigiu-se um ordenamento jurídico visando ao controle prévio dos gastos, o número de servidores públicos diminuiu consideravelmente e não se priorizou a melhoria da governança do Estado, entendida como a capacidade de implementar políticas públicas e realizar entregas à população de forma tempestiva e espacialmente efetiva.

Os últimos oito anos demarcaram uma mudança nessa trajetória e no modelo de desenvolvimento brasileiro. Tal mudança se deu nas seguintes dimensões: dívida pública, nível de reservas e mercado interno. Observada de perto, a política macroeconômica do governo Lula, mais do que manter o controle da inflação, tratou de diminuir as vulnerabilidades externas do país, apostando na formação de um novo mercado interno a partir de uma melhor distribuição da renda e da diminuição da pobreza. Após promover intenso esforço fiscal, gerando superávits primários sucessivos, o governo brasileiro conseguiu não só alongar o perfil da dívida pública, como, efetivamente, reduzir o estoque da dívida externa, passando o Brasil a credor líquido. Ao lado da promoção das exportações e da elevação das reservas internacionais, eliminou-se uma restrição importante sobre a variável taxa de câmbio, a capacidade de resistir a ataques especulativos ao real aumentou e melhorou o nível de risco da economia brasileira nas avaliações de *rating* internacionais. Finalmente, políticas coordenadas de renda mínima — com mais destaque para o Bolsa Família —, a elevação do salário mínimo, o apoio à agricultura familiar, a oferta de crédito e um grande programa de obras públicas — o Programa de Aceleração do Crescimento (PAC) — levaram ao crescimento do mercado interno e à ascensão social de 28 milhões de brasileiros à classe média. O setor privado retomou as expectativas de crescimento da economia e decidiu investir na ampliação e modernização da produção. Tivemos a maior expansão do PIB após décadas de *stop and go*, mesmo depois da crise financeira internacional de 2008.

O resultado dessa equação foi a necessidade de formar ou recuperar, a toque de caixa e repique de sino, a capacidade de planejamento do país, especialmente no setor público. Faltaram projetos, técnicos, metodologias que incorporassem as novas exigências de mitigação dos impactos ambientais e sociais dos investimentos. Os entes federados — estados e municípios — precisaram se adequar para receber os recursos, mas nem sempre isso foi alcançado com melhorias de gestão. A própria legislação de compras públicas precisava ser modernizada. Monitorar e avaliar esse volume de investimentos, por sua vez, tornou-se um desafio em si mesmo. Para dar um toque final de grandiosidade à tarefa, tudo isso precisava ser feito numa transição, nem sempre cordial, da cultura estamental e patrimonialista de parte das elites econômicas e políticas, acostumadas a favorecimentos e privilégios.

Qual a capacidade dos brasileiros de planejar e gerir um plano ousado de desenvolvimento sustentável, pactuado no processo democrático entre o Estado e a sociedade? Para onde nos levará os investimentos do PAC e dos grandes eventos programados para até 2016? Que ritmo de investimentos somos capazes de suportar sem destruir nossa indústria com importações generalizadas? Que chances temos de usar essa janela de oportunidades para saltar na direção de uma economia de alta tecnologia e bem distribuída no território nacional? Como erradicar a extrema pobreza?

O tema proposto, então, pela Fundação Getulio Vargas no 8º Fórum de Economia pôs em evidência o próprio desafio civilizatório brasileiro, numa interface complexa entre as ferramentas da economia e da sociologia, para decifrar o enigma da nossa efetiva capacidade, como nação, de superar essas travas e deslanchar finalmente o desenvolvimento sustentável no Brasil. Para responder a essas questões, evidentemente com muitas limitações, vou me reportar ao Plano Mais Brasil — o plano plurianual (PPA) para o período 2012-15. Trata-se da lei que rege e organiza o conjunto das políticas públicas para os últimos três anos do governo Dilma Rousseff e o primeiro ano do governo seguinte, a partir do qual se elaboram os orçamentos anuais. As leis orçamentárias anuais autorizam despesas que devem estar planejadas segundo programas, objetivos e metas do PPA. Assim, se existe um documento oficial no Brasil que trate de planejamento governamental de médio prazo, com parametrização de cenários macroeconômicos, sociais, ambientais e regionais, este documento é, sem dúvida, o PPA. Mais do que isso, estabelece metas e define entregas a serem feitas à sociedade como resultado das ações governamentais.

Para procurar responder às questões formuladas, seguirei o seguinte roteiro: primeiro, uma explicação metodológica de como o Plano Mais Brasil está estruturado, sua grade de parâmetros para a construção do cenário estratégico, e como se pretende monitorar sua implementação. Segundo, uma descrição da carteira de investimentos prevista no Plano Mais Brasil. Terceiro, como o plano prevê o financiamento desses investimentos e a articulação dos investimentos públicos com os investimentos privados na sustentação das taxas de crescimento do PIB.

O Plano Mais Brasil — PPA 2012-15

Reestruturação recente do planejamento governamental

O desafio de reestruturar a função "planejamento" do governo federal implicou a redefinição de métodos, provocada principalmente pelas inovações de gestão introduzidas pelo PAC, que acabou resultando em significativas alterações na estrutura do plano plurianual.

O PAC, lançado em 2007, tem forte transversalidade e multissetorialidade e conjugou diversas medidas necessárias à consecução das metas estabelecidas. O programa promoveu alterações na legislação tributária, instituiu medidas de estímulo ao crédito e ao financiamento, fortaleceu a capacidade institucional dos órgãos, induziu a organização das administrações públicas subnacionais e removeu obstáculos burocráticos, normativos, administrativos, jurídicos e legislativos que criavam restrições à execução de projetos estruturantes nas áreas de infraestrutura urbana, logística e energia. O modelo de gestão do PAC é descrito na figura 1.

FIGURA 1
Modelo de gestão do PAC

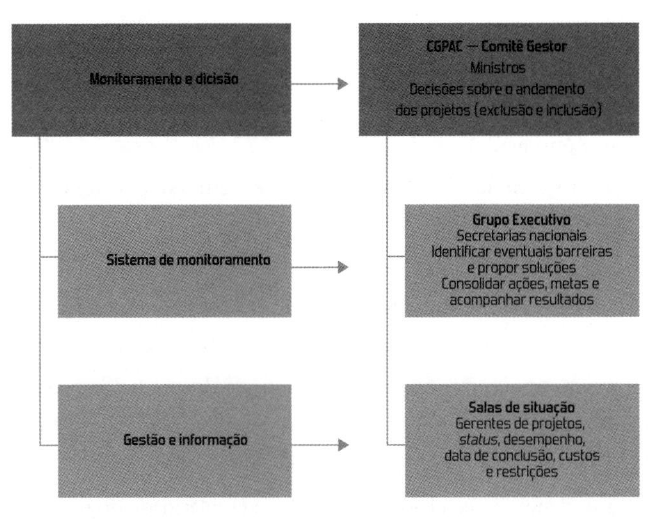

A chave do processo é o monitoramento intensivo implantado para acompanhar o programa, baseado no conhecimento de como opera cada política, e que produz subsídios tempestivos para alterar normas, recursos e orçamentos, a tempo de corrigir falhas do processo e de agir corretivamente. O aprendizado foi intenso e influenciou fortemente a nova estrutura do PPA, mais focada nas entregas.

A gestão do PAC deixou claros os principais gargalos que impedem um avanço mais acelerado dos investimentos públicos em obras físicas: a) recursos humanos qualificados em elaboração, avaliação e gestão de projetos nos três níveis de governo — federal, estadual e municipal; b) metodologia para *elaborar e gerir* projetos integrados com ações de engenharia, ações sociais e ações ambientais; c) recursos para contratar a elaboração de planos e projetos integrados; d) falta de registro de propriedade de imóveis públicos; e) normas de regularidade fiscal que impediam o repasse de recursos a entes subnacionais extremamente carentes; f) sobreposição dos PPAs e do Orçamento, o que exige alterações no plano a cada alteração na carteira de projetos, mesmo de pequena monta. Além disso, a cultura predominante nos órgãos públicos era setorializada, sendo muito difícil conseguir que órgãos e entes federativos trabalhassem colaborativamente em prol de uma meta.

Esses gargalos foram sendo enfrentados ao longo do tempo, nem sempre com soluções de curto prazo. Alguns exemplos de superação ou mitigação desses entraves são:

- Criação das carreiras de analista e especialista em infraestrutura e concursos públicos para analistas de planejamento e orçamento e gestores governamentais. Em 2011, após dois concursos públicos nacionais, cerca de 70 especialistas e 700 analistas de infraestrutura passaram a integrar o quadro de servidores federais, desenvolvendo e gerindo projetos de engenharia em diversos ministérios finalísticos. A evolução do quadro de pessoal pode ser vista no gráfico 1. Vale ressaltar que esse movimento resultou também na diminuição de servidores ocupados em funções administrativas (atividades-meio) e na elevação do nível de escolaridade do setor público, sem, contudo, significar descontrole dos gastos com pessoal.

GRÁFICO 1

Servidores civis ativos da administração federal — 1991-2010

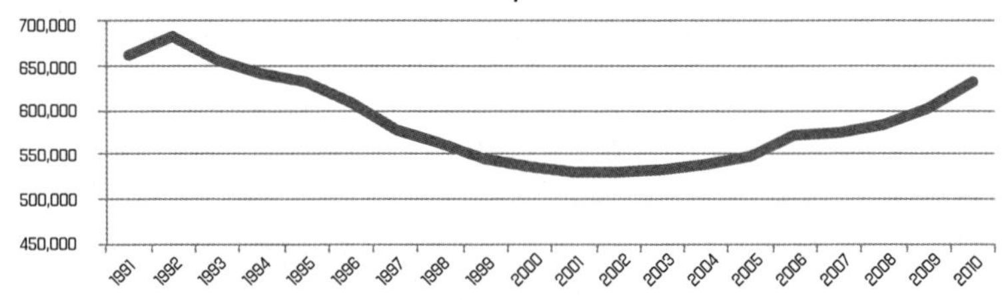

Fonte: Boletim Estatístico de Pessoal, SRH/MPOG; elaboração do Ipea.

- Criação de roteiros e editais com metodologias para elaboração de projetos integrados.
- Alocação de recursos para a elaboração de projetos e planos (planos municipais de saneamento, habitação, entre outros, receberam recursos disputados em editais do Ministério das Cidades). Em termos financeiros, apenas os recursos orçamentários disponibilizados pelo PAC para a preparação de estudos e projetos foram da ordem de R$ 2 bilhões e com tendência de crescimento, conforme fica claro no gráfico 2. Além

da questão conceitual e metodológica, o processo de reestruturação do Estado e de sua capacidade de operar políticas na sociedade demanda ênfase na preparação de instrumentos de análise e na reordenação das carteiras de projetos de longo prazo que assegurem a continuidade e a eficácia da ação governamental. O Plano Nacional de Logística de Transporte (PNLT), por exemplo, marcou o retorno da tradição de planejamento do setor logístico. O Plano Nacional de Logística Portuária, atualmente em fase de conclusão, também surgiu da necessidade de, a partir do diagnóstico das necessidades e potencialidades de longo prazo, antecipar a atuação do governo, em conjunto com a iniciativa privada.

GRÁFICO 2

PAC — dotações para estudos e projetos

(em R$)

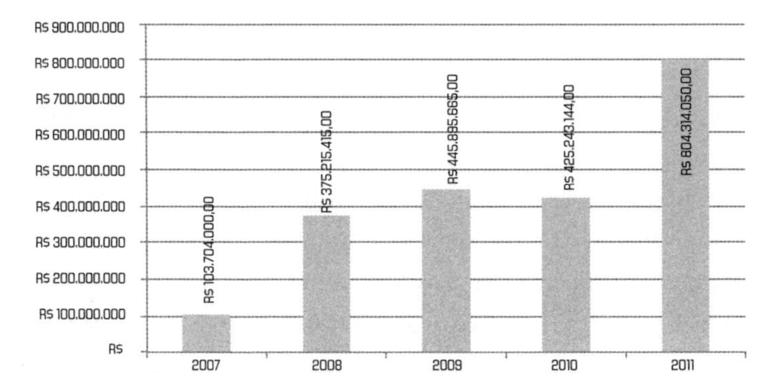

Fonte: Orçamento Fiscal da União; elaboração SPI/MPOG.

- Apesar dos esforços da Secretaria do Patrimônio da União, muitos estados e municípios ainda precisam regularizar a propriedade de seus imóveis, o que impede o acesso a recursos para construção ou reforma de equipamentos públicos (escolas, delegacias e hospitais).
- Criação de excepcionalidade para a transferência de recursos do PAC aos entes subnacionais com algum tipo de inadimplência fiscal.
- Alteração na metodologia do PPA, retirando o detalhamento das ações orçamentárias do plano e permanecendo como parte dele apenas os

empreendimentos de grande vulto, e criação de valores de referência, para o que se considera "grande vulto", específicos para cada programa do PPA. Por exemplo, no programa temático "Transporte Rodoviário", considera-se que uma iniciativa é de grande vulto a partir de R$ 500 milhões. Por fim, gestão e monitoramento em salas de situação, grupo executivo e comitê gestor multissetoriais criaram uma cultura mais proativa e colaborativa entre os participantes do PAC.

Estrutura do PPA 2012-15

O PPA, documento de planejamento que a Constituição Federal de 1988 criou em substituição ao antigo Orçamento Plurianual de Investimentos, representa o principal instrumento de planejamento de médio prazo. A antiga estrutura do plano, ao abarcar todas as ações dos programas plurianuais, fortalecia os elos entre o orçamento e o planejamento e favorecia o controle dos gastos. Por outro lado, o modelo apresentava excesso de detalhes e rigidez nos procedimentos, não conseguindo integrar as ações multissetoriais e catalisar a transversalidade das políticas públicas intra e intergovernamentais.

Os programas temáticos — que substituem os antigos programas finalísticos — tentam expressar áreas de atuação do governo e não mais correspondem diretamente à estrutura organizacional, podendo ter diversos órgãos responsáveis pela execução das políticas. São, portanto, transversais em sua maioria, sendo muitos deles multissetoriais. Um exemplo de transversalidade são as políticas de direitos humanos — gênero, igualdade racial, entre outros —, pois transpassam quase todos os programas temáticos, inserindo metas específicas para seus públicos-alvo. E um exemplo de multissetorialidade são as políticas de "enfrentamento da pobreza extrema" ou as de "análise de risco e prevenção de desastres", pois esses programas são executados por diversos ministérios.

Cada programa temático se desdobra em objetivos, nos quais ficam estabelecidas as metas regionalizadas e as iniciativas que farão as entregas reais de produtos e serviços à sociedade. As iniciativas podem ou não implicar despesas. Nesse caso, o Orçamento deve ter ações orçamentárias vinculadas a essas iniciativas para que o gasto seja efetivado. A figura 2 mostra essa nova estrutura do PPA.

Em resumo, as alterações na estrutura do PPA visaram facilitar a relação entre as dimensões estratégicas, táticas e operacionais do governo, de modo a preservar as diferenças essenciais entre plano e orçamento, particularmente o período de tempo considerado, o enfoque insumo-produto, os níveis de agregação e as relações com unidades organizacionais.

FIGURA 2

Nova estrutura do PPA

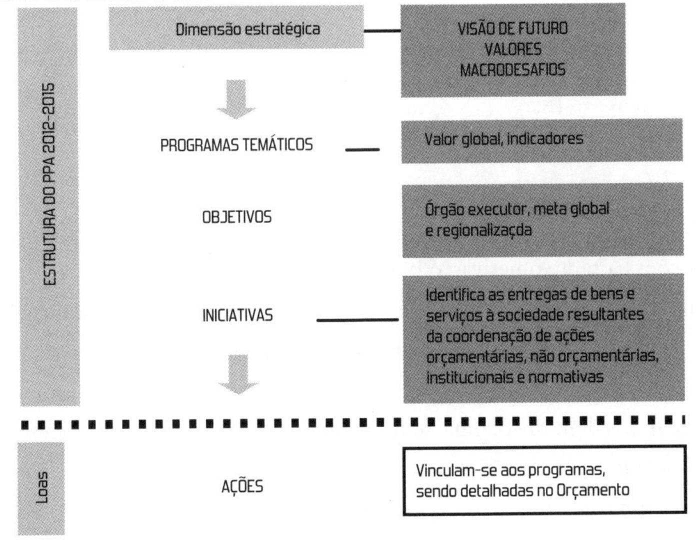

Cenário estratégico

O plano foi construído a partir da dimensão estratégica definida pelo governo e organizado à luz dos cenários econômico, social, ambiental e regional. A tabela 1 mostra a grade de parâmetros construída pelo Ministério da Fazenda, em julho de 2011, para orientação das estimativas de desempenho macroeconômico para o Brasil nos quatro anos seguintes. Destacam-se o controle das taxas de inflação, a manutenção do ritmo de crescimento do PIB, a queda da taxa de juros e uma pequena depreciação do real em relação ao dólar, num patamar razoável para sustentação dos fluxos de comércio exterior.

TABELA 1

Grade de parâmetros PPA 2012-15

Parâmetros	Ploa 2012	2013	2014	2015
IPCA acumulado (%)	4,8	4,5	4,5	4,5
IGP-DI acumulado (%)	5,0	4,5	4,5	4,5
PIB real (%)	5,0	5,5	5,5	5,5
PIB (R$ bilhões)	4.537,5	5.008,7	5.522,0	6.087,8
Taxa de câmbio média (R$/US$)	1,64	1,72	1,74	1,77
Salário mínimo (R$)	619,21	676,18	741,94	817,97
Taxa Selic (% ao ano – dez.)	12,5	11,0	9,5	8,0
Massa salarial nominal (%)	9,8	9,3	9,1	9,0

Fonte: Secretaria de Política Econômica/MF.

No campo social, as perspectivas para o Brasil se apoiam em duas condições bastante objetivas: o bônus demográfico que o país vai receber nos próximos 20 anos e a erradicação da pobreza extrema (Brasil sem Miséria), com a incorporação a uma nova classe média de mais de 40 milhões de brasileiros, dos quais 28 milhões já ascenderam nos últimos quatro anos. Além disso, trata-se de manter a redução progressiva da desigualdade na distribuição da renda, conforme mostra o gráfico 3. Em relação ao bônus demográfico, o gráfico 4 mostra o período em que a taxa de dependência cai a níveis mínimos, com forte oferta de força de trabalho colaborando para a manutenção de crianças e idosos. Tal período se estende de 2010 a 2030, liberando recursos para investimento em outras atividades, decorrentes da maior quantidade de jovens e idosos, como políticas de qualificação profissional para jovens, de apoio social aos idosos, entre outras. A expansão da geração de empregos com remunerações mais elevadas, superior ao crescimento da PEA, e, consequentemente, a promoção do aumento da formalidade e da queda do desemprego são fatores decisivos para a redução da pobreza e para o cenário estratégico desenhado no PPA 2012-15.

GRÁFICO 3

Trajetória e projeção do coeficiente Gini no Brasil: 1995-2015

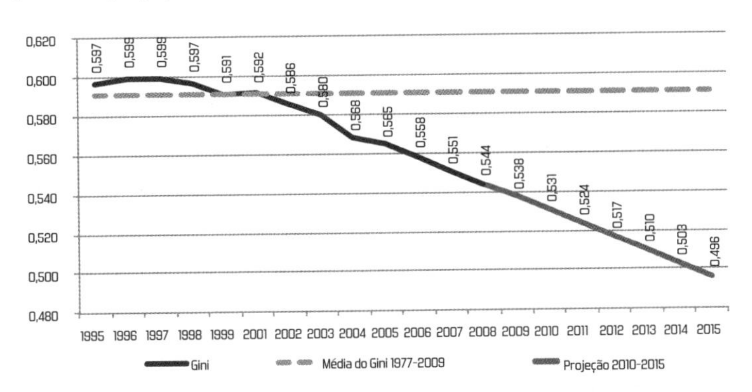

GRÁFICO 4

Taxa de dependência da população

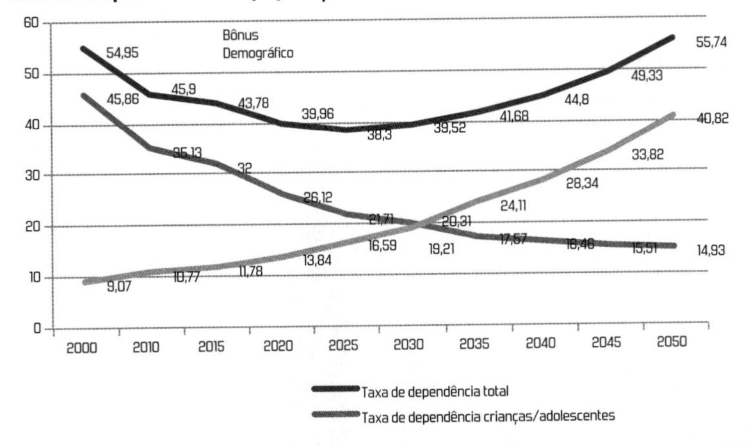

Fontes: Censos 2000 e 2010 e projeções populacionais da Divisão de População da ONU de 2015 a 2050; elaboração SPI/MP.

No campo ambiental, o cenário estratégico enfrenta o desafio do uso sustentável dos recursos naturais e da ampliação da infraestrutura. Para cumprir a meta do encontro de Copenhague e reduzir a emissão de carbono em 36% até 2022, conta-se com as seguintes políticas setoriais (ver gráfico 5): a) desenvolvimento de uma agricultura produtiva e sustentável; b) manutenção e expansão da matriz energética de base renovável;

c) aproveitamento econômico sustentável dos ativos ambientais com inclusão social; d) gestão dos recursos hídricos para garantia da oferta de água; e) saneamento ambiental, com universalização do acesso à água e gestão dos resíduos sólidos; f) ações estratégicas para redução das vulnerabilidades a mudanças climáticas; e g) matriz de transporte diversificada e ambientalmente limpa.

No campo regional, busca-se um maior equilíbrio da economia, com interiorização do emprego e da renda, maior dinamismo do nível de atividade e geração de ocupação formal em regiões menos desenvolvidas. A maior articulação entre dinâmicas produtivas locais e a educação profissional e superior darão sustentação a esse cenário, com ampliação das matrículas e de unidades e polos de desenvolvimento econômico mais intensivos em inovação, ampliação da base industrial de densidade tecnológica média alta, entre outras políticas de estímulo à desconcentração regional, promovidas no âmbito do Plano Mais Brasil e da expansão das redes federais de educação profissional e superior.

GRÁFICO 5

Meta de redução da emissão de gases de efeito estufa

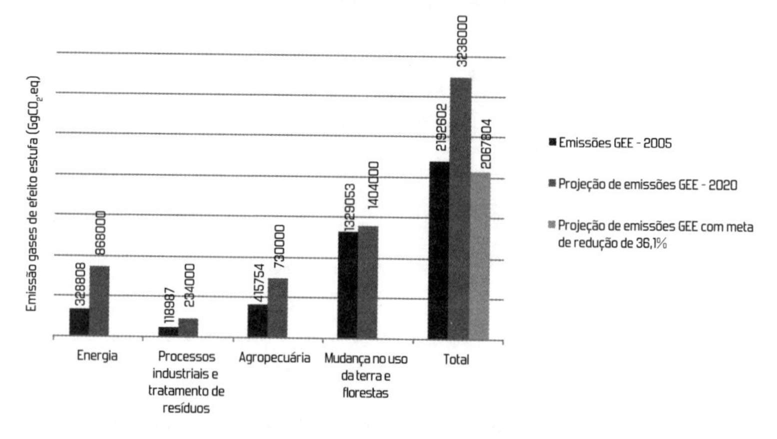

Fonte: SPI/MPOG.

Sistema de monitoramento

O Ministério do Planejamento publicou em seu site o Guia de Monitoramento do PPA 2012-2015, Módulo de Monitoramento Temático, em outubro de 2012, com os procedimentos requeridos para acompanhar a execução do Plano Mais Brasil no nível dos programas temáticos, com seus objetivos e metas regionalizadas. A base para obtenção dos dados e relatórios é o Siop — sistema informatizado que também acompanha a execução orçamentária do governo federal. Além disso, as agendas transversais serão monitoradas nos quatro fóruns de gestão criados pela presidenta Dilma Rousseff: o Fórum de Infraestrutura e PAC, o Fórum de Erradicação da Pobreza Extrema, o Fórum de Desenvolvimento Econômico e o Fórum de Direitos e Cidadania. Estes são coordenados, respectivamente, pelos ministérios do Planejamento, Desenvolvimento Social, Fazenda e Secretaria Geral da Presidência. Além disso, cumprindo as normas constitucionais, o PPA será avaliado anualmente a partir dos indicadores de efetividade das políticas (indicadores reconhecidos pelas áreas técnicas e acadêmicas) estabelecidos em cada programa temático.

Um bom exemplo é o programa Aperfeiçoamento do SUS, que cuida da política de saúde. Um objetivo desse programa é "garantir o acesso da população a serviços de qualidade, com equidade e em tempo adequado ao atendimento das necessidades de saúde, aprimorando a política de atenção básica e a atenção especializada". Algumas de suas metas monitoráveis são:

- ampliação da rede de atenção bucal, para que passe de 20.400 equipes em 2011 para 27.600 até 2015;
- implantação de 3.272 unidades básicas de saúde (UBS), para que passem de 36.892 UBS em 2011 para 40.164 até 2015;
- reforma de 8 mil unidades básicas de saúde;
- ampliação em 40 mil do número de agentes comunitários de saúde, que passariam de 245 mil em 2011 para 285 mil até 2015;
- ampliação em 5.300 do número de equipes de saúde da família, que passariam de 31.660 equipes em 2011 para 36.960 até 2015;
- ampliação em 7.200 do número de equipes de saúde.

O sistema de monitoramento permitirá verificar as entregas efetivas à sociedade dos bens e serviços necessários ao atendimento das necessidades de nosso país e de nosso povo, numa linguagem acessível e totalmente passível de monitoramento. Sem dúvida, isso constitui um avanço na capacidade de planejamento e execução das políticas públicas.

Investimentos em grandes números

Há tempos se reconhece a importância de uma infraestrutura adequada para a geração de um ambiente propício ao desenvolvimento. A oferta eficiente de serviços públicos e de infraestrutura condiciona significativamente a produtividade e a competitividade do sistema econômico, ao mesmo tempo em que melhora o bem-estar social. Uma adequada distribuição de infraestrutura e de serviços correlatos é condição indispensável para que o país desenvolva vantagens competitivas, alcançando maior grau de especialização produtiva. Os investimentos em infraestrutura elevam a competitividade sistêmica da economia, melhorando as condições de transporte, comunicação e fornecimento de energia. Além disso, promovem efeitos multiplicadores e dinamizadores nos demais setores, induzindo outros investimentos.

Em grandes números, o PPA 2012-15 prevê investimentos em infraestrutura da ordem de R$ 1,2 trilhão para o período do plano, 9,8% em transportes e 25,1% em energia (elétrica e combustíveis), conforme indica o gráfico 6.

GRÁFICO 6

Alocação de recursos — infraestrutura: R$ 1,2 trilhão

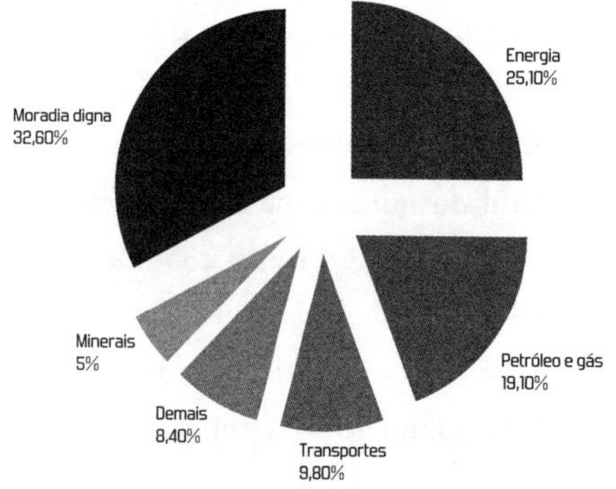

Fonte: PPA 2012-15; elaboração: SPI/MP.
Nota: Energia inclui os programas de energia elétrica e combustíveis.

Quanto aos projetos da carteira de investimentos do PAC-II, cabe destacar os empreendimentos dos setores logísticos, energéticos e de infraestrutura urbana. Também se destacam aqueles afeitos à realização da Copa do Mundo de Futebol de 2014 e às Olimpíadas de 2016, como os investimentos em mobilidade urbana financiados pela União com recursos do Pró-Transporte.

Investimentos em transportes e logística

No caso dos transportes, os setores portuário e aeroportuário serão diretamente beneficiados pelas obras relativas à Copa do Mundo, por meio da ampliação e da recuperação de suas infraestruturas, como mostra a figura 3.

FIGURA 3

Empreendimentos de infraestrutura portuária e aeroportuária — PAC

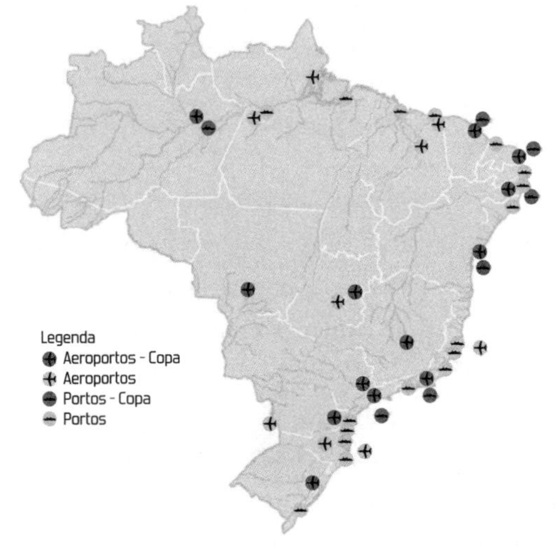

Elaboração: SPI/MP.

Mas quando se leva em conta a importância do setor logístico na economia do país, fica claro que as obras de infraestrutura de transporte relativas à Copa do Mundo de Futebol não foram planejadas tão somente com o intuito de atender à demanda pontual propiciada pelo evento, e sim para dinamizar o setor e dotá-lo de um perfil mais eficiente e adequado a um país de dimensões continentais. Dessa forma, subjacente às obras de infraestrutura logística do PAC, está a reconfiguração da matriz logística do país, fortemente concentrada no modal rodoviário, conforme refletido no Plano Nacional de Logística de Transportes e destacado no gráfico 7:

GRÁFICO 7

Matriz de transporte de carga

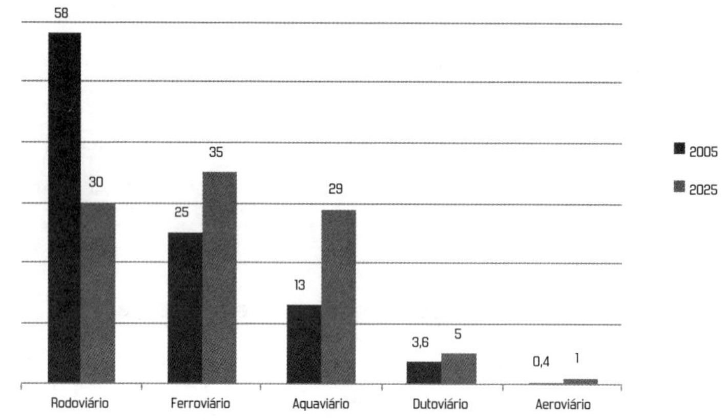

Fonte: Sumário executivo do Plano Nacional de Logística de Transportes (PNLT), 2009.

Para proporcionar a inflexão almejada, cabe destacar a carteira de investimento dos modais ferroviário e aquaviário. A conclusão das obras previstas para o modal ferroviário, por exemplo, significará a ampliação em 50% da atual capacidade em uso e a integração da fronteira agrícola e mineral aos mercados consumidores internos e externos.

No caso dos projetos aquaviários, divididos em transporte de hidrovias interiores e transporte marítimo, os investimentos do governo federal também serão robustos. Para as hidrovias interiores são previstas desde obras de dragagem e derrocamento para a adequação da navegabilidade das principais hidrovias do país até a construção de dezenas de terminais hidroviários nos estados do Amazonas, Pará e Rondônia. Vale lembrar a importância desse modal de transporte para o sucesso de qualquer estratégia de exploração econômica ambientalmente sustentável para essa região.

No caso do transporte marítimo, além da adequação dos portos às exigências ambientais, há a previsão de medidas de incentivo à navegação de cabotagem entre os portos ao longo da costa, o que constitui uma opção mais eficiente do que a realizada por meio exclusivamente rodoviário para cobrir longas distâncias. A figura 4 sintetiza as obras previstas no PAC para os modais ferroviário e aquaviário:

FIGURA 4

Empreendimentos de infraestrutura ferroviária e aquaviária — PAC

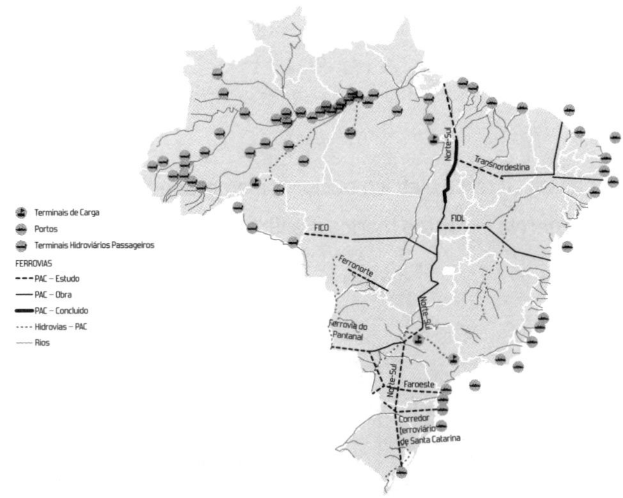

Elaboração: SPI/MP.

Investimentos em energia

Outro eixo estruturante do PAC é a carteira de energia. Tomando por base a importância do setor para o desenvolvimento e a competitividade do país, os esforços do governo federal visam promover a segurança do suprimento de energia elétrica com modicidade tarifária. Destaca-se o aumento das fontes renováveis para a ampliação do fornecimento ao sistema, notadamente na Região Norte, com os grandes projetos hidrelétricos, e nas regiões Nordeste e Sul, com a implantação de parques eólicos.

Além da ampliação da capacidade instalada de geração, especialmente baseada em fontes renováveis, está prevista a expansão do sistema de transmissão de energia elétrica, que visa à adequação do Sistema Interligado Nacional (SIN) aos fluxos inter-regionais de energia e à integração dos grandes empreendimentos de geração e de todas as capitais brasileiras ao sistema. Essas interligações se apresentam como questão estratégica e de soberania nacional e, além de promoverem a disponibilização de mais energia para o país, contribuirão para a melhoria da qualidade dos serviços e para a redução da dependência de fontes não renováveis, com destaque para os estados da Região Norte. A ligação dessa parte do território permite romper o isolamento elétrico, garantindo maior segurança ao sistema.

A figura 5 mostra a localização dos principais empreendimentos de geração de energia elétrica a partir de fontes hídrica e eólica, bem como as grandes redes de interligações ao SIN.

FIGURA 5

Interligações ao sistema elétrico nacional e empreendimentos de geração de energia — fontes hídrica e eólica

Fontes: Dados do Sistema de Informações Georreferenciadas do Setor Elétrico/Aneel e do PAC/MP; elaboração SPI/MP.

O gráfico 8 simula o perfil da matriz energética para 2015, último ano desse PPA. O objetivo da carteira de investimentos é proporcionar uma matriz elétrica que preserve o perfil renovável e ambientalmente limpo da configuração atual, mas propicie maior diversidade de fontes.

GRÁFICO 8

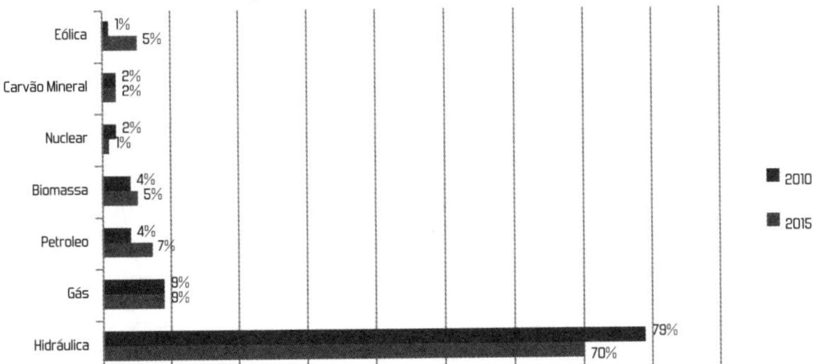

Fonte: Plano Decenal de Energia, 2010.

Também estão previstas medidas de eficiência energética que contribuam para a otimização da transmissão, da distribuição e do consumo de energia elétrica. A meta para os próximos quatro anos é a conservação de 20 mil GWh do consumo de energia elétrica, em relação ao que ocorreria sem medidas de conservação, e o acréscimo de cerca de 10 mil MW de capacidade instalada a partir de fonte hídrica (UHEs, PCHs e CGHs).

Investimentos para grandes eventos

Os investimentos associados à realização da Copa do Mundo de Futebol de 2014, em especial na área de mobilidade urbana, serão um grande legado urbano para as cidades-sede. Para a realização do evento estão previstos investimentos totais em infraestrutura de R$ 23,8 bilhões, distribuídos entre as seguintes modalidades: mobilidade urbana (R$ 11,9 bilhões), estádios e entornos (R$ 5,6 bilhões), aeroportos (R$ 5,6 bilhões) e portos (R$ 700 milhões).

A definição dos investimentos em mobilidade urbana foi orientada pela premissa de garantir seu legado para a sociedade, priorizando investimentos sustentáveis que proporcionassem infraestruturas adequadas às necessidades imediatas do evento, mas atendessem às demandas de mobilidade da população local, em especial no que se refere à expansão de sistemas de transporte coletivo de qualidade. Foram então adotadas as seguintes diretrizes: priorizar o financiamento de sistemas de transporte público estruturantes, em detrimento de soluções viárias de tráfego misto, com especial atenção para possíveis integrações entre modais de transporte; apoiar projetos voltados para a ligação (e o acesso) entre estádio, zona hoteleira, aeroporto, porto e rodoviária e que fossem compatíveis com o planejamento urbano; priorizar propostas com projetos básico e executivo já existentes e prazos de execução compatíveis com os eventos.

A tabela 2 aponta os investimentos programados para os projetos de mobilidade urbana nas 12 cidades-sede da Copa de 2014.

TABELA 2

Mobilidade urbana: principais projetos por cidade-sede

Cidades	Nº de projetos	Principais projetos	Valor total do investimento (R$ milhões)	Valor do financiamento (R$ milhões)
Belo Horizonte	8	BRT e corredor	1.466	1.023
Brasília	1	VLT	380	361
Cuiabá	3	BRT e corredor	489	455
Curitiba	9	BRT, monitoramento e corredor	464	441
Fortaleza	7	VLT, corredor e BRT	562	410
Manaus	2	Monotrilho e BRT	1.689	800
Natal	2	Corredor	441	361
Porto Alegre	10	BRT, monitoramento e corredor	480	427
Recife	5	BRT e corredor	885	678
Rio de Janeiro	1	BRT	1.610	1.179
Salvador	1	BRT	570	542
São Paulo	1	Monotrilho	2.860	1.082
Total	**50**		**11.896**	**7.759**

Fonte: 1º Balanço das ações do governo brasileiro para realização da Copa do Mundo Fifa 2014 (2011); elaboração: SPI/MP.

Como mostra o gráfico 9 a seguir, 92% das obras priorizam os modais de transporte coletivo, destacando-se sistemas de BRT (*bus rapid transit*), corredores de ônibus, VLTs (veículos leves sobre trilhos) e monotrilho. Ratifica-se assim a prioridade de investimento em sistemas de transporte público de maior capacidade, que operem em vias segregadas ou em faixas viárias preferenciais, contribuindo para uma distribuição mais justa e eficiente dos espaços urbanos e de circulação e promovendo a sustentabilidade das condições de mobilidade.

GRÁFICO 9

Destinação dos recursos para projetos relacionados com a Copa do Mundo de Futebol

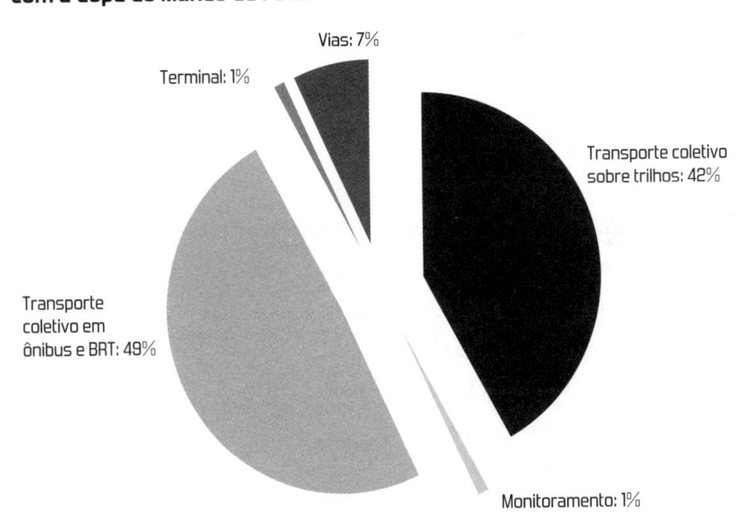

Fonte: 1º Balanço das ações do governo brasileiro para realização da Copa do Mundo Fifa 2014 (2011); elaboração: SPI/MP.

O desafio da realização das obras de mobilidade urbana para a Copa do Mundo de Futebol tem como característica marcante a necessidade de executá-las dentro de um prazo inexorável. São, portanto, fundamentais medidas que visem à capacidade de gasto dos estados e municípios, como inovações referentes à flexibilização do limite dos entes em operações de crédito destinadas ao financiamento de infraestrutura para a realização da copa e a instituição do "regime diferenciado de contratação" (RDC).

O RDC deverá imprimir maior agilidade aos processos licitatórios em virtude da inversão de fases de julgamento e habilitação que preconiza, e promoverá a melhoria técnica e maior viabilidade econômica das obras em virtude da possibilidade de realizar a contratação integrada de diversas fases. A dispensa do projeto básico na licitação para a contratação integrada deve propiciar maior agilidade na licitação e melhorar a compatibilização entre os projetos e as fases de execução da obra. Ademais, a não divulgação da estimativa de valores em edital reduz o risco de combinação de preços entre os licitantes e induz a iniciativa privada a requerer contratos a menores custos com seus fornecedores, contribuindo para a eficiência do gasto público. Vale destacar que o regime diferenciado não prejudica a transparência das ações de governo perante a sociedade, em virtude da atuação constante e contundente dos órgãos de controle interno e externo durante todas as etapas dos processos de licitação e contratação, com acesso a todos os documentos.

Os investimentos em mobilidade para a Copa do Mundo de Futebol deverão catalisar a construção de uma agenda nacional de mobilidade urbana que retome a cultura de planejamento, reoriente o paradigma das políticas e amplie os investimentos no setor. Com o mesmo propósito, são complementados pela perspectiva positiva gerada pela previsão, no PAC-II, de recursos federais da ordem de R$ 18 bilhões para financiamento de investimentos em sistemas de transporte coletivo em grandes centros urbanos, o que contribuirá para acelerar a realização de investimentos estruturantes no restante do país.

Minha Casa, Minha Vida

O déficit habitacional quantitativo, que em 2008 se calculava ser da ordem de 5,6 milhões de moradias, ou 9,7% do total de domicílios do país, estava concentrado nas áreas urbanas, nas regiões Sudeste e Nordeste — os déficits das duas regiões somados chegavam a 72% do total do país — e na faixa de renda de três a cinco salários mínimos. A existência de tal déficit está correlacionada com o custo da moradia e a renda da população, demandando rearranjos da política de provisão habitacional que a adequasse ao funcionamento do mercado. Embora o Plano Nacional de Habitação (PlanHab) ainda não esteja concluído, suas diretrizes são: reduzir o custo da habitação e diversificar os produtos para adequá-los à rede urbana brasileira. Nesse sentido, pode-se utilizar subsídios para os mais carentes, facilitar o acesso e baratear o financiamento imobiliário, bem como fortalecer o Sistema Nacional de Habitação de Interesse Social, criado em 2005. Essa política foi reforçada pelo eixo "infraestrutura social e urbana" do PAC em 2007, e, desde 2009, com o Minha Casa Minha Vida, mais de 1 milhão de unidades habitacionais foram contratadas. A meta do PPA 2012-15 é atingir mais 2 milhões de moradias, com recursos previstos de R$ 131,2 bilhões.

Além disso, cabe destacar a participação da iniciativa privada, que atendeu à produção habitacional para a classe média, a partir do crédito derivado da estabilidade econômica, da melhoria da renda da população e do aperfeiçoamento das normas do setor. Através do Sistema Brasileiro de Poupança e Empréstimo (SBPE), foram contratados mais de R$ 94,2 bilhões. No PPA 2012-15, estão previstos R$ 176 bilhões do SBPE.

O financiamento dos investimentos no PPA 2012-15

O PPA 2012-15 é 38% maior, em termos reais, que o PPA 2008-11, atingindo R$ 5,4 trilhões. Para financiar esse volume de recursos, prevê-se que 68%, ou R$ 3,7 trilhões, advirão do orçamento fiscal e de seguridade; outros 25%, de fontes extraorçamentárias — inclusive bancos oficiais e fundos —, ou R$ 1,4 trilhão; e 7%, do investimento das estatais, ou R$ 0,4 trilhão. Evidentemente, todos esses números serão adequados à realidade de cada ano, através das leis orçamentárias anuais. Qualquer alteração na grade de parâmetros — crescimento do PIB, inflação e taxa de juros — provoca elevação ou redução dos recursos disponíveis. Porém, diante da estabilidade dos fundamentos macroeconômicos já alcançada pelo Brasil, nada indica que o Estado venha a se endividar para suportar o volume de investimentos previsto. O ano de 2011 serve de referência para compreender a importância dada pelo governo Dilma Rousseff a essa condição, pois não houve hesitação nem em contingenciar R$ 50 bilhões do orçamento anual para manter a meta cheia do superávit primário, nem em destinar mais R$ 10 bilhões de excesso de arrecadação para aumentar esse superávit, abrindo espaço fiscal para a redução da taxa de juros, diante do arrefecimento do ritmo da economia no segundo semestre.

As reservas internacionais proporcionam um "colchão" seguro para movimentos especulativos do mercado contra o real, conforme mostra o gráfico 10. Além disso, para manter o crescimento do PIB nos níveis desejados, a formação bruta de capital fixo, que envolve esforços de investimento públicos e privados, deve ser da ordem de 20% ao ano, o que se vê no gráfico 11.

GRÁFICO 10

Reservas internacionais

(US$ bilhões, fim do período)

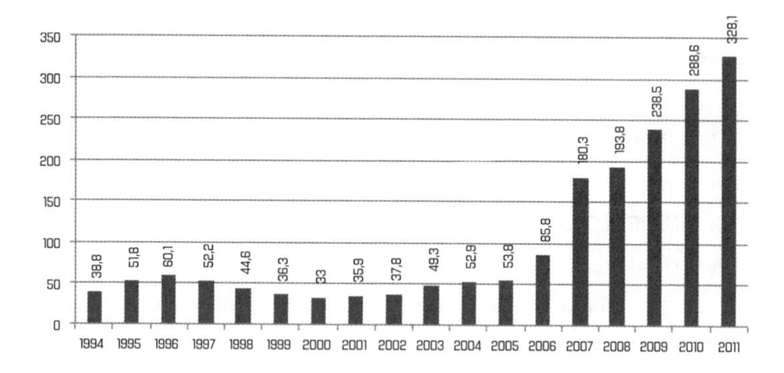

Fontes: Banco Central; Ministério da Fazenda. Economia brasileira em perspectiva, mar./abr. 2011.
Até o mês de abril.

GRÁFICO 11

Formação bruta de capital fixo (FBCF)

(% do PIB)

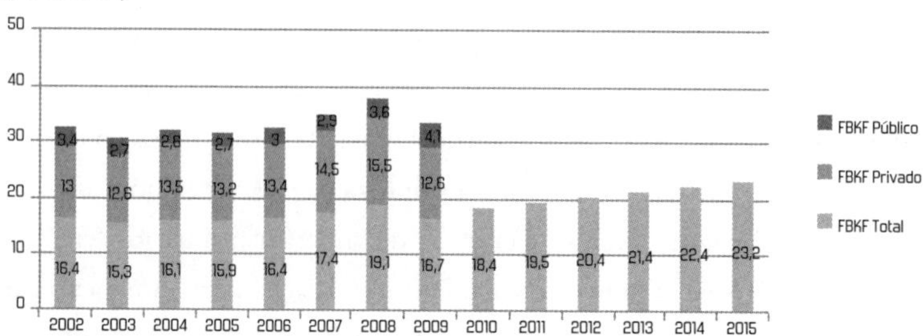

Fontes: IBGE e Ministério da Fazenda. PAC-II, 1º Balanço, 2011.
Estimativa do Ministério da Fazenda.

Além do esforço do setor público, as perspectivas de investimento privado parecem se acentuar com o recrudescimento da crise internacional, que tem resultado em um volume de investimentos diretos estrangeiros crescentes e continuados. É preciso atentar para as chances de manutenção desse fluxo caso as taxas de juros se reduzam no médio prazo, embora não haja dúvidas de que a obtenção do "grau de investimento" pelo Brasil será mais duradoura e terá efeitos na captação de recursos, em melhores condições, para investimentos de longo prazo. A entrada de capitais estrangeiros é mostrada no gráfico 12.

GRÁFICO 12

Investimentos estrangeiros e transações correntes

(US$ bilhões, acumulados em 12 meses)

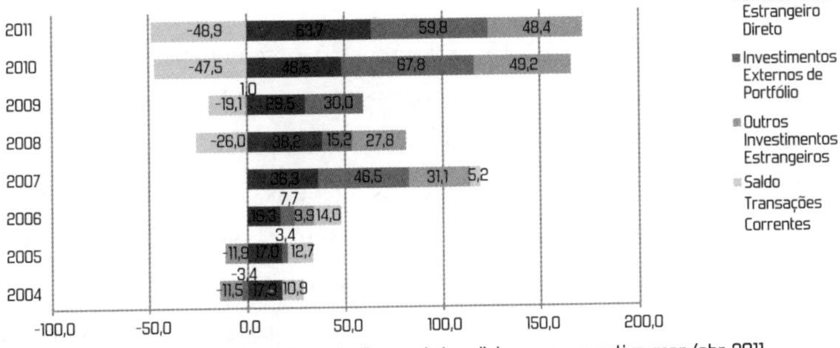

Fontes: Banco Central; Ministério da Fazenda. Economia brasileira em perspectiva, mar./abr. 2011.

Até o mês de abril.

O setor privado tem participado ativamente desses investimentos, desde os consórcios para construção e geração de energia hidrelétrica até as parcerias público-privadas para irrigação, entre os muitos exemplos que podem ser dados. Mas gostaria de destacar dois deles: a) na política habitacional, no âmbito do programa Minha Casa Minha Vida, cuja solução para a produção de um total de 3 milhões de moradias vem do arranjo com o mercado imobiliário; e b) na preparação para os grandes eventos, Copa do Mundo e Olimpíadas.

As Olimpíadas e as Paraolimpíadas de 2016 estão movimentando vultosos investimentos em infraestrutura no que se refere a mobilidade urbana, revitalização do porto do Rio de Janeiro, reforma do aeroporto internacional Antônio Carlos Jobim, instalações esportivas e de infraestrutura urbana, a partir da articulação federativa entre União, estados e municípios. Essas medidas deixarão um importante legado para a população do Rio de Janeiro e permitirão que a cidade se reafirme como importante polo turístico no país. Cabe ao Estado, nos três níveis federativos, promover os investimentos em infraestrutura e deixar ao setor privado os investimentos na rede hoteleira e em outros serviços da cadeia produtiva do turismo. O mesmo se aplica a outras cidades-sede da Copa de 2014.

Embora o PPA tradicionalmente seja referido como instrumento de médio prazo para orientar a elaboração dos orçamentos anuais, em realidade representa o conjunto das realizações e das despesas governamentais para um período de quatro anos, as quais são financiadas tanto pelos orçamentos da União (fiscal e de seguridade, e de investimentos das estatais) quanto por outras fontes.

No caso do PPA 2012-15, as fontes não orçamentárias representam quase a metade dos recursos previstos (48,9% do total das despesas discricionárias, ou seja, excluídas as obrigatórias), atingindo cerca de R$ 1,36 trilhão no período. Deste montante, as agências oficiais de crédito representam, diretamente, mais de 60% dos recursos alocados, enquanto as empresas concessionárias de serviços públicos atingirão mais de 22%. Se considerarmos que essas empresas são, em sua quase totalidade, também financiadas por bancos oficiais, a participação destes no total das fontes não orçamentárias do PPA deve superar os 80%, ou seja, mais de R$ 1 trilhão.

Outro aspecto relevante que distingue este PPA dos anteriores no que diz respeito à alocação de recursos é sua distribuição entre os diversos programas e iniciativas, permitindo conhecer quanto os bancos preveem contribuir para a consecução da maioria dos objetivos das políticas públicas, seja as de apoio ao setor produtivo, seja as que visam à ampliação das infraestruturas econômicas e sociais.

Conclusão

Espero ter demonstrado que o governo federal está adotando todas as providências, no campo da gestão, da alocação de recursos e das políticas econômicas, para assegurar a manutenção dos investimentos, tanto na área de infraestrutura quanto na área social. Não mencionei antes, mas cerca de R$ 20 bilhões anuais serão empregados pelo Brasil Sem Miséria para incluir mais 16 milhões de brasileiros no mercado de trabalho e de consumo, números que são bem significativos. Também não abordei aqui o papel relevante das estatais, especialmente da Petrobras, que vem puxando o parque industrial e o tecnológico brasileiros a partir dos investimentos e inovações necessários à exploração da camada pré-sal. No conjunto, o Plano Mais Brasil, o PPA 2012-15, mostra com total transparência as metas, as fontes de recursos e os responsáveis por sua consecução. O governo espera mudar os indicadores dos programas temáticos para melhor e consolidar essa nova cultura de gestão transversal, multissetorial e focada nas entregas ao final do mandato da presidenta Dilma Rousseff. O PPA precisa ser lido e explorado como instrumento de gestão do governo federal, e suas metas acompanhadas na execução orçamentária de cada ano. Apenas assim ele terá valor efetivo não só para o planejamento do governo, mas para toda a sociedade brasileira.

Sobre os autores

André Victor Singer é professor de ciência política do Departamento de Ciência Política da Universidade de São Paulo (USP).

Brasílio Sallum Jr. é professor de sociologia do Departamento de Sociologia da USP.

Cláudio Gonçalves Couto é professor de ciência política do Departamento de Gestão Pública da Escola de Administração de Empresas de São Paulo da Fundação Getulio Vargas (FGV).

Eli Diniz é professora de ciência política do Instituto de Economia da Universidade Federal do Rio de Janeiro (Uerj).

Emerson Marçal é professor de economia da Escola de Economia de São Paulo da FGV.

Fernando de Holanda Barbosa é professor de economia da Escola de Pós-Graduação em Economia da FGV.

Geraldo Biasoto Junior é professor de economia da Unicamp e diretor executivo da Fundação para o Desenvolvimento Administrativo (Fundap).

Haroldo Ramanzini Júnior é professor de ciência política da Universidade Federal de Uberlândia (UFU).

José Luis Oreiro é professor de economia do Departamento de Economia da Universidade de Brasília (UnB).

Lucas Ferraz é professor de economia da Escola de Economia de São Paulo da FGV.

Luiz Carlos Bresser-Pereira é professor emérito da Fundação Getulio Vargas e editor da *Revista de Economia Política*. Foi secretário do governo de São Paulo, ministro da Fazenda, ministro da Administração e Reforma do Estado, e ministro da Ciência e Tecnologia.

Maria Lúcia de Oliveira Falcón foi secretária nacional de Planejamento e Investimentos Estratégicos do Ministério do Planejamento, em 2011, secretária de Estado de Planejamento de Sergipe, entre 2007 e 2010, secretária municipal de Planejamento de Aracaju, de 1997-98 e entre 2001 e 2006. É professora adjunta do Departamento de Economia da Universidade Federal de Sergipe e ocupa também o cargo de secretária de Estado do Desenvolvimento Urbano (SE). É engenheira agrônoma, mestre em economia pela Universidade Federal da Bahia (UFBA) e doutora em sociologia pela UnB.

Paulo Fernando Fleury é professor de engenharia e logística da Universidade Federal do Rio de Janeiro.

Renato Boschi é cientista político do Instituto de Estudos Sociais e Políticos (Iesp) da Universidade Estadual do Rio de Janeiro.

Ricardo Carneiro é professor de economia da Unicamp.

Rubens Barbosa é presidente do Conselho de Comércio Exterior da Fiesp e ex-embaixador do Brasil em Washington (1999-2004) e em Londres (1999).

Tullo Vigevani é professor de relações internacionais da Universidade Estadual Paulista (Unesp).

Vera Thorstensen é professora e pesquisadora da Escola de Economia de São Paulo da FGV e coordenadora do Centro do Comércio Global e do Investimento. Foi assessora econômica da Missão do Brasil em Genebra (1995-2010).